HERMES

在古希腊神话中，赫耳墨斯是宙斯和迈亚的儿子，奥林波斯神们的信使，道路与边界之神，睡眠与梦想之神，亡灵的引导者，演说者、商人、小偷、旅者和牧人的保护神……

西方传统 经典与解释 HERMES
Classici et Commentarii

亚里士多德注疏集
Corpus Aristotelicum
cum commentariis

刘小枫◎主编

尼各马可伦理学义疏
—— 亚里士多德与苏格拉底的对话

Aristotle's Dialogue with Socrates:
On the "Nicomachean Ethics"

[美] 罗娜·伯格　Ronna Burger ｜ 著
柯小刚 ｜ 译

华夏出版社

古典教育基金・蒲衣子资助项目

"亚里士多德注疏集"出版说明

在马其顿宫廷长大的亚里士多德(公元前384-前322年,其父曾任亚历山大大帝祖父的御医)17岁赴雅典留学(公元前367年),师从柏拉图凡二十年,直到先师去逝。公元前343年,亚里士多德回马其顿任亚历山大傅保。亚历山大登基后,亚里士多德重返雅典开办吕凯昂学园(公元前335年),讲授诸学,流传下来的讲稿奠定了西方学问的基本形态,史称西方学问的第一集大成者——亚里士多德的好些哲学术语,如今也已成为我国学述的常用词。

在我国的西学研究中,古希腊学术研究一向寂寞,唯亚里士多德例外,从未遭受冷落:吴寿彭先生自知天命之年发奋翻译亚里士多德,历时三十年,垂译后学,其懼滋甚;苗力田先生主持翻译亚里士多德全集,嘉惠学林,模范昭明。

"知典型之在望,亦可以感发而兴起"。观当今西方学界亚里士多德研究进展,始知我国研究之差距不可谓不大。我辈后学理当追前辈德范,自励身心,再图精进。"亚里士多德注疏集"旨在从两方面推进我国的亚里士多德研究:从笺释入手完善亚里士多德汉译全集,采西人各家经诂纬织亚里士多德诠解——汉语学术欲究西学根柢,非如此不可。

古典文明研究工作坊
西方典籍笺释部乙组
2009年5月

目　录

中译本前言 …………………………………………… 1
致谢 …………………………………………………… 1

导论:《尼各马可伦理学》的苏格拉底问题 ………… 1

第一部分　属人之善 ……………………………… 18
第一章　终极目的与到达途径 ………………… 19
从善[本身]到属人之善 ……………………… 20
关于幸福的诸意见 …………………………… 35
属人之善与人的 ergon[工作] ……………… 49
完整生活中的幸福 …………………………… 60
非理性的 psychē[灵魂] …………………… 67

第二部分　美尚的和正义的 ……………………… 73
第二章　性情的卓越 …………………………… 74
一种非苏格拉底的观点 ……………………… 75
习性养成 ……………………………………… 81
伦理德性与中庸尺度 ………………………… 88
责任与自然 …………………………………… 100

第三章　美德与过恶 …………………………… 108
美尚作为美德的 telos[目的] ……………… 109
城邦的正义与灵魂的正义 …………………… 148

第三部分　回到善 ………………………………… 171
第四章　思想的卓越 …………………………… 172

    《伦理学》论证的枢纽 ········· 173
    理性的 psychē［灵魂］ ········ 176
    理智德性 ················ 181
    phronēsis, sophia 与幸福 ······· 192

  第五章 快乐与自然的发现 ········· 204
    新的开端：从兽性到神性 ········ 205
    激情与理性的冲突 ·········· 210
    出于自然的快乐与善本身 ······· 235

  第六章 友爱与自我的发现 ········· 245
    理性的和政治的自然 ········· 245
    完美友爱与其他类型 ········· 249
    友爱中的正义 ············ 256
    朋友作为另一个自我 ········· 265
    友爱、爱欲与哲学 ·········· 282

  第七章 幸 福 ·············· 294
    重返快乐 ··············· 294
    沉思的生活 ············· 306
    立法的技艺 ············· 323
    对一个苏格拉底问题的苏格拉底式回答？ ··· 332

附 录 ······················· 340
  附录一：《尼各马可伦理学》中的苏格拉底、柏拉图、哲学 ··· 341
  附录二：美德与过恶（《尼各马可伦理学》卷三、卷四） ····· 345
  附录三：正义的诸范畴（《尼各马可伦理学》卷五） ······· 348
  附录四：快乐的分类（《尼各马可伦理学》卷七） ········ 350

参考文献 ······················ 352
索 引 ······················· 361

中译本前言

对于重视"情节论证"的解经法来说，如何疏解亚里士多德的论说文体，成为这种解经法的一个考验，也成为西方经学通古今之变的一个关键。亚里士多德式论说文体所承载的"科学体系"及其论证方式，构成了经由经院神学以至今日学院科学体制的源头之一，①但伯格（Ronna Burger）的《尼各马可伦理学》义疏以其细致入微的疏解工作令人信服地表明了一个基本事实，那就是这个近世科学的源头有其自身的源头，这个源头便是在柏拉图的哲学戏剧写作中风云际会的希腊诗文传统与苏格拉底的以对话为教化方式的哲学传统。

本书把亚里士多德从那种后世学院学者所构建的孤独沉思的科学家形象中挽救出来，重新置回到那个曾经在柏拉图对话中扣人心弦地发生过的与苏格拉底的对话式哲学生活中。因此，正如柏拉图对话并不是什么理念论的演绎，亚里士多德的论说也决不是什么形式的系统。无论柏拉图对话还是亚里士多德论说，都是通过与一个（或许是唯一的一个）哲学家苏格拉底的对话活动——而不是宣

---

① 从伽利略和笛卡尔以来，现代自然科学和哲学的开端自然是建立在对亚里士多德的颠覆之上；只不过，这种颠覆是在多大范围和程度上的颠覆，还有待考察。实际上，伽利略和笛卡尔的科学与哲学体系毋宁说必须是以中世纪经院学术以及更原本地以亚里士多德为前提的。只有在亚里士多德所规定的世界之中，才有可能发生对这一世界的颠覆。在较小的眼界中相互对立的东西，在较大的整全视野看来恰恰是一个东西的不同形态。这个整全的视野便是通古今之变的视野。而获得这一视野的必由方式之一，便是深处古今之争紧张关系中的经典与解释活动。

称某种最终结论和教义——来活生生地、辩证地展示对智慧的爱欲追逐,并且在这一过程中把读者带上追求智慧的生活道路。二者的区别只在于,在柏拉图对话中,苏格拉底只是一个自知无知的对话引导者,他本身并不提供某种意见,而只是通过把各种意见带入困境而开启知识之路的入口;而在亚里士多德的论述中,苏格拉底在柏拉图对话中的一些说法本身被当成了有待分析的意见:这是以一种与苏格拉底意见相争论的方式表现出来的对于苏格拉底哲学道路的继承。

哲学的道路必须这样走,这是因为——正如柏拉图对话《斐多》中的苏格拉底在临死前所自道的那样——追求智慧的道路必须"第二次启航"①:这意味着,没有艾奥洛斯赐予的顺风(直觉或论证)可以直接把求知的航船送抵伊塔卡(最高善、理念、真理),②爱智者只能"在 logoi[各种意见说法]中"降下船帆,奋力操起船桨,在意见的海洋中开辟道路前行,而且在每次划动船桨、辟分水路之后,海水立即就会重新合上,泯灭船行的路径,以至于下一次航行仍然需要重新划桨辟分。哲学作为灵魂教化方式而不是任何可以灌输的教条结论,对话和辩证法作为这一教化方式的实践而不是某种教条的演绎论证,在"第二次启航"的夫子自道中表露无余。所谓"接生",所谓"回忆",亦无不表明哲学是一条道路,必须行之而成。③

所以,当亚里士多德在《尼各马可伦理学》的第一卷就说到"吾

---

① 参柏拉图《斐多》99d-100a。伯格的解读看到《尼各马可伦理学》第二卷末尾也在伦理德性的探讨中实行了一个"第二次启航"的转换,即从第二卷前面提到的直接命中中庸的"米勒的教练员模式"转到了第二卷末尾所预示并在第三、四两卷所实行的在性情的两端中寻求中庸状态的"斯库拉-卡律布迪斯模式"(参伯格《亚里士多德与苏格拉底的对话》第二章的"朝向中庸之路的第二次启航"一节)。

② 参《奥德赛》第十卷。

③ 《庄子·齐物论》:"道行之而成。"

爱吾师,吾更爱真理"的时候,①他便是决意踏上了这条"第二次启航"的道路,并通过这一论说体的对话道路的行走来"接生"未来哲学家的道路。而在这条道路上,苏格拉底本人成为某些意见(如"美德即知识")的提倡者并因而受到批评,则开启了通过理论上批评"柏拉图主义"而来为实践地履行苏格拉底的哲学生活方式和柏拉图的哲学写作方式开辟道路的先河。

对于我们来说,要想走上亚里士多德所开辟的这条"第二次启航"的道路,首先要做的一件事情便是在对亚里士多德的阅读中开辟自己的"第二次启航",即首先要置身于千百年来形成的"亚里士多德主义"的纷纭意见中,辟分这些意见,通过重新解释经典而回到经典本身的常经大道上。非常幸运的是,在中文世界的西方古代经典与解释中,我们第一次拥有了划行于《尼各马可伦理学》这片海洋中的船桨:伯格的《亚里士多德与苏格拉底的对话》。可以想见,借助伯格的船桨驶入中文海洋的《尼各马可伦理学》必将有助于中西"古典心性的相逢",②开启这部西方古代经典最富世界历史意义的冒险航程。而对于中文思想来说,冒险既然已经无可避免地开始,它唯一的选择便是汤之盘铭的日新训诫和诗经的新命箴言。③落实到今天的现实处境中便是,在波涛汹涌的现代主义论说的海洋中放弃搭顺风的指望,降下侥幸的船帆,坚定不移地操起船桨,用自

---

① 这是后世流传的通俗说法,原文直译则是:"也许,为了真理的保存而牺牲个人自己的东西,这似乎被认为是更好的,尤其对于一个爱智者[哲学家]来说是这样;当[真理和私爱]同样值得爱(philoin)的时候,优先尊奉真理是神圣的。"(1096a14—17)伯格注意到这句话是《尼各马可伦理学》首次出现"友爱"的地方,它与第八、九两卷关于"友爱"的讨论不无关系(参《亚里士多德与苏格拉底的对话》英文版页 24—25)。

② 参刘小枫,《施特劳斯与中国:古典心性的相逢》,《思想战线》2009 年 2 期。

③ 《礼记·大学》:"汤之盘铭曰,苟日新,日日新,又日新。"《诗经·大雅·文王》:"周虽旧邦,其命维新。"

己的双手重新启航。

感谢刘小枫教授的信任，让我承担这本书的翻译工作，使我有机会通过翻译来学习古希腊经典解释的手艺。本书翻译过程中得到作者伯格教授的耐心答疑和郭振华、樊黎、董国、张振华、刘扬、张轩辞等朋友的帮助，谨此表示衷心感谢。由于译者学力有限，误译和欠妥之处肯定不少，希望读者不吝赐教，以期将来如有机会再版时改正。

柯小刚
庚寅春于无竟寓
辛卯夏改定

致 谢

　　一本书的写作乃是出于技艺;它并非自然生长出来。然而,如果一个人的写作持续足够长的时间——如目前的例子所示——那个清晰的界限就会开始模糊起来。此情此景,有太多欠负在集聚,太多感激要逐个奉上,有些甚至太大,以至于没有任何表达可以与之对当。在这类处境中,正如亚里士多德谈及向诸神、父母和哲学同道谢恩时所言,一个人必须尽其所能地回报,无论其所能报者如何远逊于其所欠负者。

　　书写,一如思想,本是孤独的活动;然而,在与我的朋友们相与探讨中,我的内在对话得到了丰富和激活,而在他们的反馈中,我的表达得到了加强。为此,我特别要感谢戴维斯(Michael Davis)、尼科尔斯(Mary Nichols)和华纳(Stuart Warner)。在我的亚里士多德研究工作发展过程中,我把这些工作呈奉给学术会议和大学校园里的善于聆听而又富于挑战的听众,从中听取了很多令我受益匪浅的回馈。这些机构包括安纳波利斯和圣塔菲的圣约翰学院(St. John's in Annapolis and Santa Fe)、芝加哥大学、波士顿学院、美国天主教大学(Catholic University of America)、圣母升天学院(Assumption College)、罗斯福大学(Roosevelt University)、哈佛大学、达拉斯大学、维拉诺瓦大学(Villanova University)、米德尔伯里学院(Middlebury College)、波士顿大学和福坦莫大学(Fordham University)。我尤其要感谢我在杜兰大学(Tulane University)的研究生,无论毕业了的还是在读的:与他们一起,以一种持续历险的方式,我发展出了对柏拉图和亚里士多德的理解。在把这部论著付诸目前的出版形式过程中,我深感幸运的是承蒙芝加哥大学出版社的编辑特里内斯基

(John Tryneski)的最初鼓励和持续支持。最后阶段的手稿曾受益于来自出版社的读者的评论和提问,也受惠于我的文字编辑卡拉维(Mary Caraway)的细致工作。

这部论著的研究计划是在几个夏天的集中研究和写作过程中逐渐成形的。支持我的这些研究工作的有杜兰大学的奖学金、艾尔哈特基金(Earhart Foundation)和国家人文学科奖金(National Endowment for the Humanities)。1999-2000年期间,我曾获得西门子基金的研究经费支持,在慕尼黑做研究:这是一个非同寻常的机会,尤其是与该基金会的主任迈尔(Heinrich Meier)一起分享思想——他对本研究计划的兴趣使其经受住了岁月的考验。作为那一年在慕尼黑做研究的序曲,我曾于1994年在西门子基金会做一个公开演讲。在那个场合,我曾有幸受到我的导师伯纳德特(Seth Benardete)对我的如此介绍:"海德格尔发现索福克勒斯的悲剧是高于亚里士多德的对伦理的哲学反思,但伯格许诺要将亚里士多德的《伦理学》带回哲学的羊群(fold of philosophy)。"如果说我确曾有能力履行了那个诺言的话,那么这只是因为多年来在跟从伯纳德特学习和与他的谈话中经验了哲学的非凡快乐,并形成了对哲学的理解。今天,他未能在此目睹我的研究结出成果,但他的影响昭然延续。

我对亚里士多德《伦理学》宝藏的最初发现早在我的儿子降生之时,如今他已然是一名大学生;怀着对我父母的感念,在他们曾经看护我长大的地方,我看着我儿子的生命逐渐成形:这样的生命经验使我得以与这本书所提问题的真实之处保持接触。我对亚里士多德思想的探索,以及通过它而来对自己所关怀的问题的探索,是某种自始就与我的丈夫伯曼(Robert Berman)相与分享的东西。我们始终在这项研究中共同生活,其中有相当一些观点和论证,如果没有经过他的质疑和分析的话,是不可能得到厘清、深化和扩展的。

最后,我应当感谢从一场意想不到的变故中所获得的意料之外的结果。在 2005 年秋天迫使新奥尔良全城撤空的卡特琳娜飓风中,一个慷慨的休斯顿家庭为我们提供了一处远离家园的家园。我很幸运地在我的便携式电脑中储存了此前的工作,而且,突然之间从那些惯常的学术任务中摆脱出来,使我得以完成这部书的初稿,而如今我将把它付诸未知的听众。

导论:《尼各马可伦理学》的苏格拉底问题

> 关于人的完善,亚里士多德看到了柏拉图所看到的,而且更多。然而,由于人的完善并不是自明的,也不易通过明确的证明来得到解说,所以,他找到了一个合适的起点,这个起点先于柏拉图开始的地方。
>
> 他[亚里士多德]在开始的地方出于偏爱而引入探讨的知识……对于达到人之为人的智性来说,终于被证明是必需的。
>
> ——阿尔法拉比,《亚里士多德的哲学》i 和 xix①

[1]亚里士多德的《尼各马可伦理学》②向我们提出了一个极端重要的问题:什么是人的善? 或者经过考察展开之后,这个问题也

---

① 阿尔法拉比,《亚里士多德的哲学》第 i 和 xix 部分,见《柏拉图与亚里士多德的哲学》(*The Philosophy of Plato and Aristotle*)页 59 和 130。第二段题词引文出自《亚里士多德的哲学》结论部分,由这段引文的翻译引发的问题,参见第七章,注释 51[译按:即本书下文第 336 页注释①]。关于亚里士多德如何通过自己的道路达到柏拉图对人之完善的理解,参 Muhsin Mahdi 在《论亚里士多德的出发点》("On Aristotle's Starting Point")一文中的讨论,见《阿尔法拉比与伊斯兰政治哲学的基础》(*Alfarabi and the Foundation of Islamic Political Philosophy*)页 196-207。

② [译按]*Nichomachean Ethics*,后文简称 *Ethics*,中译也相应简称为《伦理学》。

就是问：什么是幸福？人的善好①生活是什么？对这个问题的探讨使《伦理学》成为[西方]哲学传统中最重要的著作之一，然而，它的教诲究竟是什么[的问题]却长期困扰着读者，引发了许多争论。这本书的文本编排和它所提出的问题不免令人疑惑：是否有一个潜藏的主张，使得这本书成为一个连续的整体？在第一卷提出属人之善的基本问题之后，从一个关于德性②的讨论开始，这本书的探讨似乎转入了一条朝向目标的漫长而曲折的道路。最后，在第十卷也是最末一卷，终于回到了起初的问题，或者说接近了它，而问题的答案则似乎隐藏在一路上所达到的关于人类生活的种种丰富理解之中。

不管《伦理学》的道路导向何方，它要回应的问题把亚里士多德带上了一条跟随苏格拉底步履的道路。根据亚里士多德在《形而上学》第一卷中构造的哲学史，[2]当苏格拉底抛弃前人的宇宙论玄思而转向人事的关怀，他就迈出了决定性的一步。③ 无论在

---

① [译按]good[*agathon*]这个词，我们将根据语境译为"善""好"或"善好"，不译"美好"，以与本书另外一个关键词 beautiful[*kalon*]相区别。后者有译"高贵"或"高尚"的，也有译"美好的"，我们拟译为"美尚"。不译"美好"，以便区别于"善好"（这个区别在本书中非常重要）；不译"高贵"或"高尚"，以免离字面原义太远，也可以避免因中文翻译而导致的望文生义的误解；止据字面译为"美的""漂亮的"，又未足达意。参本书第 21 页作者注释①，第 78 页作者注释①，中译脚注亦另有专门说明。

② [译按]virtue 和 excellence 是对古希腊文 *aretē* 的不同英译，此书既兼而用之，中译亦宜因之而体现区别。故凡 virtue 中译为德性，excellence 中译为卓越或卓越性。个别地方出于行文的需要，亦译 excellence 为德性。当 virtue 与 vice 对称时，根据语境需要，亦译 virtue 为美德。后皆放此不注。另，本书凡古希腊文皆按英美习惯以拉丁转写出之，并作斜体，中译亦遵之不改。

③ 为了从主题内容(subject matter)上定义何谓苏格拉底方式，亚里士多德从柏拉图[笔下的]苏格拉底出发[进行考察]，而后者在他生命的最后日子里追述其独特转向的时候，却不是通过谈论主题[的转向]，而是通过谈及他的研究方法[的转向]来说明的——即从对存在者的直接研究转向"到 *logoi*[言辞、

什么场合,无论从什么特殊起点出发,苏格拉底的探问终究要导向这样一个问题:对于一个人来说,什么是善好的生活?由于《伦理学》致力于这个基本问题的探问,它似乎就是亚里士多德全部著作中真正苏格拉底式的作品①,虽然,无论其展开方式是不是苏格拉底式的,还是它所达到的结论是不是苏格拉底式的,都还远不清楚。

但是,作为苏格拉底实践哲学的典型表达,柏拉图的对话文体与亚里士多德的论说文体有显著的差异。从这个差异中首先就会有一种疑问产生出来。对话中的言谈分属说话的人物;柏拉图则隐藏在这些表达中,没有说出自己的观点。在论说文体中,人们一般假定亚里士多德完全是以自己的名义说话;一般认为没有必要也没有这样的场合需要把文中的某些观点和论述解释为作者以外的某个人物的观点和论述。在几乎所有柏拉图对话中,主导人物都是以运用反讽而闻名的苏格拉底。[苏格拉底式的]反讽尤其是指对有知识的否认,而在他的对话伙伴看来,这些知识终究会在他引导的对话过程中被挖掘出来。②柏拉图对话在自己的写作艺术中模仿了

说法]中寻求庇护(take refuge)"。在 logoi 中,存在者的真理或许可以得到考察(《斐多》99e)。在《申辩》中,苏格拉底否认了那种说他研究天上或地下事物的指控——至少没人能提出曾听说他如此做过;不过,玛拉(Geral Mara)观察到,这种否认虽然在色诺芬和亚里士多德[笔下的]苏格拉底那里可以找到支持,但在柏拉图[笔下的]苏格拉底那里却显然是成问题的(《苏格拉底的话语民主》[Socrates' Discursive Democracy]页37)。

① [译按]原文通过斜体着重 the 来表达这本书的独特地位,中译难达其意,权且译为"真正苏格拉底式的"。

② 令人惊异的是,在柏拉图全集中只有少数几处明确指示苏格拉底 eironeia[反讽]的地方。可参看在《苏格拉底式反讽》("Socratic Eironeia")一文中的分析。在那些不多的明确指涉中,有一处是忒拉叙马霍斯提出的指控,他指控苏格拉底自称无知的声明是反讽(《王制》337a)。这个指控抓住了苏格拉底的对话伙伴的受挫经验,柏拉图曾把这种经验赋予许多与苏格拉底对话的人。

苏格拉底对反讽的运用，它把言谈和实践之间的矛盾和反差作为首要的工具。①而对于论文来说，人们一般假设它既无必要亦无方法来运用这种反讽艺术。

任何一种技艺，关于它的知识都是不完全的，对于这一点，技艺的实践者自身往往认识不到。柏拉图的苏格拉底则是通过反思知识的这种不完全性而发现了知道自己无知这种知识的重要性。②当然，在苏格拉底那里，他的无知之知并没有满足于受特殊技艺的界限所围，而是导向对整全知识的探问。柏拉图对话的形式模仿了这种探问：通过这种[自知无知]独特探问，每一场谈话就有别于其他方式的谈话，因为这种探问是独一无二的棱镜，通过它，那种意欲把握整全的努力就得以折射出来。相比之下，论说文体则需要划出一个特殊领域，并且要尊重其边界，用它来限定自己的讨论主题和展开论述的特定方式。[譬如]亚里士多德的政治科学，虽然它要寻求的是一般意义上的属人之善，但它毕竟是诸种学科之一。③论文看起来是更适合表述某种特殊科学的形式，对话则往往能打开无

---

① 也许最令人感到震撼的一处反差是在《理想国》中"言辞中的最佳城邦"与苏格拉底及其对话伙伴所在的真实城邦之间[的对比]。伯纳德特曾戏称后者为"对话的城邦（dialogic city）"[意指城邦的意见杂陈状况]。参《苏格拉底的第二次启航：论柏拉图的〈王制〉》（*Socrates's Second Sailing: On Plato's "Republic"*），尤其参看页140。另一处例子——这一处对亚里士多德的《伦理学》来说有着特别的重要性——是在《泰阿泰德》里的苏格拉底所描述的哲学家形象与他自己的处境之间的不一致：哲学家是如此远离城邦，以至于不知道去往 agora[市场]或法院的道路（《泰阿泰德》173c-175e），而苏格拉底自己的处境则正如对话的戏剧性安排所示，在对话的最后我们看到（210d），他刚刚受到败坏青年的起诉，并且在他身陷囹圄、等待处决的日子里，向对话的叙述者转述了与泰阿泰德谈话的情况（142c-143a）。

② 这是苏格拉底在他的受审中谈到的故事（《申辩》22d-e）。

③ 亚里士多德通过严格限定界域来取得与苏格拉底转向的一致，这一点在他的全集中有所反应：他把他的《伦理学》与《政治学》联系起来，把这一对学科处理为一个特殊领域，使其独特主题要求独特的进路模式来进行处理。

限的哲学探讨。

　　[3]论文形式适合亚里士多德思想,犹如对话形式适合苏格拉底式谈话,这一点在《伦理学》里似乎以一种特别强烈的方式得到了肯定。譬如,关于节制(*sōphrosunē*)的讨论,《伦理学》谈到在面对饮食与 aphrodisia［爱欲］①之乐的诱惑时应有的正确尺度。而当柏拉图的苏格拉底提出"什么是 *sōphrosunē*［节制］"问题的时候,对话的讨论就导向了一个根本性的话题,涉及这个东西本身的知识,乃至所有其他的知识。②在这种拷问意见的耀眼光芒下,柏拉图的苏格拉底发现,日常生活中被人颂扬的道德德性(moral virtue)不过是"大众的"或"流俗的"德性,而真正的德性(genuine virtue)只存在于哲学之中。相反,《伦理学》则似乎一心一意想维护道德德性的尊严,把它作为人类勤勉［生活］的自主领域。如果说亚里士多德是"政治科学的奠基者",那么,这是"因为

---

　　①　[译按]原文用英文加圆括号附注希腊文的情况,中文译出英文并照用圆括号附注希腊文;原文直接用希腊文的地方,中文翻译时亦直接照抄希腊文,但是另加方括号注明希腊文的中文意思。例如,此句中原文 moderation (*sōphrosunē*)译作"节制"(*sōphrosunē*),原文 pleasures of food, drink, and the *aphrodisia* 译作"饮食与 *aphrodisia*［性爱］之乐"。如果原文直接用希腊文并随后并列英文进行解释,则中译时亦直接照录希腊文,并无需括号附注中文意思。另,中译过程中,凡遇需要附注英文原文的地方,一律用圆括号附注英文;如果需要附注英文原文,同时这个英文词本身已经在英文原书中附注了希腊文的地方,中译附注时不出两个括号,仅用一个圆括号同时附注英文和希腊文;凡需要补足英文原文表述的,一律用方括号括住添加的中文字词。后皆放此,不再说明。

　　②　参柏拉图对话《卡尔米德》166e。对于那种出于自身原因来应对苏格拉底教诲的对话伙伴来说,当苏格拉底哲学抓住了他的心灵,［对话的］这种展开方式就成为苏格拉底哲学的扭曲反映。

他是道德德性的发现者"。①在亚里士多德那里,道德德性是为行动提供适当原则(principles)的;这些原则是正义的和美的(beautiful)②,它们只有对道德上善好的人来说才显得是可欲的目标,而去发现达致它们的途径则是交由明智(prudence)来做的工作。因此,明智从属于其中的整个道德-政治领域,看来只能由那些仅可被君子(gentleman)认识到的原则封闭而成。

上述理解可以从《伦理学》第一卷谈及的伦理学听众对象的论述中得到证实。在赞许柏拉图提出正确的探究途径是从始点(principles)出发还是朝向始点的问题之后,亚里士多德得出了一个看起来明白无误的解决方案:显然必须从在先的东西(what is first)开始——不是就其本身而言在先,而是对我们而言在先。这意味着,这场探究必须从那些久已形成的关于何谓正义与美尚之物的意见开始,③它只能说给那些已经在这些意见的熏陶下成长起来的人们听。这些人

---

① 参施特劳斯,《城邦与人》(*The City and Man*)页27。接下来的讨论总结自此书的页25-29。当施特劳斯考虑到哲学家的考察对那些听取哲学家言论的人来说会有什么可能的影响的时候,他的论述开始发生了转折:毕竟,"道德-政治的领域对于理论科学来说并不是无限定地关闭的"(页28)。于是,施特劳斯从他关于亚里士多德的讨论中得出结论说:"这样一种考虑促使苏格拉底和柏拉图断言美德是知识,以及对明智的探求是哲学。"(页29)这个结论对亚里士多德保持沉默。我的《伦理学》研究便是要致力于谈论由那个沉默所激发的问题。

② [译按]亚里士多德的 kalon 一词,作者虽然认可通常的英语译法 noble[高贵],"看起来似乎特别符合《伦理学》把 kalon 当作伦理德性之 telos[目标]的关怀",但她还是坚持根据这个词的古希腊文原义译作 beautiful,因为"如果说伦理德性指向某种超越自身的东西,也就是说超越它作为习俗塑成的品性[即成为"高贵的"],那么这是通过致力于以"美"为 telos 的努力而达到的"(参本书第21页作者注释①,第78页作者注释①)。中文亦多据 noble 译为"高贵"或"高尚"。本书作者既不从 noble 译法,我们中译此书亦不当从"高贵"译法。然而"美"似不尽达意,"美好"有与"好"或"善好"(good, agathos)相混之虞,故拟译为"美尚",有些地方根据语境译为"美"或"美的"。

③ 关于 ta kala 的翻译,参第一章注释②[译按]即本书下文第21页注释①。

已经获得了作为"如是"(the that)的始点(starting point),而且,如果他们满足于这个始点的话,就不再需要问"为何"(the why; 1095b4-7)。《伦理学》诉诸君子,他们原则上不是怀疑论者;他们分享一种人性高贵的理解,且无需追问所为何善的问题。①

但是,亚里士多德邀请他的听众来面对的,其实是一种非常矛盾的境地:一个尚未获得"如是"的可能读者根本就不会打开这本书,而一个充分获得了"如是"的读者则会立即合上它。这场探究对于一个君子来说才是可以理解的,但君子似乎一点都不需要它。[4]显然,这场探究对于一些人来说是无法进入的,而对于另外一些人来说却是没有必要的:《伦理学》自始就是一本不为任何人写的书。如果这并不是它的真实意图,那么它在门槛上树立的障碍必定是一种考验,以便对它的复杂听众进行分类筛选。对于在教养成长中苦于思考[伦理的]"如是"而又寻求其"为何"的人来说,这种探究似乎会变得非常有必要以及会拥有巨大的潜在好处。这样的一个人在他的成长过程中可能被教导认识到,某些事物是美的和正义的;但是,亚里士多德观察到,美尚与正义的事物到处被设想得各各不同,而这就带来了一种"困惑",使人有时觉得这些事物的存在仅仅是出于习俗,而不是出于自然。正是这样的人,当他的经验引领他意识到[伦理上的]这种不稳固性,他就会在他所受的道德教

---

① 在《阅读亚里士多德的〈伦理学〉:德性、修辞与政治哲学》(Reading Aristotle's "Ethics": Virtue, Rhetoric, and Political Philosophy)一书中,特希托尔(Aristide Tessitore)发展出一种论点,把《伦理学》视为一个连续的整体。他的论证在一定程度上有赖于注意到《伦理学》所欲诉诸的听众的复杂性。在他的前导性评论中,他把《伦理学》的拟诉听众描述为"较少出于理论知识的欲求,更多地出自向善的吸引力。因此,那些受益于良好教养、有了一定生活经验和成熟水平的听众,能从亚里士多德的书中得到最大的收益。这些人是《伦理学》首要的讲授对象,虽然不一定是唯一的听众"(页17)。特希托尔与笔者的研究对《伦理学》的不同读法,一定程度上源于对亚里士多德的首要听众的不同理解。

育之"如是"背后寻找"为何"。对于这样的读者来说,《伦理学》就会把自己作为一部迷途指津提供给他。①进而,如果不想被动地等待这样的读者,那么就必须致力于创造必要的困惑。为了做到这一点,就需要把伦理德性②的自我理解中可能存在的矛盾之处或者任何一种局限性给他指明出来,那么就需要找到一条途径,以便通过论文体的形式完成柏拉图曾经做过的事情:柏拉图曾经的做法是通

---

① 摩西·迈蒙尼德的《迷途指津》是说给这种人听的:对于他来说,"我们的法的有效性已经在他的灵魂中建立起来了",但是他也"学习哲人们的各种学问,以便明白这些学问的含义。人类心智已经把他形塑成人,并且让他生活在自己的局域,他必定已经感觉到了法的外在性带来的苦恼。……因此,他将会停留在一种困惑的状态中,不知道是否应该跟从自己的智性……以及……认为自己已经抛弃了法的基础",或者,他会背弃智性,把自己留给"虚幻的信念,并把自己的惧怕和困难归因于其上"。(《迷途指津》3a-b;1:5-6,"第一部分导论")

② [译按]本书兼用 ethical virtue 和 moral virtue 作为亚里士多德 *aretē ēthos* 概念的对译,但并无不同用意。作者本人主要是用 ethical virtue,但偶尔也用 moral virtue。引用其他研究者的时候,原作者用 moral virtue 的,本书作者引用时照搬。中译的考虑:既然原文兼用二者对译 *aretē ēthos*,那么,中译时亦宜兼用两种译名,据英文分别译为伦理德性、道德德性。只是需要在此提醒读者,此二名并无不同,不过是对同一个希腊词语的不同译法。这个问题上的处理,类似于 aretē 的情形。由于本书兼用 virtue 和 excellence 对译 aretē,所以,二者虽无不同含义,中译仍然尊重英文原著的本来情形,分别译为德性和卓越(前面已有译注说明此事)。另按,《伦理学》中的 *aretē ēthos*,一般英译 ethical virtue 或 moral virtue,中译一般作伦理德性或道德德行,都不太好。Sarah Broadie & Christopher Rowe 2002 年牛津译本作 excellence of character,比较可取。中译或可作性情之德。分析:*aretē* 作 virtue,难免用拉丁文格义希腊文。virtue 的拉丁辞源本义男子气概,*aretē* 希腊文本义"优秀""卓越""有……之德",故 excellence 胜于 virtue。*ēthos* 本义性情习惯。在哲学之外的希腊文本翻译中,*ēthos* 译作 character 是常用情形。拉丁文用 mores(英文 moral)译它之后,方有更多"道德"含义。又近代伦理(ethics)、道德(morality)分途,"道德德性"这个译名犹不可取,因为它在最大程度上把意思误导到形式化道德的方向,而原本在亚里士多德那里讲 *aretē ēthos*,是特别强调具体伦理生活经验的。

过苏格拉底来质疑对话伙伴的诸种意见。①对于投入其中的读者来说,《伦理学》提供了一种"内在的"伦理德性,同时,它又在此视域之外形成了一种视角。

怀着这样一种挑战,亚里士多德与苏格拉底展开了一场论辩。在其中,苏格拉底代表了这样一个角色:他提出一种教诲,这种教诲把对德性的通常理解置入问题之中。与这种教诲相对,《伦理学》开始发展出一种非苏格拉底的主张,这种主张的出发点是伦理德性与理智德性的区分,而这一区分的基础则是在人的灵魂中把欲望的部分从理性的部分中分离出来:这是一种非苏格拉底的灵魂学(psychology),②它为那种非苏格拉底的主张伦理德性是一个独立封闭领域的思想提供了基础。从一开始就展开了的这种亚里士多德与苏格拉底的论辩,可以通过从第三卷到第七卷的七处明确提及[苏格拉底]的序列标示出来。在《伦理学》中,除开所有对柏拉图

---

① 萨克森豪斯(Arlene Saxonhouse)评论说,亚里士多德著作的艰涩特性传统上并不倾向于被注意到(《雅典民主、现代神话制造家与古代理论家》[*Athenia Democracy, Modern Mythmakers, and Ancient Theorists*]页 116-117)。在《两圣相契论:圣者柏拉图与亚里士多德》(*The Harmonization of the Two Opinions of the Two Sages: Plato the Divine and Aristotle*)中,阿尔法拉比在描述了柏拉图的隐微书法和亚里士多德的较直白写作方式的明显区别之后补充说道:"但是,无论亚里士多德有多么明显的意图想说明和解释清楚,他论证过程中的晦涩、模糊不清和复杂性都会在任何一个锲而不舍地钻研他的学说、读他的书的人那里无处藏身。"(页 131)另参此书译者和评注者布特沃斯(Charles Butterworth)关于阿尔法拉比尝试的这一"契会"状态的讨论。

② [译按] psychology 这个词按照其希腊词根本义就是"关于灵魂的学说"。由于"心理学"这个名称已经被现代心理学征用,成为与亚里士多德原义区别很大的专有名词,而当本书作者谈到诸如"亚里士多德的 psychology"的时候是指他关于灵魂的思想,而不是现代意义上的心理学理论,所以,为了避免中文读者的误解,特译为"灵魂学"。至于英文,由于在 psychology 中仍然历历可见 *psychē* 这个词根,所以不必也无法造新词以与现代意义上的 psychology 相区别。后皆放此,不再注明。

的指涉(这些指涉都是对柏拉图明智洞见的赞扬),没有一处对苏格拉底的提及落在这个论辩的范围之外。这一模式通过如下有力的事实得到强化:在《伦理学》中,所有对"哲学"的直接提及与对柏拉图的提及一样,都出现在讨论到苏格拉底的部分之外。① [5] 当然,即便如此,哲学被提及仅仅是顺便的,从未以其自身之故而被当作讨论主题:在第一卷,它并没有被视为诸种生活样式之一,在第六卷也没有被作为"理智德性"之一,在第十卷,它之所以被提及,只是为了推论说智慧的运用必然是最快乐的,既然快乐被设想为对智慧的纯粹追求(1177a23–27)。

在《伦理学》中谈及苏格拉底的核心区域之外的对"哲学"显然随意的提及,使得苏格拉底与柏拉图观点相区别的模式之谜突显了出来。学界一般倾向于认为这个区别必须全部归溯到亚里士多德,如传统所见,似乎亚里士多德忽视了柏拉图所作的一种努力,那种努力通过诉诸对话形式,使得对[柏拉图]自己的观点进行独立确认实际上变得几无可能。当然,无论这种[苏格拉底与柏拉图的]区分多么成问题,它毕竟可以提醒我们思考这个问题:当亚里士多德在他自己的论述中从[柏拉图的]原初对话语境中分离出某些观

---

① 参见本书附录("苏格拉底、柏拉图和哲学")以及第三章注释20(译按:即本书下文第124页注释①)。理查德(Richard)和科克斯(Cox)分析了这一模式:在《伦理学》中,所有对"哲学"的明确指涉都落在谈及苏格拉底的言论所及范围之外。科克斯认为,这些言论反映了"一些修辞,这些修辞来源于并且表达了亚里士多德关于他的'政治科学'(hē politikē)的公开讲授"(《亚里士多德在〈尼各马可伦理学〉中对苏格拉底的处理:一个导论》["Aristotle's Treatment of Socrates in the *Nicomachean Ethics*: A Proem"]页123)。在"亚里士多德于《尼各马可伦理学》中对苏格拉底的政治表述"中,特希托尔把《尼各马可伦理学》对苏格拉底的明确指涉分属四个主题进行了考察:勇气、诚实和反讽,审慎,以及不节制(incontinence)。他展示了在这个过程中,"亚里士多德如何试图把读者引入某种批判性地积极欣赏苏格拉底的生活与教诲"(《亚里士多德"人事哲学"中的苏格拉底》["Socrates in Aristotle's 'Philosophy of Human Affairs'"]页204)。这一点尤其表现在关于不节制的讨论中(页212–214)。

点归给苏格拉底的时候,他这样做的目的究竟是什么？在这些情形中,首次出现的案例是他从柏拉图的《拉克斯》中抽取了这样一个命题:即德性——在这个例子中是勇敢——是知识。碰巧,这个命题[在《拉克斯》中]不是由苏格拉底提出来的,而是由他的对话伙伴提出来的。由于这个命题显然有某种来自苏格拉底的起源,所以,在对话进行中可以看得很清楚,这一"德性知识"在多大程度上是从苏格拉底的方式来理解的。①

从[对《拉克斯》的]这个指涉开始,通过一系列对柏拉图对话的暗指,亚里士多德建构了一个苏格拉底形象,并把它用作一个绝佳的反衬(foil),以便针对它发展出一种不同的关于伦理德性的观点。然而,那些被亚里士多德归给苏格拉底的学说,虽然来自柏拉图的出处,但是根植在一个复杂的问题系列之中的:包括人性卓越的真实性质、城邦和灵魂中的正义、灵魂的冲突和快乐、友谊与友爱②、智慧与幸福的问题等等,都是亚里士多德在《伦理学》中始终致力于的问题。③通过这样做,亚里士多德进入了这样一场对话,这场

---

① 尼西亚斯(Nicias)提出的普遍定义,即勇敢是对可怕事物和能激发自信(confidence-inspiring)之物的 *epistēmē*[知识],后来证明是关于一般意义上的善恶事物的知识(《拉克斯》194e-195a, 199c;参第三章注 22,译按:即本书下文第 125 页注释①)。当亚里士多德把柏拉图的《法义》(*Laws*)——这是仅有的一篇苏格拉底没有出场的对话——当作"苏格拉底言论"的时候,亚里士多德为我们提供了又一个有趣的谜团(《政治学》1265a3-4;对参第七章注 43,译按:即本书下文第 229 页注释②)。

② [译按]friendship and love,英文以此表达古希腊文中 philia 兼备的两层意思,中文相应译为"友谊与友爱",虽未能尽意,庶几当之。不过,在后面,当作者用 friendship 一词对译 philia 而兼摄两义的时候,就应该把这个词译为友爱了。

③ "柏拉图对亚里士多德哲学的冲击很难被过高估计":在为一本考察柏拉图伦理学对亚里士多德的影响的会议文集导言中,海纳曼(Robert Heinaman)如是说(《柏拉图与亚里士多德的"伦理学"》[*Plato and Aristotle's "Ethics"*]页 ix)。文集中的论文表明,这样一些思想家之间的对话虽然不必然意味着相互同意,但即使有不同意见也是从一个深层的共同基础中生发出来的。

对话实际上超出了他在[《伦理学》]第三卷到第七卷中明确谈及苏格拉底的范围,并且引导我们重新思考它们的意义。眼下这部论著的题目所指的事情,正是这场对话——不是在经验研究的意义上探讨亚里士多德写《伦理学》的时候心里想的是什么,而是作为一个解释的工具,通过它得出的哲学结论,尤其通过隐藏在下面的基础论证,来揭示究竟是什么东西的运作使得这部著作成为一个整体。

[6]最开始被当作《伦理学》批判目标的苏格拉底教诲,早在苏格拉底这个名字出现之前的第二卷就已经被带出了。亚里士多德坚持认为习惯对于养成良好的伦理德性品质是必不可少的,因此,他指责了那些忽略这种必要性而"逃避到 logos[言辞]中"的人(1105b12-14):他批评了那种以为言谈足以带来德性的错误信念,这种信念采用的方式正与柏拉图的苏格拉底描述他自己的非同凡响的哲学实践的方式相同(《斐多》99e)。这次暗指为《伦理学》[后面]的首次明确提及苏格拉底作了准备,在那次明确提及中提出了苏格拉底以勇敢为一种知识的论题(1116b4-5)。这个论题暗示了苏格拉底哲学所含有的颠覆传统道德的方式,至于它是否把握住了苏格拉底用以代替传统道德的那种人之卓越的理解,则是另外一个问题了。苏格拉底在《伦理学》中的首次出现所代表的形象,可以通过最后五次对他的提及找到支持。这五次提及密集地出现在第六卷的末章和第七卷的开篇数章。剩余的唯一一处对苏格拉底的提及是把苏格拉底作为反讽(eironeia)之恶的代表,而在那里,反讽是自贬的一种形式。作为 eiron[反讽者]的苏格拉底这一次的暂时出场,迫使我们重新反思对那个相信德性是知识的苏格拉底的全部指涉线索,因为,作为一个反讽者,他宣称他只知道他所不知道的。①亚里士多德就这样不动声色地转向了他归之于苏格拉底学说

---

① [译按]原文为 who claims to know only what he does not know[他宣称他只知道他所不知道的],疑句中 what 为 that 之笔误(意为"他宣称他只知道他不知道")。

的苏格拉底问题:如果不是知识(*epistēmē*),那么,什么才是伦理德性所达不到的人类卓越性的标准?

在第六卷的末尾,亚里士多德承认苏格拉底观点中的某些东西是正确的:没有任何真正的德性是可以离开 *phronēsis* 即明智审慎或实践智慧的,而 *phronēsis* 又被视为属于理智德性的独立领域。随着亚里士多德对这一观点的认可,《伦理学》借以驱动伦理德性研究的、与苏格拉底的争论似乎就完满结束了。否认伦理德性的状态是一个单独领域和自主领域,这一妥协看起来像是《伦理学》前提的终极修订;不过,回首前文,我们会发现很早以前它就有被提出来的迹象。那么,有什么必要推迟这么长的时间才承认在苏格拉底的观点中可以发现真理呢?

《伦理学》论述过程中的这个关键时刻也带来了另外一个同样令人困惑的问题。亚里士多德对苏格拉底观点的接受或部分接受颠覆了灵魂的非理性部分与理性部分的划分,[7]不过,它却是以一个新的划分为代价的:即,在理性灵魂内部,*phronēsis*[明智]作为实践理性的德性与 *sophia*[智慧]作为理论理性的德性相互区分开来。*phronēsis* 由于只关心对于人来说善好的事物,所以,它被认为是低于 *sophia* 的,后者则被定义为对宇宙(cosmos)全体的穷尽知识,或者是对宇宙中最高存在者的最卓越的知识。伯里克利作为前者的代表,被认为列次于代表后者的泰勒斯和阿那克萨戈拉之后。*sophia* 是从宇宙的视角来看问题,以它的角度来看,人间事物无不显得渺小琐屑,所以它赢得了幸福的头衔。这个结论立即把我们第一次带回第一卷的初始问题:为什么它不会[在第一卷就]把探讨带向终结?

实际上,[亚里士多德的]论述是从凌虚的高处向大地的回转,由此便可以重审所有前人的那些关于德性及其灵魂学基础的观点。对用以形塑性情的褒贬实践的关怀,在第七卷中被治疗的目标所取代,后者需要对灵魂的病状进行理论的研究。无论君子(gentleman)的视角在全部德性研究中有多么大的重要性,在这一点上它却落到了后面。而且，这个考察突破了用以界定《伦理学》内容和方法的范围。这个新的开端是由苏格拉底开启的，正是这同一个苏格拉底在第六卷的结尾似乎要把《伦理学》的考察带向终结。因为，当亚里士多德承认德性是某种知识，或者至少有某种知识介入的话，那么，他就被迫面对苏格拉底因坚持如下观点而得出的后果：一个人不可能既知道他自己的善好何在，又做得与他所知道的相反。

亚里士多德在这个问题上的复杂分析导致他再次承认——再重复一遍——在某种意义上苏格拉底是对的。亚里士多德与苏格拉底争论的最后阶段①，是一个探究方式的转换。这个转变似乎反映了这场探究所达到的苏格拉底式基础(Socratic ground)：②起初作为政治科学开始的东西，现在变成了政治哲学家的计划(1152b1-2)。正如细心的读者注意到的那样，这是《伦理学》中第一次也是唯一一次谈及"政治哲学家"。③然而，它看起来似乎很难与随后进行的分析相协调，因为后面的考察谈到所有生物就其自然本性而言都是追求快乐的，由此出发，快乐似乎就是善本身(the good)④。探究的历程越过关于德性的考察，把它转变为政治哲学，[8]似乎同时也是为了发现自然而把它解放出来；然而，第七卷关于快乐的自然

---

① [译按]指第七卷1147b对苏格拉底的最后一次提及。

② 正如科克斯所论："对苏格拉底的谈论戛然而止，这是更加令人困惑不解的事情。因为《伦理学》剩下的部分[仍然在继续]讨论诸如快乐的性质、友爱、以及至少在第十卷讨论了的哲人生活的'理论'面相等主题，这些主题曾经都是在谈及柏拉图的苏格拉底时讨论过的。"(《亚里士多德在〈尼各马可伦理学〉中对苏格拉底的处理》["Aristotle's Treatment of Socrates in the Nicomachean Ethics"]见页136)。

③ 关于"政治哲学家"的指涉，参第五章注29[译按]即本书下文第236页注释①。

④ [译按]原文斜体着重 the，当意指作为终极目的的善，故译为善本身。不过，这个译法是有一定歧义的，有必要在此注明，以资提醒：它有可能会误导读者用"柏拉图理念论"的方式理解它，而这样一种与事物之善完全分离的善的理念，在《尼各马可伦理学》第一卷就受到了批评。

主义分析只不过是展开论述的第一个步骤,从这个展开中,政治哲学必须找到自己的道路。快乐主题本身将在第十卷的开头被重新提起考察——首先是为了搞明白是否有那么一种卓尔不群的人类的快乐,伴随着一种卓尔不群的人类活动的快乐?给这种重新考察作准备的,便是关于友爱的长篇讨论。在返回幸福问题的道路上,这个[关于友爱的]讨论位于两场涉及快乐的考察之间。

根据第十卷的分析,快乐乃是紧随一种觉知活动(activity of being aware)的后果①,或者说正是觉知活动的实现,而觉知活动则意味着活出最充沛的生气(being most fully alive)。这种觉知的重要性,在讨论友爱的结论部分就已经导入了。在那里的语境中,我们发现,关于快乐的讨论第一次牵涉到客观条件序列之外的东西。在那里,快乐需要一种对于生存的觉知,以及对于生存之善的觉知,而这又必须通过一种对于自我和对于作为另一个自我的朋友的交互觉知才能到来。这正是朋友之间通过共同生活所达到的东西,对于作为政治存在物的我们来说,这也是必不可少的东西;而对于人类来说,共同生活便意味着分享谈话和思想,也就是对我们作为理性存在者的[理性]能力的运用。②

在《伦理学》第十卷末尾极具争议的结论中,我们的政治本性和理性本性在分享谈话和思想的活动中的共同实现——它首先属于那些"一起爱智慧"之人的友爱——看来是很难有可能达到的。什么是最好的人类生活?由这一问题所引发的争议把第六

---

① [译按]原文是...follows in the wake of…an activity of being aware。句中 in the wake of(随……而来)的 wake 兼有"尾迹"和"唤醒"之意。作者似在 wake 和 aware 之间一语双关,中译惜未尽意。

② 正如戴维斯(Michael Davis)在他关于[亚里士多德]《论诗术》的研究中所示,亚里士多德对人的理解涉及三个相互关联的规定性:即人作为理性的动物、作为政治的动物以及作为模仿的动物(参《哲学之诗》[*The Poetry of Philosophy*],尤其此书第4页)。

卷的结论重新凸显出来:它把前苏格拉底的泰勒斯和阿那克萨戈拉的纯理论生活置于伯里克利的政治生活之上。用我们当前学院派讨论的语言来说,《伦理学》的结尾是一个"排外的"幸福概念,这种幸福只能在单纯投入沉思活动的生活中才能发现。同时,这一结论又处在与一个"内包性的"[幸福]概念的充满问题的关系之中。这个"内包性的"幸福概念似乎隐含在这部论著的整体之中,从这个整体出发,一种缺乏伦理德性或者没有友爱的生活,至少可以说绝不是美尚的人类生活。如果存在那么一个连续的基础观点使得这部论著成为一个整体的话,那么,很显然,它就会像悲剧的情节一样运作起来,在其中会有一个颠覆[观众]预期的剧情反转,最后则必须被理解为从属于一个事件的序列,而这个序列自始至终都是由偶然性或必然性支配的。①

[9]在提出以 theōria[静观沉思、理论]为幸福的论题之后,亚里士多德停下来提醒我们,在这样一些事情上,言辞必须通过行动来衡量。他提出来的回答无非是一个传统的意见:沉思生活必定是最幸福的,因为它是有可能受到诸神回报的生活。在几乎从全部论著中全然离席之后,诸神在此突然出现于舞台布景之中。而亚里士多德关于纯粹言辞之局限性的告诫应该提醒我们注意一种真正的行动——作为[《伦理学》]这场探究的参与者,我们自始至终就投身于这个行动之中。当然,那个行动既不仅是政治行动,也并不更多地是沉思宇宙或宇宙中的至高事物的行动。它从这些行动方式的选项中公然抽身而去,犹如苏格拉底这个政治哲学的创立者在前苏格拉底宇宙论思想家和政治领导人之间关于最好人类生活的竞争中抽身而去。通过有意地运用其言辞与其行动之间的差异性,亚里士多德的这部论著把在柏拉图对话中发挥作用的基

---

① 参亚里士多德《论诗术》第十章。

本工具,即反讽,付诸了使用。①如何在我们可以称之为《伦理学》的行动的光照之下解释它的言辞,并通过这一解释来理解《伦理学》关于人类幸福的教导究竟是怎样的? 这便是激发着本部研究的问题。

---

① 虽然《伦理学》系用论说文体写就,但是,正如伯纳德特(Seth Benardete)所见,它表明了"反讽与科学是不相容的;而在政治哲学中它却如鱼得水……作为反讽大师的苏格拉底与作为首个政治哲学家的苏格拉底看来是一致的。而且,如果他们是一致的,那么政治哲学就是有双重面相的——它的一张脸朝向城邦,另一张脸则背向城邦"(《列奥·施特劳斯的〈城邦与人〉》["Leo Strauss' *The City and Man*"]页5)。

第一部分　属人之善

第一章　终极目的与到达途径

[13]苏格拉底:那么,让我们首先来在一些小点上达成更深的共识。

普罗塔库:什么问题?

苏格拉底:善的总体和部分(the lot and portion of the good)是否必然是完全的和完美的(complete and perfect)? 抑或并不是完全的和完美的?①

普罗塔库:当然是万物中最完全的和完美的了,苏格拉底。

苏格拉底:是吗? 善也是足够的和充分的(adequate and sufficient)啰?

普罗塔库:当然,而且在这方面它迥出于任何存在物之上。

苏格拉底:而且,最有必要的一点也许是,我们必须进一步明了:每一个知道它的事物都在追寻它,想望它……

普罗塔库:无可否认。

苏格拉底:那么,就让我们来分别考察和评判快乐的生活与思想的生活。

普罗塔库:什么意思呢?

苏格拉底:让我们假设快乐的生活中没有思想,思想的生活中没有快乐。如果它们中的任何一种生活是善的,那么,这种生活就必然不需要任何其他事物的添加;但是,如果二者中的任一表明为有待外物的,那么这种生活就定然不是我们要找

---

① [译按]这一句伯纳德特据实译出,一般译本多有简化,如 Jowett 本简作 Is the good perfect or imperfect?

的真正的善。

————柏拉图《斐勒布》20c-21a,伯纳德特英译

从善[本身]到属人之善

politikē[政治学]作为主导[技艺]
亚里士多德的《尼各马可伦理学》开始于一个看似颠倒的追求:

> [14]每一种技艺[technē],每一种营谋[methodos],以及每一种行动[praxis]和抉择[prohairesis],都被认为以某种善为目的;因为善被美好地宣称为所有事物所朝向的东西。(1094a1-3)

如果这只是一个形式的概括,虽然说得并不充分,但也许还是可以接受的:所有事物有目的地朝向的目标是"善",无论它可能是在何种特殊情形上来说。不过,如果从这个探讨将要导向的论述方向出发来看问题的话,那么,所有事物朝向的目标这一指涉就显得像是一个针对特殊目标的过于宽泛的表述:这是从那种认为特殊的人类活动有其特殊善好的观点出发①,而得出一个关于善本身(the good)作为共同目标的结论。当然,亚里士多德只是观察到,这个推论是"被美好地宣称的"(kalōs apephēnanto):善本身作为世界整体

---

① 《尼各马可伦理学》自身作为"某种 politikē",即政治技艺,从一开始就被界定为一种特别的 methodos[践行方式](1094b11),其言辞只有在与某些类型的 praxis[实践行动]相联系时才是有价值的(1095a5-11),虽然它最终被归结为一种其 telos[目的]不在于"纯粹理论"的 prohairesis[抉择](1179a33-35)。

的统一性原则是美在言辞中运作的结果。①美看来是一种目的论宇宙论的当然衡量尺度,在这种宇宙论中,所有部分都根据一个单纯的最高目的而受制于整体秩序。如果说《伦理学》追求的是关于这种终极原则的知识,那么,它为自己设定的宏伟目标似乎经历了一个逐级下滑的蚀变过程:它先为自己定位的目标是善本身(the good,1094a22),然后下降到属人之善(1094b7),然后到实践之善(1095a16-17),以至最后下降到所寻求的善(1097a15)。善本身蕴涵着一个宇宙,在其中人有其自然位置;属人之善则抛弃了那个包罗万有的整体;实践之善看来甚至是使其更狭隘,把自身局限到行为领域;至于所寻求之善则把目的系附于我们的寻求行为之上,从而使得我们疑惑:善,以及存在,是否过去是、现在是而且将来永远是一个问题?②

在谈到善的问题之前,[亚里士多德]首先分析了关于诸种目的 (telē) 的分类。这也许是《伦理学》书中最抽象最模糊的一个表述:

> 有些是活动(activities, energeiai),有些是活动之后的成果

---

① 在《伦理学》开篇首句中看似随意用到的修饰词 kalōs[美的],引入了一个将要在这场探究中位居核心的主题。这个主题的引入是通过界定其主旨——即正义的事物和 ta kala——而开始的(1094b14-16)。To kalon 的翻译与它的重要意义一样充满问题,如果确实"雅典投身于美尚事物的热忱犹如耶路撒冷之于正义"的话(参伯纳德特《美的存在》[The Being of the Beautiful]页 xv)。传统译法译之为"高贵"(noble),这个译名看起来似乎特别符合《伦理学》把 kalon 当作伦理德性之 telos[目标]的关怀(例如参 1115b12-13):高贵看来是美在道德领域的特别表现方式。如果说伦理德性指向某种超越自身的东西,也就是说超越它作为习俗塑成的品性,那么这是通过致力于以"美"为 telos 的努力而达到的(参第二章注 3 和第三章注 28[译按]即本书下文第 78 页注释①及第 131 页注释①)。

② "什么是存在"的问题,是亚里士多德《形而上学》的科学所探求的主题(983a22)。这个问题不光是在过去,而且是在现在以至将来永远要追寻和令人困惑的问题(1028b3-4)。

(works, erga)。当目的超出行动(actions, praxeis)时,成果(erga)自然比活动(energeiai)更好。(1094a4-6)

这些术语曾经在《形而上学》和其他地方有过长篇讨论,在这里却显得缺乏预先规定和分疏,[15]虽然它们也将在《伦理学》的论证中扮演核心角色。①精确而言,什么才是一个 energeia[活动、实现活动]？什么样的 ergon[活动、活动成果、功能、工作]可以是它之后的结果？以及,为什么在这里 energeia 可以被理解为一个 praxis[行动、实践]？在第七章,第一卷的讨论又回到 ergon,把它作为论证的基础,以便确立什么是构成了人类生活之终极目的的善。雕塑家的 ergon——在那里举了这个例子来说明这个概念——既是雕塑活动的功能,又是这一功能生产出来的作品。但是,只有雕塑家的作品,即他的雕像,才符合前面提出来的作为[活动]之后的目标并因而高于行动的 ergon 定义。当然,这样就会生出一个问题:为什么雕塑所例示的活动(activity)会被标示为一个"行动"(action, praxis),而不是我们可能会期待的一个"作品"(production, poiēsis)？在任何情况下,在第七章里被视为人类卓越特性的 ergon,就其自身而言都是灵魂的 energeia,而不是 energeia 须臣服其下的一个制成品(1098a13)。Ergon 和 energeia 如何共同决定属人之善,将在它们被应用于处理伦理德性与理智德性的关系时被指示出来;但是,直到第六卷结尾关于德性之为一个整

---

① 尤其可参《形而上学》第九卷。根据那里的论述,一种运动(kinēsis),诸如吃饭、学习、行走、建筑,直到得出结果之前都是不完善的,而得出结果的时候也就是运动结束的时刻。相比之下,一种 energeia[活动],譬如看、活着、想、觉得快乐等等,并没有外在的结果,所以它们在每一瞬间都是自身完成的。在[《伦理学》]这里的语境中,一种行动(praxis),或至少一种完整的 praxis,是不同于运动(kinēsis)的,是有其自身目标的(1048b19-28)。在下面这个例子中,通过界定它们之间的关系,Energeia 被与 ergon 联系在了一起:教师的 ergon (即把知识传授给学生)是其行动的 telos,但这一 ergon 却是通过学生的 energeia 来展现的,而且,亚里士多德补充说,"自然就像是这样的"(1050a17-23)。

体的讨论结束之前(参 1144a5-7),这一点还是尚不明确的。

在形式上把目的区分为 *erga* 和 *energeiai* 这一点上,我们被暂时抛置在暗昧不清之中,而这里的讨论却突然转向目的划分的不同基础及其统一的问题。"行动、技艺和知识"的多样性包含了其相应目的的多样性——健康是医术的目的,船是造船术的目的,胜利是兵法(military art)的目的,财富是理财术(economics)的目的(1094a6-9)。那么,如何可能有一个单纯的统一目的呢?亚里士多德提出了某种有秩序的整体,在其中,只要几种技艺归属于同一"能力",那么,主导性技艺(architectonic arts)的目的便是比其他技艺的目的更值得选择的。但是,这里举的例子——马勒制作术从属于马术,而马术又从属于兵法——却有可能让我们怀疑它本欲说明的原则。虽然马勒制作术可以被理解为是为骑马服务的,但是,骑马却不一定是为兵法服务的。马术的一般用处难道不可以把它的目的蕴含在一种活动之中,而这种活动根据其自然性质也可以被应用于农耕和竞技,或者仅仅因其自身而被喜爱?①

虽然不无问题,毕竟,一个建立在技艺及其目的之秩序基础上的等级体系已经被提出来。不过,它与善之间还缺乏明确的关联。[16]在第一卷的第二章将会谈到,把我们带回终极目的的东西是有

---

① [第一卷的]第一章末尾谈到,无论"行动的目的是其 *energeia* 本身还是与之分离的其他某种东西",在[从属技艺以主导技艺的目的为目的]这一点上不会有什么区别(1094a16-19)。读到这里,我们会觉得起初关于 *ergon* 和 *energeia* 的表述就更加令人费解了。与作为活动产品的 *ergon* 不同,当一种 *energeia* 以其本身为目的的时候,它似乎会拒绝归属到一个较大的等级系列中去。亚里士多德随即说到,如果是城邦把技艺的多样性统摄到一个秩序化整体中去的话,那么,也许只能通过把每种技艺处理为一种 *ergon* 产品的方式才能做到。正如戴维斯所言,《伦理学》开篇关于 *energeia* 和 *ergon* 的表述,"重新制造了一个运动过程,在其中,起初从其自身而得到理解的活动后来被理解为工具性的东西"(《逻各斯之父:亚里士多德〈尼各马可伦理学〉中的灵魂问题》["Father of the *Logos*: The Question of the Soul in Aristotle's *Nicomachean Ethics*"],页 176-177)。

关欲望结构的考虑:如果在行动中有那么一种目的,我们只是因其自身而追求它,并且其他任何事物也只是因为它而被欲求,而且我们从不因为它之外的事物而决定我们的选择,①那么,很显然,这个目的就是"善[自身]和最好的东西"(the good and the best,1094a 18-22)。亚里士多德并没有确证这样一种终极目的的存在,而只不过是从其缺席而来的一个推论:一种选择是为了另一事物,这样一个链条必将导致无限(eis apeiron),从而使得所有的欲求都陷入虚无和徒劳(mataian,1094a20-21)。②显然,在这个链条中,任何一个单独联系的完成中都不会有部分满足的可能性;一个欲求接着一个欲求的不息状态缺乏一个最终目的的封闭性,于是它就有可能使得每一个步骤变得毫无意义。亚里士多德接下来设问:对于它的认识(gnōsis)难道不是生命中决定性的东西吗,犹如靶子对于射手来说深有助益?即使在如此设问的时候,亚里士多德也仍然没有肯定这样一个最终目的的存在。③

---

① 这里亚里士多德措辞很小心,以便为朝向目标的意愿(boulēsis)和[达致目标之]途径的选择(prohairesis)之间的明确区分准备基础(参1111b26-27)。

② 这是一个有待扩展的语言游戏(pun)的第一步(参1095a3-5,以及本章注释17[译按:即本书第30页注释①],1096b20,1097b12-13)。这个语言游戏借自柏拉图的《斐勒布》,在那里,事物数量的无限(apeiron)或一个事物内部的无限都被认为会带来思想上的不确定(apeiron)(17e4,参伯纳德特,《生命的悲剧和喜剧:柏拉图的"斐勒布"》[The Tragedy and Comedy of Life: Plato's "Philebus"]页94)。亚里士多德在目的和欲求之间所形成的这个导致虚无的无限链条让人想起《斐勒布》中的相同联系:苏格拉底的戏谑宇宙论(playful cosmology),当它支持了一种古老的观点即心灵通过为无限物设置限度的方式来给宇宙带来秩序的时候,就不是虚无的了(30d6)。

③ 亚里士多德很快就会来批评那些仅仅出于这一假设就来捍卫善之理念(idea)的人(1097a1-4)。在谈到生命中的决定性之物的时候,亚里士多德用的表达是 rhopē biou,而俄狄浦斯正是用它来指通往死亡的路途(索福克勒斯《俄狄浦斯在克洛诺斯》1508)。也许亚里士多德在这里参与到了一种从[《伦理学》]第一卷中作为生命目的的 telos 滑到作为生命终结的 telos 的过程之中。

如果关于善[本身]的知识是如此决定性的东西——至于它是否存在的问题就存而不论了——那么,就有必要去查究它大体而言是个什么东西(1094a25-26)。而直到《伦理学》最后一卷的末尾,它仍然停留在大体的状态(1171a31①)。②不过,"什么"的问题很快就转向另外一个问题,这个问题把欲求的假设[为链状的]结构归结到知识的等级划分:善[本身]属于何种知识(*epistēmē*)或能力(*dunamis*)?亚里士多德推测说,这看来得属于一种最具统驭性和主导性的[知识的]考察对象,而这种知识看来就是 *politikē*[政治学],无论是政治学知识还是政治上的才能,抑或兼而有之。毕竟,是 *politikē* 确立法律,以决定哪些科学在城邦中存在,以及哪些公民要去学习它们。不仅如此,它还统辖着诸如兵法、理财术、修辞术等有价值的才艺。因此,政治学的目的应该涵括了其他知识的诸多目的(1094a26-b6)。当然,政治学要想做到这一点,就必须如同一个将军指挥骑兵一样:当将军为了获取胜利而指挥骑兵的时候,他的目的就涵盖了骑马的目的。*politikē* 在扮演其统驭性角色的时候,是为了它自身的目的而使用城邦中所有其他的技艺,而不必让那些技艺满足某些也许是属于其自身的目的。同时,*politikē* 在决定所有次级技艺的用途时,也为它们设定了界限。于是,作为一个结果,这看起来就像是苏格拉底关于每种技艺之局限性这一发现的政治学对应物——在苏格拉底的发现中,每种个别技艺的局限性是不可能由这一技艺的艺人以从其内部视野得到认识的,结果,这就导致了苏格拉底认识到他自己的无知之知的优越性。当 *politikē* 监理劳动的

---

① [译按]查1171a31是在第九卷,并不是最后一卷,而且讲的是朋友的到来与分享快乐、痛苦的关系问题,并未涉及大体而言何为善[本身]的问题,所以,此处文献出处注释恐有错误。按作者意思,或指尾卷末章1179b-1181b间某处。

② 在《斐勒布》的长篇论证末尾,苏格拉底承认说,他们必须清楚地把握到善[本身],或它的某些大体(*tupos*,61a)!

分工，以便把每种技艺都视为局部之物并把它们全都系缚于一个整体的时候，politikē 就成为哲学在城邦中的替代物。①

[17]在其朝向完备性的含蓄主张中，城邦把诸目的的结构拧成了一个整体，并且把城邦自身的目的变成最后的和包罗一切的目的；正是在这个发展过程中，善[本身]才被置换为属人之善（1094b7）。②不过，一旦属人之善表现为 politikē 的确定目的，它就经受了一个分裂：虽然它对于个人和对于城邦来说是一致的，但是为了城邦的缘故而获取和保存属人之善要显得更加伟大和整全——虽然为了个人的目的是可以接受的，但是为了众民（peoples）和城邦的目的则是更加美尚和神圣的（1094b7–10）。亚里士多德并未捍卫这一表面的真理。如果属人之善是一个单一的目的，而且，如果按照《伦理学》的最终结论所表明的那样，个人之善存在于 theōria[静观沉思、理论]活动之中的话，那么，人们就不得不感到困惑：[个人的沉思]活动如何可能"明文规定"于城邦之中呢？除非这也许不过是一个隐喻？③

把属人之善确立为目的，就把[伦理学]探究的性质确定为一种特别的处理方式：“既然 methodos[方法、途径]乃是致力于这些目标，那么，这也就是某些种类的政治技艺（politikē tis）”（1094b10–11）。这个限定语——仅仅是"某些种类的"，而不是严格意义上的

---

① 参《申辩》22d–e，《王制》433a–b，以及《卡尔米德》171d–172a。

② 阿尔法拉比也追踪了这个运动过程：在描述了万物终极原因的神圣追问之后，他转向了人事知识和政治知识，通过这些知识，人们"将会在城邦和国家所树立的整体性中看到相似于整个世界所含有的[整体性]"("The Attainment of Happiness"[《获得幸福》]i. 20，见《柏拉图与亚里士多德的哲学》页 24，[译按]中译本参阿尔法拉比《柏拉图的哲学》，程志敏译，北京：华夏出版社，2006 年，页 153）。参本章注释 72[译按]即本书下文第 71 页注释①。

③ 直到亚里士多德的《政治学》第七卷前三章为止，此处开始的论述未曾再次提起。在《政治学》第七卷前三章里，这个隐喻得到了发展，并被应用于一个孤立的城邦（1325b24–33；参第七章注释 45[译按]即本书下文第 331 页注释①）。

politikē——看来也许是意在描述《伦理学》，因为《伦理学》关心的是个人的善，凌驾于关心城邦之善的《政治学》之上；而且，它的 *methodos* 致力于"这些"目标，这意味着它是在[个人和城邦之善的]双重形式上关心属人之善。不加限定的 *politikē* 看来必定是指政治实践或政治家的技艺，而"某些种类的 *politikē*"则是指包含《伦理学》和《政治学》在内的技艺或知识：其中之一的知识并不介入为城邦立法的工作，另一方面的知识也并不在个人道德养成方面做得更多。不过，亚里士多德似乎仍然强调，这一探究的目的并不是知识，而是行动，或至少是因与行动相关而有用的知识。"某些种类的 *politikē*"并不能仅仅通过言辞来达成目标，单凭政治实践也做不了更多，即使二者所要做的事情并不相同。

methodos[途径]与听众

一旦探究的目标确定下来，这一探究将欲遵循的途径（*methodos*）就必须符合相应的精确性程度。目的既已确定为属人之善，而要考察的主题却是"美尚和正义的事物"，关于后一点，人们有着聚讼纷纭的各种意见（1094b14-16）。就算在一个时代的一个民族中，那些意见可以取得一致，但是在不同的地方和不同的时代，意见之间的差别却可以相距甚远：一个部族认为埋葬死者是好的，另一个部族则进行火化；不同的政制或许可以一致认为[18]正义需要在不平等的人们中进行不平等的分配，但是，在什么类型的不平等才有价值这一点上，却可能陷入巨大的分歧。① 这种"不确定性"——正如亚里士多德所言——会导致一种思想，认为美尚和正义之物之

---

① 在分配正义问题上关于不同种类平等概念的分歧，参见《政治学》1282b14-1283a23。关于不同的葬礼习俗，参见柏拉图《美诺》315c-d。为了说明一个民族对他们的神圣事物和习俗的依附，希罗多德讲了一个大流士询问葬俗的故事。有一次，大流士问一群希腊人，要给他们什么东西才能使他们吃掉死去的父亲，他们回答说给什么都不行。然后他又问某些

所以如此,仅仅是出于习俗,而完全不是出于自然本性(1094b14-16)。善的事物也是不确定的,但却是以一种非常不同的方式。某些事物只是在特定的方面和在特定的情形中才可能是善好的,而另一些就其自身而言是善好的事物却可能在某些情形下是有害的;不过,相对而言,就一个确定的方面来说,在一个确定的条件下,一个善好的事物毕竟是真正有益的,而不仅仅是出于意见才显得好。善的事物并没有像美尚与正义之物那样,被说成是仅仅取决于习俗的。①

既然这一探究的主题是如此疑惑不定,那么我们能对这种探究抱有的期待就只能是一种大体(tupō)的真理:如果想得到更多的话,就会导致失望,以至于会从根本上威胁到理性力量的信心。②事实上,对这一研究工作的恰当期待,决定了它的合适听众。这是第一次——但绝不是最后一次——表明,《伦理学》并不是一本可以或者必须对任何一个拿起此书的人说同样事物的论文。亚里士多

---

① 印度人——这些印度人的习俗是吃掉死去的父亲——要给他们什么东西才能叫他们火葬死去的父亲,他们就大叫起来,叫大流士闭嘴。希罗多德于是得出结论说,品达的诗句是对的,"习俗乃万事之王"(《原史》第三卷第 38 节)。不过,正如伯纳德特看出的那样,希罗多德同时也表明,并不是所有习俗都是同等可取的:印度人因其食人习俗的实践,就对任何其他习俗视而不见,而希腊人则能静听不同方式的思想,虽然他们并不打算改变自己的习俗(《希罗多德的〈原史〉》[Herodotean Inquiries]页 79-80)。[中译按:伯纳德特追溯 Histories 的希腊文本义,把它翻译为 Inquiries,刘小枫译为《原史》,可从。]

① 苏格拉底说,大多数人"宁愿选择和喜欢那些由意见赋予其正义和美尚之名的东西,即使它们实际上并不是正义和美尚之物",至于善的事物,"没有人会满足于意见所认为的善好事物,而是每个人都会去寻找真正是善好的东西,在这里每个人都会鄙弃意见"(《王制》505d)。

② 正是出于这种考虑,苏格拉底发出了他关于防止"厌恶论证"(misology)之威胁的警告,以及从这种威胁摆脱出来到达安全境地的要求(见《斐多》89c-90c)。参阅我在《斐多:一座柏拉图的迷宫》[The "Phaedo": A Platonic Labyrinth]页 xii-xiii 及 115-119 中的讨论。

德对他意中听众的定位,是从一个相当令人惊奇的限制开始的:年轻人不适合学习政治事物。我们大概是比较容易认同这一点的:政治学不同于譬如说数学,它很少是也许从来就不是一个能出少年天才的学科领域;但是,如果我们的[伦理学]研究计划是由美尚与正义之物的概念所推动,并且是要从中发现善的事物且以之为我们的生活目标的话,那么,归根到底,难道不是年轻人最需要这样一种研究吗?这确实是几乎每一篇苏格拉底对话所显示的情形;当然,如亚里士多德所知,这正是把苏格拉底带上法庭并使其遭受死刑判决的对苏格拉底败坏青年的指控所在。①

亚里士多德论证道,他排斥青年是基于两个根据,这两个根据都关乎言行之间的关系。对于"大体"(outline)的探问导致徒然的言说,而只有在"生命的行动"中,这些言说才有可能得到实行:这正是青年人所缺乏的东西。这个[政治与伦理学的研究计划]的参与者必须有了充分的生活阅历,已经学会把那养育他长大成人的道德教育的坚固性带入问题的考虑。但是,看起来确实不是孩子而是青年人正在最热烈地经历着那种经验。不过,并不是把言辞付诸行动的经验本身,而是一种能把言辞付诸行动的准备性,才是[进入政治学研究]所需要的东西;因此,青年人由于是[19]被

---

① 在柏拉图的《法义》中,雅典来的外邦人诉诸多利安[中译按:Dorian,指克里特与斯巴达,《法义》原文是用拉科尼亚(Laconia)与克里特(Crete)来指称]法律中的"最美者",以防止年轻人质问法律,从而使得老年人可以自由地探讨立法问题,[免受年轻人质疑的干扰];但是,很快他们就面临一个问题:如何把年轻人的好问精神注入老年人身上,以便驱动他们进行立法问题的探讨(634d-636a)?迈蒙尼德在讨论那些有可能从"神圣科学"[中译按:指形而上学]的学习中获益的人们时,似乎也面临同样的问题。在解释为什么"不赞成把这种科学传授给年轻人"的时候,他观察到,一方面是年轻人"生长的火焰"带来疑问[以及探索疑问的动力],另一方面,一个人只有等到火气消退的时候才能无害地进入那种科学的学习(《迷途指津》[*The Guide of the Perplexed*] I. 34; 1 :77);但是,这不正是一个不再需要"迷途指津"的时候了吗?

感觉牵着走的,所以,他们根本不能领会那些意在指导行动的言辞(1095a2-6)。①

怀着[落实于行动的]目的,亚里士多德最终表明,成问题的并不仅仅是或并不主要是那些年纪尚轻的青年人,而是任何一个听从激情而非 logos[理性]的人。其中的典型案例便是缺乏自制的个人,对于这样的人来说,他的行为不是在他通过某种方式获得的 logos 指导之下进行的。将在第七卷中把亚里士多德与苏格拉底的争论带向高潮的灵魂问题(psychological problem),就是在这里通过讨论听众的问题而发其端绪的。[政治学]研究的适当参与者是由这一研究的目的决定的:它的目的意在行动(praxis)而非知识(gnōsis);或者毋宁说——(亚里士多德用一种几乎不可觉察但是很重要的变化方式重述了这一要点)——这种研究确实提供一种知识,只不过这种知识一旦离开行动便毫无用处(参1095a5-6,8-10)。随着《伦理学》的展开,这个看起来并不难理解的观点开始变得问题重重。人们发现,在任何一种通常的意义上关于何谓行动的讨论都非常少:它一点都不像做道德判断那样的情形。我们必须追问,究竟是怎样的行动可以避免言辞落入虚无?

合适的听众既然已经安排妥当,亚里士多德就宣称说——虽然他本来只想通过补充或重述的方式回到这一点,但随后他就重新开

---

① 关于[哲学]探究与其听众之间的关系,亚里士多德的连接方式使用了前面引入过的语言游戏[译按:见本书第24页注释②]:前面讲过,如果没有终极之善的话,选择之链的无限(apeiros)会使所有欲求落入虚空(mataian)(1094a20-21);那么在这里,类似地,年轻人由于听从感觉,他们性格中的缺乏经验(apeiros)会使得他们对言辞的领会陷入徒然(mataian)(1095a3-5)。终极善可以为欲求赋予意义,犹如此处言行关系可以给[哲学]探究计划赋予意义。在寻求何谓智术师的时候,柏拉图笔下的爱利亚外邦人引入了这样一个问题:一个人年轻的时候所有的"言像"(spoken images)能否以及如何在日后遭遇的"实行"(deeds in actions)中得到矫正(《智术师》234c-e)。

始了论述——既然所有的知识(*gnōsis*)和选择(*prohairesis*)都在追求某种善,我们就应该思考*politikē*[政治学]的目的是什么。我们曾把它的目的确定为属人之善,现在则变成了"所有实践之善的终极",也就是几乎所有人都称之为"幸福"(*eudaimonia*)的东西(1095a14-19)。说到幸福的时候,人们的意思是指"做得好或过得好"(doing well and faring well)——希腊习语 *euprattein* 同时兼有这两个意思;但是,一涉及幸福的具体内容,就会产生巨大的分歧,尤其是在大多数人和哲人之间。大多数人——关于哲人[如何理解幸福]我们在此没有听到什么——都认为幸福是某种显而易见的东西,诸如快乐、财富或荣誉之类,只不过他们相互之间意见不同,或者在一个人自身中也往往在不同的时间有不同的看法,他们总是相对于某种明显的缺乏来想象目的所在:对于病人来说,幸福看来像是健康;对于穷人来说,则是财富;而对于那些自觉到无知的人来说,则是任何显得了不起的东西。亚里士多德提到了以其自身为善、并使得一切善的事物所以为善的善之理念(1095a25-28)。自然,这一类貌似了不起的理念可能会打动那些试图藏身到自己内部所感觉到的无知中去的人,或至少是想逃避自我的人。[20]而对于那些以无知之知来驱动求知欲的人来说,[这个理念]毋宁说要被设定为一个问题,而不是一个可供膜拜的教条。

  在引入善的理念之后,亚里士多德就转向了柏拉图,不过,不是为了把他定位为这样一种理念的提倡者而提到他,而是为了赞许他在"是从始点(principles)出发还是导向始点才是正确的行进道路"这一问题上的"正确提问(well perplexed)"——这个问题就像是问:在赛跑的时候,应该是从裁判所在的地方跑出去还是跑向裁判(1095a30-b1)。[1]这并不意味着亚里士多德会同意说,我们必须从

---

[1] 这是《伦理学》三次提及柏拉图的首次(参本书附录一)。苏格拉底在讨论"线段"中的哪一段应该是最高部分的时候,提出了一个是向着 *archē*[始点]上升还是从 *archē* 出发下降的区别(《王制》511b-c)。

那些熟知的东西开始；而是，可知的东西并不必然是我们熟知的东西，虽然它们用作我们的起点或许是足够的。面对智术师甚至否认开探究之端可能性的诘难，苏格拉底提出了一种"回忆说"来鼓励美诺。亚里士多德则提出了一种更为明晰的方案，虽然他在此还没有说到我们怎样才能意识到那种超越熟知之物的需要，我们怎样才能走上那条道路，以及，如果我们有朝一日确实到达那里，如何才能认出那就是[我们要找的]可知之物。①

亚里士多德关于探究计划应该如何开始的考虑，带来了听众对象的新特征：为了充分地听取关于美尚与正义之物以及一般而言的政治事物的言辞，一个人必须已经受过美尚的教养，因为[探究计划的]出发点是"如是"（the that, 1095b4-6）。因此，可以推测，为了从《伦理学》得到教益，一个人必须熟悉那个可以作为起点的世界。可是，既然我们今天已经很少有人能身处亚里士多德的君子世界——也许丘吉尔还曾[在那个世界中]②——，那么，这是否意味着《伦理学》对于我们来说是一本不再能打开的书呢？我们难道不能恰恰在《伦理学》的指导之下，从一个重构起来以适合我们的熟

---

① 亚里士多德在《形而上学》Z 卷[第七卷]描述了这样一种尝试："正是凭借事物自身"，从对于人而言较为可知的事物开始，进展到就其自身本性而言较为可知的事物（1029b3-14）[译按：此处可能有错简问题，见吴寿彭在中文译本 128 页脚注中的讨论，商务印书馆 1995 年]。依循相同的原则，《物理学》探究是从这样一种理解出发：所有自然事物似乎自身都含有运动和静止的原理；但是，如果我们在进行具体考察之前就试图去证明此类原理的存在，就犹如一个天生的盲人试图去辨析颜色（184a16-22, 193a2-9）。[译按：这是在 193a2-9 处讲的意思，至于 184a16-22 处意思与前面称引的《形而上学》1029b3-14 处讲的意思类同。]

② 据说曾经有一位亚里士多德崇拜者赠给丘吉尔一本《伦理学》。在读过之后，"丘吉尔把书还给他，表达了自己的高兴，又补了一句：'尤其[令人高兴的]是，这本书所讲的东西，我自己早就悟出来了'"（C. E. Bechhofer Roberts, *Winston Churchill*, p. 102）。

知世界的"如是"出发吗？①从"如是"出发，就是从考察我们所习知的洞穴壁上的投影出发；而《伦理学》就提供了一个考察投影的指导，无论这些投影的形式如何千变万化。

亚里士多德继续说道，无论这个借以开端的"如是"的内容是什么，只要它被足够充分地显示出来，就不再有必要去追寻"为何"。如果我们已经满足了可以参与这一研究计划的条件，那么我们就不再有必要去寻求它；而如果我们确实有必要去寻求它，那么我们就根本不具备可以去寻求它的条件。②对这个并不可能存在的预期听众的戏剧性地自相矛盾的邀请，亚里士多德迫使我们重新思考这场探究的目的［21］：对于那些没有在道德教育方面拥有足够"如是"而寻求"为何"的人来说，［这种政治哲学和伦理学的］研究难道不是最急需的吗？因此，这难道不是最有价值的吗？在这样做的时候，他就会尝试去理解是什么东西使美的和正义的事物成为善的事物。③如果这个探究投合了甚至引起了探问"为何"的欲望，那么它就会准备把一开始假定的多种意见之间的内在矛盾、限度和视角的局限性带到前面来，

---

① 阿尔法拉比表达了他对这样一种计划的理解：他在"获得幸福"中检讨了柏拉图和亚里士多德流传下来的哲学并总结说："他们两人都向我们解释了哲学，但是同时却并不是没有给我们解释通往哲学的诸般法门，以及当哲学变得混乱或绝响之后重建哲学的方法。"（"获得幸福"第 63 节，见《柏拉图与亚里士多德的哲学》，p. 50［程志敏译《柏拉图的哲学》页 175，前揭］）

② 马克·圭拉（Marc Guerra）总结说：既然亚里士多德如此规定了什么人可以从事这一研究，以及什么人有可能从中得到教益，那么"像《伦理学》这样一本书似乎就不再有必要。那么，亚里士多德为什么写这么一本关于道德和政治科学的长篇论著，以及这本书究竟是写给谁看的，就都成为谜一样的事情"（《亚里士多德论快乐与政治哲学：〈尼各马可伦理学〉第七卷的一个研究》［" Aristotle on Pleasure and Political Philosophy: A Study in Book VII of the *Nicomachean Ethics*"］页 171）。

③ 在这种情况下，亚里士多德要寻找的听众也许与格劳孔和阿狄曼图斯没什么两样，他俩想叫苏格拉底给他们展示一下践行习俗所称颂的正义有什么真正的善好（参《王制》358b–376e）。

同时还要尽量少地干扰那些在起点方面满足了条件的人。①

通过引用赫西俄德《工作与时日》中的句子，亚里士多德强化了他对预期听众之复杂性的描述：

> 上善之人虑出己心，
> 能听人言亦足称善；
> 不思亦不听，
> 不知其可矣。（1095b10–13）②

---

① 正如利夫（C. D. C. Reeve）所见，《伦理学》意在讲授给那些具有了可靠 *endoxa*［常识意见］但是又因意见之间的冲突而陷入 *aporiai*［困惑］的人听；至于那些 *aporiai*，亚里士多德是准备用辩证法来解决的（《理性的践行：亚里士多德的〈尼各马可伦理学〉》［*The Practice of Reason*: *Aristotle's "Nicomachean Ethics"*］页 189）。当然，在这两种人之间还是有区别的：对于因 *endoxa* 的冲突而导致的 *aporiai*，一种人能注意到并因之感到不安，另一种人则无动于衷。如果《伦理学》是说给这两种人听的，那么它对这两种人的言说方式应该是不同的。

史密斯（Thomas Smith）更明确地把《伦理学》视为"从一种特别视野出发的探索善好生活问题的教育过程，这种视野对于一个古代希腊城邦的野心勃勃的青年人来说是习以为常的"。史密斯理解亚里士多德的"辩证教学法"是"从听众熟悉的关于善好生活的诸多意见出发，过渡到对这些意见的检省，以便看到它们在什么地方以及如何坍塌在它们自己的说辞上"（《重估伦理学：亚里士多德的辩证教学法》［*Revaluing Ethics*: *Aristotle's Dialectical Pedagogy*］页 6）。

② 赫西俄德《工作与时日》293-297。如果我们把赫西俄德引文中间被省略的一行纳入考虑的话，我们会发现赫西俄德的这段引文特别适合亚里士多德的引用意图："上善之人虑出己心，且可看出什么对于他来说是最终较善的东西"。这句话可以在梭伦的智慧箴言中听到回声："看到最后（Look to the end）"（参《伦理学》1100a10-11）。

马基雅维利曾在以"论君主的臣属"为题的讨论中重述了赫西俄德的三层区分："有三种头脑：一种依靠自己取得理解，另一种可以明辨他人的理解，第三种既不自己理解也不通过他人理解；第一种是最卓越的，第二种是卓越的，第三种则是无用的。"（《君主论》［*The Prince*］第 22 章，页 92）

人类之中有一个等级结构,只不过这个等级并不基于性别、种族或财富,而是基于人们如何达到理解。这是一个在不同的听取方式或阅读方式中表现出来的天性差别。赫西俄德在虑出己心的人和能听人言的人之间所作的区分,说明了《伦理学》的相同言说要去分别对待的不同灵魂类型。正如第一卷的末章所示,亚里士多德区分的多层听众反映了人类灵魂的双重结构,一层是自我发端的(self-initiating)理性,一层是听从理性的能力。甚至赫西俄德的第三类人,即那些既不自思亦不听取的人也不会被完全遗忘:《伦理学》全书的最后一章,即用以过渡到《政治学》的那一章将会表明,对于那些既不可晓之以理,又不可动之以美妙言辞的人,只有法律的强制之力才是够用的。

关于幸福的诸意见

生活[方式]的赛会

在界定了[适合听取这一]探究的合适听众,以及对他们作了一个分层之后,亚里士多德回过头来考察那些关于何谓幸福的几种根深蒂固的意见。[22]于是,"大多数人的和最流俗的"[意见]与"优雅的和积极行动的"[意见]相互区别开来——而且,前者的这一定性似乎是从后者的视角出发来看的结果(1095b16,1095b22-23)。前一种拥抱享乐的生活,把善等同于快乐;后一种认为政治生活是人类最好的生活,并且把荣誉视为目的。"静观沉思的生活"①——而非"哲学的生活"——亦有提及,不过没有说明这种生活所指的善好何在。这三种生活的区别,重述了毕达哥拉斯关于三

---

① [译按]Theoretical,后世演变为"理论的",希腊文本义为"静观沉思的"。

种生活方式竞赛的传说,听起来是如此熟悉,以至于不必提出问题:"某种生活"意味着关于幸福的什么说法?以及一种生活如何关联到构成其终极目的的善?而这些问题实际上已经对《伦理学》的整体论述带来了重要的后果。①

享乐的生活以快乐为属人之善。对这种生活的拒斥不过是通过一种蔑视的评价:大多数人选择这种生活完全就像奴隶一样选择了一种母牛的生活。在这种蔑视的后面有一个未经检视的假定:所有的快乐都是一个种类的快乐,人和动物共享的快乐。这就没有考虑到可以给人类带来快乐的活动的多样性,以及快乐如何与其来源相关这一困难问题。在《伦理学》的论述过程中,需要一些步骤来对这一[暂不区分快乐种类]的起点进行修正。这些步骤或许是这部论著作为一个整体在其论证过程中最引人注目的路标:很显然,在关于快乐的结论性分析中将会批评这种对快乐的不作区分的拒斥,后者只是目前做出的论述(1172a28-b7)。

享乐的生活追求私人的快乐,与之相对,人们或许会期待,政治生活所欲投身的目标就应该是城邦之善了。但是,在这里,问题的关键是过这种生活的个人所关心的善,而这就被设定为荣誉。荣誉被认为取决于那些授予荣誉的人,而善则应该是"神圣的",是拥有善的人本自具足的。那些[热衷公共生活的人]自恃荣誉而自以为高出庸众,认为庸众的生活无异于牲畜的话,这带来的问题尤其巨大。对以荣誉为目的的批评将会在关于伦理德性的考察过程中得到发展:这种批评开始于对政治勇气的描述,在大度之人(great-

---

① 当有人问毕达哥拉斯,称他为一个"哲学家"是什么意思的时候,毕达哥拉斯打了一个参加节日庆典的比方来区分三种生活方式:一些人参加庆典是为了去竞技,一些人是为了去谋利,而另一些人则仅仅是去静观沉思(西塞罗《塔斯库兰谈话录》[*Tusculan Disputations*] V. 3. 8-9)。[译按:此意可观品达诗歌残篇第 129。]"某种生活"意味着什么,这个问题是《斐勒布》的中心关怀。在那里,善是快乐还是某种理智活动的问题,被转化成了快乐的生活与理智的生活之间的竞争(参本章注释 40[译按]即本书下文第 45 页注释②)。

souled person)的形象中达到顶点。眼下的论证指出人们所真正欲求的东西不仅仅是荣誉,而是对他们价值的承认。因此,政治生活的目的也可能被认为是德性;当然,实际被隐藏起来的目的是具备德性的名望。如果说德性也被拒绝作为一种属人之善的候选对象而被排除在外的话,[23]那么接下来的是一个极为重要的否定。我们只是被告知说,德性看起来也不是完全的,或者说是缺乏终极性的。毕竟,德性是可以在睡着的时候也具备的,或者说德性是可以不被付诸实践的,或者,[一个有德性的人]也可能身处巨大的不幸、遭受痛苦,这样的生活没有人会认为是幸福的。为什么这个否定特别地加诸德性之上,其原因并不是显而易见的,虽然在面对德性是幸福所需的全部事物这一富有潜在强力的观念的时候,它也许是特别重要的一点。第一卷很快就会回到这个问题:有没有这样一种东西,它是如此充足,以至于即使在巨大的不幸面前也可以确保幸福?

亚里士多德并没有明确说出完备性和终极性的标准——根据这个标准,德性已经被否认为可以用来界定善好生活的目的——而是转向了第三种可能性,即把对沉思生活的评价延缓到后面。在到达最后一卷的结论之前,我们不会回到沉思生活的话题。而在最后一卷的结论里,我们会碰到一个令人吃惊的宣称,说是沉思生活作为完满幸福的状态已经在前面确立过了(1177a18)。在眼下关于诸种意见的考察中落空的东西,我们一直要等到《伦理学》的结尾才能把它落实,而当我们到达那里的时候,我们却被告知,它早已被说过了——而读者们一直在试图确认它。①

在目前的阶段,关于沉思生活的考察被另外一种可能性——即牟利(chrēmatistēs)的生活——所代替。牟利的生活似乎被视为继前面提到的三种突出的生活方式之后第四种被否定的候选方式。

---

① 关于第十卷这句话的指涉,有许多不同的看法,参见第七章注释 14 [译按]即本书下文第 309 页注释①。

牟利根本上不能构成一种生活方式,除非牟取本身可以作为一种目的;但是,财富只能被恰当地理解为一种手段,虽然对这一点并没有作进一步论证。虽然财富容易被认为特别与享乐的生活相关,①但它在一定程度上却是任何有严肃考虑的生活追求的必要条件,因为,亚里士多德注意到,那些追求是强人和富人所拥有的。但是,正是这个用来统摄和反对根本上作为手段的财富的观点,却有可能被转化为对那种以快乐为善的观点的辩护。实际上,当那种可能性得到最终的考察之后,却表明快乐是与沉思生活联系在一起的,而这一点在目前的讨论中是被排除在外的。②

在何为最善的人类生活这一课题下,亚里士多德的考察悉数排除了初步提出的几种竞争方案,只留下一种,而这一种却任其弃置于问题之中。快乐不能作为终极目的,因为它在所有类型中是最具奴性的一种,使大多数人显得就像奴隶一样选择与动物相同的生活[24];荣誉也被拒斥,因为它被认为是依赖他人的,而我们已经预先洞明(divined)③善必定是自足的;德性则显得是不充足的,因为它被认为是可能在一种无人称之为幸福的处境中拥有的。关于什么东西构成幸福的标准,是在检省对那些被认为占统治地位的意见的过程中提炼出来的。犹如苏格拉底[对意见的]的驳斥,亚里士多德的检省针对的是日常意见是否能保持自身一贯性;他所发现的东西在于:那些最通常的关于何谓 eudaimonia[幸福]的候选方案,最终都不能经受 eudaimonia 标准的检验,而这个标准是内涵在每种意见自身之中的。

---

① 正是这个在城邦与个人之间的成问题的平行结构假设,使得苏格拉底可以把灵魂中的欲望部分类比作城邦中的牟利阶层(参《王制》431b–d,434c,436a–b,441a)。

② 譬如说可参阅 1152b35–1153a2。对于快乐的非工具性的发展是在第十卷中重新提起幸福这个原初问题的时候进行的(1176b8–11)。

③ [译按]Divine 作为动词兼有神性的预言、卜言和一般意义上的猜测之义,所以我们在此权且译为"预先洞明"。

善的理念

在略过关于沉思生活的检省(*episkepsis*)之后(1096a4-5),亚里士多德提议,最好应该检省一下"普遍的东西"(the universal)并在这方面陷入"彻底的困惑"(*diaporēsai*)(1096a11-12):用一种柏拉图式的程式,亚里士多德引入了一个据信是对柏拉图理论的批评。①亚里士多德承认,这个考察将会危及他与那个"引入这一形式"的人的友爱,但是他通过下面一段处理把自己解救出来:

> 也许,为了保存真理而牺牲个人的东西,这似乎被认为是更好的,对于一个爱智者[哲学家]来说尤其是这样;当[真理和私爱]同样值得爱(*philoin*)的时候,优先尊奉真理是神圣的(holy)。(1096a14-17)

在此,友爱在《伦理学》中首次出场,而且,与它一起首次露面的还有哲学家与真理。②哲学家的理想行为是神圣的,但他所崇仰的神性则是真理,以此,他就可以不用崇拜另外一个人。③亚里士多德在此表达了哲学家面临的冲突:是投身于"个人自己的东西"还是投身于

---

① 譬如可参《智术师》250e4,其中,当存在表明自身如同非存在一样问题重重的时候,爱利亚外邦人宣告他们达到了"彻底的困惑"。在《形而上学》的 B 卷(第三卷),亚里士多德主张一项研究必须从感到"彻底的困惑"开始(995a23-33)。这个地方是《伦理学》中一个突出的点,在这里亚里士多德卷入了一场或许可视为针对柏拉图的批评。与[对]苏格拉底[的批评]不同,他[在这里]没有提及柏拉图的名字。

② 参本书附录一。

③ 亚里士多德引入柏拉图批评的方式,几乎完全与《王制》末卷苏格拉底批评荷马的方式相同:正因为苏格拉底深受荷马魅力的影响,苏格拉底才声明,"[但是]违背真理是不神圣的(holy)"(607c)。在这两个情形中,看起来明显的批评其实是对深受其惠的声明:亚里士多德显然从柏拉图那里学会了更加漂亮的表达。

真理。这似乎意味着,为了真理,一个人也许有必要放弃对一个他不赞同其观点的朋友的忠诚。但是,另一方面,不得不牺牲的"个人私物"反而是指一个人自己的观点,而这个观点的缺陷很可能恰恰在与朋友的对话中未能揭示出来。当看起来是在描述友爱和真理之间张力的时候,亚里士多德是在用一种双重的音调来说它们,即把它们当作一个系在一起的对子,二者都是可爱的,一为朋友(*philoin*),一为*philo-sophos*[爱智者],后者的名称自身就把自己定义为"智慧的朋友"。友爱和爱智之间的这个关联[25]将会在第九卷的末尾再次出现(1172a5),预先带来一个有关完美幸福最终界定的问题,在这个问题中,沉思本质上是一种孤独的活动。

亚里士多德对"理念论"进行了一个批判,但是没有提及柏拉图的名字。而就在不久前,他还简短地提了一下这个名字,以赞扬他从困惑开始进行研究的看法。接下来的密集而抽象的讨论,自然不是从我们熟知的东西开始的。它也许可以被看作一个戏剧性的说明,以说明为什么柏拉图对话从不安排在两个相同水准的哲学家之间发生。①不满足于此处讨论的读者,或者已被激发起来去追问这里所提问题的读者,将会被置于政治科学的边界之外;因为,由普遍的善概念所引起的全部困惑恰与存在②本身[所引起的]一样。如同存在一样,善"有多种被言说的方式"——它被分散在所有范畴中,并形成一个层级性的多样性,从而没有任何一种单一的意义可以涵括对它的理解。而且,学科的分划既是基于特殊的存在种类被切割下来作为研究主题,也是基于各种事物导致不同的善。人类

---

① 正如施特劳斯所见,柏拉图避免让苏格拉底与爱利亚外邦人或蒂迈欧发生对话。相反,柏拉图对话总是让对话的主导人调整自己的教诲,以便适应一个在理解水平上逊于他的谈话对象。通过这种方式,便可以促使读者去思考,如何才能脱离对话的特殊语境而重构对话所给予的教诲(施特劳斯,《城邦与人》[*The City and Man*]页54-55)。

② [译按]Being,或译"是"。

知识的碎片性质,犹如言辞的结构,为反对存在的统一性提供的证据,恰如它为反对善的统一性提供的证据一样多;不过,这一碎片性显然并没有阻止人们追求存在本身的科学。

亚里士多德如此推理:也许,这种[善之理念]的理论是为了把所有因其自身之故而被追求的东西集合成一个类型(*eidos*)①,而除此之外的任何事物就只能在另外的意义上被称为"善的"了。但是,这个严格意义上的善是不是由所有因其自身而被追求的一类东西所构成呢?譬如说明智、视力、某些快乐、荣誉等等?抑或,是不是除了 *idea* 就根本没有什么东西是善的呢?如果是那样的话,所有本质上可欲的事物的类型(*eidos*)就将是空的(1096b20)。这个后果让人想起前面谈到过的欲求结构,不过,在那里是因为缺乏一个终极目的而导致一个无限的欲求之链落入虚无(1094a20-21),而在这里则是因为善的 *idea* 本身作为一个终极目的的使得一个本质之善的类型落空。②亚里士多德认为,既然实际上没有一个善的共同概念可以囊括所有因其自身而为善的事物,那么,或者是有一个善可以导出所有的善,或者也许是所有这些善只是类比性地联系在一起。他提供的例子——犹如视力之于身体是善的,理智(*nous*)之于

---

① [译按]英语原文是 class。作者以 class 译 *eidos*,以 idea 译 *idea*。《尼各马可伦理学》廖申白中译本以"型式"译 *eidos*,以"型"译 *idea*,很可取(参该书第 13-14 页脚注讨论,商务印书馆,2003 年)。本书作者用 class 译 *eidos*,有强调其种属类别之意(这是很符合《尼各马可伦理学》此处文意的),故我们译为"类型"。至于 *idea* 的翻译,由于很多地方要照顾行文的可读性,故不得不舍弃义理上较好的"型",保留约定俗成的"理念"译法。

② 这个论证可以由苏格拉底在《吕西斯》中提出的递归论证来说明:如果每一个"朋友"都是因为其他某种东西而被喜爱的话,那么,我们就会达到一个"最初的朋友",这个最初的朋友作为终极目的将是唯一真实的朋友(《吕西斯》219-220b)。参看戴维斯在《哲学的自传》(*The Autobiography of Philosophy*)页 77 中的讨论。

灵魂也是善的——将会成为《伦理学》寻求属人之善的核心隐喻。①

[26]而且,就算有人试图用一种分离的 *idea* 来解开这些存在论死结,亚里士多德认为它也绝不可能是目前的研究所要寻找的人类实践生活的善。退一步说,就算有这样一个 *idea*,它也必须提供一种方式帮助我们了解对我们而言是善的东西;在前面,亚里士多德已经声明过拥有这样一种值得向往的目标的价值(1094a22-24)。但是,亚里士多德继续问道:这样一种关于善本身的知识,作为一种普遍理念,怎么能对一个织工、木匠、医师或将军有帮助呢(1097a8-11)?②同样的问题似乎也可以向《伦理学》致力于追问的属人之善提出。当亚里士多德补充说,医师并不把健康作为人类的普遍善来进行研究,而只是研究具体个人之健康的时候,他似乎推进了[对普遍善理念的疑问]这一点,引入了这个[针对属人之善的]推论。当然,正是普遍意义上的关于健康的理论知识——或至少是关于人类健康的理论知识——使得医师可以实施他对个人的医疗实践。如果同样的问题在属人之善及其作为指导生活的角色上并不是这样的话,我们根本就不会投入这样的研究。③

---

① 参 1096b29, 1102a18-21, 1143b13-14, 1144a29-31 关于"灵魂的眼睛"的讨论。

② 此处包含织工,使人想到柏拉图的政治家(*politikos*)形象及其主导性技艺(参《政治家》279b-280a, 311b-c)。[中译按:《政治家》用羊毛纺织的技艺比拟政治家的技艺。]

③ 亚里士多德在此对指导性的善理念的批判,可以相比于他在《政治学》中对《王制》所倡导的以最佳政体作为政治实践之模范的批判;不过,正如雅法所见,后一种批判实际上"对柏拉图的赞同胜过对他的不赞同"。"不赞同的地方所处甚深,它关注的问题是:一种超越实践的、绝不可为实践所仿效的范型,是否比一种置身于实践可能范围之内的范型更能够真实地揭示实践的本性"(《亚里士多德》["Aristotle"]页 81-82)。关于《伦理学》对柏拉图善理念的批判和《政治学》对苏格拉底的共同体式[communistic,或译共产主义的]城邦主张的批判这两种批判之间的关系,亦参尼科尔斯,《苏格拉底与政治共同体》(*Socrates and the Political Community*)页 163-164。

终极与自足

一旦拒斥了善的普遍 *idea*，我们就回到了各有其特殊目标的"行动和技艺"的多样性，只是在如下这一点上有所不同：我们意欲寻找的目的现在根本上成了一个问题——"所寻求的善究竟是个什么东西"（1097a15）？现在，亚里士多德推理说，如果我们的所有行动都有一个单一的目的，那么这个目的必定是"实践之善"。这个定义首次出现在把 *politikē*［政治学］的目的界定为"所有实践行动之善的顶峰（peak）"的时候（1095a16-17）；随后又有对"沉思生活"作为幸福生活候选方式的延宕（deferral）（1096a4-5）。而现在，既然实践之善被指定为"所寻求的善"，那么，我们也许可以推论说，根本上致力于达到它的 *praxis*［行动、实践］便是所寻求的行动了。但是，如果没有这样一种单一的目的，而是不同的行动有不同的目的，那么，亚里士多德退一步说，所有这些善便都是我们所寻求的善，这样一来，论证就被带回到他的起点（1097a24）。如果不能发现一个目的层级秩序的话，就不可能进展下去。而这个层级划分则需要某种标准来进行。亚里士多德似乎发现了一个从其定义来看几乎得归属于善本身的［标准］——它看来是某种终极（*teleios*）事物，即因其自身而被选择的事物，而这又包含了另外的标准——终极目的被认为是自足的（*autarkes*，1097a28，1097b7-8）。

［27］当我们认为诸种行动的目的多于一个，而且所有这些目的一起构成着实践之善的时候（1097a22-24），论证过程就在寻求一个终极目的的路上陷入了困境。一旦终极性被接受为善本身的标准，那么，一种不同的结论就可以得出来：如果只有一种终极目的，那么这就是我们要寻求的；而如果有很多这样的目的，那么，［我们要寻求的］便是"那些目的中最终极的"（*teleiotaton*，1097a28-30）。显然，*teleios*［终极］与否被认为是一个程度的问题。如果某种目的仅仅是手段性的，那么，它就既有可能出于其自身（*kath'auto*）而被选择，也有可能因他物而被选择：痛苦的医疗只是作为手段而有价

值,健康则既可因其自身而被追求,也可以是为了它所带来的善好生活而被追求。任何因其自身而被选择的目的都要比因他物而被选择的目的"更为终极",而只有永不因他物而被选择的那个目的才是无限定的终极目的。这个标准把 eudaimonia 重新引回到讨论之中,并被视为满足条件的唯一事物。

　　幸福不应被简单地等同于人之善,因而也没有必要把幸福确立为符合善的逻辑自身含有之标准的东西。①《伦理学》的论证已经在[第一卷]第二章的末尾把它的目标确立为属人之善。Eudaimonia 在第四章首次被引入,并且被认为是一个得到了"差不多是最大多数人"认同的名称,因为它是所有实践之善的巅峰,而且是建立在这个假定之上:生活得幸福也就是活得好、做得好(euprattein, 1095a17-20)。然后,与那些被作为检验主题的善一起,eudaimonia 重新出现在第五章,其中,相互竞争的诸种生活方式各自被一种目的所定义:如果善是 telos[目的]——诸如快乐、荣誉、财富等等——那么 eudaimonia 就属于一个整体的生活。另外一种对善的理解——即[善]作为普遍的 idea——出现在第六章,直到第七章重新回到"所寻求的善",而只有到达这里,在寻求无限定的终极之物的时候,eudaimonia 才能被重新引入。幸福往往是我们因其自身而从不是为了他物而选择的东西,相比之下,其他可欲的目的——诸如荣誉、快乐、理智、德性等等——虽然也因其自身而被选择,但我们也为了幸福之故而选择它们(1097b1-6)。我们欲求这些善,是因为相信它们可以带来幸福,而幸福则是一种我们不能因为它之外的事物而欲求的东西。追问我们需要 eudaimonia 的更深目的是不可理喻的,因为 eu-

---

　　① 埃尔文(T. H. Irwin)注意到,《尼各马可伦理学》以人之善为开端,《优台谟伦理学》以 eudaimonia 为开端,所以,他认为亚里士多德并不认为"人之善是 eudaimonia"是一个同义反复的陈述(《亚里士多德〈伦理学〉的形而上学基础和灵魂学基础》["The Metaphysical and Psychological Basis of Aristotle's Ethics"]页 51 注释 1)。

daimonia 似乎是所有追问其他事物的问题的答案。

［28］同样的结论似乎也可以从自足（autarkeia）得出来。自足被认为属于终极的善（1097b8-9）。我们很快就被告知，自足并不意味着孤独的生活，因为人类天性上就是政治性的。我们作为个人的生活都是与家庭、朋友、同胞公民等等的生活联系在一起的；当然，某种限度是必须设定的，否则这样一种关系的序列会导向无限（eis apeiron，1097b13），就像缺乏最终目的的欲求之链一样（参1094a20）。当亚里士多德停止在同胞公民的时候，他隐含了一定的限度。①不过，无论政治共同体有多么大的自足性，也不可能成为现在被定义为无借外求就可以独自使得生活值得过的活动那种意义上的 autarkeia。Eudaimonia 是可以通过这个标准的检验的，因为它是那种即使增加任何其他的善也不能使它变得更善的状态（1097b16-20）。②

在关于《伦理学》教诲的当前争论中，关于 eudaimonia 由以确立之标准的阐释已经成为一个首要的焦点，即使不是唯一的焦点。这个争论肇端于如下观察："在谈及属人之善的时候，亚里士多德摇摆

---

① 亚里士多德的《政治学》提出了如下观点：与家庭和村社相比，"可以说"（so to speak），只有 polis［城邦］的"完备共同体"（complete community）才算是达到了"自足的限度"（1252b28-30，强调为笔者所加［译按：指"so to speak"的斜体］）。

② 柏拉图用这样一个论证来反驳那种以快乐为善的观点，亚里士多德在后面提到过（1172b28-34）。他想必是指《斐勒布》中苏格拉底所作的思想试验：即把快乐的经验和思想活动的经验转化为假设完全相互分离的"快乐生活"与"理性生活"，于是就得出结论，任何一方加到另一方，都会使另一方变得更好，因此，单独任何一方都不可能含有善的自足性（参《斐勒布》20c-22b，60c-61a）。

于内包(inclusive)模式和排外(exclusive)模式之间。"①终极性和自足的标准是否隐含了一个包容目的多样性在内的或者作为一个单一的最高目的的 eudaimonia 的概念？为了解释幸福为什么可以被认为是单一的终极目的,亚里士多德论证说,任何其他出于其自身而被我们欲求的目的——诸如荣誉、快乐、理智、德性等等——我们同样也可以是为了幸福而选择它们；而幸福本身,则从不通过任何另外的个别目的而得到认定,也不因任何他物而被选择。有些人推测道,如果 eudaimonia 是唯一的终极之物,那么它之所以能如此,是因为它的内包性使然,于是,所有因其自身而值得选择的全套目的系列,诸如刚才提到的那些目的,就不再是[达到幸福的]手段,而是构成幸福的东西。②不

———————

① 哈蒂(W. F. R. Hardie),《亚里士多德的伦理学理论》(*Aristotle's Ethical Theory*)页 23。当一种包容万有的生活计划与一个可能是由一种单一活动所给出的顶点相兼容的时候,哈蒂指责亚里士多德没有[把二者之间的]区别讲清楚。在另外某个地方,哈蒂说亚里士多德"[一方面]摸索一个内包[所有目的]的目的理念",另一方面又认为幸福是一个主导性的目的("The Final Good in Aristotle's *Ethics*"[〈亚里士多德《伦理学》中的终极善〉]页 300)。如果那种包容所有目的在内的目的整体概念的替代物是把幸福作为排除其他目的的唯一活动的话,那么,米勒(Fred Miller)注意到,说[幸福是]"主导性的[目的]"就是误导性的,因为"主导性"并不是"内包性"的严格反义词(*Reason and Human Good in Aristotle*[《亚里士多德的理性与人之善》]书评(review)页 112)。内包性与排外式概念之间的紧张,不但表现在 eudaimonia 这个概念的理解上,而且以各种不同的形式贯穿了亚里士多德思想(参第七章注 18[译按]即本书下文第 312 页注释②)——只要一个关于整体的理解不足以理解其中最完美的部分,或者,只要一种对种属的理解不足以理解其中最完美的成员,那么,正因为这个原因,就会带来[整体和其中的最高成员]两个因素之间的相互抵牾。

② 阿克里尔(J. L. Ackrill)认为,*eudaimonia* 之所以能因外物之故而被欲求,是因为它"是内在地包含了所有值得追求的活动的生活"。*Eudaimonia* 之所以能让生活一无所缺,仅仅是由于它的包容万有的特性(《亚里士多德论 *Eudaimonia*》["Aristotle on *Eudaimonia*"]页 21)。第一卷中的论证确实承认了一个目的之多样性合在一起构成"实践之善"的可能性,不过,这个可能性却伴随着一个寻找终极目的的困境(1097b22-23)。

过，什么能保证这些内在地值得选择的诸目的可以兼容地共存于一个生活之中呢？况且，如果这些目的不止是共存，还有必要形成一个有层级秩序的整体的话，那么，这是否需要它们的存在导向一个内在于整体之中的最高目的呢？而如果这样的话，问题就又被推回来了。

如果 eudaimonia 被理解为一个终极目的，它的终极性被设想为包含它的自足性，那么，这个标准似乎会提供一个对于幸福的内包概念的最强支持。然而，这样一种单一的活动如何能够仅凭自身就使人的生活完整无缺呢？如果，[29]正如大多数读者所同意的那样，第十卷结论处提出的 theōria[静观沉思]活动代表了一种排外性的幸福概念的话，①那么就很难理解，如此理解的 eudaimonia 如何可能被设想为一无所缺或者不能给它增加任何东西以便使它更完善？但是，如果它是一种符合自足标准的内包性 eudaimonia 概念的话，什么样的生活可以成为这样的例子？如果伦理德性和 theōria 各自都是被一种不能作为他物手段的目的所决定的，那么，它们如何可能在一个人的生活当中导向一个内包性的终极目的，同时还能保持它们自身所是的东西呢？

关于 eudaimonia 标准的内包性解释和排外性解释的问题，将会在关于 ergon[活动]的讨论中再次出现。在那里，人之善将会联系到作为最 teleia[完善、终极]之物的德性（1096a16-18）——既是最完备的也是最高的卓越。当第十卷得出结论说，theōria 在首要的意义上是唯一可算是 eudaimonia 的 energeia[活动、活动过程]的时候，[论证]就达到了一个高潮。第一卷对 eudaimonia 之终极性和自足性的刻画，是为第十卷的说法作了准备呢，还是从一开始就把第十卷的说法置于成问题的境地？抑或，如果德性作为 teleiotatē[最后

---

① 关于第十卷所提出的排外性的幸福概念，参第七章注 20-24[译按]即本书下文页 313 注②，页 314 注①，页 315 注①②，页 316 页①。

之物、终极者、完美者]意味着"最完善者"的话,①那么,第十卷关于 eudaimonia 的说法是否与[第一卷说的]人之 ergon 相冲突? 在这场争论中提出来的种种支持各自立场的理由证明了,第一卷关于幸福和属人之善的说明是模糊不清的;当然,这并不意味着,[这个模糊性]是亚里士多德思路混乱的结果,或者是他未能明确表述其思想的意外失误。②实际上,正是第一卷表述的模糊性使得或者要求《伦理学》的论述走一条曲折的道路,经由德性的考察,然后是关于快乐和友爱的检省,最后回到人类幸福的问题。

在讨论 eudaimonia 时引入的问题,不是从亚里士多德思想中产生出来的,而是在对意见的检省中产生出来的:为什么幸福应该超越一切被设想为级极的? 为什么终极善应该被设想为自足的,以便幸福可以表现为拥有自足的状态?③与其说亚里士多德明确地认同这些标准,还不如说他意在指向那些至少是部分地激发这些标准的东西。在那被归给它的终极性里,幸福将成为一个为了他物而把某种目的加诸欲望的东西;[30]在它的自足性里,它将会把一个目的置于这样一个可能性之下:当某种另外的善被加诸其上的时候,生

---

① 根据亚里士多德《形而上学》中的"辞典",teleios 可以意味着"完备",即一个不缺乏任何部分的整体,亦即"完善",或一个类属中最高的个例(1021b31—1022a1)。如《形而上学》所示,亚里士多德完全有能力在 eudaimonia 的标准或人之善的问题上澄清模糊性,那么他为什么抑制自己,不去区分清楚,就变得非常难以解释,除非我们推测他别有原因要去这样做。

② 在对当前的学界论战中出现的各家观点作了一个富有教益的综述之后,特希托尔提出了亚里士多德是有意保持模糊性的情形。这种模糊性是由特殊的辩护意图(apologetic concerns)造成的,因为这部著作"最初并不是讲给'哲学家们'听的,而是讲给更好的一类人——这类人在古典文献中即是指'君子'(gentlemen)——听的"(《阅读亚里士多德的〈伦理学〉》[*Reading Aristotle's Ethics*]页 17)。

③ [译按]此处及另外多处(包括在注释中),作者斜体着重(中文为楷体着重)诸如 *thought to be* 和 *appear* 这一类词,意在强调这些说法不是亚里士多德对自己思想的陈述,而是他对流行意见的转述和检省。

活总是可以变得更好。在前一种情形中,问题涉及手段和目的的关系,后一种情形则关乎部分和整体的关系;但是在两种情形中都需要的则是某种终结,以便预先防止无限序列的产生。终极性和自足性似乎是这样一种幸福标准,有了它,意见便可以用它来对付无限性的这种双重威胁,或至少是被设想为威胁的东西。

接下来的论述,亚里士多德似乎就要向前跨一步,提出自己的观点来更清晰地解说幸福作为终极的和自足的目的了。然而,接下来的分析,严格来说并不是导向关于幸福的分析,而是关于属人之善的分析;在那里,自足这个标准再也没有被提起,*teleios*[终极]这个特点也不再应用于属人之善,而是一方面用于伴随它的德性,另一方面用于以其为特征的生活。这个论述将会把属人之善定义为一种 *energeia*,即一种不能在时间流逝中衡量的、发挥作用的活动(activity)或状况(condition)。只有等到属人之善被界定之后,幸福才会带着毕生整全性的要求,重新回到考虑之列。

属人之善与人的 *ergon*[工作]

我们已经发现幸福必须符合终极性和自足性的标准,但是这个发现不过引起了"一种要求,去对它是什么进行更明白的说明"(1097b24)。①为了满足这种要求,亚里士多德建议去考察人的 *ergon*,即人之为人所拥有的独特的工作(work)或功能(function);因为,对于任何一种 *ergon* 的主体来说——譬如笛子演奏者或雕塑

---

① 追求"更明白的"(*enargesteron*)东西,被证明是一种人类性能(function, *ergon*),它表明人类在本性上是闲(idle, *argon*)不住的:这个词语游戏是否意味着,如果有一种人类性能的话,它就会表现在我们试图把这种功能搞得更清楚明白的努力上?

家——"善(good)或者好(well)"就存在于那种 ergon 之中。①如果一个主体是由他所从事的独特工作来定义的,那么做得好是什么意思就一目了然了;但是,做得好对于做这个事的人来说必定是一种善吗?②当一个鞋匠把他的工作完成得很好,享受好处的却是那些需要使用鞋的、接受鞋匠服务的人。③当然,人们可以说他的工作做得好只是表现了他作为一个鞋匠的善,而不是作为一个人的善。那么,对于人之为人来说,有没有这样一个相当的东西呢?④如果有的话,就这个话题而言,[31]就可以把一个人的功能角色之善与他作为一个人的满足需要之善结合起来。

---

① 苏格拉底在最后一次试图说服忒拉叙马霍斯相信正义是有益于自己的善时,提出了这样一个论证(参司各托[Dominic Scott],《亚里士多德与忒拉叙马霍斯》["Aristotle and Thrasymachus"])。苏格拉底把事物的 ergon[功能、工作、性能]确立为唯有它才能完成[任务]的[能力],或者它可以比任何其他东西完成得更好,以及那种特有的工作(work)或功能(function)含有独特的德性;然后,苏格拉底就开始询问灵魂是否拥有这样一种 ergon,如果这种 ergon 丧失了德性的话,它就不能把事情处理好。然后,他就得出结论说,"一个坏的灵魂将会把事情统驭和经理得很糟,而好的灵魂则可以把所有事情办好",而且,"活得好的人将获得幸福,而活得糟的人则相反"(《王制》353a—354a)。这个论证意在证明活得正义是值得的,它实际上似乎也表明了人类的独特德性——灵魂就是靠它来把事情理顺——应该是明智审慎(prudence)。

② 威尔克斯(Kathleen Wilkes)认为,亚里士多德诚然是成功地在一个 eudaimonia 的概念中把"一个好人的生活"的概念与"对于人来说是好的生活"的概念联系到了一起。不过,她认为需要反驳的是把它定位为沉思生活,因为亚里士多德必定认为一个人在实践理性方面做得越好,他过的生活就会越好("The Good Man and the Good for Man in Aristotle's Ethics"[〈亚里士多德《伦理学》中的好人和对人来说是好的东西〉]页 354)。但是,实践理性只不过是工具性的,而对[实践理性]所打理的生活的评价则依赖于这个生活所指向的目的。

③ 匠人因其服务得到报酬,他们通过这种方式满足自己的利益需要,或者获得满足利益的条件(《王制》346c-e)。

④ [译按]即在特有功能(ergon)方面,有没有人之为人的善呢?

亚里士多德提出的这样一种 ergon 应该是什么的问题,不过他也并没有证明它是存在的,而是依赖两个"[运用]修辞术的发问方式"[来进行提问]:

> 难道木匠和鞋匠有某种 ergon[活动、功能]和作为(actions),而人却没有吗?难道人的自然本性就是游手好闲的(idle, argon)吗?或者,正如眼睛、手脚或任何一个部分都有其 ergon 那样,难道不应该设想人也有一种超越所有这些部分[功能]的 ergon 吗?无论如何,这应该是什么呢?(1097b22-33)

这是一个双重的模式——城邦中的技艺和身体中的器官。眼睛的 ergon 不过是其自然能力的实现,而根据第一章的开篇论述,工匠则是生产他的 ergon,而且这个 ergon 是在他的行动之后、把行动带向存在的目的。亚里士多德提出了这两个模式,但是并没有明确地区分它们,也没有问哪一种模式才是提供人类 ergon 的适当模式。

无论如何,两种模式的共同点是一种整体和部分的结构。劳动的分工,无论社会分工还是生物分工,都是为每一主体(subject)指派一定的工作,如果工作干得好,就会有助于它所从属整体的繁荣昌盛:如果鞋匠干好他的工作,这将会有益于他所在的社区;如果眼睛干好它的工作,那么它将有益于它在其中作为一个部分的身体整体,或有益于那个人,如果他的身体运转良好的话。因此,如果人也从属于一个更大的整体,是整体的一个部分,并且被赋予一种独特使命,而且这种使命如果完成得好就可以促进整体繁荣的话,那么,人也应该有一个独特的 ergon。这里说的这个整体不可能是城邦,因为城邦的分工是分派给那些作为工匠或公民的个人的,他们不是作为[一般意义上的]人[来领受这些分工]。另一方面,如果分工是一种自然的分工,那么,整体将不得不被设想为一个宇宙(cosmos),或者更准确地说——正如亚里士多德很快就要在人与动植物之别中所蕴含的那样——被设想为一种反正是有生命的东西。

在这种情形中,亚里士多德或许是在尝试用他关于 ergon 的论述来实现苏格拉底所理解的阿那克萨戈拉关于一个目的论宇宙学的假设:由理智(mind)所统辖的整体追求善,这或许可以为人类功能(human function)[的论证]提供必要的支持。① 亚里士多德诚然是在追问一种似乎仅仅属于人本身,与其他自然事物相对立的活动,不过,他从未说过,更不用说辩护过这样一种假设:[32]即存在一种整体的"生命",人类能为之作出独特的贡献。无论如何,我们的问题涉及的是个人的善,而不是城邦或人作为一个部分从属于其中的宇宙整体的善。

　　无论它所从属的整体是什么,人的独特 ergon 总是通过去除与其他生命形式共享的功能来被发现的。营养和生长看来是所有生命体共有的,包括植物在内,至于感觉则显得是与动物共有的;② 除此之外——亚里士多德没有提供另外各种功能的穷尽性证明——

---

　　① 苏格拉底在他生命的最后一天所讲述的心智自传中描述道,在转向他自己的追问方式之前的最后一个阶段,是发现了阿那克萨戈拉的失败——或者说是任何思想者,包括他自己——在试图把宇宙秩序解释为追求善的心灵的产物时的失败。

　　② 正如《论灵魂》中引导我们去思考的那样,这些人类灵魂的功能只是看起来显得(appear)与动植物共享,一旦当灵魂的诸部分(如营养的、感觉的、欲望的和想象力的部分)整合进一个较大的整体,那么,它们就不再是它们自身所是的那个样子了。当迈蒙尼德在他的著作《八章集》(*Eight Chapters*)中从灵魂的部分出发探讨人类灵魂的健康与疾病的时候,他认为每个物种的灵魂都是独特的:"譬如说,人的营养部分就不同于驴子或马的营养部分",而且,不同物种中的个体"只是在'营养'这个词的对当意义上都被说成是需要营养的"(第一章,页 61-62)。[译按:《八章集》是迈蒙尼德为犹太礼记 *Pirkei Avot*(希伯来语 *Pirkei* 意为短章,*Avot* 意为诸父,不妨译为"父老短章集")写的导论,构成了他的 *Mishnah*(一类犹太礼记的总称,*Avot* 归属其中)注疏的一个部分,历来被公推为迈蒙尼德哲学的最佳入门,甚至是全部中世纪犹太哲学的最佳入门经典,内容广泛涉及灵魂、伦理、德性、知识、快乐、幸福等主题的探讨。]

就是拥有 logos[理性]的实践(practice, praktikē)①(1097b33 - 1098a4)。这个说法似乎特别是指某种实践理性的功能：虽然理性本身是把人从动植物中区分出来的东西，不过，理论理性的运用或许不一定是人类独有的。论证继续往前走，指明了"拥有 logos"的两重意义——不过，不是像实践理性和理论理性这样的两重意义，而是：一种只是遵行理性的理性，另一种则是能发动理性之运用的理性，而且，它的主导意思不仅仅是指[理性的]潜能，而是理性在 energeia[现实活动]中的运用。于是，我们可以得出结论说，人的 ergon 就其自身而言，乃是合乎 logos 的或至少是并非没有 logos 的灵魂的 energeia(1098a7-8)。当然，这最后一个显然较轻微的界定将会显著扩展符合标准的活动的范围。②灵魂的 energeia 是一种表达我们的理性本性的活动，但是，亚里士多德已经开始着手刻画它如何在两种方式上是理性的：自发的(self-initiating)理性和遵循外在来源的理性。这种双重刻画方式让人想起亚里士多德在描述预期听众对象的时候所引用的赫西俄德句子中所谈到的两种类型的人(1095b10-11)；它还将在第一卷结尾的时候要谈到的灵魂结构中得到支持，在那里，听从 logos 的能力将被置于灵魂的欲望部分，以与自身拥有 logos 的部分相区别。

---

① [译按]*Praxis*, *praktikē*，英译可作 practice 或 action，此书并用这两种译法，中文一般相应译为实践和行动。
② 哈尔普(Edward Halper)认为，道德德性通过两种方式而被算作合乎理性的活动：道德行动听命于理性(正确的 *logos* 决定途径)以及它们继续参与理性的运用过程——以及最终，参与沉思活动(《形式与理性：形而上学论集》[*Form and Reason: Essays in Metaphysics*]，页 63)。在那些投身于道德德性行动的生活中，实践理性发挥的作用与在投身于 *theōria*[理论沉思]的生活中一样多。不过，实践理性寻求自身以外的目标。正如哈尔普认为的那样，只有当德性行动既为自身又为自身之外的目的而行动，德性行动才有可能服务于沉思的目的(页 68)；但是，那两种不同的意图有可能在同一行动中同时发挥作用吗(参第七章注释 23[译按]即本书下文第 315 页注释②)？

然后,亚里士多德就从人之 *ergon* 的假定中得出了属人之善的推论,不过,这个推论只不过是假设性的,它依赖于一系列不确定的条件之上:①

(1) 如果人的 *ergon* 是灵魂的一种遵循 *logos* 的或至少是不缺少 *logos* 的 *energeia*;

(2) 以及,一个种类中的个体成员的 *ergon* 和其中的真正成员(serious, *spoudaios*)的 *ergon* 应被视为是一样的(譬如一个竖琴手和一个真正的竖琴手),[33]同时,应根据其 *ergon* 的优秀程度而把优越性添加到[真正的成员的 *ergon*]上面去(如添加给竖琴演奏得好的人);

(3) 如果是这样的话,那么我们就可以确定,人的 *ergon* 是一种生活[*zoē*],也就是一种其灵魂和行动拥有 *logos* 的 *energeia*,

(4) 而且,在真正的成员那里,事情做得很好很漂亮,每一种事情都按照其合适的卓越性而被完成;

(5) 如果是这样的话,那么,人之善就成为一种合乎卓越[*aretē*]的灵魂的 *energeia*;

(6) 以及,如果有不止一种卓越合乎最好的、最完美的或最完全的[*teleios*];

(7) 而且,还有一生的全部时间[*en biō teleiō*]——因为一只燕子造不成春天,一天的时间也不能使一个人幸福。

---

① 翻译并不总是能把论证的假设特征充分地带出来。埃尔文(T. H. Irwin)直到下面标号为6的从句之前,没有译出"如果"(参埃尔文译《亚里士多德:尼各马可伦理学》[*Aristotle: Nicomachean Ethics*]页17)。威尔登(J. E. C. Welldon)只是到了论证进行到一半的时候才引入"如果",而在前半部分没有译出这个词(参威尔译《亚里士多德:尼各马可伦理学》[*Aristotle: Nicomachean Ethics*]页24)。

(1098a7-20)

以人之 *ergon* 为 *psychē*[灵魂]的一种 *energeia* 的观点，立即就引发了一个问题：灵魂为什么要从作为一个整体的生命存在中抽离（abstraction）出来？①如果人的 *ergon* 无论如何本身就是一种 *energeia* 的话，那么，它就不可能是一个行为的外在结果，(而是，正如《伦理学》开篇的论证中所说的那样，*ergon* 应该高于 *energeia* 的活动过程本身)：人的 *ergon* 应该更像视力之于眼睛，而不像一个匠人制作他的工艺品的工作。对这种 *ergon* 的最初描述，首先是最低限度的——一种"至少不是不拥有 *logos*"的活动。但是，更高的同时也是更需要条件的描述随即就被引进来：为了知道什么是定义一个类属中的成员的 *ergon*，人们必须看这个类属中的典范成员是如何最好地完成这个 *ergon* 的。德性虽然是由对中庸（mean）的追求所构成，但在完成 *ergon* 的时候却本身就是一种卓越或杰出（*hyperochē*）。自然，一旦人们从这个标准取来榜样，就势必会威胁到那些次等的成员，把他们从类属中完全排除出去：如果亚里士多德举例说明一个拥有 *logos* 的人究竟是什么样子的话，那么，恐怕很少会有人可以被真正称为人。在这些语境中，亚里士多德把类属中的典范成员视为"真正的成员"（*ho spoudaios*）。这个角色还将在研究"模范"（role model）的时候一再被提到（譬如在接下来的一章中 1099a22-24）；当然，这样一种对 *spoudaios* 权威性的诉诸大概可以使那些止步于"如是"的人感到满足，但是对于那些寻求"为何"的人来说则是不够的。

[34]论证的开头两步——（1）把人的 *ergon* 等同于灵魂的某种 *energeia* 以及（2）诉诸能把那个 *ergon* 做得好的典范主体——似乎

---

① 此处真正重要的东西，必须到第十卷末尾才能显明。在那里，伦理德性与激情一起，加上服务于伦理德性的 *phronēsis*[明智、审慎、实践智慧]，共同构成复合的存在（composite being）（参 1178a14-23）。

应该满足于达到第(5)点中关于人之善的结论。远未明确的是,何以中间过渡性的、把 ergon 作为一种生活(zoē)方式的第(3)步是有必要的。于是,energeia 似乎必定是可以定义我们之为生命存在的自然能力的运用;但是,就在这一点上,energeia 停止成为人之 ergon 作为一种生活方式的唯一表达,而是加上了"有 logos 的行动"(第 3 点)。有了这个附加之后,论证完全反转了方向。现在不再是用很好地完成人类独特的 ergon 来定义何谓杰出的人,而是必须从"真正的人"(ho spoudaios anēr)的"适当的卓越"中导出什么叫做完成得好、完成得漂亮(第 4 点)。当属人之善最终在(5)中被定义为合乎 aretē[卓越、德性]的灵魂的 energeia 时,卓越就成为独立的标准,而不再是用来限定 ergon 的副词修饰语——即所谓"做得好"。当然,一种"合乎"德性的活动并不意味着它就是德性,甚至也不意味着是从德性流出的——而是,与德性的要求一致就足够了。对于属人之善来说,什么才是一种"合乎"德性的活动,也许要取决于何种德性被视为衡量标准。

　　一旦开启这个问题,论证就卷入亚里士多德将要与苏格拉底展开的争论中。如果人的 ergon 是"拥有 logos 者的某种实践(practice, praktikē)",那么,人的突出德性就应该是实践理性或灵魂的考虑功能的完善了,而这也就是明智(prudence)或 phronēsis。但是,卓越被从那种唯一的人类 ergon 中解脱出来,从那种唯一的人类 ergon 中,德性的多样性被开启,而且,从中遴选出"最好最 teleia[完善]的"德性的需要也被开启(第 6 点)。这是论证中的关键时刻;它挑起了关于幸福概念上的内包性理解对排外性理解的论战,因为现在"最好的和最 teleia"的德性成了幸福的标准。如果这个界定意味着"最完全的",那么,对于人来说的善就应该是灵魂的一种合乎所有德性的活动,或至少是合乎所有以任何一种方式分有理性的德性活动。不过,由于正是德性的多样性使得对最高德性的确认成为必要,所以,"最好的和最 teleia 的"或许应该意指"最完美的"。①然而,如果界定人类种属的 ergon 是某种"实践理性"的话,[35]它的德性就应该是明智(prudence)②,而这将会被证明并不是人类可能企及的最高卓越。③

由"最 teleia 的德性"——即最完备的或最高的德性——的模糊性带来的困难,在第(7)点这个最后要求中由于一个附加条件的突然加入而变得更加复杂:幸福必须"在一生(bios)的 teleios[完成]之中"。人类的 ergon 起初是被规定为某种生活(zoē),但是,论证最终到达了一个不同的概念,即从生到死的一生时间(lifetime, bios)的概念,这个时间概念也可以达到"teleios",不过仅仅是在时间完结的意义上。④亚里士多德

---

① 罗切(Timothy Roche)从 ergon 论证中读出一种"内包目的(inclusive end)"的解释。他的解释诉诸亚里士多德的一个观点,即亚里士多德承认,拥有理性不但包含对自己所有理性的运用,而且也包含对他人理性的听从,后者是被归给灵魂中的欲望部分的;因此,他得出结论说,道德德性的活动必定是人类功能的一个部分,也是人的目的(《〈尼各马可伦理学〉第一卷中的 Ergon 和 Eudaimonia:重审智性主义解释》["Ergon and Eudaimonia in Nicomachean Ethics I: Reconsidering the Intellectualist Interpretation"]页 182)。不过,只要人之善被认为是合乎"teleiotatē[最完美]德性"的灵魂活动,那么,无论把人类理性刻画得多么宽泛,都无法确定对隐含标准的解释。

② [译按]或译审慎。

③ 特别参见 1144a3-9,在那里,phronēsis 被列在次于 sophia 的位置,这个排序说明了 ergon 和 energeia 之间的区别(参 1145a6-11 和 1178a9-23)。

④ 通过把作为一种生活(zoē)方式或灵魂的某种能力之运用的 eudaimonia 与一个人的"毕生(total life)"相区别开来,海纳曼(Robert Heinaman)认为,那合乎"最 teleion 德性"的 eudaimonia 必须被理解为合乎最完美的(the most perfect)德性,而不是最完备的(the most comprehensive)德性(《〈尼各马可伦理学〉中的 eudaimonia 和自足》["Eudaimonia and Self-Sufficiency in the Nicomachean Ethics"]页 32-38)。不过,这仍然没有解决如何理解 teleios bios[终生、毕生、一生时间]的问题。参凯特(David Keyt)关于 teleios bios 与 teleia eudaimonia[终极幸福]的讨论(《亚里士多德的智性主义》["Intellectualism in Aristotle"]页 377),另参第七章注释 24[译按]即本书下文第 316 页注释①。

不久就用普里阿摩斯①死前遭受的不幸为例来解释[*teleios bios*]这个短语,这些不幸让普里阿摩斯不可能幸福(1100a5—9)。属人之善被发现是一个 *energeia*——即一个必须在生存的每一个时刻都是完善的活动,它不能通过时间的延展来衡量;②只是 *eudaimonia* 的引入才把穿越时间延续性的要求附加上来。根据论证开始时的双重模式,只要两方面的 *ergon* 都能各自很好地完成,就会有益于整体;而人能对之作出独特贡献的整体看起来似乎应该是宇宙,或至少是宇宙中的活物。这个宇宙整体将会在第一卷末尾,通过某种提喻(synecdoche)的方式,经历一个形态转换:在那里,整体被区分为功能不同的部分以构成人类灵魂。不过,在目前的论述中,完整性的要求只是被应用在个人的一生时间之上。但如果这就是整体的话,那么,它的组成部分就应该是时间性的[区段]——年、日或时刻——而不是被区分开来的独特功能。关于 *ergon* 的论证开始于对人生终极目的(end)的寻求,这个终极目的应该是一个单独的具有统摄连接性的目标;然后,这个论证得到的结论看起来似乎是在生命终结(termination)的意义上寻求生命的[善]终(end)。

　　亚里士多德提醒说,他只不过是提供了一个可以在未来的工作中作为帮手(*sunergon*)的而且有待充实的大体(*tupos*)。现在的任务是要确定[研究所需的]合适的精确程度:一个木匠研究直角的精确程度,只要对他的产品(product, *ergon*)有用就行,而当一个几何学家作为"真理的沉思者"来做同样事情的时候,他就要追寻"它是什么"和"什么种类"。我们不应该让杂务(digressions, *parergga*)妨碍正事(deeds, *erga*)(109729—33)。我们眼下的 *ergon* 是在对属人之善的寻求中考察人的 *ergon*。但是,如果我们现在所做的事情

---

① [译按]荷马史诗《伊利亚特》中特洛伊城的国王。
② 参《形而上学》1048b22—27。

相当于木匠活的话,那么,什么相当于几何学家的工作呢?①[36]实际上,我们是否应该满足于木匠的标准,取决于我们如何理解精确的尺度。我们可能会毫不犹豫地认为,不存在一种数学的运算规则可以用来实现属人之善框架的充实。不过,亚里士多德接下来提醒我们说,应该由研究主题(subject matter)来决定对其原因之知的适当要求,因为有时候"如是"(the that)就足够了,如果它被漂亮地建立起来的话(1098b1-3);当他提醒我们这一点的时候,他就针对那种把我们的任务类比于木匠活的限定提出了一些疑点。那些在["如是"就已经足够了]这一点上获得了满意答案的读者,将再一次被邀请合上这本书。那些看起来似乎不受亚里士多德鼓励的问题,恰恰是要讲给那些不满足于到现在为止所提供出来的"大体"的读者听的:什么是 psychē 的 energeia? 或者,更根本地问,什么是一个 energeia? 如果它是一个人的独特 ergon,怎么会有不止一种的完成方式呢? 以何种方式,它才是一种生活(zoē)形式? 以及,它又如何与一生(bios)的时间联系起来? 善的大体是一个原则或始点(starting point, archē),它可能含有"全体的太半(more than half the whole)"(1098b7-8)。②正如亚里士多德现在允诺的那样,只要从它出发展开的推论可以反射光线——如同在圆形跑道上从裁判的位置跑回始点(参 1095a32-b1)——它就可能会照亮我们所要寻找的东西。

---

① 当亚里士多德在第一卷末尾引入已被认可的粗糙灵魂学(psychology)以满足德性研究之需的时候(1102a24-27),他隐含了一个与其灵魂性质之理论研究的对比,而根据《论灵魂》,这种对灵魂性质的理论研究是跻身最精确的学科行列的(402a1-5)。

② 伯纳德特关于 ergon 论证在《王制》中的作用的描述同样可以用在亚里士多德《伦理学》上:这个论证"像是一张预先开出的票据,它让我们相信,在《王制》余下的部分中,一旦满足了条件、排除了障碍,这张票据就会得到完全的兑现。它大体地提供了《王制》必须认真对付的术语和关系"(《苏格拉底的第二次起航》[Socrates' Second Sailing]页30)。

完整生活中的幸福

刚刚完成基于人类 *ergon* 之上的属人之善的大体,亚里士多德就把我们带离对它的满意。一个结论不能仅仅基于它所由得出的论证而被相信;它必须被带回到意见之中,去看它是否与那些关于此事的通常说法相吻合(1098b9-12)。通过一种大师手法的谋略,亚里士多德把他自己的观点包含在如此宽广的一个网络之中,以至于所有关于幸福的意见都被拒绝,直到最后真正发挥作用的观点被重建起来,而且被发现与[这个意见之网]完美地兼容。首先,他发现自己同意那些古老的意见,"那些搞哲学的人们(those who philosophize)"也分享的意见(1098b18),即把灵魂的善位列于身体的善和外在的善之上。在那些通常认为符合幸福之名的候选之物中——诸如德性、明智、某种类型的[37]智慧等等,或者其中之一或全部再加上快乐,或者再加上外在的发达(prosperity)以作为条件——没有一个是与事先提出的定义不相容的。在这些看法中,再也没有一个意见被指为"大众的和流俗的"以区别于"更精致的",而是,现在无论是"认同古老意见的大多数人"还是"少数杰出人士",没有一个阶层的意见是完全错误的。当善是"合乎卓越"的观点已经足够接近的时候,亚里士多德现在又强调说,对于那种声称[善]就是卓越或某种特殊德性的观点来说,如果它只是作为一种品性(disposition)的话就还是不够的。前面提出的属人之善定义最后通过与快乐的联系取得了支持。现在对快乐的态度与最初对它的处理形成了尖锐的比照。多种多样的快乐现在都被认可,几乎与那些能令人愉悦的事物一样多。在这些事物中包含着,或者说尤其包含着,那些合乎德性的行动。

在对这些意见纷呈的幸福定义进行总结的时候,亚里士多德驳斥了提洛岛上的铭文。这个铭文宣称:"正义最美尚,健康最受欢迎(welcome),但只有所欲之物最快乐"。亚里士多德把幸福算作同时是最善好、最美尚和最快乐的东西(1099a24-28);如果它还要是最正义之物的话,那么这显然是要求得过多了。正义成问题,部分原因是 eudaimonia——正如亚里士多德所承认的那样——看来似乎需要一定的外在之善,而这些外在的善却不一定是根据功过来分配的。属人之善诚然是灵魂的一种 energeia,但 eudaimonia 却不可被简化为 energeia。因为,亚里士多德承认,如果缺少诸如朋友、财富、权力等辅助之物的充分"合唱"的话,是很难或者不可能成就美好事物的,因为,对于很多美事的成就来说,朋友、财富和权力都是必不可少的工具。同样,如果缺少诸如好的出身、好的儿女和健美这些好处的话,福祉(blessedness)也是不可能得到的(1099a31-b6)。于是,关于亚里士多德的属人之善定义与通常意见之间的协调,需要经受比人们起初所期望的东西更多的检验。结果便是,现在看来,幸福似乎需要性情的卓越与好运气的巧合,而这一点却是从来没有保障的。

在我们力所能及范围之外的那些因素的引入带来了幸福如何实现的问题——通过学习、习惯、某种实践、某种神赐还是仅仅依靠运气(1099b9-11)?亚里士多德把美诺问苏格拉底的关于德性的问题应用到了幸福之上,而且他的回答重现了苏格拉底的回答:如果有某种东西是诸神赐予人的,那么我们有理由认为这东西是幸福。[1][38] 无论诸神究竟占有什么地位——亚里士多德把这个问题推给了另外的研究——幸福都表现为一种最神圣的事物;而且,如果把最伟大的和最美尚的事物留给运气去决定的话,这将是违反常宜(fitting)的(1099b24-25)。但是,有什么证据表明实情(reality)符合我们认为常宜的标准呢?

无论 eudaimonia 在多大程度上依赖一定的必要条件或需要"工

---

[1] 参《美诺》70a 和 100b。

具",它在运气之轮的所有不可预料的运转面前都是脆弱不堪的。这种脆弱性在生命终结的时候似乎承受了特别的重量,因为那时已经不再有机会从一种也许只不过是一时的悲惨遭遇中恢复过来。这个问题曾在 ergon 论证的末尾要求在"完整的一生"中实现幸福的条件中先行谈到过,虽然在属人之善的说明中没有什么东西牵涉到这个要求(1098a18—20)。这个要求差不多被推到了这样一个极端,以至于对任何一个人的生活是否幸福进行评价的可能性都是成问题的了。不过,没错的是,一个即使长时间过着兴旺日子的人,如果他在死去之前陷入了可怕的不幸,也是不能被称为拥有过善好生活的。通过援引普里阿摩斯的例子,亚里士多德提醒我们注意这个主题在诗歌中,尤其在肃剧①中,是多么司空见惯的事情。在这样做的时候,亚里士多德引导我们思考,对"完整生活"的要求是不是某种从诗歌作品中引入的标准,因为诗歌作品是要通过营造情节的手段,通过开始、中间和结局的结构来表现一个"完整的整体"。②如果普里阿摩斯的生活在到达结局之前不能对之进行评判,如果这个例子是我们的典范,那么,对于人来说,是不是只要他活着就不能被算作是幸福的?是不是梭伦所说的那种智慧总是必要的:"看到最后"(1100a10—11)?③

亚里士多德指的是希罗多德讲述的雅典贤人与立法者梭伦到

---

① [译按]Tragedy,一般译作"悲剧",易导致中文里面望文生义的误解。刘小枫改译为"肃剧",颇合希腊原文本义,可从。

② 参《论诗术》1450b21—34。

③ 关于希腊肃剧中对梭伦"看到最后"的回响,参埃尔文《永久的幸福:亚里士多德与梭伦》["Permanent Happiness: Aristotle and Solon"]页 2—4。参纳斯鲍姆(Martha Nussbaum)在《善的脆弱性:希腊肃剧与哲学中的幸运与伦理学》[*The Fragility of Goodness: Luck and Ethics in Greek Tragedy and Philosophy*]中的讨论,尤其参见页 327—336 的讨论。

撒迪斯(Sardis)的王廷拜访僭主克洛伊索斯(Croesus)的故事。①克洛伊索斯在向这位客人炫耀了自己的巨大财富之后问他,在他所见过的人中谁是最幸福的?梭伦的回答表达了他对一个雅典公民生活的称颂,这个雅典公民是一个有家室的男人,为了自己的城邦而战死疆场。在克洛伊索斯询问次好之人的压力下,梭伦又讲了一个故事,说明神意的判决所能给予一个人的最好礼物莫过于死亡。②克洛伊索斯没有对故事的意义提出什么问题,只是对梭伦全然漠视他的辉煌生活表示了愤慨。于是这位贤人接下来提醒国王,他的

---

① 参希罗多德《原史》(*Histories*)第一卷30-32及86-87节。亦参第七章注释28-30[译按]即本书下文页318注③,页320注①②。梭伦关于幸运的不稳定性的论述,表达了一种特别"希腊"的神妒观念。这种观念导致了这样一种结论——用伯纳德特的话来说就是——"人就其总体而言,除了遭际和运气之外什么都不是",虽然这并不必然是人们会从梭伦所谈论的关于人类最好的生活的叙说中得出的结论("Second Thoughts",见《希罗多德的〈原史〉》[*Herodotean Inquiries*]页215-16)。

② [译按]这是指梭伦讲的第二个故事:"克列欧毕斯和比顿,他们都是阿尔哥斯人,他们不但有十分充裕的财富,他们还有这样大的体力,以致他们二人在运动会上都曾得过奖,特别是关于他们两个人有这样的一个故事:当阿尔哥斯人为希拉[Hera,赫拉]女神举行一个盛大的祭典时,他们的母亲一定要乘牛车到神殿那里去。但那时他们的牛并没有及时地从田地里给赶回家里来,于是害怕时间赶不上的青年人就把轭驾到自己的肩头,亲自把母亲乘坐的车拉来了。他们把母亲拉了四十五斯塔迪昂的路程直到神殿的跟前。全体到神殿来朝拜的人都亲眼看到了他们所做的事情之后,他们就极其光彩地结束了他们的一生。从他们两个人身上,神也就清楚地表示出,对一个人来说,死是怎样一件比活着要好的事情。原来阿尔哥斯的男子们围住了这辆车并称赞两个青年人的体力;而阿尔哥斯的妇女则称赞有幸而生了这样一对好儿子的母亲;母亲对于这件事,以及对于因这件事而赢得的赞赏也感到十分欢喜,她于是站立在女神的神像面前,请求女神把世人所能享受到的最高幸福赐给她那曾使她得到巨大光荣的儿子克列欧毕斯和比顿。她的祈祷终了之后,他们就奉献牺牲和参加圣签,随后,他们便睡在神殿里面。他们再也没有起来,而是就在这里离开了人世。"(王以铸译希罗多德《历史》第一卷第31节,商务印书馆1997年,页14-15)

[辉煌生活]有多脆弱。克洛伊索斯当时或许很发达,但是命运的车轮会使未来变得完全不确定;事实上,[39]在成千上万普通人的生命历程中,没有两天会带来相同的情况。巨大的兴旺发达(prosperity)尤其是极端没保障的,因为它注定要引起神妒:如果问题不在于机运,而是涉及神罚的话,那么,从成功的高峰陡然跌落就是不可避免的了。因此,梭伦不能在当时就对克洛伊索斯的幸福说什么;为了判断他的生活,或者任何人的生活,一个人必须"看到最后"。克洛伊索斯没有表现出一点听从梭伦忠告的迹象。[这个忠告]仅仅在几年之后就变得富有意义了。克洛伊索斯确实从幸运跌落下去:面对他的帝国的征服者为他架设的火刑柴堆,他突然记起了——而且事实上是这个记忆救了他的命①——梭伦的忠告:"看到最后"。

梭伦想传达给克洛伊索斯的是一种关于死亡意义的复杂教诲。他的教诲开始于两种生活道路的排序,这两种生活道路分别

---

① [译按]"站在木堆上的克洛伊索斯却在自己的悲惨处境中想起了梭伦体会神意而对他讲出来的话,即活着的人没有一个是幸福的。当他想到这一点的时候,他便打破了保持到这时的沉默,深深地叹了一口气,发出了呻吟的声音,三次叫出了梭伦的名字。居鲁士听到了这个声音,便命令通译问克洛伊索斯,他叫的是谁的名字。……居鲁士从通译那里听到克洛伊索斯所说的话以后,却后悔起来,他觉得他自己既然也是一个人,却正在活活烧死过去也曾和他自己一样幸福的另外一个人;此外,他还害怕报应并且深以为人间的事情没有一件不是无常的。他于是下令要他们赶快把火焰扑灭并把克洛伊索斯和与他在一起的人们从木堆上解救下来;他们虽然拼命这样做,但火焰已经无法制服了。于是,依照吕底亚人的说法,当克洛伊索斯看到居鲁士有悔恨之意并看到大家拼命扑火但已无效的时候,便高声向阿波罗神呼唤并恳求他说,如果神对他所呈献的任何礼品还中意的话,那么就请助他一臂之力使他免于当前的灭身之祸。正当他满眼含着泪求神的时候,突然,在到那时一直是晴朗并平静无风的天空上,乌云集合起来,刮起了暴风并下了豪雨,火焰便给熄灭了。"(王以铸译希罗多德《历史》第一卷第 86-87 节,商务印书馆 1997 年,页 44-45)

被不同的死亡带向终结,并因此而获得完整(encapsulated);但是,这些人的生活是否或如何能说明梭伦所传达的忠告——即我们的幸福是如何地取决于我们无能为力的东西,并因此使得一个人的生命在死亡提供的终结之前无法被评价——却远不是清楚的。在梭伦的叙说中有两个因素。在这两个因素之间的联系问题上,亚里士多德进行了一个分离的处理,这一点引人注目:第十卷由于回到了最善生活方式的问题,将会最终指向梭伦对人类生活的排序;而现在第一卷则诉诸梭伦教诲中关于机运的重要性和幸福的不确定性这一面。梭伦在神妒中发现了幸运的易逝性(volatility)的根源,这种解释在亚里士多德看来应该是与神性事物不相容的。①梭伦所讲述的教诲迫使他导向一个极端的结论——一个人的生活品质完全是由降临于其上的东西决定的。对于这一点,亚里士多德从他自己关于幸福和属人之善的理解出发是会抵制的。不过,只要 eudaimonia 被承认为必须依赖一定的条件,从而不能或至少不能完全掌握在自己手中,那么,亚里士多德就发现有必要认可这位贤人的忠告"看到最后"中还是有某些真理的。

当然,亚里士多德承认,如果说一个人只有在死后才能被称为一个幸福的人,这显然是荒唐的,尤其是,如果幸福被设想为一个生命存在的 energeia 的话,就更显得荒唐了。如果梭伦的意思是说,一个人只要远离了不幸就可以被称为得到祝福的,那么这也是有问题的,因为有人认为有些好事或坏事还可以影响死去的人,就像活着的人在不知不觉的时候受到影响一样(1100a15-21)。亚里士多德随即就对死者受影响的任何一种可能方式提出了疑问(1103a34-b5);[40]而且,当他后来把勇敢的德性定义为面对一种最大恐惧时的品质时,他发现这种最大的恐惧就是对死亡的恐惧,因为死亡是一个终限(limit, peras),人们认为没有善或恶可以影响到已逝者

---

① 参《形而上学》982b29-983a5,及第七章注 17[译按]即本书下文页 312 注①。

(1115a26-27)。在这些说法中,亚里士多德并没有自相矛盾,而是揭示了通常意见中蕴含的矛盾。

如果 eudaimonia 是一种感觉的话,那么,那种建立在后代可以在我们死后影响到我们的经验基础上的概念便是毫无意义的了;但是,在这一点上,eudaimonia 至少是由独立于我们意识的一定的客观条件决定的生活质量。我们可以设想在我们死后,我们的儿女或所爱的人继续存活着,而他们经历了我们不再能知晓的运气变化,这些变化又可以被理解为对我们自己的生平之善造成了影响。荷马提供这方面的经验,仿佛它们并不仅仅是虚构的:他描述了奥德修斯在他的冥府之旅中遇见了阿伽门农和阿基琉斯,他们渴望知道自己的儿子们过得如何的消息。①但是,如果一个人即便死后也会因孩子的命运而影响到自己生活的品质,如果这种想法有道理的话,那么,他们的孩子又将如何呢?孩子的孩子呢?无限性的威胁曾经首先出现在因无终极目的而导致一个欲求为另一个欲求之故而被追求的欲求之链落入无意义的手段之链这种可能性之上;现在,它似乎转化成了一种时间性的形式,妨碍任何一个生命变成有限的生命并从而构成一个整体。如果在无尽的时间中,一个已经死去的人每每要随运气之轮的旋转而从幸福堕入悲惨,或反过来从悲惨升上幸福,亚里士多德承认,这样的想法当然是荒唐的。不过,亚里士多德最后又让步说,如果不承认活着的人对已故者生活[评价]的任何回追影响(retrospective influence)的话,这也显得太无情义了(friendless, aphilon, 1101a22-24):是我们对所爱之人的情义纽带使得已故之人不可能为生命提供一个结局(closure),虽然这个生命已经因其终结(completed)而完成(complete)了。

无论如何,把死亡接受为一种最后界限并不能解决梭伦忠告所提出的基本问题。如果只有在生命结束的时候才能判断一个

---

① 参《奥德赛》第十一卷行 457-464,及行 512-540。

人的生活是幸福的,那么,在一个人生活于其中的全部时间里,都不可能对他的幸福进行评判。亚里士多德提醒我们,如下想法是有道理:如果一个人的幸福首先是由他参与合乎德性的行动来决定的,那么他就应该享有人类生命所能允许的稳定性。而且,如果一个人耐心地忍受不幸,不是出于麻木而是出于灵魂的伟大,那么,美尚的东西(the beautiful)就会闪耀出来(1100b30-33);[41]当然,美尚之物在不幸中的闪耀并不是幸福。无论幸运扮演的角色被认为是多么的小,仍然没有一个美好生活中的现成环节可以确保已被我们接受为 eudaimonia 条件的整全性。一个活着的主体永远不可能站到一个平衡点上,从那里出发,他可以确定无疑地评判自己的人生。[对幸福与否的评判,]只有从一个第三者角度出发,而且幸福被归之于他的那个主体已经不再生存,才是基本上有可能的。Eudaimonia 要求一种投身 energeia 的生活和一种对完成整体的客观判断,而这两点看起来似乎是永远不可能结合在一起的。

非理性的 *psychē*[灵魂]

亚里士多德并没有解决 eudaimonia 所要求的"完整生活"问题,就回到了他假定为核心的问题,并如此设定前面的研究进路:"因为幸福是灵魂的某种合乎整全而完美的卓越的 energeia,那么卓越就应该得到研究;也许在这条道路上,我们可以更好地沉思幸福。"(1102a5-7)为了沉思幸福之故,我们将要研究德性。但亚里士多德立即就加上了另外一个主题:在这方面,似乎真正的政治家已经操劳了最多的事情,因为他希望公民变得善和守法。在研究人的卓越这条道路上,政治家的实践目标——把守法灌输给公民——和我们的理论目标——沉思幸福——殊途同归了。而人的卓越,亚里士多德没有给出任何论证就确定它是指灵魂的卓越(1102a16-17)。

这个分析采用了——或者人们可能会说,这体现了伦理德性采用的方式——灵魂与身体相独立的假设,而根据亚里士多德关于灵魂的理论研究,这一点是最困难的问题之一。①在《伦理学》的结论中伦理德性专属灵魂的假设遭到颠覆,这一颠覆是《伦理学》的潜在论证过程中特别富有活力的一个标志(参1178a14-22)。②

亚里士多德把身心相互独立的假设用来提起一个类比:犹如一个治眼病的医师必须了解整个身体,一个政治家也必须了解关涉灵魂的事物(1102a18-20)。身体模式把一个实践的目的即治疗眼睛与朝向此一实践目的的理论手段即了解整个身体联系在了一起;但是在这个类比的灵魂方面的[42]对应物那边,却只有相应的理论手段一方即了解灵魂这一方被明确地说出来。至于[类比的灵魂方面的]实践目的一方,却留待我们自己去填补。我们或许会推断说,犹如医师的目的是治疗作为身体一部分的眼睛,政治家的目的就应该是治疗灵魂的一个部分,或者更准确地说,也许就是"灵魂的眼睛"那一部分。但是,正如亚里士多德已经考虑过的那样,一个真正的政治家的目的是让公民变得善和守法,他的理论主题应该是整个 *polis*[城邦],其中,公民是最基本的部分。③在刻画 *politikos*[政治家]任务的时候,亚里士多德未能把政治家的实践目的和理论手段结合到一起。在他这样做的时候,亚里士多德隐含地提出了一个问题:"真正的政治家"究竟是一个让公民守法的人,还是一个意在治

---

① 参《论灵魂》403a3-b19。

② [译按]无论《论灵魂》403a3-b19 处谈及身心分离的困难,还是《伦理学》第十卷1178a14-22 中把伦理德性归给身心混合体,关节点都在 *pathos*[感受、感情、感应]这个概念上。

③ 参《政治学》1274b39-1275a2。

疗灵魂疾病的医师?①——在《伦理学》论证的展开中,这个图景将会在关键的地方反复出现。②

---

① 整部《王制》借以构建的城邦与灵魂的对应问题,微缩地包含在亚里士多德的类比模式的缺口(gaps)中:

	实践的目的	理论的手段
医师	治疗眼睛	必须研究整个身体
politikos[政治家]	[治疗灵魂的部分?]	必须研究关涉灵魂的事物
	让公民变善和守法	[必须研究 polis(城邦)整体?]

在《高尔吉亚》中,使公民变善和守法的任务是体育的政治类比,而灵魂的治疗作为医术的类比则在被理解为惩罚的语境中被指派给正义(《高尔吉亚》464b-465d)。惩罚性的正义之药只是在立法的体育失效的时候才是必需的。在《高尔吉亚》的结尾部分,苏拉拉底把自己描述为真正践行政治技艺的少数几个雅典人之一,如果不是唯一者的话(521d)。

② 特别参见 1105b14-18,1138b29-32,1145a6-9,1150b32-35,1152a27-29。在第一卷末尾的灵魂学(psychology)中,亚里士多德引入了灵魂的医师,从而为德性的研究奠定了基础,但是,在到达《伦理学》第七卷之前,他不让医术模式及其在责任、赞扬、羞辱等问题上的抽象形式占据主导地位。这种论证过程如果与迈蒙尼德的《八章集》相比照的话,特点就会凸现出来。《八章集》开篇就用一种亚里士多德式的类比,把德性和过恶视为灵魂的健康和疾病:"医治身体的医师首先需要从整体上了解他所要救治的身体以及这个身体的各个部分都是什么——我是指人的身体。而且,他需要知道什么东西导致疾病,以便避免那些东西;什么东西带来健康,以便追求那些东西。类似地,照料灵魂以便净化道德习惯的人也需要了解灵魂的整体和部分,以及什么使它患病,什么叫它健康。"(第一章,页61)当迈蒙尼德在《八章集》中把灵魂的医师视为"贤人"(wise men)的时候(第三章,页66),也算是提出了亚里士多德在《伦理学》中隐含地提出过的关于谁是"真正的政治家"的问题。迈蒙尼德的论述模式是从阿尔法拉比出发的:"医治身体的医师需要了解身体的整体和部分……与此类似,救治灵魂的政治家和君王也需要了解灵魂的整体及其部分"(《阿尔法拉比政治著作集》[*Selected Aphorisms* v, in *Alfarabi: The Political Writings* 之《箴言选集》第五卷]页13)。

如果政治家的身份和目的保留为问题,那么,亚里士多德接下来给予 politikos 的方法论建议也就会同样是成问题的:他必须借助的灵魂分析,要满足他所寻求的事物的需要,因此,任何过分精确的东西将会是不必要的劳作(ergodesteron, 1102a25-26)。这里的用语让人想起关于人类 ergon 的论证,以及那个颇成问题的只需满足木匠级的而非几何学家式精确性的提议(1098a26-32)。亚里士多德看起来似乎是遵循这个提议的:他现在引入了一种被承认为并不精确的灵魂学,这种灵魂学出自"外在的 logoi [学说、讨论]",它把灵魂的非理性部分与理性部分区分开来;当然,他立即就对这种说法进行了界定。有一系列非理性部分的功能——营养和生长——似乎是与所有生物共同的,因而不是人类特有的;不过,似乎有另外一类"灵魂的非理性自然",即灵魂的欲望部分,这部分却以某种方式参与到 logos 中去。这方面的证据来自对理性的抗拒现象:在一个必须运用自制的人身上,或者更明显的是在一个在自制方面无能的人身上,有某种东西抑制 logos,就像一个瘫痪病人的肢体想转向某个方向,最终却选择了另一个方向。不过,抵制理性的能力同时也就是遵循理性的能力。看来有一个灵魂的非理性部分,它是由遵循 logos 的潜力来得到界定的:在关于 ergon 的论证中曾引入了这样一种何谓拥有 logos 的意思(1098a4-5),这个意思还让人想起赫西俄德说的第二种类型的人(1095b10-11)。[43]考虑到灵魂的欲望部分遵循理性的潜力,亚里士多德评论道,它应该被理解为理性部分的下属,它们对拥有 logos 部分的听从就像儿童对父母的听从。①灵魂的这个欲望部分唤来所有警告、谴责和规劝的实践——这些都是谆谆诱向伦理德性的手段,它们既不是直接属于理性的,也不是完全与理性分离的。正

---

① 到第六卷第一章准备分析灵魂的理性部分的时候,这个想法好像被遗忘了(参见下文第四章的"再论灵魂学:理性的 psychē"一节,尤其注 7 [译按]即本书第 179 页注释①)。

是灵魂的这一部分的可能的自治,为苏格拉底把德性归作知识的观点设置了障碍。

人类灵魂的范围包括营养和生长、感觉和欲望、言辞或理性:在其自身之中,人类灵魂领悟到一个超出植物、动物和人类之外的整体领域,这一点在 ergon 论证中已经提出过。Ergon 论证隐含地把人类理解为全部生命存在物之宇宙整体的一个部分;现在,人类灵魂自身就是这个整体。① 于是,灵魂的每一部分都可以拥有一种独特的出自其天性的 ergon,如果这些 ergon 都被完成得很好的话,就可以使整体处在 energeia 之中;但如果这样的话,似乎就会排除人作为一个整体拥有其独特的 ergon 了。不过,当第六卷重新提起灵魂学的时候,在灵魂的理性部分区分出了一个专事理性的实践功能的独特部分,这个听起来就像是人的 ergon 本身——即"有 logos 的 praktikē"(参 1098a3-4 及 1139a5-15)。似乎有人类灵魂的某个部分的 ergon 可以代表人类本身。只要这个功能做得好,灵魂整体就可以兴旺(flourish)。但是,无论在何种意义上,这个 ergon 自身不可能是灵魂的合乎最 teleia [完美] 德性的 energeia;如果人的 ergon 仅仅属于一个听从整体的部分,即实践理性的部分,那么,它的德性——这将被证明为 phronēsis [明智]——不可能是完全的人类德性,也不可能被证明是最完美的人类德性。

正是在与理性的这个实践功能的联系中,灵魂的欲望部分才能运用其遵循 logos 的能力。而且,我们还会逐渐学到,也唯有这个联系才保证了真正的伦理德性成为可能。但是,根据"外在的灵魂

---

① 灵魂"几乎是所有事物"(《论灵魂》431b20-21)。把个人的灵魂视为一个内在的整体与第一卷末尾所建立的力量等级的灵魂学是一回事,而与 ergon 论证中隐含的宇宙整体观却是非常不同的。帕伦斯(Joshua Parens)认为阿尔法拉比的亚里士多德提供了一个有说服力的关于"个人灵魂中的力量等级"的模式,但是在涉及宇宙整体的时候却发现了人类知识的局限(《一种关于德性宗教的伊斯兰哲学》[An Islamic Philosophy of Virtuous Religions]页115)。

学"所做的灵魂理性部分和非理性部分的两种功能的区分,却把第一卷带向了终结。而这种灵魂学则为《伦理学》划分两种德性——伦理德性与理智德性——提供了基础,这种划分的后果将会在从第二卷直到第六卷的论述过程中展现出来。

第二部分　美尚的和正义的

第二章　性情的卓越

[47]雅典[来的]外邦人①：因此我说儿童首先感到的是快乐和痛苦的感觉，也正是在这里，德性和邪恶才开始在灵魂中形成。……快乐与喜爱，痛苦和仇恨，在那些尚未学会推理的灵魂中得到正确的安排，然后，等到这些灵魂确实学会推理之后，这些激情可以与理性协调一致，说明它们已经被正确地教养成了适当的习惯。这种协调一致作为一个整体②就是德性。[在这个德性整体中]，有一个部分涉及快乐和痛苦的良好训练，以便使人自始至终都知道去恨该恨的东西，以及去爱该爱的东西。如果你把这个部分在言辞中分离出来，并且称之为教育的话，那么在我看来，你就是做了一个正确的论断。

——柏拉图《法义》第二卷653a-c，潘戈英译

---

① ［译按］Athenian stranger，或译作"雅典客人"或"雅典陌生人"，似皆不妥。"客人"太亲近，"陌生人"太疏远，不如"异乡人"或"外邦人"接近本义。考虑到希腊的城邦国家结构，"外邦人"又较"异乡人"为妥。另外，"陌生人"还有相互不认识的意思，这个似不符合对话的实情：如《法义》中的三个谈话者之间的关系，并不是相互不认识，而是来自不同的城邦，所以，他们之间并不是互为陌生人，而是互为外邦人。其实，日常汉语中的"老外"也比客人或陌生人更接近这里的 stranger：你可以跟一个老外很陌生，也可以跟他很熟识，但这都不是重点，重点在于他来自不同的国家。另外，Athenian 直译"雅典的"有歧义，易使读者误以为是身在雅典的外邦人，所以加方括号说明是"雅典[来的]外邦人"，有时为了照顾行文流畅亦直译"雅典外邦人"。其他如"爱利亚外邦人"等皆放此。

② ［译按］原文作 in its entirely，疑为 entirety 之误。

[爱利亚]外邦人:让我们把[度量的技艺]分为两个部分,因为我们现在努力追求的东西要求这样。……你难道不认为,就其本性而言,较大的事物只不过因其大于较小的事物而被称为较大的,反过来,较小的事物也只不过是因其小于较大的而被称为较小的?

[小]苏格拉底:是的,是这样。

外邦人:那么这个又如何:在言辞中,或也许在行为中,是不是有时超过中庸之性(the nature of the mean),有时又被它超过①?而我们在谈论这些[过与不及]的时候,把它们视为一种生成变化的过程(coming-into-being),在这些过程中,善与恶方才在我们之中显露出最昭著的区别?

苏格拉底:看来是这样。

外邦人:那么,我们就必须确立两重的模式,以便用来说大的和小的存在是什么,以及用来判断大的和小的。而且不仅是像我们刚才说过的那样,只是相互相对性地度量(mutually relative measure),[48]而是要像我们现在说的这样,必须同时进行相互相对性的度量和相对于中庸的度量(the measure relative to the mean)。

——柏拉图《政治家》283d-e,伯纳德特英译

一种非苏格拉底的观点

在把 *eudaimonia* 定义为"灵魂的合乎完全或完美德性的活动"并把它视为所有其他事物为之而行动的最初始点(*archē*; 1102a2-6)之后,第一卷似乎允诺了一个自上而下的思想运动,以便从始点出发,推导出完全的或完美的德性是什么。然而,第二卷虽然转向

---

① [译按]指不及中庸的情形。

了德性的研究，但并没有表明它试图从幸福这个始点出发。如果原本设定的道路是想反过来回到那个 archē 的话，那么，那条路也不是一条很直的道路：虽然我们已经决定为了"沉思"幸福而去担起德性的研究（1102a7），但是，eudaimonia 从未在第二卷中被提起，也从未在第三卷和第四卷中联系到任何一个具体伦理德性的讨论而被提起。①

原本导向幸福问题的关于人类德性的研究，开始于苏格拉底，也终止于苏格拉底。基于区分伦理德性与理智德性的基本前提，第二卷发展出了一种与苏格拉底观点——他的观点表达在"德性即知识"这个公式中②——相悖的伦理德性概念；而在第六卷的末尾，则是通过接受或部分接受了苏格拉底观点而把理智德性的探讨带向结束。对苏格拉底观点中所包含的真理的承认，带来了一个否认伦理德性与理智德性之分的后果，而这个区分却是全部论证的前提。

---

① 从第一卷末尾直到第六卷末尾，eudaimonia（或相关词语）的鲜有出现开始于第三卷的一个说法：即我们想要幸福，但不是选择幸福（1111b28-29）。唯一一处确实把德性联系到幸福的地方只是为了带出一种特殊德性勇敢的成问题的特点，即它是痛苦的来源（1117b10-11）。另外，唯一一处［把幸福］与性情品质的联系是在谈到自夸者伪装成似乎有益于他人福乐（eudaimonismos, 1127b17-18）的时候。在第五卷中对 eudaimonia 的唯一一处提及，出现在对正义的令人困惑的描述中，在那里，正义被认为是可以在政治共同体中产生和保存"幸福及其部分"的东西（1129b17-19，参本书第三章中的"正义与幸福"一节）。

② 把德性理解为一种知识，把过恶理解为一种无知，这是任何人都欲求善这个原则的必然推论：如果他确实在败坏青年方面有罪，苏格拉底在他的受审中争辩说，那么这必定是出于无知，因为他知道如果败坏周围人的话，最终将害及自身，而没有人愿意危害自己（《申辩》25c-26a）。在《美诺》中，苏格拉底发展了一种把德性等同于知识的论证，不过那只是在从 epistēmē 移动到 phronēsis 的过程中实现的（参本章注释 9［译文］即下文第 81 页注释②）。当苏格拉底说服高尔吉亚同意——虽然这一点让他自己落入自相矛盾——任何学习正义的人必然是正义之人（《高尔吉亚》460b-c）的时候，苏格拉底更多地暴露了他的对话伙伴而不是他自己。

因此，[苏格拉底的"德性即知识"观点]似乎成了论证过程中的全新纽结。不过，我们通过回顾就可以认识到，苏格拉底式的立场实际上早就潜伏在第二卷中关于伦理德性的最初定义中了，在那个定义的核心之中就已经断定，一个明智的人，即一个 *phronimos*，可以决定什么是适度的中庸（1107a1-2）。如此一来，这个论断就从外围隐含地否认了伦理德性与理智德性的分离，而只有这个分离才能保证伦理德性的独立自主。

把伦理德性理解为朝向中庸的品质，这种理解的引入是通过重新唤起第一卷中关于基本功能的论证，[49]即把人的卓越理解为很好地完成人类独特的 *ergon* 的论证。根据那个论证，属人之善存在于这种 *ergon* 的运用，而这种 *ergon* 则被理解为——虽然常常是误解为——理性的某种实践。由于第二卷对幸福没说什么，于是对人类功能（human function）的诉求就把德性的讨论联系到了最初的属人之善问题（参 1106a15-24，连同 1097b24-28 和 1098a12-18）。如果第二卷已经从人的 *ergon* 探出了人之卓越的来源，论证就会很快过渡到第六卷的结论，把 *phronēsis* 定位为通过以善为目的而使德性成为一个整体的东西；如果是这样的话，论证过程早就会直接达到了苏格拉底对 *phronēsis* 的理解，即如果没有 *phronēsis* 的话就完全没有任何真正的德性（1144b14-17）。因此，从第二卷直到第六卷的论证道路肯定是亚里士多德努力的结果，这个努力便是要尽可能地延迟对苏格拉底立场的承认。

如果没有这个延迟的话，就不可能带出第三卷和第四卷中一系列接受检验的德性和过恶①。从第二卷关于德性的一般性探讨到第三卷和第四卷关于具体德性的探讨，这个根本性转变的一个重要的（an important）标记——也许是真正重要的（the important）标

---

① [译按] 与 virtue 对称的 vice，在亚里士多德的伦理学语境中不宜译为邪恶，更不宜译为罪恶。过恶庶几当之。因为这个过错不是出于邪魔或罪，而是出于对中庸尺度的逾越或不及。

记——出现在第一个被谈及的品质的讨论中：我们将会被告知，一个勇敢的人为了美尚的事物（to kalon），应该能忍受恐惧——关于这些我们已经听过不少——因为，亚里士多德宣称说，美尚之物是（这种）德性的 telos（1115b12-13）。关于美尚之物或其他什么东西作为德性的 telos 这个问题，第二卷没说什么。① 美尚与正义一起被证明是独立于各种各样特殊德性的原则，没有被吸收到 phronēsis 中去：美尚与正义提供了一种力量，以抵制那种否认伦理德性之自主性的苏格拉底行动。②

在第二卷的第六章，亚里士多德关于伦理德性"是什么"的说

---

① 美的（beautiful）或高贵的（noble）事物作为伦理德性的 telos，这属于第三卷中某些特殊品质的讨论范围。在那里，亚里士多德以之说明在性情伦理方面有德之人的自我理解。第二卷则聚焦于中庸，以中庸为标准，区分有德性的品质和那些或过或不及的品质，而中庸的尺度则是由那些明智的人根据何者为善的观点来决定的。不同于以 kalon 为 telos 的观点，这里是一种通过中庸尺度而来判定的境况的感性维度。苏格拉底对这一点的提示是在《斐勒布》中给出的，在那里，苏格拉底说明了，所有美尚之物是如何通过作为无限者之限度的中庸尺度而成为对我们而言的美尚之物的（26a-b）。《伦理学》第二卷首次引入中庸，是把它作为产生和保存 ta summetra［适度］的东西（1104a15-18），而这正是美尚之物的一个方面（参《形而上学》1078a31）。当第二卷进展到探讨中庸作为德性行动之尺度的时候，通过把中庸比作美好艺术品的尺度——超过或不及这个尺度就会毁坏艺术品（1106b9-14）——而支持了这个论点。亚里士多德对这个类比的使用是萨克斯（Joe Sache）把 kalon 翻译为 beautiful 的理由之一（参见他为《亚里士多德的〈尼各马可伦理学〉》写的绪论，页 xxi-xxv）。罗吉斯（Kelly Rogers）注意到 kalon 含有一种潜在的秩序和适度的特点（"Aristotle's Conception of To Kalon"［《亚里士多德的 To Kalon 概念》］页 355-358）。李尔（Gabriel Richarchson Lear）发现了三个核心因素——"有效的目的论秩序、可见性和愉悦"——是标识精致（fine）或美（beautiful）的［指标］（"Aristotle on Moral Virtue and Fine"［《亚里士多德论道德德性和美》］页 117）。

② 因此，正是在关于勇敢的讨论中——在那里，美尚被引进为德性的 telos——苏格拉底在《伦理学》中首次明确露面，以便批评他把德性理解为知识的错误（1116b4-5）。

明也许参与了苏格拉底式的用 phronēsis 统合诸种德性的做法,不过,先行作出的关于德性如何形成的一般性说明,却是被提出来反对那种暗指苏格拉底的观点。亚里士多德指责说,大多数人拒绝承认习惯的必要性——即为了获得一种有德性的性情而持续操习相关行为——是真实的;相反,他们相信可以通过"在 logos 中寻求庇护"而从事哲学思考,并以这种方式变得有德性(1105b11-18)。[50]甚至没有提到苏格拉底的名字,亚里士多德借用了柏拉图的苏格拉底用来描述他的独特哲学转向的语言:"在 logoi 中寻求庇护。"(《斐多》99e)在亚里士多德的用法中,苏格拉底对他的独特研究方式的表述变成了一种关于伦理德性如何形成这一问题上的误导性的和自欺的概念。①

因此,亚里士多德对伦理德性的处理方式,是通过一种双重的批评而展开的:隐含的[批评]是针对苏格拉底关于伦理德性如何形成的观点,显明的[批评]则是针对一个主张德性是什么的苏格拉底。这两方面的批评有着共同的根源,即都是针对苏格拉底式的对于知识指导行动力量的过高估量,不过,二者又带来了不同的错误,因而需要不同的矫正。亚里士多德暗示说,在关于德性如何获得的问题上,苏格拉底的那种可能是错误的观念乃是基于一种错误的灵魂学,这种灵魂学否认灵魂追求快乐的独立欲望。矫正这个错误需要认识到快乐在人类动机中的力量,以及认识到在实践中疏导(channeling)驱动力的必要性,以便形成正确的行为习惯。然而,在苏格拉底看来,习惯所能产生的东西看起来只不过是"大众德性"

---

① 苏格拉底在厄尔(Er)的神话中表达了他对习惯造成的德性状态的看法。通过这个神话,《王制》总结说:抽到第一个签的人总是不计后果地选择僭主的生活,而认识不到这种选择将会带来的悲惨后果。苏格拉底解释说,这样的人[之所以做出这样的选择,是因为]他是从天上下来的灵魂。在天上,他曾经生活在秩序良好的城邦,在那里,他的德性实践是出自习惯而不是哲学(619c-d)。

(demotic virtue),它只是根据最大化快乐和最小化痛苦的算计来控制行为。①

正如亚里士多德所见,在德性如何形成的问题上,快乐的驱动作用可能是决定性的;相比于亚里士多德所看到的苏格拉底关于德性是什么的错误概念中所缺乏的东西来说,这是某种非常不同的东西。通常所谓苏格拉底把德性归结为知识的观点,无力认识到人类朝向美或高贵之物的趋向性,这种趋向性使德性可以在其内在目的的光照下得到提振。②对第一个错误的矫正,属于亚里士多德自己的关于如何通过塑造快乐和痛苦来形成性格的分析;对第二个错误的矫正则是列举了一些道德上有德性的人,把他们的自我理解作为德性的代表。两个矫正被提出来,都是为了反对那种把德性仅仅理解为知识的观点;但是,这两种矫正之间,看起来似乎并不相容,虽然它们中的每一个都关联着一种亚里士多德提出来作为批评靶子的苏格拉底式观点。在那些投身德性修养的人的经验中,伦理德性的意义存在于这种经验的最高心志之中,存在于它所朝向的终极目

---

① 正如苏格拉底在生命的最后一天对同伴所说的那样,除了哲学家之外,所有那些被称为勇敢或节制的人,他们之所以愿意面对死亡只是因为害怕更大的罪恶,正如他们之所以节制快乐只是因为害怕被剥夺其他快乐——这是通过用快乐交换快乐、用痛苦交换痛苦的方式来换取德性,而真正的德性却是只有用 phronēsis 才能换到的(《斐多》68d-69b)。在戏谑地猜测灵魂死后受到生前习惯影响的时候,苏格拉底想象那些出于习惯而不是出于哲学来履行"大众德性"的人会变成某种"政治的和驯服的物种",就像蜜蜂、黄蜂或蚂蚁那样(《斐多》82a-b)。

② 正如施特劳斯指出的那样,在柏拉图眼中,"亚里士多德称之为道德德性的东西,不过是某种介于如下两种东西之间的中途驿站(halfway house):一者是服务于身体康宁(自我保存和安宁)的政治的或庸众的德性,一者是真正的德性,即至少是能激发哲学家成为哲学家的东西"(《城邦与人》页27)。如果说亚里士多德的道德德性是这样一种"半成品",那么,它之所以看起来如此,乃是因为它的目的即 kalon 与它的实现途径即习惯养成的过程之间形成了对比。

的之中；如何通过疏导快乐和痛苦来形成一定习惯的分析，为那种自我理解预先投上了一束冷静的光。

习性养成

[51]第二卷的开篇呼应了美诺问苏格拉底的问题：德性是通过教育得来的，还是通过实践习得的，或是因自然而有，抑或以其他方式得到？①亚里士多德的直接回答揭示了在"幸福是合乎完整或完美德性的灵魂的 energeia"这一公式中隐含未彰的一种区分：人类德性是双重的，其中，理智德性主要是教育的后果，所以它需要经验和时间来得到，伦理德性（ēthikē aretē）则正如其名称所示，乃是习惯（habit, ethos）的产物（1103a14-18）。伦理德性的划分——这将被证明是成问题的——只是从它是习性养成（habituation）而非教育得来的这个假设出发的推论，至于理智德性在目前还只是被作为一个整体而提出。只有到了第六卷，当我们转向理智德性考察的时候，我们才能发现把可教的德性与那些只能在经验和时间中养成的德性区分开来的重要性。②

习性的养成预设了天性的自然不完全是决定性的；因为，如果它完全是决定性的话，训练就会变得既无必要亦无可能。不过，亚

---

① 这个问题已经在第一卷中就幸福问题而被提出过（1099b9-11）。美诺突然提起这个显然是毫无前后相关的问题，以此来开始与苏格拉底的谈话（《美诺》70a），只是到谈话的结尾才显示出是什么驱使他提出这个问题：他谈到高尔吉亚——很可能他付给了高尔吉亚很高的学费——说高尔吉亚把自己的教学限制在教导言辞的技艺，而从来不声称说要传授人类的德性（95c）。

② 第二卷开头在关于理智德性的说明中出现的教育与经验的融合，让我们想起《美诺》中苏格拉底对知识即德性的提及也先是在开头说如果德性是 epistēmē 的话就应该是可教的，最后又在结尾的地方说如果德性是有益的，它就必定是 phronēsis 或是在 phronēsis 指导之下的（参87c和88c-d）。

里士多德诉诸的证据不止是来自一种对自然的研究,而且也来自立法者的意图,因为立法者的意图便是通过习性养成来善化公民(1103b2-6)。法律通过形塑人的性情来养成"第二天性"。它所运用的工具——赞扬和谴责、奖赏和惩罚——预设了:行为人要为他所做的事情负责。第三卷关于责任的讨论被允诺为服务于立法者,它将被用来为最大可能范围的自愿行动;然而,第二卷关于习性养成的说明却事先就把那种论证置于成问题的境地,因为第二卷里说从最幼小的儿童时期——也就是说从一个人可以在法律上承担责任之前——就开始的习性训练,起了决定性作用(1103b23-25)。

如果我们的性格无论好坏都是由行为的重复发展而成的,那么,我们的研究就应该关注行为,而且亚里士多德还强调说,这种研究的目的就不是为了搞清楚德性是什么,而是为了变善(1103b26-29;参1095a4-11)。这正是刚才说过的委任给立法者的意图,只不过,通过法律实践来养成习性以善化公民的方式,显然不同于我们通过参与[政治学和伦理学]研究计划来变善的方式。[52]对于这两者来说相同的是,它们的目的都不可能通过仅被动听取言辞而得到完成。然而,什么才是能当下的言辞付诸实现的真正行动?对此,亚里士多德给出了一组建议。他认为我们现在所问的这个问题——应该如何行动?——有一个简单的回答:"遵循正确的 *logos*"。不过,这还只是一种"大体"(*tupos*;1104a1-2;参1098a20-24);而对它的详实填充过程看起来就像是一种能使我们变善的行动——不是通过道德教育,而是通过这一研究的行动本身。

亚里士多德眼下的论述特地强调指出通过言辞来把握人类行动的困难:如果在这种事情上连一般的理论都不能确定的话,我们当然更不可能期待在特殊情形下获取精确。在特殊情形中起作用的是对"时机"(*keiron*)的现场知觉。这种在一定处境中做出正确反应的觉知能力也许代表了最高程度的精确性。①但是,受到威胁的不是如何让行为变得正确的问题,而是如何提供出一种理论,以便说明它何以是正确的这样一种挑战。②面对这种危险,就有必要营救 logos(1104a10-11)。亚里士多德在这里用了柏拉图笔下的苏格拉底的语言:在他离世的那一天,苏格拉底认识到必须在"厌恶论证"(misology)的威胁面前营救 logos;苏格拉底注意到,他的谈话伙伴们对他关于不朽的论证感到深深的失望,他们由于对这些论证寄予太多期望,以至于有可能完全放弃理性(《斐多》88e,89d-e)。苏格拉底的反应是提出一种更加安全的"第二次起航",即"到 logoi 中寻求庇护"(99d-e);而这正是亚里士多德所描述过的那种不足的方式,即仅仅听从言辞而不付诸必要行动的方式(1105b12-16)。用这种对《斐多》的双重暗示,亚里士多德警告我们,两个极端都构成了危险:无论是在事情面前毫无言辞和论证,还是除了言辞之外一无所有,都会把《伦理学》的全套计划置于成问题的境地。

著名的"中庸教义"正是在此时伴随着对双重危险的考虑而被引入。亚里士多德建议我们从"沉思"一个类比开始:③正如身体的健康或强壮会自然地因欲求和过度而受到损坏,以及会因适度而得到生发、增长和保存,同样,性情的德性也会因不及和过度而受到毁

---

① 柏拉图笔下的爱利亚外邦人坚持"精确性本身"的标准:它不只是由算术的尺度来决定的,而且是由中庸的尺度来确定的(《政治家》284b-d;参本章注释 25[译按]即本书下文第 92 页注释②)。

② 亚里士多德试图通过把精确刻画为仅仅是一种"大体"而降低对精确度的期待(例如 1098a20-24,1103b34-1104a4)。赫费(Otfried Höffe)发现了这种方法论限定的基础在于任何一种意图行为的特殊性与哲学表达之普遍性之间的张力(《伦理学作为实践哲学的方法论思考》["Ethik als praktische Philosophie-Methodische Überlegungen"]页 37)。

③ 《伦理学》研究的模式曾被设想为木匠式的,而不是几何学家式的。木匠只满足于自己的目的要求而研究什么是正确的角度,几何学家则是"真理的沉思者"(1098a29-32);但是,在第二卷的论述过程中,中庸的尺度将会作为 theōria[静观沉思、理论]的对象而被两度引入(1104a11 和 1106a24-26)。

坏,[53]因中庸而得到保全(1104a11-27)。亚里士多德解释说,一个逃避所有事物的人会变得懦弱,而一个迎向所有事物的人则会变得鲁莽——恰如一个沉迷于每种快乐中的人会变得放纵,而一个躲避任何快乐的人在某种意义上会变得麻木。虽然尽量合乎情理地避开了全与无的两个极端,这个初始描述还是留下了一个相当宽广的开放范围,以供中庸的选择。正是何谓"恰到好处"的问题引起了我们对行为之 logos 的不信任;诉诸中庸如何能克服这种不信任,正是保留为问题的所在。①

中庸被引入是作为行为的标准,依循这一标准,有德性的品质才能像身体的健康和强壮那样养成;不过,由于这些行为也正好就是这些品质通过它们得以操习的行为,那么,我们就立刻被迫解决如下问题:是什么能把最后确立的状态与它的形成过程区别开来?亚里士多德在快乐中发现了这一区分的指标,这个快乐会伴随着那种从业已形成的品质中生发出来的行动。②在争取达到属人之善的要求中,快乐直接被拒绝作为目的,因为它与其说是符合人的目的,还不如说更适合畜群;而现在在这里,考虑到快乐和痛苦在习性养成中的作用,它们被认作"德性和政治科学的全部事情"(1105a11-12)。在这里,快乐也许仍然可以被认为是主要发挥着消极的作用——因为,它毕竟导致我们做坏事,正如痛苦妨碍我们做好事;不过,亚里士多德现在解释说,这个消极作用的真实含义,是去追求和逃避错误的快乐和痛苦,或者是指在错误的时间或以错误的方式来行动。事实上,可以驱动行为的另外的目的,即美尚和有益之物,也

---

① 根据爱利亚的外邦人,恰到好处属于被量度的事物,即适宜、合宜,以及其他诸如此类的"中庸尺度",它们是不能被还原为数学规定的(《政治家》284e)。

② 亚里士多德列举了最矛盾的例子来说明这种快乐应该有多大程度,以及应该有什么限度:只有节制的人才能从节制快乐中得到快乐;然后他又承认了一个最明显的例外情况:一个勇敢的人也许可以被期待不带痛苦地面对危险,但似乎也并不会带着快乐(1104b4-8)。

只有当它们显得令人愉悦的时候才能成功地起到驱动作用。对某人进行习性养成,就是用快乐来让他追求某些目的,或者用痛苦来让他逃避某些目的,而这就是伦理教育的任务。如果快乐和痛苦要被用作这样的工具,那么,它们就应该有很大的可塑性,能与它们深深地"根植于生活织体"(1105a2-3)的深度相当的可塑性。欲望的塑形开始于早期儿童时代,利用趋乐避苦的自然倾向,让儿童在奖赏中发现快乐,在责罚中遭遇痛苦:在这个问题上,亚里士多德称赞了柏拉图的理解(1104b11-13)。[1]受奖赏而快乐,遇责罚则痛苦,这是我们希望得到他人接受的自然欲求的标志,这种接受开始于我们的父母:性情的习养因而是在人的理性天性(rational nature)得到发展之前,通过政治天性(political nature)而成为可能的。

[54]把一种德性品质的形成过程与这种德性品质的运用区别开来的问题带来了更大的问题:如果德性是一种通过行为表达出来的内在状态,那么,怎样才能通过一种外在表现来推断它的在场?在进行正确行为时享有快乐也许可以被视为一种标志,表明这种行为是从德性品质发出的,虽然获得快乐并不是德性行为的意图。为了达到这一点,亚里士多德首先为技艺设置了一个平行对比(parallel):为了成为音乐家的演奏与作为一个音乐家的演奏是不同的。对于技艺来说,重要的是表演或作品,而艺人的状态则是无关紧要的,至少当他有知地行动(acts knowingly)的时候是这样。有德性的人也必须有知地(*eidōs*)行动,虽然亚里士多德目前还没有谈到其中究竟涉及什么种类的知识。他现在只满足于说明,与技艺相比而言,这至少是衡量德性的重要尺度,而且,从此出发还可以确定两个被认为是更重要的标准:德性之人的行为要出于选择——"因为行

---

[1] 参"附录一"。柏拉图笔下来自雅典的外邦人在按这种方式定义了何谓教育之后,把这种教育的意涵的人类作为木偶的意象表现出来,如果不是被法律这根强有力的绳索控制的话,木偶就是被快乐和痛苦这两根绳子牵动着(参《法义》644b-d 和 653a-c)。

为自身之故"而选择这一行为——而且是以一种稳定不变的方式来做出选择(1105a26-33)。为了捍卫这些条件的重要性以与知识的需求相对照,亚里士多德引证了正义和节制性格的发展过程——这最不像是可以通过反复练习而获得的德性品质——来作为支持他观点的证据。在后面我们将被迫重新思考亚里士多德的这个观点,因为[《伦理学》的]论证在后面将达到这个结论:真正的德性必须以 phronēsis 为必要条件,连同它的替代物(alternative being)——但不是由习性养成得来的品质,而是"自然德性(natural virtues)"(1144b14-17)。

目前,对反复实践的需要是胜过有知地行动这一要求的。而且,由于[反复实践]与出自选择的行动这一点的关联还不是立刻就清晰的,所以,[反复实践]对于形成坚固品质来说显然是决定性的。一个可以在不同时间都稳定不变地行动的人被认为不同于一个仅在某种情形下正确地行动的人,虽然他的习惯行动不足以揭示行动背后的动机,而这正是值得考虑的问题。因此,真正关键的标准似乎是行动要出于选择,虽然目前还没有说明所谓做出选择是什么意思。当这个问题开始被提起的时候——最初是在第三卷——选择将被定义为考虑(deliberation)的结果,即为了达到某种目的而在多种替代手段之间进行权衡的理性过程,而其目的却不一定是合乎德性的。

于是,正是一个看起来只不过像是顺便提到的论点,才最明确地但也是最成问题地谈到了动机问题:[55]有德之人必须是"因为[行动]本身之故"(because of itself)而选择某一行动。这听起来像是"为了[行动]本身"(for the sake of itself)。但是亚里士多德避免用这一语汇表达目的,从而避免了或至少是延缓了一大堆重要的问题。如果选择的对象被严格地限定为朝向某种既定目标的手段,而不是目的本身被选择(1111b26-29),那么,德性行为难道不是必然会因为行动背后的目的而被选择吗?如果一种性情的品质是训练的结果——这种训练是为了在正确行动中享有快乐——那么,人们如何能知道,快乐不会继续作为正确行动的一种动机,甚或唯一动机?如果正如第一卷所言,所有人自然趋向的终极目的是幸福的话,那么,一种德性行为怎么可能因其自身而被选择呢,除非它可以被表明为有益于建设幸福的?

关于拥有德性品质的条件的框架性说明,隐含地引发了这些被认为是德性行为所要表达的内在状态的问题。但是,当我们期待讨论将会提起这些问题的时候,结果它却重新提起了反复练习适当行为的必要性以便形成一种德性品质这个话题。亚里士多德指责说,大多数人就像那种病人,他们希望只听医生的话而无需照医生的处方亲身去做就可以获得健康(1105b14-16)。这个针对大多数人的批评再一次涉及不自制之人(the akratic)的问题,这个问题的第一次出现是在亚里士多德描述他所针对的听众的时候(1095a7-9),再次出现是在谈到灵魂的欲望部分的独立性这一灵魂学问题的时候(1102b18-23)。亚里士多德隐含的意思是,自制(self-restraint)的缺乏是只教人正确事物而不通过实践来培养性情这种做法的必然后果;这种人"到 *logos* 中寻求庇护",而且相信自己可以通过哲学运思(philosophizing)而成为真正的人(become serious, 1105b12-14)。

在这里被归之于大多数人的设想是所有智术伎俩(sophistry)的前提,即在言辞之外一无所有。① 不过,亚里士多德选择了一种奇怪的方式来表达他的批评。大众真的以为自己是在进行哲学运思吗?为什么大众的懒惰被描述为苏格拉底式的转折——"到 *logoi* 中去寻求庇护"?大众的自欺在于,他们只满足于得到一个医师的指示;而苏格拉底的错误,也许毋宁说是相信只有自己成为医师或者必须

---

① 这一点在《伦理学》的最后一章变得很清楚:那里谈到言辞力量的限度和法律强制的必要(1179b4-18)。

自己成为医师,才能得到健康。①现在,亚里士多德是把苏格拉底和大多数庸众放在一起,置于拒绝承认习性养成之必要性这个共同基础之上:苏格拉底和庸众的联合体站到了亚里士多德自己和柏拉图的对立面[56],而对于柏拉图,亚里士多德曾称赞过他能认识到形塑快乐和痛苦的重要性。②

伦理德性与中庸尺度

瞄准中庸与作为性情品质的中庸

《伦理学》第二卷首先谈及德性如何获得的问题,似乎是苏格拉底向美诺谈过的问题的重现。在他们谈话的结尾,苏格拉底注意到,由于他们还没有尝试考察德性本身是什么,所以,在关于德性如何形成于人类之中的问题上,他们所得出的结论必定是大有疑问的。③当然,无论苏格拉底最后说了什么,他对谈话的主导还是表明了,人们可以学到多少关于德性是什么的启发,是由德性如何形成的考察决定的而亚里士多德关于习性养成的讨论在这

---

① 柏拉图笔下的雅典外邦人在把所有现存的立法比作为奴隶治病的奴隶医师之后,设想了一个"与自由的患者谈话的自由的医师,而且在他使用 logoi[即说话]的时候几乎是在进行哲学运思了"。这个医师必定会大笑着[对自己]说:"你这个傻瓜,你这不是在治疗病人,而差不多是在进行教育,就好像人家需要的不是变得健康而是要变成一个医师。"(《法义》857c-d)

② 参"附录一"。《伦理学》第一卷对柏拉图的唯一一次提及,是称赞他意识到了这一疑问的复杂性:一种研究应该从始点出发还是应该朝向始点而去(1095a32-33)?第二卷对柏拉图的唯一一次提及,是称赞他认识到了通过习性养成来形塑快乐和痛苦的重要性(1104b12-13),而习性养成正是可以获得的几种始点方式之一(1098b3-4)。

③ 此处被苏格拉底置诸疑问的结论是,德性的形成显得是"神的命予(fate)"(《美诺》100b)。

个问题上也毫不逊色。他关于德性如何获得的说明或许还不足以达到德性是什么的定义,但它至少提供了一个指导线索,以便确定德性所属的种类。

当德性的探讨终于到达这一问题的时候,亚里士多德在第二卷的第五章似乎是以他惯用的方式提出了一套选项,而并未对它们的穷尽性作任何论证。不过,我们在前面的探讨中已经明白,我们寻求经验感情(feeling, *pathē*)的那部分灵魂的完善,而对感情的经验则包含拥有感情的能力(*dunameis*),以及朝向那些感情的性情品质(*hexis*)所以德性应当是这几种选项之一。指导我们在这些选项中进行选择的原则是我们习常的奖赏和惩罚的实践:因为我们总是被感情所驱动,也因本性而拥有感情能力,因此,我们能被合理地奖赏或惩罚的依据,若有,则必定是性情,它促使依感情而作出性格化的举动。如果我们的赏罚实践是正当的,那么,德性和过恶就必定是灵魂的品质。

当然,现在的问题显然是:是什么东西把德性品质与过恶品质区分开来?为了探讨这个问题,我们得回到 ergon 这个概念:眼睛的适当德性是可以使这个器官本身成为"真正的[眼睛]"(serious, *spoudaios*)的东西,而且要能很好地完成它的 *ergon*(1106a17—19)。这两方面的作用(effects)是不是一回事?它们是否总是同一个德性的结果?[57]如果不是的话,那么,这种双重作用就会导致一种张力:一方面是能很好地完成人类 *ergon* 的单一德性——这将被证明是 *phronēsis*,另一方面则是性情的诸种状态的多样性,它使一个主体成为善好之人。当然,"真正的眼睛"不过是会看的眼睛;20/20[①]的视力是眼睛的单一德性,而当它很好地行使其功能的时候,它便是作为一个部分性的器官而服务于身体或动物的[整体]之

---

① [译按]根据一种视力测试方法得出的正常视力数值。

善。不过,亚里士多德又举了一个马的例子,①这个例子中的马就不是作为一个有机部分归属于一个较大的整体,因为我们归给马的多种功能——诸如奔跑、乘骑、临敌等等——服务于不同的目的,这些目的都是我们出于自己的需要而加诸其上的。每一种功能的最佳实现,也许需要不同种类的马来进行,而其中没有任何一种功能可以定义"真正的马"本身是什么。亚里士多德论证道,如果 ergon 原则在任何事情上都适用的话(亚里士多德并不承认其所依据的例子间存在任何差异)。那么,一个人的卓越性就是那种可以使他很好地完成他的功能并且成为一个好人的品质了。②人的 ergon 被发现是在一个拥有 logos 的活物的独特能力之中。然而,我们现在试图定义的卓越性却并不是人之为人本身的卓越性,而是灵魂的欲望部分的卓越性,而这个部分是被划归到非理性一边的,虽然它至少能听取 logos。

为了带领我们"思考"这种卓越性拥有"何种性质"(1106a24-26),亚里士多德拾起了在探讨德性形成问题时提起的一个线索,在那个讨论中曾提到,为了挽救 logos,必须求助于对中庸的思考

---

① 眼睛和马是苏格拉底在《理想国》第一卷中进行 ergon 论证时所用过的三个例子中的两个。这些例子被用来说明只有在正义中,主体才能表现出完成其本分 ergon 的能力,而且只有如此,正义者才能比不正义者更幸福(352d-354a)。苏格拉底举的另外一个例子是一件器具:剪枝刀——它不是唯一能完成其功能的器具,不过它是最适合其功能的物品(参伯纳德特在《苏格拉底的第二次起航》[Socrates' Second Sailing]页30-32中的讨论)。这意味着,人类或人类灵魂拥有一个"被设计"为可以最好地去完成的功能。为什么在柏拉图的论证中会包含这么一个例子,比亚里士多德为什么不谈到这个例子更难理解。

② 我们预期的是听到关于"真正的人"(serious man)的谈论——就像"真正的眼睛"或"真正的马"那样——然而,正在这个需要诉诸 spoudaios 的权威性来支持论证的时候,spoudaios[严肃的、真正的]这个词却被换成了 agathos anthropos[好人、善人]。

(1104a10-13)。①中庸尺度的模式现在被譬喻为一件艺术品的整体完美性,无论对之有所增加还是有所减损,都会摧毁它之所是(1106b9-14)。无论工匠是否拥有德性,被制作出来的作品必定是性情的状态,或是表达了在一个既定处境中的性情状态,以及激情和根据中庸尺度而加诸其上的形式的统一体。亚里士多德解释说,那个尺度并不是算术意义上的中庸——这个中庸是由对象的两端来定义的——而是"对我们来说的"中庸。它的相对性表明,它并不是对于所有人来说都是一样的;不过,它对普遍化的抵制又不意味着它是不精确的,也不意味着它没有何谓善好的客观量度。十磅食物可能意味着很多,两磅可能太少,不过,这并不意味着六磅就可以被预先确定为适合所有人的中庸[食量]——譬如,对于斗士米勒来说,六磅就是太少了[58]。对于他来说,中庸[的食量]——显然是一天要吃一头牛②——是一个客观上有益于他的精确尺度,这个尺度要符合他的独特身体结构和运动方式。如果中庸不过意味着具体激情(passion)的"可分连续体"(divisible continuum)的强度分寸的话,那么,亚里士多德所举的例子也许就可以被翻译为一种

---

① 在讨论中庸在德性品质形成中的作用与中庸在德性品质发出的行为中的作用之不同的时候,布罗迪(Sarah Broadie)认为这种双重作用体现了亚里士多德的道德德性概念的"双面特质"(Janus-quality):一方面,性情的卓越是在个人中所体现出来的、养育了个人的集体性;另一方面,它是一个成熟个人在特定处境中做出的属于自己的独特反应。布罗迪不能肯定,亚里士多德本人是否觉察到了这个从性情品质的中庸概念到基于感觉和行动的特定反应的中庸概念之间的转换(《亚里士多德的伦理学》[*Ethics with Aristotle*]页95-96)。这里有两个相互分离而又相互联系的问题:一个问题是作为性情状态的中庸与作为行为尺度的中庸之间的关系;另一个问题是在后一种中庸概念中的一个区分,即在他人的指导下为了培养良好品质而做的行为与从一个已经形塑好的品质出发而做出的选择行为之间的区别。

② 这是阿特奈乌斯(Athenaeus)的说法(X. 412-13),转引自哈蒂(W. F. R. Hardie)论文《亚里士多德论德性是"中庸"》["Aristotle's Doctrine That Virtue Is a 'Mean'"]页36。

心理性的(psychic)术语了。于是,作为德性目标的中庸也就必须成为用以衡量正确时间和地点、与他人关系及行为方式和目的的尺度(1106b18-23)。①如果亚里士多德允许他的读者设想一种数学的标准,以便说服我们对于在某些特定情境中的某些人来说存在着一个客观的善好标准的话,那么,这必定是为了废黜数学在度量技艺和精确标准方面作为唯一权利要求人(claimant)的权威。②

对米勒来说合适的食量——这样一种客观的但又是个别的尺度,需要专家来找寻并确定(1106b5-7)。然而,我们可能认为,有德性的人必须选择他自己的行动,而对于那些尚未自己拥有专业知识的人来说,那种[适度的]专业知识并不是很容易被认识到的。③起初的预设是,人的卓越应该可以使一个人很好地完成人的独特 *ergon*[工作、功能]。如果像亚里士多德现在从教练和运动员的模型出发推论出来的那样,每一种知识(*epistēmē*)通过有鉴于中庸即能很好地完成它的功能(function, *ergon*),并且把它的产品(works, *erga*)导向中庸[状态],那么, *ergon* 就被明显地一分为二了:基于知识的功能(function)和被产出的产品,或者更准确地说,在运动员模

---

① 这种要求导致了赫斯特豪斯(Rosalind Hursthouse)(在"A False Doctrine of the Mean"[〈一种关于中庸的错误教义〉]页108-109中)对乌尔姆孙(J. O. Urmson)的反驳。乌尔姆孙试图辩护亚里士多德的教诲,认为在感情上被培养得能展示"正确的量"是理解性情卓越性的合理方式(《亚里士多德关于中庸的教义》["Aristotle's Doctrine of the Mean"]页163)。

② 当苏格拉底对智术师普罗塔戈拉提出一种快乐算术(《普罗塔戈拉》356c-357e)而不是诉诸中庸尺度的时候,他也是在运用一种类似的策略,虽然他在前面已经把中庸尺度引进来作为规定发言的适当长度的标准(338b)。爱利亚的外邦人认识到,只有在算术度量之外确定中庸尺度,我们才能把政治家定义为"行动事务上的有知者"(《政治家》284c)。

③ 考虑这样的政治家:他遵循中庸的知识,但是他也许不得不为了城邦的善而清除异己,杀戮或放逐某些公民,即使通过违法的方式(《政治家》294c-e;参伯纳德特《柏拉图的〈政治家〉》["Plato's *Statesmen*"],见《美的存在》[*The Being of the Beautiful*]pt. 3及页129-130)。

型中,是被分裂成了两套被生产出来的 *erga*。如果教练员遵循中庸来完成他的功能相当于 *phronēsis* 在习性养成过程中发挥的作用,那么,被生产出来的产品就是运动员身体的状况,类比于性情的中庸品质。然而,受到良好训练的运动员身体状况仅仅是在他完成 *erga* 活动中实现的;而那些决定这些活动的遵循中庸的 *ergon* 在理想的情况下则不再由教练员提供,而是内化于运动员之中,犹如有德之人内化 *phronēsis* 以选择自己的行动(参 1106b36-1107a2)。

从匠人及其工艺产品的模式,亚里士多德突出强调了一种结果,虽然这是基于一种缺乏论证支持的预设:如果德性比 *technē*[技艺]更好更精确匠人在制造工艺品时也是参照中庸的标准来的,那么,德性就应该是一件瞄准(aiming, *stochastikē* ①)中庸的事情(1106b13-16)。更确切地说,[59]如果德性被认为在精确性上高于技艺,那么,它达致中庸的途径就是被一种包含猜度(guesswork)的术语所指定的——譬如说,苏格拉底曾用这个术语来拒斥修辞学的伎俩。②

感觉和行动中的中庸是这样一个目标,对于它,我们只有一条途径去碰巧达到(*epituchein*),却有无限种途径去错失(*apotuchein*)。我们想起一开始所设想的关于善的知识的图景(1094a23-24),不过,现在在终极目的的疑问还没有被明确提出,鉴于在这一目的下,中庸就意味着"正好",我们反而被导向这样一个任务:要通过一种显然是很弱的论证来对德性进行定义。因为在感觉和行为中,过度和

---

① [译按]*stochastikē*(动词形式 *stochazomai*)兼有"善于瞄准射中"和"善于猜度猜中"之意。
② 参《高尔吉亚》463a、464c、465a,在那里,苏格拉底把 *stochazomai*[射中、猜中]联系于瞄准快乐,而不是善或最好的东西;在 502e,他批评当时的修辞演说家没有为了至善而演讲,没有 *stochazomai* 那个目的。参考《斐勒布》55e-56a 和 62c 等处对"猜度"方式的描述,及其与音乐中的数学度量方法的比较。关于德性对中庸的求取作为一种临机的(improvising)和猜度的(conjecturing)事情,参阅谢尔曼(Nancy Sherman),《性情的织体:亚里士多德的德性理论》[*The Fabric of Character: Aristotle's Theory of Virtue*]页 25。

不足都是错误的,中庸是受到称颂的和正确的,而受到称颂的和正确的东西是德性的特点,因此,德性在追求中庸的时候必须本身就是某种中庸状态(1106b24-28)。①在此基础之上,德性可以被定义为一种选择的品质(*prohairetic hexis*),存在于相对于我们而言的中庸之中,由 *logos* 所决定,正如一个明智的人(*phronimos*)会决定的那样(1106b36-1107a2)。

伦理德性的定义如此被提出,仿佛它是这样一个结论,其要素都是从此前的讨论中得出的。起初被归给 *epistēmē*[知识]然后被归给 *technē*[技艺]的功能,现在被指派给 *phronimos*,即明智之人,而他却从未被公开地引入;与此同时,德性变成了选择(*prohairesis*)的品质,这一点则曾经是分析探讨的主题。②根据这种分析,可被选择的只是达到目的的途径。③那么,对于一个 *phronimos*[明智之人]来说,什么是他选择中庸的目的呢?④当亚里士多德在第六卷开头探讨拥有 *logos* 的人如何张弛弓弦——大概是调整感觉的紧张度——以便

---

① 乌尔姆森(Urmson)认为,"毫无疑问,对于亚里士多德来说,中庸的首要因素是性情的某种确定状态"(《亚里士多德的中庸思想》["Aristotle's Doctrine of the Mean"]页161)。不过,但这一论理是基于相当可疑的基础上得出这种描述的,它把中庸作为一个非常不同的概念——感觉和行为的目标。

② 斯巴肖特(Francis Sparshott)观察到,无论选择还是 *phronimos*[明智之人]似乎都来历不明(《认真对待生活:〈尼各马可伦理学〉论证研究》[*Taking Life Seriously: A Study of the Argument of the "Nicomachean Ethics"*]页98-99)。

③ 选择被限定在途径而非目的,使得它的讨论至少看起来是在责任(responsibility)的论域之内的(1111b26-27)。第六卷的论述将从一种非常不同的视角出发看待选择(参1139a32-b5)。

④ 根据阿赫滕贝格(Deborah Achtenberg)的描述,"实践洞察之人"对中庸的发现意味着"有德性的个人会审视他或她所处身的情境,虑及它所有的复杂特性,通过知觉、考虑、审度性的想象和实践性的洞察而判断出什么是好的,以及,作为其结果,去欲求它,以及作为欲求的结果而去做它"(《亚里士多德伦理学中的价值认知:丰富的承诺、解构的威胁》[*Cognition of Value in Aristotle's Ethic: Promise of Enrichment, Threat of Destructions*]页122)。

瞄准目标(skopos)的时候(1138b21-25),这个问题重新回来了;但是,直到第六卷的末尾我们才发现那个目标是多么地模棱两可。

第二卷关于伦理德性的形式定义回避了那个问题,而且用构成性情品质的两极端之间的中庸状态替代了一个 phronimos 会选择的感觉和行为的中庸概念。然而,行动的中庸和性情的中庸有着完全不同的存在论结构(ontological structure)。作为目标的中庸是在感觉和行动中作出的唯一正确反应,而且这个反应的作出是一个特殊的个人在一个特殊的情境中,并且置身于可能错失目标的无限多不确定方式之中(1106b28-33)。与此不同,构成性情品质的中庸则不是在一个不确定范围中的单一点[60]:它是三种确定状态之一——譬如勇敢是超出怯懦和鲁莽的状态——这些状态是一种激情连续体(continuum of a passion)的三分,赞赏或谴责被加诸其上。①

一个特殊的人在一个特殊的情境中所做出的感觉和行动上的正确反应是一个永远不可重复的标准;对于它的判断需要最大程度的灵活性,它永远不可能成为习性养成所致的某种固定品性的简单产品。虽然作为正确反应的中庸就像寻找中庸时所置身的情境一样有着无限多样的变化形式,但是,可借以找到中庸的德性却只有

---

① 正如亚里士多德所示,行动的中庸是在毕达哥拉斯原则之下得到理解的。在其中,有限被加诸一种单纯的无限序列之上(1106b27-35):这就像是在一个较热和较冷的无限范围中挑出有限节点不是简单地通过数学的度量办法,而是挑选出一个对于某人在某种情境中"刚刚好"的温度(参《斐勒布》25e-26b)。相比之下,性情的中庸则把一种激情的不确定连续状态划分为 eidē [类型(化的)]的三个部分,其中一个是美德,两个是过恶。性情不像行动那样可以受制于托伊特所制造的流程。托伊特从声音的无限连续体中区分出相互不同的因素,把它们进行归类,组成字母表(参《斐勒布》18a-d,以及伯纳德特在《生命的悲剧和喜剧》[The Tragedy and Comedy of Life] 页 121-126 中的分析)。[译按:Theuth 是埃及的古老神祇,发明了数字、算术、几何、天文、对弈、文字书写等技艺。柏拉图对话《斐德若》和《斐勒布》中都谈及此神。]

一个:*phronēsis*[明智]。在从这种中庸转换到作为两端之间的性情品质意义上的中庸概念过程中,德性变得多样化了,每种德性都根据其所相关的感觉领域而得到个体化中庸德性分析中的这种发展,早在 *ergon* 论证从人类功能的单一卓越性转换到一系列独立状态的多样性的时候就已经预演了(1098a14-18)。现在,再一次,我们必须面临这个尚未得得到回答的问题:*phronēsis* 作为一种德性——其目标在于达到感觉和行动中的中庸——如何与作为性情品质之中庸的多样德性联系起来?

朝向中庸之路的第二次启航

在达到了伦理德性的一般定义之后,亚里士多德停下来提醒我们,在这种事情上,真理往往更在特殊性之中;因此,他提议伦理德性的一般说明应该在各种品性的调查中得到检验(1107a28-33)。当一般意义上的德性讨论在第二卷的末尾两章得到恢复的时候,中庸的状态已经根本上改观了。本来,德性作为一种中庸状态与过度或不及的两端相反状态没有什么关系;而在第二卷的结论性章节中,中庸却变成了不过是原先作为对立两极的过度和不及状态的一个随视角变化而变化的推断(a perspectivally shifting inference)。现在我们可以看清楚,一个中庸置身于两个极端之间的三分结构只可能成为一个置身事外的观察者的非视角性的(nonperspectival)沉思的对象。一旦这个观察者被置身其中,中庸与其中任何一个极端相比都会显出相反的性质:与不足相比,中间会显得过度,[61]而相较于过度而言则又会显得不足(1108b15-19)。通过一个极端来定位中庸就会随视角的转换而改变面貌:一个勇敢的人在与懦夫相比较时会显得鲁莽,而与莽夫比起来又会显得懦弱,恰如一个节制的人与冷漠的人比起来会显得放纵,而与放纵的人比起来又会显得冷漠。占据一个极端的任何人都会把中庸推向另一个极端的方向:懦夫说勇敢的人鲁莽,莽夫则说他怯懦(1108b23-26)。看来似乎没有这样一个立足点,使得站立其上的人可以无视两端而认识到中庸。

于是,起初是相互独立的三分结构就变成了对立两极的二分关系。任何一端都可以把自己附着在中庸状态之上,形成一个二合一(two-in-one),但是,两个极端不能同时这样做,因为一的二分性质总是与另一个极端相对,孤立只是暂时的。① 虽然从一个极端看来,中庸总是随着另一个极端的坍塌而显现出来,不过,这并不总是对称性地发生;因为,有时候一个极端与中庸是如此接近,以至于只有它的对立面才被广泛地理解为中庸的反面。从这种观察出发,亚里士多德重温了起初用以界定中庸的两个方面,即就事物本身而言[的中庸]和对我们来说[的中庸]两个方面,只不过现在它们指向了一种不对称的双重因素,使得只有其中一个极端显得是中庸德性的反面(比较 1106a29-32 和 1109a5-19)。②

中庸无法表现出它的自在所是(what it is in itself),因为我们——无论一般意义上的人类还是特殊个人——总是站在某个位置上,而这个位置会影响我们对中庸的把握。因此,亚里士多德总结说,它是一项真正的任务(ergon),因为它是去命中中庸的任务(1109a24-26)。对于正确的人,在正确的时间,为了正确的目的,以及通过正确的方法来达到感觉和行动的合适程度,这是难得的、值得称颂的和美尚的(1109a29-30);命中中庸的实现过程为第二

---

① 这种动态结构可以在《王制》第四卷苏格拉底对灵魂的分析中看到:thumos[激情]或灵魂中的意气部分(spirited part)先被认为是与灵魂的计算部分(calculating part,即理性部分)一起同欲望相对照,然后又与欲望一起同计算相对照(439e-441c;参第四章注释 7[译按]即本书下文第 179 页注释①)。

② 我们不是很清楚,亚里士多德为什么用如下这种方式区分勇敢和节制:由于"事物本身中的"不均衡性,导致我们认为鲁莽更像勇敢,以及因此把怯懦视为勇敢的真正对立面;"我们之中的"不均衡性使得对快乐的欲望——我们天性上更倾向于此——看起来与中庸更相反对,因此,我们只把放纵说成是节制的反面(1109a8-12, 1109a14-19)。[译按:原书误作 1109a8-8-12。]

卷带来了对于 kalon［美的、高尚的］的几个罕见指涉之一。①它使得这样一种非凡的表现（appearance）竟然不得不被立即抛弃：既然直接命中中庸的难度非常大，于是就有理由求助于一种"第二次启航"（1109a34-35）。苏格拉底在他最后的日子里解释说，当他发现在善的"日蚀"之光下试图直接把握存在的努力是自取目盲的，并转而"到 logoi［逻各斯、言辞］中去寻求庇护"的时候，他就踏上了"第二次启航"的航程［62］。亚里士多德曾在强调通过德性实践行动来培育德性品质的时候隐含地拒斥过苏格拉底的"第二次启航"（参 1105b12-16）；而现在，在通往德性的路上，他又提出了第二次启航的必要性。②

这个亚里士多德的"第二次启航"包含对直接瞄准中庸目标这样一种美尚而又可畏的任务的放弃，以及转而改为对两端错误的避免。亚里士多德引用了两句《奥德赛》的诗句提醒我们，奥德修斯被警告说，在斯库拉（Scylla）和卡律布迪斯（Charybdis）这一对双生的危险之间并没有中庸道路。③为了避免他和他的船员们被卡律布

---

① 第二卷中另有三处提及 kalon，都出现在第三章谈及快乐和痛苦在习性养成中的作用，以及快乐和痛苦有可能与高贵或美形成冲突的地方（1104b10-11，1104b30-31，1105a1）。

② 苏格拉底如此提供了他的"第二次启航"的图景：他的前辈在直接接近存在的时候，是冒着把自己的灵魂弄瞎的危险，犹如一个人在日蚀的时候直接用眼睛去观察太阳。为了摆脱这种危险，苏格拉底转而到 logoi［逻各斯、言辞、说法］中去考察意见，就好像为了保护眼睛而不再去直接看太阳日蚀，而是通过影像来进行研究（《斐多》99d-100a）。亚里士多德此处提议的用以代替对中庸的直接追求路线的"第二次启航"，将会反映在第三、四两卷中关于美德和过恶的显然不够系统的讨论背后（参见下文第三章"美尚的消失"一节，以及附录二"美德与过恶"）。

③ ［译按］斯库拉是六头十二足海妖，吞吃水手和海兽，卡律布迪斯吐纳海水造成危险的漩涡，二者分据两侧，共同形成了奥德修斯返家途中最危险的一段旅程之一（参《奥德赛》第十二卷）。"在斯库拉和卡律布迪斯之间"成为西方语言中用来表达左右为难之意的普通成语。

迪斯的漩涡吞噬，奥德修斯不得不靠近斯库拉航行，却只能眼睁睁地看着他的六个最好的船员像鱼一样悬挂在斯库拉的颌下向他绝望地呼救。奥德修斯说，这个情景是他在全部旅程中看到过的最可怕的景象。①在这个模型中，我们所有的选择都是可怕的，虽然它们并非同等可怕，而最接近中庸的道路不过是选择较少凶险的那一个。

除了在事物本身中有两端的过恶并不相等的情形外，还有我们倾向于其中一个极端胜于另外一个极端所导致的不对称。如果我们认识到这一点，我们就会像木匠矫正曲木那样，通过把自己拽向对立面而补救自己。②像米勒的教练那样的专家消失了。取而代之的是某种自我知识，不过，这不是关于自身之善的知识，至少不是直接的自身之善的知识，而是关于一个人性格弱点的知识。为了获得这种洞见，我们首先必须观察我们自己朝向快乐的倾向性，并且像一个特洛伊的长老们那样作出反应——正当他们承认也恰恰因为他们承认海伦美貌倾城时就让她离开（《伊利亚特》第三卷，行156-160）。

---

① 参《伦理学》1109a30-32及《奥德赛》第十二卷，行219。亚里士多德引用的诗句是奥德修斯告诫他的舵手说的话。奥德修斯本人曾被警告过这个双重的危险。面对这种双重危险，他必须计算哪一方面的灾难是更坏的。但是，在向他的水手们转告这些将要遇到的危险预言的时候，他只提到必须避免的路线，而对另一面［即斯库拉一面］可能遇到的可怕威胁却只字不提（对观《奥德赛》第十二卷，行55-126和201-259）。他显然认识到，如果让船员们知道将要发生的全部事情的话，他们也许根本就不会前进。是喀尔刻（Circe）为奥德修斯提供这些警告。但是，亚里士多德却诡异地说是卡吕普索（Calypso）的话。很有可能，亚里士多德是想唤起这个名字的含义："隐藏者"，以便说明在那个时候中庸之道被隐藏起来了，消失不见了？更有趣的想法是：在"kalupso"和"kalon"之间是否有某种语言游戏，在前一行点明了中庸的隐藏不见和直接命中中庸的困难？

② 在柏拉图笔下的普罗塔戈拉看来，不听长辈劝诫的儿童就像弯曲的木头，必须通过威吓和痛打才能被矫正过来（《普罗塔戈拉》325d）。

责任与自然

德性研究的提起,起初不但是为了达到"沉思幸福"的道路,而且是为政治家提出的适当任务。政治家被赋予了双重工作,一种是显的,一种是隐的。显的工作是作为立法者,致力于使公民变善和守法;隐的工作是作为医师工作的灵魂对应物——医师必须研究全部身体,以便治疗部分身体上的疾病(1102a2-25)。第三卷开卷谈到意愿行为与非意愿(involuntary)[①]行为的区别,[63]并且谈到这种区别对于立法者实施奖惩的任务来说非常重要(1109b34-35)。做立法者的条件与做灵魂医师的条件之间的冲突被尽可能地向后推延。对于灵魂医师来说,他的关怀不是奖赏和惩罚,而是他想要治疗的灵魂疾病的原因的知识。

这两种眼界之间的差别在意愿行为和非意愿行为的区分中被生动地展示出来。对非意愿行为范畴的尽量狭窄的限制是出于道德教育和法律的考虑。这种视角反映在此卷的分析借以开始的一种意见上:事情被认为是这样的,即只有非意愿的行为才是出于被迫而做出的,在其中,行为人对于他所做的事情完全缺乏理性的控制,或者是出于无知而做出的,在其中,行为人不了解或不能了解事情的具体情况(1109b35-1110a4)。亚里士多德既没有认可也没有

[①] [译按]亚里士多德在《伦理学》第三卷用的 akousion 一词兼有反意愿(如受强迫的情况)和无意愿(如出于无知的情况)两义。本书的 Involuntary 一词亦兼用此两义,应该是 akousion 的对译,我们译为"非意愿的",包含反意愿(counter-voluntary)和无意愿两个意思。本书用到的另一个词 nonvoluntary 应是 ouch hekousion 的对译,我们译为"无意愿的"。有的《伦理学》英译本以 counter-voluntary 译 akousion(如 Sarah Broadie & Christopher Rowe 2002 年牛津译本)虽然符合大多数情况,而且有效的矫正了英文常见译法 involuntary 带来的通常被误解为 non-voluntary 的问题,但也丧失了 akousion 固有的两义性。

反对这种意见,但是他立即就开始揭示事情的复杂之处。首先,如果一件本身不值得去做的事情,但是因为害怕发生更坏的事情或者出于某种高贵的原因而去做了,那么,这件事情是意愿行为还是非意愿行为就是有争议的了。关于这种罕见的情形,亚里士多德提请我们想象这样一种特殊情况:譬如一个僭主通过掌控某人的父母或子女来要挟他去干什么坏事,要是他不干就杀死他的父母或子女,那么,这个人如果顺从去做的话,如何评价他的行为? 在最严格的意义上,这种行为不能说是在强迫之下进行的,因为他是在作出了某种选择之后才去做的,但是,这真的应该被认为是意愿的吗? 如果可视为意愿行为的话,那么,我们是否就可以因为他做了这件事情而去责备他呢? 像这样的分析,亚里士多德又提供了一个基于环境影响的例子:某些人在风暴中航行,为了救命而把货物抛出船外,扔进海里。这种行为由于展现了意愿和非意愿两面,所以可以贴上"混合"的标签。但亚里士多德坚持说,这类行为还是更接近意愿性的,因为,虽然就事情自身而言它可以被视为非意愿的——在有其他选项的情况下,这类事情本身并不是人们意愿选择的——但是,在其具体情形中,它实际上还是被选择的,而且严格来说并不是在外力的强迫下进行的。

我们现在看到,任何行为的评价在其所属的关系网中都是复杂的。为了达到美尚的事物,也许需要做某些可耻的事情,而且我们或许会称颂那些做出了这种选择的人。就算它不是值得称颂的,但只要它是出于人类天性所不能承受的对某种可怕结果的畏惧而去做的,那么,它也许就是值得我们同情的[64]——譬如在僭主威胁要杀死某人的父母或孩子的例子中就是这样。不过,亚里士多德又补充说,也许有些事情是无论如何也不能被原谅的,即使当事人辩解说他是受到强迫的。当然,"也许"[的语气]留下了根本不存在这样的事情的开放可能性。①不管怎样承认存在这样的处境,使得一个人如果不做某种坏事或可耻的事情就不能做正确的事,这种承认有着影响深远的后果。它看起来像是局限于危机情境的问题——悲剧表现了这类情境——但它更一般地体现的是我们的自由的限度,这个限度已经包含在第二卷结尾几章对命中中庸(aiming at the mean)的修正表述上了②:我们往往会发现自己不得不在两种坏事之间选择较不坏的,而做正确之事往往并不是不需要代价的。第一卷曾因为德性自身不足以保证幸福这个问题而奋力拼搏,因为有很多影响到生活质量的因素在我们能控制的范围之外。现在,我们又被迫面临选择领域自身的内部压力,不得不承认有这样一种情境,在其中我们必须选择可怕的事情,以避免更坏的事情发生。

亚里士多德允许意愿行为与非意愿行为之间界限的真实情形显露出来,但只允许它暂时显露出来。在目前的讨论视域中,即服务于立法者的讨论视域中,那个界限必须被保持着,而且非意愿行为必须被限定在最严格的范围之内。据此,在强制之下进行的、行

---

① 阿奎那忽视了这个"也许"的重要性,而雅法却对它非常警觉。雅法观察到这一点是值得注意的:亚里士多德对那些值得原谅的行为事例的陈述没有进行限定(qualification),而只是对不可原谅的行为可能性进行了限定(《托马斯主义与亚里士多德主义》[*Thomism and Aristotelism*]页104-109)。为了支持这种[不可原谅的]可能性,亚里士多德选择了一个虚构的例子(出自欧里庇德斯的一部已佚的戏剧):在阿尔克迈翁(Alcmaeon)为自己的弑母行为开脱的理由中有某种可笑的东西。他的弑母行为是在一种威胁——即[他的父亲发出的]无后和饥馑的诅咒——的驱动之下去做的(1110a26-29)。此种对于"被迫"的辩解看起来的确是令人难以接受的;但是,这个例子并没有排除在某种情况下即使弑母也是可以原谅的可能性。

② [译按]指第二卷结尾通过引用《奥德修斯》诗句表达出来的那种"两害相权取其轻"的寻求中庸的方法,这种方法是退而求其次的方法,更好的方法便是此前通过"米勒的教练"例子提到的拥有德性的人对中庸适度的直接命中。

为人可以开脱责任的非意愿行为必须限定为:行为的始因(origin)必须完全来自行为人之外。同样,开脱罪责的无知也必须得到类似的限定。如果行为人对于处境的某些情况并不知晓,他的行为便是无意愿的(nonvoluntary),但是,只有那些在发现真相之后引起痛苦和追悔的行为才能被算作是非意愿的(involuntary),而且,也不是所有这样的行为都可以算作非意愿行为。如果某人喝醉了,虽然他"不知道"自己在做什么,但是,这并不是"通过或出于(dia)无知"的行为,也就是说,这并不是一种可以为他的行为开脱责任的情况(1110b24-27)。亚里士多德对苏格拉底原则让了步——每一个做坏事的人(mochtheros)都不知道他应该做的事情是什么,并且是通过如此做出的过错(hamartia)才成为坏人的——只不过,亚里士多德坚持认为,这样一种无知并不能使得他的行为成为非意愿的。仅仅只有在某些特殊情境中发生的无知,而且只有当事人无法避免的无知,才能使一个人成为无意中的受害者,从而才能得到原谅或同情(1110b28-1111a2)。①

[65]通过考察非意愿行为在理性和认知方面的发生条件,亚里士多德颇感迟疑地得出了一个结论:意愿行为似乎看起来像是那些行为动因来自行为者内部的行为,而且他应该知道他的行为处身其

---

① 亚里士多德尽量列举了这些特殊无知的情况,包括行为人、行为、受行为影响的因素、工具、效果以及行为所采取的方式等方面的情况(1111a-3-6,译按:原书误作111a-3-6)。其中,特别是第一种情况表明了,出于无知而导致的非意愿行为天然地存在于悲剧中。悲剧典型地描述了当事人不知道自己是谁的情形。道伯(David Daube)讨论了亚里士多德如何以及为什么列举了包括过错和偶然情况在内的无知所致行为的种类,虽然,他论证说,没有一种情况为特殊过失状态开辟了位置(carves out a place)。此外,道伯认为,有可能被视为疏忽过失的、且可以视为比有意犯罪程度要轻的罪过,毋宁说是"有意犯罪发生的温床,即一种懒散、应该受到责备的道德感缺失,是这些导致了一个人必须为之负责的恶行,并且构成了恶行的基础……"(《罗马法:语言、社会与哲学诸方面》[*Roman Law: Linguistic, Social and Philosophical Aspects*]页139)。参第三章注释72[译按]即本书下文第167页注释①。

中的具体情境。也许,亚里士多德接下来走上了对它进行限定的道路:出于激愤(anger, *thumos*)和欲望(*epithumia*)的行为不能完美地被说成是非意愿的行为。这些激情至少被认为是作为理性存在者的人的一部分(1111b1-2)。虽然没有简单地拒斥道德和法律实践所依赖的前提,①亚里士多德还是潜入了一种可以为《伦理学》最终达到的极端观点做准备的规定性:即每个人实际上或在很大程度上只是理智心灵(1178a2-4)。在这个规定性之下,出于激愤和欲望的行为就不可以在严格的意义上被认为是出于行为人自身。

当论证穿越行为的评价转移到性情的考察,是通过关于选择(*prohairesis*)这一主题的讨论而开辟的道路,因为选择是性情和行为之间的连接中介(1111b4-6)。在这个语境中,选择服务于在意愿的广阔领地开辟一个关于全面责任的更严格的领域:受激愤和欲望驱动的行为也许可以被归入意愿的类别,但它不是被选择的。选择是考虑过程的最终结果,而我们所考虑的事情只是那些既可以这样也可以那样发生的事情,而且我们还可以对之施以某些控制。具体来说,我们所考虑的以及最终选择的事物往往是通向一个目标的手段(1111b26-29);而目标自身却不是选择的对象,而是愿望(wishing)或希望(*boulēsis*)的对象。②医师并不考虑和选择是否要疗救他的病人——这个目的是他的技艺为他设定的——而是考虑和选择实施治疗的途径。当然,这样的情况是存在的,在其中,一个人

---

① [译按]这里意指激情的运用是实践性的道德养成和法律奖惩必须依赖的条件。

② 这个问题自然会被提起:*boulēsis*[希望]所向的目的究竟是真正的善(the good),还是显得像是善? 如果是前者,没有人会"希望"他误以为是善的东西;如果是后者,一个人就必须承认没有什么东西是"出于本性而被希望的"。亚里士多德提议说,既然每个人都只是希望那些对他而言显得是善的东西,而真正应该被希望的目的却是真正的善,那么,在这种情况下,真正善的目的只能通过诉诸真正的人(serious person, *ho spoudaios*)的权威才能得到确定,"就好像他们是标准和尺度"(1113a22-33)。

需要考虑某种尝试是否应该做出,以便让他自己或别人康复;不过,身体康复又不过是为了达到更远目标的诸多选项之一。这个更远目标说到底也就是幸福。愿望没有约束——我们可以愿望不朽——但是,我们在考虑之后,会选择那些可以通过我们的行动而得到落实的东西。选择因而可以被定义为"经过考虑的力所能及的欲求";再加上这个提醒:其所欲求的东西是朝向一个目的的手段,于是,关于选择的说明就"大体地"完成了(1113a12-14)。当它在第六卷开头重新出现的时候,却不再处于同样的限制之下(1139a31-b5):[66]一当考察的领域不再涉及责任的归属问题,而是考虑人类灵魂中的思想与欲望的关系问题,选择就变成了一种与意愿范畴中的其他道德-法律子项非常不同的东西。

与第三卷中对行为的准法律分析(quasi-legalistic analysis)的严格划分相比,第五章对性情的总结性讨论几乎采取了争论的形式。而且,亚里士多德究竟站在争论的哪一方,往往不是清晰可见的。隐含的苏格拉底原则成为聚讼的焦点:如果一个人仅仅因为对正确的目的一无所知而做错事,那么,这是否意味着这个人根本无需负责?根据谚语的智慧,"无人愿意作恶,也无人不愿享福"(1113b14-16)。亚里士多德承认,这句话说对了一半——无人不愿享福,但也说错了一半——恶行(mochthēria)并非出于无意。①不然,他立即补充说,就没有什么人可以被视为其行为的动因;但是,如果我们看起来像是这样一种动因的话,那么,它们——理当指行为——就应该是在我们的能力范围之内的。不过,亚里士多德要提

---

① 梅耶尔(Susan Sauvé Meyer)提请我们注意亚里士多德对"柏拉图式非对称主张"的批评兴趣。根据那种主张,我们的善行是出于意愿的,而恶行则是非意愿的。但是,梅耶尔评论说,一旦涉及性格的责任问题,"亚里士多德就敏锐地意识到,就像柏拉图在他前面也曾敏我地意识到,只有那些在最佳条件下长大的才可能拥有善恶的正确见识",因而,亚里士多德在《伦理学》的结尾又强调说,有必要在正确法律的指导下进行培养(参见《亚里士多德论意愿》["Aristotle on the Voluntary"]页151-156)。

出来决定的,是我们的性情状态是否在我们的掌控下,以及在多大程度上,那些性情的品质拥有个人之外的动因,以便满足从最早的幼儿期就开始的习性养成任务的需要。这才是整个讨论过程中的关键点。

立法者的实践为关于责任前提(premise of responsibility)的探讨提供了依据。立法者惩罚那些作恶的人——除开那些被迫作恶或因为特别无知而做的恶事——荣耀那些做了美尚行为的人,以便摧抑前者,鼓励后者。而所有这些实践之所以可能,都是建立在一切行为都是在行为者自己的能力范围之内这一假设之上的,而且由于过恶或疏失造成的无知不能成为免责借口。但是,亚里士多德又开始提出了针对立法者预设的反驳意见。那些一般来说因对善恶无知而误入歧途的人,也许根本就不是那一类努力求知的人;亚里士多德继续反驳说,人们要为之负责的,是那种变得益发疏怠(careless)的生活方式。当然,亚里士多德承认,一旦品质成型,一个人不再可能仅仅通过希望停止过那种生活就能终止那种状态,就好像一个病人不可能通过想变好就能变好。一开始我们有能力去做的,后续也同样应当出于自愿地去做。关于习性养成的讨论再一次表明了,在形成品质的过程中,在我们到达能负责任的位置之前,有多少外来强加的行为。

假设命定论者(determinist)①再一次尝试,提出每一个人都只是为那些显得是善的东西而奋斗,[67]但是没有人能掌控这种 *phantasia*[幻象],因为它对每个人的显现都是由他的性情所决定的。亚里士多德对这种观点的回应显得很中庸:如果每个人在某种意义上是他自己的性情的原因,那么,他就在某种意义上是善向他所显现的样子的原因。否则的话,就不会有任何人能为他做的任何坏事负责了,因为[行为的]原因不过是他对结果的无知——苏格

---

① [译按]这里取赫拉克利特"性情即命运"意义上的命意,所以译为命定论,而不作决定论。

拉底将如是反驳。但是,亚里士多德笔下的命定论者对无知的求助比苏格拉底还要走得远。这种无知不一定要被追溯到天生的缺陷。是否只有当一个人具备因自然而有的洞察力,善才会向他显现出本真的形式?这正是在完全而真实的意义上禀赋优良(*euphuēs*)的意思(1114b6-13)。在对这种说法作出回应的时候,亚里士多德把讨论带回到它的出发点。这个出发点并不完全确定我们对性情的责任,而论证却被假设为是要去确证这一点:即使目的不完全在我们的掌控范围之内,对于追求目的的行动,我们还是负有责任。

亚里士多德所提起的关于责任问题的隐含争论达到了这样一个有着几乎是令人震惊的性质的结论:如果,像人们所说的那样,我们的德性是出于意愿的,而且我们自己在某种意义上是自己的品质的参与原因(co-causes),以及正是我们瞄准某种目的的东西,那么,我们的恶行也就是出于意愿的了(1114b21-24)。只有在建立通常意见的基础上,我们的德性才被设定为是出于意愿的。而且,我们认识到自己只不过在某种意义上是自己的品质的"参与原因"。即使一个人承认性情的形成并不完全由自然决定,而且同样在人类控制之下形成,关于习性养成的全部讨论也已经表明了,那种控制在多大程度上必须依赖他人之手——父母、师长,或任何负有青年教养责任的人。亚里士多德回应了命定论者的问题,但是避免了直接与之面对。全部讨论中的一个坚定论点在于持之不懈地批评了我们的伪善倾向,即总是借助优点为自己加分但拒绝为自己的弱点承担责任的倾向。

第三章　美德与过恶

[68]尼西亚斯:拉克斯,这就是我说的它[勇敢]是什么:它是无论在战争中还是在其他事情中知道可怕之物和激发自信之物的知识……

苏格拉底:那么现在,根据你的论述,勇敢就不只是关于可怕之物和激发自信之物的知识了,而是,正如你现在的论述所表明的那样,勇敢是关于在任何情况下的几乎所有善事和恶事的知识了……因此,尼西亚斯,你现在所说的就不是关于美德的部分,而是美德的全部了。

——柏拉图《拉克斯》195a,199c-e,尼科尔斯英译

[爱利亚]外邦人:我猜你会相信男子气(勇敢)①对于我们来说是美德的一个部分……而节制不同于勇敢,不过,虽然如此,节制也像勇敢一样是美德的一个组成部分……于是,我们必须要有胆量来宣布一种关于它们的惊人说法……这一对美德在某种意义上完全是相互反对的敌人,在很多事情上引起了纷乱。

[小]苏格拉底②:你说这话是什么意思?

外邦人:我们常常称赞一些行为具有思想或身体上的速度、强度和敏捷,对于声音我们也这么说。我们用一个单纯的

---

① [译按]Andreia 本义为男子气,英文常译 courage,中文常译勇敢、勇气。此处伯纳德特的译文按希腊文字面译为 manliness,并加括号附注 courage,故中文相应译为男子气,并加括号附注勇敢。

② [译按]一个与苏格拉底同名的年轻人。

说法"男子气"来称赞它们……那么这又是什么:我们不是也常常称赞那些有着平静变化性质的一类行为吗?……我们难道不是用一种与前面[即勇敢]相反的用语来说这些行为吗?

——柏拉图《政治家》306b-307b,伯纳德特英译

苏格拉底:看来,真正的正义就是这样的某种东西;不过,它与一个人所牵挂的外在事务没关系[69],而是相关于内在的东西,关系到真正涉及他自己的东西。他不让灵魂中的任何部分牵涉他人的事务,也不让灵魂的三个阶层相互扰乱。他只是把自己的屋子收拾好,管好自己。

——柏拉图《王制》第四卷443d-e,布鲁姆英译

美尚作为美德的 *telos*[目的]

美德的断片

如果人的卓越性可以通过眼睛的卓越性模式而得到理解,那么,就会有一种单一的德性,使得拥有它的人处在善的状态,而且能很好地完成他的活动(1106a15-19)。根据第一卷中的 *ergon* 论证,人的独特活动是"某种拥有 *logos* 的实践(*praktikē*)"(1098a4),因此,能使人完成它的德性便是 *phronēsis*[明智]。但是,*ergon* 论证引入了一种源自人类活动的单一人类德性概念,从而突然扭转了方向。于是,做得好变成了一件"合乎良好德性"来做的事情(1098a15-16),而这就开启了关于德性品质多样性的探讨。同样的运动也在第二卷起作用:德性的初始概念——即一种品质,它瞄准由逻各斯决定的中庸,就像一个 *phronimos*[明智之人]会选择的那样——被替换为德性的多样性,其中每种德性相关于一种激情的中庸状态,而性情的两端则构成过恶。激情的杂多合在一起构成了

灵魂的欲望部分,它们是美德和过恶之多样性的来源。现在,这些多样的美德和过恶构成了第三卷和第四卷的主题。

"《伦理学》的这个部分,"有人如此说道,"对亚里士多德的时代受过教育的希腊人所钦慕和鄙夷的一些品质,提供了一个生动的、时而显得可笑的说明。"因此,人们自然是可以得出这样的结论:"亚里士多德的道德观念和道德理想在一定程度上只是他那个时代的产物,因而不可能有望满足今日世界的需要。"①在《伦理学》的第三卷和第四卷,亚里士多德确实是为他的世界举起了一面镜子,但是,这并不必然意味着要承认从中得出的结论。一旦人们注意到[70]各种各样的说法声称说,人们就是这样说的,就是这样想的,因而事情就是这样,那么,他就会认识到亚里士多德最初是如何努力避免用自己的声音出来讲话。受到考察的品质领域非常宽广——从战场到社交集会——而且,什么被囊括进来,往往如同什么被排除在外一样令人震惊:机智是美德,而虔敬不是。因此,只有被选择出来的德性才是这样一种距离的标识:这个距离就是亚里士多德必须保持的、与他所讲述的习俗之间的距离。②另一个标识是在定义美德和过恶的一些具体场合中,当遇到日常语言局限性的时候,亚里士多德每每会暂时中止对其局限性的揭示,尤其是当这些貌似随意的论述展现出了一个模式,并且潜在地把这些论述系列支撑为一个整体的时候。③一

---

① 第一个观点是罗斯(W. D. Ross)说的(《亚里士多德》[*Aristotle*]页197);第二个是哈迪(W. F. R. Hardie)说的(《亚里士多德的伦理学理论》[*Aristotle's Ethical Theory*]页20)。

② 施特劳斯认为,政治哲学家从对于广受赞誉的态度或行为的前哲学的理解出发,不过,当问及什么是德性的时候,他就被带领超出那个维度,就像亚里士多德对德性的选择和安排所表明的那样(《论古典政治哲学》["On Classical Political Philosophy"],见《古典政治理性主义的重生:施特劳斯思想入门》[*The Rebirth of Classical Political Rationalism: An Introduction to the Thought of Leo Strauss*]页62)。

③ 参见本书附录二:"美德与过恶"。

开始,亚里士多德最初就对适合听取《伦理学》研究的听众做了限定:他警告说,只有对于那些已经被教养得认识到"如何"的人来说,这个研究才是可以通达的;然而,他补充说,任何人如果只满足于这个出发点,就不再有必要去寻找"为何"(1095b5-8)。亚里士多德对他所期望的听众发出的这个奇怪邀请的悖谬性——那种使得研究可以被参与的熟知却同样使得研究成为不必要——在第三卷和第四卷中表现得比在任何别的地方都更明显。各种品质的刻画形式足以让我们部分确定为什么它们被钦慕或是被责备;但是,使得伦理德性能如此展示自身的东西,恰恰是使得它们能揭示自身矛盾和局限性的东西。这也解释了,为什么在最后,投身于伦理德性的生活终究只能被认为是"次好的幸福"(1178a9-10)。

关于所考察品质的选取和安排,虽然并没有明确的论证说明——各种伦理德性只是在其名称下得到相应说明——但是,一种潜在的秩序可以通过多种途径被显示出来。最明显的提示在于:这个论述系列的运动开始于勇敢和节制这两种"被认为是非理性部分的美德"(1117b23-24),而最后到达一系列在机智中达到顶峰的社会性美德。在社会性美德中,机智最大限度地远离了非理性,而且,它看起来似乎既可以被视为性情的卓越,也可以被归入理智卓越的范畴。不过,讨论并没有如此作结,而是又增加了一种品质——羞耻感——它虽然也是两种极端之间的中庸,但被拒绝视为一种德性。①亚里士多德观察到,羞耻感使人脸红,犹如惧怕使人面色苍白(1128b13-14)。这个观察看来把探讨序列带回到了它开始的地方,因为它承认了灵魂激情的身体基础。[71]然而,羞耻只是惧怕的对应物,而不是勇敢的对应物;就其自身而言,它只不过是一种感

---

① 原先在第二卷中的列表终止于两种这样的品质——知耻和义愤(righteous indignation, nemesis;1108a30-1108b6)。关于最后那种品质在第四卷讨论中的消失,参本章下文"美尚的消失"一节,以及本章注45[译按]即下文第147页注释①。

觉,而不是一种德性品质。①否认它是一种德性状态,与在讨论的开头提出的观点相矛盾,在那里,真正的勇敢美德得以与其他仅仅是相似的一系列状态区别开来:"政治性的勇敢"在那里的语境中被认为是最接近[真勇敢]的,因为它是被一种德性亦即羞耻感所驱动的(1116a28)。我们最终认识到,那种对羞耻的理解必须反映由它所驱动的公民战士的视角;在我们达到第四卷的结论之前,对羞耻的降格标志了那种意在超出那种视角的论述过程的顶点。

第三卷和第四卷关于美德和过恶之多样性的考察,打断了始自第二卷的论证的连续性。那种论证把人的德性与人的功能(function)联系。它在第六卷中达到结论,从而认可了苏格拉底如下观点的真理性:*phronēsis*[明智]使得所有美德成为一个整体(1144b14-17)。在得出此结论的过程中,有两种独特的美德被挑选出来,作为一种使得全部美德成为整体的东西:心胸博大(greatness of soul)②看起来似乎是诸种美

---

① "出于羞耻的脸红和出于惧怕的脸色苍白",伯纳德特写道,"穷尽了所有道德德性"(《论希腊悲剧》["On Greek Tragedy"],见《情节的论证》[*The Argument of the Action*]页140)。更彻底的揭示可以在《伦理学》结尾看到,在那里,激情的身体性基础被扩展为德性品质本身(1178a14-16)。

② [译按] Greatness of soul 是对 *megalopsuchia* 的字面直接对译,很可取,中译随之直接对译为心胸博大。因为 *megalo* 是大,*psuchia* 是心。不一定每种德性都要凑成现代中文习用的两个字词语。廖申白2003年商务译本作"大度",易与 *eleutherios*[自由慷慨,廖译慷慨]和 *megaloprepeia*[体面大方,廖译大方]相混。当中文找不到对应词语的时候(这是翻译中常见的情形),不妨采用描述性的词语。*Eleutherios* 字面本义指享有公民自由(*eleutheria*),《伦理学》中特别用于日常较小尺度的财物授受方面的适度德性,兼自由慷慨之义。英译 liberality(通常译法)得自由义,Open-handedness(Broadie & Rowe 译法)得慷慨义,宜兼而用之,方可庶几当之。*Megaloprepeia* 字面意思是大的适度,《伦理学》用指贵族雅士在较大尺度上花钱展示体面的适度德性,所以不妨译为体面大方。如果只译为大方的话,中文感觉很难与慷慨相区别。体面大方的过度形态是粗俗,就是说重点不在花钱太多、形成浪费,而在于暴发户习气未脱,不够高雅。浪费只是对于自由慷慨而言的过度形态,因为对于市民自由形态的慷慨来说,重点在于挥霍浪费是可耻的,至于是否做到高雅体面,则未虑及。

德的"某种大全(some kind of kosmos)"(1124a1-2);守法意义上的正义是"完全的美德",它只被用于与他人的联系,但却涵括其余所有美德(1129b26-27)。如果这三种独特的美德——心胸博大、正义和 phronēsis——所构成的是同一个整体,那么,其中的每一个必定是以自己的独特方式做到这一点。不过,远未清楚的是,这三种美德所代表的三种视角是否必定会和谐共处,相互补充。当前两种在序列中展开的时候,它们之间的关系揭示了伦理德性领域内部的某种张力;而当 phronēsis 作为第三个高峰出现的时候,它使得确保伦理德性成为自足领域的自治界限成了问题。

Phronēsis 是通过它所寻求的目的来界定的,也就是说,是通过对于人来说是善的某种东西来界定的(1140b20-21)。当伦理德性被联系于这个目的的时候,不但那些值得赞赏的品质多样性会消失,而且,那些德性行为一旦附属于自我相关的求善活动之下,就不再被说成是因其自身的目的而被选择的。如果不抵制这种附属关系的话,伦理德性甚至不可能暂时表现得像是构成了人类德性的一个独立领域;如果是那样的话,没有人会试图像具有道德德性的人理解自身那样去理解他们[72]。使得这种理解成为可能的抵制在如下这些原则中有其渊源。这些原则是通过另外两种声称可以构建整体的美德而例示出来的。它们是体现在心胸博大这个"大全"中的美尚,是可以等同于合法性之"完整"的正义。这两个原则用它们各自的独特方式,很可能是相互冲突的方式,统领着伦理德性的领域。当亚里士多德把这两个原则引进来作为政治科学主题的时候,他观察到它们有着如此多的"游移不定"(wandering),以至于引起争论:是否所有正义的或美尚的事物之所以如此,只是出于习俗,而不是出于自然本性(1094b14-16)?这个问题将会在关于政治正义的讨论中第一次得到面对。在那里,亚里士多德试图为正义——显然是指那种出于自然的正义——找到一个位置(1134b18-19)。没有任何一种性情的美德被认为是拥有出于自然的美尚。因此,《伦理学》的第四卷是唯一一卷没有出现过 phusis[自然]及其同源词的卷章。①

《伦理学》第三卷和第四卷的分析提供了一种现象学：②它从"里面"展现了伦理德性的现象，即什么是美丑、什么是正义和不正义的诸多意见，就像那些被如此定义的人所经验的那样。③不过，它之所以这样做，只是为了把那些意见付诸批判审查。④在柏拉图的对话中，谈话展现了苏格拉底对其谈话伙伴的意见的检讨，以便揭

---

① 同样震撼的是，在第五卷中没有了对 kalon[美、高贵、高尚]的任何提及，除了一处只是顺便提及这个词的例外情况（telling exception；参见本章最后一节针对 1136b17-22 的讨论，及本章注释 75[译按]即下文第 168 页注释①）。Phusis 及其相关术语反复出现在第三卷关于意愿和非意愿的讨论中（1110a25, 1112a25-32, 1113a21, 1114a24-26, 1114b14-18），尤其重要的是，这些讨论都涉及为自己的性情负责的问题。在这几处提及之后，phusis 在第三卷中的出场不再指涉勇敢或节制，而只是相关于 thumos 这种有可能被误认为勇敢的激情（1117a4），以及某些欲望（1118b9-19）或可以摧毁动物自然的痛苦（1119a22-24）。

② 通过对阿奎那的评注进行批判性研究的方法，雅法看到亚里士多德虽然承认"道德终究依赖一种超道德的善"，但是，作为出发点，他"把道德的整体甚或不同级别的道德都处理得像是拥有一种独立的存在。这种存在必须从那些实际上依赖这些不同级别的道德而生活的人们的观点出发，才能得到最初的（但不是终极的）把握"（《托马斯主义与亚里士多德主义》，页 143-144）。

③ 不过，如果与《政治学》（至少第一卷）相比的话，《伦理学》的探究层次似乎与习俗保持了更远的距离：《伦理学》在一开始假定它的研究主题是人的德性，或人之为人本身的德性；而《政治学》谈及的则只是男人而非女人的、希腊人而非野蛮人的、自由人而非奴隶的行为和德性。认为《政治学》第一卷确实导向了对人类德性和人类自然之认识，这是斯佩里奥提斯（Evanthia Speliotis）在《亚里士多德〈政治学〉第一卷中的妇女和奴隶》["Women and Slaves in Aristotle's *Politics* I"]页 83 中的论证。

④ 正因为出于这一原因，人们也许会对《伦理学》第三卷到第四卷的道德现象学说出博罗丁（David Bolotin）曾经对亚里士多德《物理学》说过的话：虽然《物理学》是对自然现象的一个伟大描述，但是，它不可被理解为一种现象学（《接近亚里士多德〈物理学〉：特别考虑其写作方式的作用》[*An Approach to Aristotle's "Physics": With Particular Attention to the Role of His Manner of Writing*]页 2-4）。

示他们的内在矛盾和片面性特征,同时显示他们可能含有的真理萌芽,而不管是谁说出它们。如果《伦理学》想另辟蹊径,试图通过论文形式完成类似任务的话,它就必须首先在第三卷和第四卷中关于美德和过恶的检讨中做这件事情。

不过,人们可能会反驳说,[亚里士多德]对每一种特殊性情之德的处理,都是表达了通常意见中关于这种德性的最严格的可能意思的理解,而苏格拉底则往往是通过扩大那种把某种特殊德性与其他德性区别开来的界限的方式来试图把握"其所是(the what it is)"。苏格拉底认为,任何一种经常受人称颂的特殊品质都不足以被视为人的卓越性,除非它是基于一个人对其自身之善的真正理解之上。不过,如此一来,它就不再像是一种可与其他德性区别开来的特殊德性了。这便是亚里士多德一开始想与之争辩,但最后至少是在某种形式上终于接受了的观点:一种性情的品质,只有当它是在 *phronēsis* 的指导之下的,才能被视为一种美德,由之而来的行为也才能算是有德性的,[73]而 *phronēsis* 正是使得人类德性在实践领域成为一个统一整体的东西。

德性与 *phronēsis* 的苏格拉底式连接,是在柏拉图对话中实施的意见检讨工作的后果。对此,亚里士多德作了明确说明。但是,那种意见检讨还带来了另外一种更加根本性的后果。任何时候,当一种被人们通常颂扬为美德的特殊品质被发现的时候,苏格拉底都会通过他的分析发现,虽然它们拥有诸如"勇敢"或"节制"那样的貌似之名,但都不过是一种最大化快乐、最小化痛苦的算计,因而表明自身不过是"大众德性"。因此,苏格拉底一次再次地被导向这个结论:除了哲学之外,没有任何东西可以算是真正的人之卓越。①现在,认为任何性情的德性只有在 *phronēsis* 指导之下才能被视为人

---

① 关于苏格拉底把"大众德性"视为快乐的计算,以及他对那些其德性并不建立于哲学之上的人的戏剧性描述,参见《斐多》68c–69c,82a–b,亦参第二章注释6[译按]即本书上文第80页注释①。在反思洞穴影像中的灵魂转向经验的时候,苏格拉底把那些出于习惯和实践而养成的品质说成是"所谓的灵魂

的卓越,这是一回事;而如果更进一步认为任何特殊德性的真理都是哲学,[这是另一回事]。①人们也许会承认,只有在 phronēsis 的指导之下,而且不抛开对于什么构成勇敢行为的通常理解,灵魂的忍耐也许才是美尚的和善的。②但是,如果在那种使得一个人可以在谈话走向困境时仍然坚韧不拔地向未知领域进发的灵魂的忍耐能

德性",认为它们实际上更接近身体的德性(《王制》518d-e,另参 500d)。在《卡尔米德》中,根据阿尔法拉比的研究,柏拉图考察了城邦所普遍接受的节制,以及真正的节制是什么;在《拉克斯》中,柏拉图考察了大多数人所认为的勇敢和真正的勇敢是什么(《柏拉图的哲学》["The Philosophy of Plato"]第 23 节,见《亚里士多德和柏拉图的哲学》[*The Philosophy of Aristotle and Plato*]页 60)。

① 区分这两点可以帮助我们理解哥热维奇(Victor Gourevitch)和吉尔丁(Hilail Gildin)围绕施特劳斯关于真正德性和大众德性区分的思想而进行的争论(参见吉尔丁《列奥·施特劳斯与自由民主的危机》["Leo Strauss and the Crisis of Liberal Democracy"]页 102 注释 6)。根据哥热维奇,施特劳斯认为真正的德性或它的唯一形式哲学的德性,与涵括了所有政治卓越的大众德性之间,是相互排斥的关系。在它们之间没有中间形态,没有"中途驿站"(halfway house)是可能的(参见哥热维奇《哲学与政治 I-II》["Philosophy and Politics, I-II"],尤其见页 305)。但是,吉尔丁反驳说,如果否认任何真正的"理智德性"可能在政治领域存在的话,就将意味着失去了在卓越性上判分达官贵人与伟大领袖或建国者的基础。当然,使一个政治领袖或建国者卓尔不群的理智德性并不是哲学,而是 phronēsis。

② 布鲁厄尔(Christopher Bruell)解释说,当拉克斯提议说勇敢的定义是灵魂的某种忍耐能力——这种忍耐在面临巨大危险的时候尤其显得了不起(impressive)——同时又相信美德不能带来伤害的时候,他就被引入了一种不能自圆其说的境地。因为在那种情况下,如果忍耐要想被视为勇敢的话,就必须在审慎(prudence,明智)的统领之下,虽然审慎所致力的目标是要去减少拉克斯看来的让忍耐显得了不起的危险和冒险。为了带出这个问题,布鲁尔注意到,苏格拉底运用了一种狭义的、似乎是"非亚里士多德式的"对审慎的阐释;不过,他继续提示说,"遵循亚里士多德勾勒出来的道路,与其说是去移除困难,还不如说是推迟对困难的摆平(surfacing of a difficulty)"(《论苏格拉底式教育:柏拉图短篇对话导论》[*On the Socratic Education: An Introduction to the Shorter Platonic Dialogues*]页 57-58)。

力中找到真正的勇敢德性的位置的话,又会发生什么呢?①如果在知道无知的时候承诺去探究是勇敢的首要形式,那么,所有其他东西就都成了派生之物或顶多不过是一种隐喻性的扩展,而真正的美德就会成为哲学或智慧之爱——亦即对美尚的爱欲——的多种表现形态中的一种。如果《伦理学》第三、四两卷中提出的各种伦理德性都以这种方式指向对自身的超越的话,那么,这肯定不是通过与 phronēsis 的工具理性关联来达到的,而是——尤其对节制的讨论最终将表明的那样——通过它们对 kalon[美、高贵、高尚]这个目的的瞄准来达到的。这个目的引起了一种悖谬性地超越功利的渴求:它可以采取一种竞争模式的形式,但它不是一种可以拥有的对象。如果如此理解的美尚(the beautiful)是伦理德性可与智慧之爱分享的共同原则,那么,高贵(noble)作为伦理德性的 telos[目的]就是它的独特例示(instantiation)。

勇敢与节制

在《伦理学》三四两卷中覆盖了如此广阔范围的看起来像是偶然选取的德性品质,与柏拉图对话中很典型地出现过的四德标准形成了鲜明的对比。[74]不过,伦理德性是非理性部分即灵魂的欲望部分的卓越,所以,勇敢和节制作为"被视为非理性部分的德性"(1117b23-24)看起来几乎穷尽了全部伦理德性;实际上,它们共同

---

① 参见《拉克斯》193a 和 194a,在那里,苏格拉底把他们自己在追问什么是勇敢这一问题时的所作所为,当作理解勇敢的钥匙。伯纳德特在《卡尔米德》中发现了它的对应物(counterpart)。在《卡尔米德》中,对什么是 sōphrosunē[节制、自知之明]的追问导向了"解释的(hermeneutical) sōphrosunē"的问题——它意味着"质询你所遵从的权威的智慧"(《柏拉图〈卡米德斯〉疏释》["On Interpreting Plato's *Charmides*"],见《情节的论证》[*The Argument of the Action*]页 243;《柏拉图的〈拉克斯〉:关于定义的一个问题》["Plato's *Laches*:A Question of Definition"],见《情节的论证》页 273)。

提供了一种贯穿所有其他德性分析的模式。①快乐和痛苦被发现是"德性和政治科学的全部事务"(1105a10-12);其中,与节制相关的快乐在一定意义上是最基本的事情,而被认为与勇敢相伴随的痛苦感受则是以生命本身为代价的结果。亚里士多德考察过的另外几种明显成对的美德——自由慷慨(liberality)与体面大方(magnificence)、心胸博大(greatness of soul)与雄心(ambition)②——都是在程度大小问题上归属到一起,而勇敢和节制则是因其相互反对才形成一对。勇敢或男子气(andreia)如其名,与性别有关,而 sōphrosunē 作为节制(temperance)、清峻(sobriety)、贞朴(chastity),如果不是还有头脑清醒(sound-mindedness)之义的话,看起来就像是某种部分性的美德。同一种行为,从 andreia 的观点出发来看是受到赞赏的,从 sōphrosunē 的观点出发来看却有可能受到责备。或者反过来的情况也有可能。而且,如果我们发现一个人因为不倾向于某种品质——无论出于自然气质还是社会化结果——而不倾向另外一种

---

① 参见此章后面"美尚的消失"一节的讨论。在决定那种最具有匿名性质的德性即对荣誉的爱这种德性的时候,勇敢和节制作为相互对立的原则发挥了作用(1125b9-26)。

② [译按]关于心胸博大(greatness of soul)、自由慷慨(liberality)和体面大方(magnificence)的中译,前面已发注讨论,此不重复。Ambition 这里应该是指《伦理学》第四卷第四章中对待较小荣誉方面的适度,既不爱慕虚荣,也非毫不追求名声。对于这种美德,亚里士多德说希腊语中缺乏命名。Ambition 在此应是作者对那种无名美德的英文命名,因为在 1125b1-5 亚里士多德说,这种无名的美德之于心胸博大,犹如自由慷慨之于体面大方,两members成对。自由慷慨和体面大方都是花钱适度的美德,区别在于尺度上一小一大;正如那种无名美德与心胸博大都涉及面对荣誉时的中庸自处,区别在于前者涉及较小的荣誉,后者涉及较大的名望声誉。对这种在较小名誉面前的中庸自处的无名美德,本书作者既然在英文中称之为 ambition,中译就不能机械对译为野心,而宜译为雄心,因为这毕竟是一种美德,而野心多含贬义。当然,雄心中含有的那种个人奋斗意味的小气,正好可以使它与心胸博大的珍惜声望区别开来。兼有褒贬义的 ambition 也含有这种个人奋斗意味的小气。

品质的话,这将会显得非常不同寻常。①两种品质之间的对比不但表现在作为其根源的倾向上,而且表现在它们以各自的途径与伦理德性的目的相关联。

对诸德性的检讨开始于勇敢。这个借以开端的美德将会以一种最戏剧性的方式展开自己——伴随着自我牺牲的伟大要求——并因此而有可能成为最易认可的称颂对象。不过,出于多种原因,这个开端同时也是一个会带来最多问题的德性。很难不认为,这就是亚里士多德在讨论的结尾令人吃惊地总结说很容易在"大体"上把握勇敢(1117b21-22)时所想表达的意思。与一般模式相比——每种美德都是对于某种激情而言的两端之间的品质——勇敢是在与两种激情的关系中得到分析的美德,即畏惧与自信。而且,只有在考察勇敢的时候才需要这样做:为了理解在它里面究竟什么是值得赞颂的东西,必须清理一系列貌似勇敢的状态。这些状态被误以为勇敢,但并不能构成真正的美德。正是在这样的语境中,我们发现,作为这种被误解了的美德的代表,出现了对苏格拉底的第一次称引。这个张力最终被认为是在亚里士多德所描述的苏格拉底观点与他自己所提出的伦理德性理解之间的张力。[75]为了带出这个张力,勇敢显然是最合适的问题。

当柏拉图让拉克斯将军向苏格拉底保证说,勇敢或男子气就是坚守自己的位置、敢于面对敌人的时候,柏拉图就提出了很有代表性的对勇敢的通常理解(《拉克斯》190e)。正如我们所期待的那样,苏格拉底发现那种描述不过是一种特殊种类的行为,范围太窄,不足以视为勇敢的定义。后来当他在接受审判的时候,他把这种关于勇敢的描述用到自己身上:他谈到自己在战争中的所作所为只是

---

① 柏拉图《政治家》中的爱利亚外邦人正是如此描述勇敢和节制德性之间的差异。他认为这个差异的根基存在于人的自然倾向上的差别:有的倾向于缓慢的、谨小慎微的和忍耐的,有的倾向于迅捷的、大胆的和猛烈的(306a-308b)。

为了作为一个图景,以便说明在哲学生活上他同样会坚守自己的位置,不会因怕死而逃亡。①苏格拉底解释说,他要跟拉克斯一起寻找的对勇敢的理解,不但要涵盖重装步兵的行为,而且要涵盖骑兵和其他所有兵种的行为,而且,不但是面临战争危险时的行为,而且是面临疾病、在海上,乃至受到快乐诱惑时所蕴含的危险时的行为(191a-191e)。《伦理学》第三卷对勇敢的说明消除了一个又一个这样的扩展,直到勇敢的适当范围显得像是得到了足够的限定。勇敢并不是一般而言面对所有死亡恐惧时的坚韧,而只是在有着"最伟大的和最美尚的危险"的死亡面前的坚韧,至少如果我们寻找授予"城邦和君主制"中的荣誉时,这大概指战争中的危险(1115a30-32)。城邦当然有理由荣耀那些情愿为之牺牲生命的人。不过,这也引起我们的疑虑:它是否可以作为足够的指导,以便确定危险的高贵性的恰当等级?毕竟,荷马史诗描述的那种在战场上面对死亡的战士之勇不过是一种"政治性的勇敢"。这种勇敢,亚里士多德不过把它定位为真正德性的投影。

标识真正勇敢之人的东西不是无畏:如果没有一种必须被控制住的激情,这个人的品质就将毫无值得称颂之处。另一方面,如果在抵制一种激情并试图克服它的过程中确实有一种冲突在起作用的话,那么,情况就会成为这个样子:要么获得自主(self-mastery)而胜利,要么丧失自主而失败。因而,勇敢的人对畏惧的经验并不是去经验超出人类自然所能承受的限度之外的恐怖,而是在此限度之

---

① 参见《申辩》28e-29a。苏格拉底首先批评了拉克斯的提议,因为它未能满足作为一种普遍定义的要求(《拉克斯》191e);最后,他批评了尼西亚斯的提议——勇敢就是在战争和其他所有事情上知道可怕事物和激发自信之物的知识——因为根据他的提议,勇敢就涵盖了美德的全体,而不再是他们所寻找的那个美德部分(199e)。

内经验畏惧;①他的品质是值得称赞的,因为他经验了他应该经验的以及由 logos 所确定的畏惧。为了提供一个标准以衡量什么是不足或过度,logos 确定了相对于勇敢的美德来说什么是过恶:拥有过多畏惧的人——或者缺乏自信的人[76],虽然这种情况不太明显——表现出怯懦,相反的过恶即鲁莽,则是由那种拥有过多自信或缺乏畏惧的人表现出来的。亚里士多德注意到,后一种情况,即缺乏畏惧的类型,在人类天性中太罕见了,以至于日常语言没有为之命名。

勇敢之人只去经验他根据 logos 应该经验的惧怕这一品质,从而避免怯懦和鲁莽;但是,他也必须为了美尚之故而去这样做,因为,亚里士多德突然第一次如此宣称说,kalon[美、高尚、高贵]是美德(或这种美德)的 telos[目的](1115b11-13)。勇敢之人听从 logos 而畏惧,是第二卷中谈到的伦理德性的原初定义的特殊应用;不过,那个定义没有为伦理德性提供 telos,也没有丝毫提及美尚。当它现在被引进的时候,它表现为一种由那些拥有伦理德性的人所理解的伦理道德的目的。在很晚的后面论及友爱,说到对美尚之物的爱是一种自爱(self-love)的时候,对于 kalon 的追求如果在拥有伦理德性的个人中起到动力作用的话,亚里士多德将会展示他自己对这一点的理解(1168b27-29,1169a8-13)。

通过 logos 来决定一种感觉,这本身就是中庸的标志;而现在关于勇敢的说明,作为第一个这样的美德,却面临着如何把这个[中庸的]标准与作为 telos 的美尚联系起来。中庸提供了一个尺度,把勇

---

① 勇敢的人因其中庸而受到称赞。这也是面对人类限度之内的恐惧时应采取的立场的衡量尺度。怯懦和鲁莽皆因其不足或过度而受到谴责。在面临超出人类承受限度之外的恐怖时,一个勇敢的人应当如何作为? 雅法认为,亚里士多德在这个问题上的沉默应该联系到他在第三卷某处的论述:在那里,亚里士多德说,一个人在无人能承受的压力之下做出的行为是可以得到原谅的(参见《托马斯主义与亚里士多德主义》[Thomism and Aristotelianism]页 98-109;另参第二章注释 39[译按]即本书上文第 102 页注释①)。

敢的美德与相关过恶区别开来；而美尚作为 telos 则是为了把真正的美德从那些貌似美德的状态中区分出来而必需的原则。对那些状态的审查，通过认识到勇敢不是什么而为我们理解勇敢是什么提供了间接的道路。也许，这也是可用以理解一般伦理德性的道路。

在所有那些投影中，因其酷似而最易被误认为是真勇敢的品质，便是公民的政治勇敢。为了说明这一点，亚里士多德引证了荷马对赫克托尔的描述：当赫克托尔站在特洛伊城门口，想到阿基琉斯的逼近而被恐惧抓住的时候，他抵制了想逃跑的欲望，因为他想象到那样做可能导致的羞耻。亚里士多德引用了赫克托尔最初的想法，"波吕达马斯会第一个责备我"。赫克托尔开始回忆，想到自己的无所顾忌使他没能听从波吕达马斯早先叫他把特洛伊人民带进城里的告诫。他现在预见到他们在未来对他的责备："赫克托尔相信他自己的强力并因而毁坏了他的人民。"①[77] 荷马暗示，英雄对自身荣耀的关心不但可能与自身的保全相冲突，而且可能与城邦的保全相冲突。亚里士多德选择赫克托尔在这种处境中的为例来代表所有政治勇敢的缺乏。但他也强调政治勇敢与勇敢本身的相

---

① 《伊利亚特》第二十二卷，行 100,107。普里阿摩斯在这个时刻对赫克托尔的暗指将在第七卷中为亚里士多德提供唯一一处"神样的或英雄般的"美德的例子（1145a18-22，亦参第五章"一个新的开端：从兽性到神性"一节）。虽然赫克托尔被羞耻感撼动，接着站稳脚跟决定为获取荣耀而战，但是，一旦阿基琉斯进入视野，他就充满了畏惧开始逃跑。在绕城三周的飞奔之后，只是由于雅典娜伪装成其兄弟［译按：指阿波罗］的样子并欺骗他相信自己并不是孤身应战的时候，赫克托尔才停下来。由羞耻所驱动的政治勇敢的缺乏在《伦理学》第三卷援引的另外一个例子中得到了强化：当狄奥墨德斯（Diomedes）想到赫克托尔将来可能在特洛伊人面前夸口［战胜他］的时候，他不愿逃离赫克托尔（《伊利亚特》第八卷，行 139-156）。内斯托尔（Nestor）因为从宙斯那里得到了征兆，正确地督促狄奥墨德斯逃离。对于他的担心被赫克托尔讥讽，内斯托尔保证说特洛伊人肯定不会相信，因为他们早已经验了狄奥墨德斯作为一个战士为他们带来的所有［痛苦］后果。不像赫克托尔，狄奥墨德斯被人说服而克服了他的羞耻感，从而审慎行事。

似性:政治勇敢是最接近真正勇敢的,因为它是通过一种德性即羞耻感以及通过对美尚之物即荣誉的欲求而形成的(1116a26-29)。亚里士多德对这种观点的反对性评价将会出现在伦理德性讨论的最后(1128b10);①在目前的讨论中,他肯定是在以政治勇敢这一德性的拥有者们自己的声音来说话。他们把 kalon 等同于荣誉,把羞耻感视为美德。在这种视野中,出于羞耻感的行为和追求荣誉的欲望是政治勇敢的高级形态。相比之下,士兵的勇敢就要低一等,因为驱动他们去战场忍受死亡恐惧的不过是另外一种恐惧,即害怕被长官惩罚。这种对比使得我们要想看到高级政治勇敢如何逊于真正的勇敢美德变得非常困难。②为了区分它们,我们必须理解美尚是什么。在荣誉之上,美尚作为目的规定着人的卓越。

比公民战士还要远离勇敢美德的例子是专业军人的情况。他们使用武器的技术使他们可以非常有效地避开危险,他们的经验使他们可以识别战场上的虚假危险,从而显得在别人看来是勇敢的。现在,装备了这些正确的技术,拥有这些熟知危险的经验,一个人就可以在毫无保障的恐惧之路上站稳。但是,当危险变得更大的时候,恰恰是那些依赖经验和专业技术的人会首先逃跑。这表明那种勇敢只不过是真正勇敢美德的貌似表象。

---

① [译按]指反对把羞耻感视为一种德性。
② 关于勇敢的最初探讨,经过一段几乎是对话的过程,得到了这种结论:勇敢把自己显示为首先是在战场上面对高贵危险时表现出来的美德。正如伯恩斯(Laurence Berns)所见,勇敢"首先是在公民战士的眼中,以其最基本的也是最明显的形式而为人所见"。但是,一旦政治勇敢被引为真正美德的近似物,"关于勇敢的引论性对话中的英雄才第一次置身于近似之物中"(《伦理和政治中的意气:亚里士多德灵魂学研究》["Spiritedness in Ethics and Politics: A Study in Aristotelian Psychology"]页343-44)。关于荣誉在政治勇敢中的角色,以及它与高贵的关系,参考沃德(Lee Ward)(见《高贵与必然性:亚里士多德〈尼各马可伦理学〉中的勇敢问题》["Nobility and Necessity: The Problem of Courage in Aristotle's *Nicomachean Ethics*"]页80-82)。

伴随对这种勇敢的误解形态的引入,亚里士多德首次明确提及苏格拉底。

以为勇敢是经验和专业技能的问题,是对诸如灵魂强度这类事情的完全误解。正是灵魂的强度使一种德性品质值得我们称赞。那种误解,亚里士多德提示说,存在于苏格拉底认为勇敢是知识(epistēmē)这种观点的核心之处(1116b4-5)。①如果苏格拉底确实认为美德是某种知识,那么,正如亚里士多德很好地注意到的那样,他所想说的意思肯定不可能是那种专业军人的技能和经验一类的知识。②

---

① 参见附录一,以及导论部分注释13[译按:即本书上文第10页注释①]。科克斯注意到亚里士多德在这里说的是 ho Sokratēs,表明他指的是柏拉图对话中的苏格拉底,而不是历史上的那个人(《亚里士多德在〈尼各马可伦理学〉中对苏格拉底的处理》["Aristotle's Treatment of Socrates in the *Nicomachean Ethics*"]页141)。科克斯此处的引证来自格兰特(Alexander Grant,《亚里士多德的"伦理学"》[*The "Ethics" of Aristotle*]页163),格兰特又引自菲茨杰拉德(Bishop Fitzgerald)。克里斯普(Roger Crisp)在他的《苏格拉底和亚里士多德论幸福与德性》["Socrates and Aristotle on Happiness and Virtue"]页55提到把"那个苏格拉底"(the Socrates)理解为一个文本角色的文献来源(W. Fitzgerald,《亚里士多德"尼各马可伦理学"选读》[*Selections from the "Nicomachean Ethics" of Aristotle*]页163)。如果这里 ho Sokratēs 的意思是指柏拉图对话中的苏格拉底角色这种观点可信的话,那么,为什么在《伦理学》的七次对苏格拉底的称引中,这个意义上的苏格拉底只是在第一次提及的时候出现,就很难解释了。

② 这一点在《优台谟伦理学》中得到了证实。那里的论述也以同样的论调开头:"老苏格拉底认为 telos[目的]是去知道美德,这是可以理解的,因为他相信所有美德都是 epistēmē[知识]的形式。"(1216b2) 不过,在这本著作的后面,亚里士多德明确区分了那种能给专家以自信的技能经验——他们以这种知识为手段来逃避危险——与苏格拉底所要思考的那种知识,即那种知道真正可怕之物的知识(1229a15-16,1230a6)。

在《普罗塔戈拉》中,苏格拉底起初诉诸专家的知识——用潜水员做例证:因为潜水员拥有潜水技能,所有他敢潜入井下——以便迫使那个智术师承认勇当苏格拉底与两位将军一起探讨什么是勇敢的问题,他们是从拉克斯认为勇敢是"灵魂的某种忍耐"开始的(《拉克斯》190e)。然后,他们得出这个假设:[78]勇敢是一种知道什么是可怕之物和激发自信之物的知识(science, *epistēmē*; 194e-195a)。这种知识又被证明是一种关于所有善恶之物的知识(199c)。然而,勇敢是一种*epistēmē*[知识]的定义并不是苏格拉底提出来的,而是尼西亚斯提出来的。尼西亚斯对这个定义的理解和兴趣,反映了苏格拉底的一条显著原则在经过了一种特殊类型的灵魂过滤之后所表现出来的扭曲形式。①《伦理学》中对苏格拉底的第一次明确提及,被认为是用专业技能来界定了苏格拉底对美德的理解。通过这样一种提及,这位哲学家就在一种漫画般的形象中登上了舞台。

不过,亚里士多德归给苏格拉底的观点确实引起了一个真正的问题:如果有某种关于善恶的知识,那么,这就势必会使所有那些特

敢通过与知识相联系而从属于德性的整体(349e-350a)。但是,随着争论的展开,最后达到了这样一种理解:勇敢作为*sophia*[智慧]关系到那些可怕的事物和不可怕的事物(360d,亦参本章注释23[译按]即下文第126页注释①)。参见马拉(Gerald Mara)关于亚里士多德加诸苏格拉底的"智性主义"(intellectualism)的讨论:无论关于某事苏格拉底所说的多么明确,它似乎总会"戏剧性地与他的所作所为不相一致,因为苏格拉底的实践行动"——正如马拉继续说明的那样——"往往与一种强智性主义的德性基础不相协调"(《苏格拉底的话语民主》[*Socrates' Discursive Democracy*]页62-82)。

① 《拉克斯》的对话开始于两个父亲寻求建议,问是否值得让他们的孩子去接受重装步兵战斗的训练。拉克斯发现这种训练的价值是成问题的,尼西亚斯则鼓励这件事,因为他认为学习这类*epistēmē*[知识]可以让一个人"变得比自己[原先的状态]更加大胆和勇敢"(《拉克斯》182c)。根据修昔底德对尼西亚斯在西西里远征中的表现进行的生动记载(《伯罗奔半岛战争志》卷六至卷七),尼西亚斯是一个受恐惧和迷信所驱动的人。这种人自然会欢迎一种*epistēmē*,以便取代拉克斯所谓的"灵魂的忍耐"。在勇敢的定义问题上的苏格拉底教诲,通过尼西亚斯提出来的扭曲形式,在《卡尔米德》中有一个令人震撼的对应物,只不过在那里围绕的问题是:什么是*sōphrosunē*(参本章注释27[译按]即下文第128页注释①)?

殊的、显然是相互独立的性情德性——根据《伦理学》的说明,它们必须通过一种感性的训练才能得到灌输——变得多余。①如果亚里士多德在某种方式上有意捍卫伦理德性的日常理解的话,他是有很好的理由来以苏格拉底为攻击目标的,因为苏格拉底的德性考察实践把日常意见中的德性概念带到了自相矛盾的境地,或至少是带到了它们的边界。然而,苏格拉底所体现出来的用以替代日常德性意见的,却不是一种关于善恶的科学,而是一个哲学家在他的无知之知面前追求智慧的勇敢,或者是一种伴随他的自知缺乏所求智慧的节制。勇敢和节制的伦理德性有可能总是处在相互对立的张力之中;而哲学的勇敢和哲学的节制却在那个哲学家对智慧的欲求中展现为同一个东西。

从勇敢即知识这一据称出自苏格拉底的定义,亚里士多德转向了另一个极端,即勇敢是意气的激情(passion of spiritedness)或 thumos,②这一激情似乎是勇敢的最自然的诉求者和根源(1117a4-5)。

---

① 在所有的美德中,勇敢似乎是最能抗拒这种知识化的,而它与其他美德的统一也可能是最具挑战性的任务。至少,柏拉图笔下的普罗塔戈拉在向苏格拉底保证了四种美德——智慧、节制、正义和虔敬——的统一性之后,却把勇敢排除在外(《普罗塔戈拉》349d);然后,到最后,他无法拒绝苏格拉底的结论:如果勇敢是知道什么事物可怕什么事物不可怕的智慧的话,它就必须与其他美德联系起来(360d)。

② [译按]thumos 一般中译作"激情",易与 passion 相混。如果作"激情"的话,这里 passion of spiritedness 就得译成"激情的激情"了,不可取。且"激情"不能表达英译 spiritedness 所能正确传达出来的精神意气含义。thumos 是一种激情,但不同于欲望(epithumia)激情。epithumia 是沉沦的,而 thumos 则有一股向上的精神意气倾向,虽然它与其他激情一样本身是盲目的,如果缺乏 logos[理性]指导的话。中文常说的"意气用事",既非理性审度的明智之举,亦非出于欲望的蠢蠢欲动,而是出于怒火或义愤的冲动,正好相当于 thumos 的含义。"血气"的译法亦胜于"激情",不过似乎有过多身体性的盲目冲动的成分,让人感觉更多地与 epithumia 关联起来,而不是与 logos 关联起来,减弱了 thumos 中所含有的精神性和高贵性一面的意味。

在这个语境中对 thumos 的重新提起让我们注意到,在几次关键的时刻,这种激情本来有望出现却并未出现的情况。①当它现在被提起考虑的时候,荷马的诗句重新被引用,以便描述人有可能像野兽反扑攻击者那样的情形。② thumos 的激情也许会激发勇猛的或无畏的行动;但是,如果它像是或者干脆就是出于愤怒的痛苦或报复的快意而发动的攻击,那么,就它自身而言,就很难说是一种美德的运用。因为美德必须以美尚为目的,并且必须是出于 logos 所决定的选择。因此,thumos 对于勇敢的美德来说是不够的;[79]但它是不是勇敢行为的必要自然基础? 如果补以选择和目的的话,亚里士多德应允说,thumos 看起来就像是勇敢(1117a4-5);但是,一方面受意气的激情驱使,同时又被 logos 和美尚所驱动,这是否可能?

当分析探讨转向了自信气质——这种人的安全期望一旦成问题,他们立刻就会逃跑——的时候,以及更进一步谈及那种根本不知道自己面临危险的莽撞的时候,对貌似勇敢的品质的考察范围得到了扩展,而离开真正勇敢的距离也就越来越远。仅属貌似勇敢的品质的范围可以帮助说明为什么这种美德的分析要在与两种感觉

---

① thumos 的不在场,首先可以提一下的,是在《伦理学》第一卷第 13 章和第六卷第 1 章中关于人类灵魂的分析中(参第四章注释 7[译按]即本书下文第 179 页注释①)。意气(spiritedness)在 nemesis 或对别人的不公平的好运的义愤(righteous indignation)中有强有力的表达。不过,那种经验在第二卷的美德列表结尾出现过以后,在第四卷的美德讨论中完全消失了。thumos 也随之消失了。在关于犯罪和惩罚的讨论中,人们也许会期待出现 thumos;但是,在第五卷关于纠正性的正义中仅仅讲到了对损失的补偿,而完全忽略了实施惩罚所需要的意气。在第七卷中(在第六章),当亚里士多德为了探索灵魂的划分而从身体性的欲望扩展到意气的激情的时候,thumos 才又有了某种现身。

② 因为 thumos 在面临危险的时候会表现出英勇无畏,所以勇敢的人可以称为是意气激奋的(spirited, thumoeideis)。通过对这一点的承认,亚里士多德借用了柏拉图用来表述当意气与计算[理性]联合时的意气状态的一个术语,来表示一类独特的人类性情(1116b26;参《王制》440e-441a)。

的关系中进行,即要在与畏惧和自信的关系中进行:在距离更远的貌似形态中,某些自信取代了面临畏惧时的灵魂坚强,①而在另外一种最接近真正勇敢的品质中,某些畏惧——譬如对丧失名誉和惩罚的畏惧——克服了对死亡的畏惧而驱动了看起来像是勇敢的行为。

在讨论了仅属貌似勇敢的形态之后,亚里士多德回到了勇敢本身的考察。在此过程中,亚里士多德提到了践行这种美德过程中的痛苦,而这就会使一个一般原则受到侵犯——践行美德应该是快乐的。为了试图挽救这个原则,他谈到勇敢行为最后得到的结果应该是快乐的,虽然在那种为了达到它而采取的痛苦行动的遮蔽之下,这种快乐不易看清。勇敢的人之所以忍受痛苦,是因为这样做是美尚的,而不去做是可耻的。通过重申这一点,亚里士多德发掘出了隐藏在勇敢行为的结果中的快乐。他最后强调的是,这种经验越痛苦,这就越是一个有[勇敢]德性的人,越是一个快乐的人,因为这样一个人意识到他的生活是最值得过的,而他行将失去这最值得的东西(1117b9—13)。到此,人们尤其会惊讶,神秘的真正勇敢德性还剩下什么:对于战场上的死亡,[要想成为真正勇敢的]条件限制,归根结底是基于城邦对于这一[赴死]行动的见证(evidence)。亚里士多德谈到真正的勇敢是在面临"最大的和最美尚的危险"时对畏惧的克服,但他没告诉我们,这些危险究竟是什么? 恰恰就在

————————

① 诉诸自信看来是必要的,这仅仅是因为畏惧的缺乏是如此的罕见,以至于亚里士多德必须为它指定一个日常语言中讲不通的名称"乏怕"(fearlessness;1115b24—26)[译按:对此中译名的讨论,参本书下文页132脚注[译按]说明];而那种通常被贴上"鲁莽"标签的过恶,则可以通过被解释为自信的过度而很容易得到理解。然而,在节制的情形中,虽然快乐欲望的缺乏同样罕见,以至于亚里士多德也要为它指定一个日常语言中不用的名称"冷漠"(1119a5—11),但是,节制所包含的两种感觉——不仅有某种快乐,而且包含快乐缺席时带来的痛苦——并不像畏惧和自信那样是相互反对的,也就是说,一方的过度并不必然与另一方的不足共属一体(belongs together)。

饮下毒芹汁之前,苏格拉底发现,去相信他刚才讲给伙伴们听的故事就是一种"美尚的冒险"(《斐多》114d),面临忽视灵魂照料的"可怕危险"(107c)。亚里士多德提到苏格拉底,只是为了嘲讽他认为勇敢是知识的命题;但是,当他把真正的勇敢最后用来指这样一个人[80]——这个人面临生命的终结,而他相信这种生命是最值得过的,也许是唯一值得过的生活——的时候,他很难不想到苏格拉底。

在所有那些关于勇敢的复杂分析之后,节制(*sōphrosunē*)似乎显得简单多了——至少在亚里士多德试图领会的最狭义形式上是这样。在柏拉图对话的德性考察中,每一种美德的分析都会远远超出它的日常理解范围;不过,在《卡尔米德》中,*sōphrosunē* 经受了一种尤其详尽的扩展——从最初提出的安静气质定义(159b)到"知道自己和其他知识的知识"(166e)。①当亚里士多德试图从放纵之恶的考察中得出节制领域边界的时候,他对节制的说明似乎走向了尽可能远的对立方向。首先,身体的快乐与灵魂的快乐是相分离的。然后,视觉和听觉被作为太精致的东西而排除在外,甚至嗅觉也得到了顺便的提及。剩下的只有触觉和味觉的快乐。这两种感觉是所有动物共享的。其中,味觉以其分辨功能而被剥离;事实上,甚至触觉这种最普遍地被分享的感觉,也被认为是范围太宽,因为它还包括诸如享受按摩和泡澡的快乐。对于这一类快乐,即使过度,也不会被人们指责为放纵或淫荡。那么,剩下的就只有触及部分身体部位的触觉快乐了:亚里士多德是指某些饕餮之徒,他们希望自己的喉管可以像鹤颈那么长

---

① 在《卡尔米德》中,*sōphrosunē*[节制]从来没有被称作一种 *aretē*[德性、美德],这是令人惊讶的。节制被视为一种科学知识,而且实际上是主导性的(architectonic)知识,这个观点并不是由苏格拉底提出来的,而是由克里提阿(Critias)提出来的。克里提阿后来成为三十僭主的成员。他从苏格拉底的原则中发现了可用来为僭政权力的合法性做论证的前提。

(1118a32—34)。在亚里士多德的考察中被证明为主导性科学的 sōphrosunē,最后却被归结为控制口腹之欲和 ta aphrodisiac[性爱]欲望的事情——如果性爱欲望也可以简单地按照口腹之欲的[触觉]模式得到理解。

节制之人按照中庸来享受这类快乐,而且,如果没有这些快乐的话,他也不感到痛苦,或至少是感觉不到明显的痛苦。在关于勇敢的讨论中曾被用来刻画 thumos 的自然,现在也被提到,用来在快乐中进行区分:有些快乐是人所共享的,并且只有在过度的时候才是可耻的;另外一些快乐是癖好性的嗜欲,有可能在多种方式上引人误入歧途。一个在欲求快乐方面以任何方式逾越中庸尺度并因而展现出放纵过恶的人,应该与那些在这方面不足的人相提并论;不过,在这方面不足的错误形态却是如此罕见,以至于日常语言再一次——正如在乏怕(fearlessness)中的情形①——[81]缺乏对它的命名,使得亚里士多德为了改正它而必须在习俗面前止步(stand back from convention)。

鉴于节制的范围已经被大大缩小,美尚的几乎完全消失就不再令人吃惊。它曾在那种要求极端自我牺牲的美德中闪亮登场,而在自我关心的欲望节制中它将如何能展现自己,就远不是显而易见的事情。在第二卷中,节制似乎完美地代表了伦理德性的一般定义——节制之人在快乐面前听从正确的 logos 指导(1119a20)——而不需要提出当美尚被突然引入作为其决定性的 telos[目的]时,勇敢所面临的问题。在关于勇敢的讨论中对 kalon 的高度诉诸,与在关于节制的探讨中 kalon 实际上的消失形成对比。这种对比最终形成这样一种罕见的但也是非常重要的表象:在节制之人中,欲望与

---

① [译按]"无畏""不怕"皆不达义。Fearlessness 不是勇敢的无畏、不怕,而是像婴儿那样不知道怕。另外,中译最好也是普通中文里讲不通的生造词,如"乏怕",因为它的希腊对应物在日常语言中也是没有的,亚里士多德强为之命名的。

logos 取得和谐,因为二者(犹如双音色[dual voice])的目标都是美尚的(1119b15-16)。①[对于勇敢来说,]是勇敢的美德或勇敢的行动瞄准美尚的目标;而对于节制来说,并不是节制的美德,而是欲望本身被导向美尚,如果它与 *logos* 取得和谐的话。

如果伦理德性就是让欲望和理性取得和谐的品质,那么,节制就应该是典范的例子。然而,就在达到节制讨论的结论之前,通过一种与放纵(*akolasia*)相关联的词语游戏,欲望被描述成需要被严惩(*kolazein*)的东西。如此一来,节制的美德就将成为严惩灵魂中的欲望部分之后所引起的被带向与 *logos* 相协调的状态。通过对某些类型的惩罚,欲望和理性这两个相互独立的来源被协调到一起,共同致力于美尚的目标。这是最接近"欲求着的理智"或"理性的欲望"这种统一性的伦理德性。这一点将在第六卷的开头被亚里士多德宣布为人的核心原则(1139b4-5)。但是,理性被欲望驱动的真正可能性,或自身即是理性的欲望,似乎首先是在或者也许只有在哲学的爱欲中才能找到。关于 *sōphrosunē* 的讨论开始于非常详尽的范围限定;最后,*sōphrosunē* 也许是最清楚地揭示了,出于习惯养成的性情方面的德性品质如何能被理解为哲学家的爱欲灵魂的自然条件的征兆,而且它是通过 *kalon* 才能做到这一点的。②[82]如果 *sōphrosunē* 的终极典范是哲学家的朝向美尚的欲求着的理性,那么,它将不是知道善恶的 *epistēmē* 的结果,而是正如哲学家的勇敢所是

---

① *Kalon* 预先出现在如下观点的陈述上:节制之人既追求那种导致健康和善好境地的快乐,也追求另外一些快乐,只要它们不妨碍好的目标,或不与 *kalon* 相对立(1119a16-18)。正如柯林斯(Susan Collins)所见,对高贵的关心很难出现在节制的前方(《亚里士多德〈尼各马可伦理学〉中的道德德性》["The Moral Virtues in Aristotle's *Nicomachean Ethics*"]页136)。另一方面,正是节制使得所有伦理德性与哲学的关系变得最为明确。它之所以能做到这一点,正是出于它对 *kalon* 作为美尚之物的抱负。

② 正是在此视角下,苏格拉底才能提出真正的节制美德是一种疯狂这样自相矛盾的界定(参《斐德若》249d,254e)。

的那样,是驱动着智慧的爱欲的无知之知(knowledge of ignorance)的结果。

心胸博大

第一卷曾历数快乐、财富和荣誉,经过审查,无一可当人生最高目的,没有哪一项能符合这一标准。不过,正是因为与这些目的所生发的激情相关联,我们才发展出那些或值得称颂或遭受谴责的性情品质,也就是那些在第三卷和第四卷中得到考察的各种品质。从那些事关生命本身的、勇敢必须面对的畏惧开始,以及那些构成了节制领域的身体快乐和痛苦,[品质考察的]序列进展到了在面对财富方面我们所经验的感觉和发展出来的性情特征。财富的领域——如同接下来的荣誉——被区分为较小尺度和较大尺度的两套品质,即自由慷慨(liberality)和体面大方(magnificence)以及相关的过恶:它们的关系看起来似乎可以被理解为用小写和大写字母书写的同一个词,就像苏格拉底提到过的在个人中间和在城邦中的正义图景。①

亚里士多德再一次偏离这条道路,以便避免这些美德的隐喻意义的扩张——它们的适当领域只能限于钱财。在苏格拉底那里,只有很少的几处暗示可以说明,他是如何能在哲学家的开阔胸襟(expansive soul)中发现自由慷慨的典范,以及在哲学家对所有时间和

---

① 正如华纳(Stuart Warner)提请我注意的那样,在描述自由慷慨的——或毋宁说它的相关过恶的——私人特征以与其公共对应物[即体面大方]相区别的时候,亚里士多德令人惊讶地谈到了僭主:无论僭主在花钱的时候如何奢华,他也不会被认为是浪费(prodigal),因为他用不尽自己的资源,他也不可能被认为是展示了吝啬的过恶,即使他在获取财富方面可能是不正义的或不虔诚的(1120b25—27,1122a3—7)。

存在的沉思中发现大方的。①然而,无论自由慷慨之人的施予多么微薄或采取多么私人性的形式,他不只是要做得正确——对正确的人,以正确的量,在正确的时间——而且他也是为了美尚之故(1120a24-26)。当然,美尚更生动地表现在通过体面大方而展现出来的大型花费上——诸如一艘战舰、一队演出悲剧的歌队、敬奉神灵的庙宇或牺牲等等;这样一些项目表达了城邦的伟大,但也是超越城邦的东西,通过城邦而力求抬升自己的东西。通过体面大方的美德而造就的"伟大而美尚的作品"引起了"惊人的(wondrous) *theōria*[观瞻、静观沉思]"(1122b16-18):体面大方的 *ergon*[作品]的伟大带领我们认识了诸神,伴随着惊异与静观沉思(contemplation),进入了政治世界。[83]如果说一个体面大方的人可以在如此巨大的尺度上制作某些东西而不堕入粗俗,那是因为他能够"思量得体"(contemplate the fitting, 1122a34-35);不过,首先,他必须为了 *kalon* 的缘故而花费,因为那是所有美德共有的(1122b6-7)。正是在谈到体面大方的时候——在这里,*kalon* 可以最自然地翻译为"美"(beautiful)②——*kalon* 第一次被明确地宣称为所有美德的共同 *telos*[目的]。也正是在那个时刻,美尚停止成为目的:在此之后,再也没有美德被说成是为了 *kalon*。

而这正是我们将在下一种美德中最意想不到的。体面大方(*megaloprepeia*)的大尺度接下来是心胸博大(*megalopsuchia*),它涉及在大尺度上对荣誉的爱。一个人如果可以被说成是与美尚之物

---

① 苏格拉底向阿德曼图斯解释说,哲学天性从来不会出手吝啬,因为小气(*smikrologia*)是与一个总是追寻整全的灵魂相反的;而在一个沉思所有时间和所有存在的心智中,大方(*megaloprepeia*)则得到最大程度的展现(《王制》486a;参487a, 490c, 494b)。

② 作为在思量得体和在伟大事物上有品位地花费方面的行家(1122a34-35),体面大方之人被锁定为有巨大财富、显赫世系和声望的人(1122b29-35)。他总是考虑如何最美尚地、最辉煌地把他的计划付诸实行(1122b8-10),以便造就一个伟大而美尚的 *ergon*[作品](1122b15-16)。

相关,那么,他也许看起来就像是心胸博大的人。不过,他也许不能被说成是为了美尚之物的缘故而行动,因为那将意味着朝向一个外在于他的 telos,而心胸博大就其自身而言是"某种大全"(cosmos,1124a1-2),所以其拥有者本人看起来就像是美尚的化身。这是通过心胸博大和身体之间的类比来暗示的:megalopsuchia 之所以堪称伟大,正如身体之所以堪称美尚一样的道理。小个子可以堪称精干和匀称,但绝非美尚(1123b6-8)。那么,其名字表达了"灵魂之大"含义的美德,其引入也应遵循身体的模式,以便从一开始就从 megalopsuchia 这个名字的歧义性中显出某种东西,成为伦理德性巅峰的代表。

作为诸美德的"某种大全",心胸博大既不是冠诸其余美德之上的王冠明珠,也不是涵括所有美德的统御性整体,更不是二者兼而有之。它是这样一种性情的美德:它高高在上,润饰其他所有美德。既然如此,它就有可能同时被认为在所有美德中要求伟大(1123b30);至少,megalopsuchos[心胸博大之人]不可能被设想为会展现任何过恶的人——诸如在战场上逃跑或者行事不公等等——既然他会鄙视那些驱使人们堕入过恶的目的。在其完全状态中,megalopsuchia 是作为"整全德性"(complete virtue)的正义(1130a8-10)的对当物(counterpart):守法的正义之人所表现的行为,要么是从那些拥有特殊美德的人的内在品质中流露出来的,要么至少是能避免所有过恶的。正义的这种作为合乎法律(lawful)的一般感觉,不同于它的作为公平(equal)的特殊感觉;不过,无论正义有多么不同的感觉,正义都把自己表现为一种美德,而美尚则碎裂入美德的多样性中。如果 megalopsuchia 在其自身中包含这个多样性的话,它必定是以一种极不同于正义的方式来做到这一点。[84]心胸博大看起来像是一个被抬升为杰出罕见之人的个人所拥有的性情德性的 cosmos;而另一方面,由对法律的遵循所代表的那种整全德性,却是"每个人"所需要的正义德性,即人类德性的最低公分母

（common denominator）。①这两种美德表达了两种相互独立的原则——正义作为公平（equalization）的原则和 kalon 作为杰出的原则——其中每一个又都宣称代表了伦理德性的整全，但又是潜在地相互对立着。实际上，由心胸博大所体现的美尚对于正义来说，以及正义对于美尚来说，都具有这样一种关系：对于其中任何一个来说，另一个都构成了内在冲突的来源。

Megalopsuchia 及其相关过恶都是这样一些品质：它们都涉及一个人相对于他所应得的东西而为自己要求的东西。一个心胸博大之人是一个要求很多，也配得很多的人。而且，他所要求的和所配得的，都是最大的外在之善。那种东西，亚里士多德推理说，应该可以被认为是我们奉献给诸神的东西，也就是那些高贵的人所寻求的东西，它的被给予是为了引起对最美之物的认识：那个东西就是荣誉，实际上就是伟大之人仿佛"毫无争议地"要求的东西（1123b

---

① 《形而上学》所寻求的科学，在原初意义上，或者是出于对最高存在的追寻，或者是出于对存在本身之普遍知识的寻求（1026a24-33）。人们也许会说，美尚对正义犹如神学对存在论（ontology，或译本体论）。这个类比并非只具有形式的意义：亚里士多德隐含着认为，心胸博大的人就像在城邦中的神（1123b17-20），即使在两种情形下[指神学和存在论两种情况下]一样令人困惑的是，这样一种存在者[指神一样的心胸博大之人]所需要的东西究竟是可颁与他的荣誉，还是他能从此荣誉中获取的好处。[译按：在此不妨译出作者在给译者通信中所给出的对此句意思的补充说明：首先，存在着如下一种并列关系：一方面是美或高贵相关于最高存在，作为神学的主题；另一方面是正义相关于存在的详尽说明，作为存在论的主题。心胸博大之人在与正义的张力中体现了美尚的典范，因此就像每个英雄那样被认为是"城邦中的神"。但是，最深刻的问题在于，对于心胸博大之人来说，同样对于神来说也有这个问题：这样一种存在者的唯一可能受奖赏的方式，或至少被承认的方式，是通过对他的荣耀，但他却应该是毫无荣誉需求的。又按：可参伯纳德特从宙斯征召斯提克斯（Styx）的神话叙述中读出的荣耀与利益的首次划分（参"The First Crisis of First Philosophy", in *The Argument of the Action*, Chicago, 2000, p. 12. 此书即将出版中文译本）。]

17-24)。但是,如果心胸伟大之人应得的和想要的是荣誉的话,那么,他就在核心之处背负了一个悖谬:确定他之所是的荣誉使他有赖于他人,这种情况却又是对他之所是的一个否定。出于这个原因,对于[伟大之人]所值的东西来说,没有一种荣誉是足以当之的,虽然已经没有[比荣誉]更大的外在之善可以用来奖赏他了。一种荣誉要想有意义的话,必须是从他所尊敬的人那里授出的,但他不能接受[比授奖人]更高的荣誉,而且甚至不能是平等级别的。他是否能在完全意义上拥有一个朋友,或是否能做一个[他人的]朋友,还是成问题的。① 心胸博大在伦理世界显得像是美尚的化身;但是,在它的核心却有一种不可能被满足的正义要求——超出所值的不对等的荣誉。

在心胸博大之人对他所值的正义之物的要求中——这种要求是自我确认的(self-defining)也是自我挫败的(self-defeating)——他似乎是在意气激情即 thumos 的驱动之下的。这种激情似乎很难与他的那种认为无物伟大的自我理解相协调(1124a17-20)。在他的所有行为举止中,他都展示出一种超乎日常琐事之上的姿态。因此,他没有去做可耻之事的动机,也没有崇拜什么东西的倾向(1125a2-3)。这样一来,在这二者之间就有了一种无法克服的张力:一方面是一个不相信任何东西值得崇拜的人,另一方面,这个人希望他的价值得到较大尺度的承认。[85]没有什么东西是伟大的——认识到了这个很可能是正确的观点的人,也可能是那个认识

---

① *Megalopsuchos*[心胸博大之人]被说成是不会生活在与他人的关系中,除非与朋友在一起(1124b31-1125a1),不过,对于这样一种人来说,友谊关系具有一种成问题的性质,这一点在第九卷第八章关于自爱(self-love)的讨论中有所提示。参见豪兰(Jacob Howland)对心胸博大之人的分析:心胸博大之人不情愿承认他对任何他人的依赖,导致他具有"悲剧性错误"的倾向(《亚里士多德的心胸博大之人》["Aristotle's Great-Souled Man"]页38, 47-53)。

到人类并不是世上最高存在的人(参 1141a20-22,1141a33-b2)。①这样一个人毋宁站在伦理德性及其相关事物的领域之外,而不愿作为伦理德性的冠上明珠。

亚里士多德认为,真正做到心胸博大是困难的,因为,如果做不到 kalokagathia 的话便是不可能心胸博大的(1124a3-4)。Kalokagathia 这个词的口语含义是指某个社会阶层的大人君子(gentleman),字面意思是指美尚和善好的统一:这两个意思的并置抓住了 megalopsuchia 的双重面相,以及那些以它为顶点的所有美德。②虽然"真正说来"只有善人才能被荣耀(1124a25),但是,那被认为配得荣誉的人在城邦中却只能以一种唯独善本身无法被显现的方式而得到显现。而且,那种显现方式在很大程度上来自幸运的赐予——诸如高贵出身、财富、权力等等。他的美德仅指他的灵魂,但 megalopsuchia [心胸博大之人] 却是由表象来标识的——譬如他的庄严步伐、深沉语音、稳重措辞等等。他特别倾心美而无用的事物,以展现他的自足(1125a11-12)。如果正如《伦理学》最终所主张的那样,只有以自身为追求目标的理论沉思活动才可算是自足的,那么,自身应该是完满的心胸博大之人却不自觉地瞄准了那些其实现可能性必然外在于自己的东西。

一个感觉到自己无需任何他人也不缺乏任何东西的人——从身体到灵魂都是这样——是苏格拉底在与阿尔喀比亚德的第一次谈话中为后者所树立的一面镜像(《阿尔喀比亚德前篇》103b-

---

① [译按]《伦理学》第六卷谈及明智以及相关的政治学并非最高之物的时候。

② 这个术语在《尼各马可伦理学》中仅仅在这里以及在[全书]最后一章出现过。在最后一章出现时,是为了说明言辞不足以让大多数人转向 kalokagathia(1179b10)。相比之下,《优台谟伦理学》的末章致力于 kalokagathia 的扩展分析,把它作为一种完美和完全的美德(1249a17)。

104c)。阿尔喀比亚德自信是最美尚的和最伟大的人——苏格拉底承认这些是众所周知的。他知道阿尔喀比亚德出身于最重要的希腊城邦的最好的家族之一,拥有富于权势的朋友和亲戚,有巨大财富的支撑,虽然他并不引以为豪。苏格拉底解释说,由于阿尔喀比亚德在这些方面把自己想得很大,所以对于那些因为他的思虑宏大(big-thinking, megalophronoi)而爱他的人来说,阿尔西比亚德也是难以消受的。所以,他们都觉得受到了阿尔喀比亚德的轻视,纷纷弃之而去,只剩下苏格拉底成为唯一不抛弃他的人。

阿尔喀比亚德的思虑宏大看起来很像是亚里士多德的 *megalopsuchia*[心胸博大之人]的完美代表。①不过,使得他能成为这类人物的特别富有启发性的典范的因素,是当他自省那用以衡量价值的荣誉所遭遇的两难困境的时候萦绕于怀的内在不确定性。[86]这便是柏拉图在《会饮》中刻画过的阿尔喀比亚德。他所经验到的出于其高贵的自负,只在一个人面前受到威胁:这个人让他如此困惑,以至于不知道,如果他作为爱人来追求对方,或自己作为被爱者被对方追求的话,他自己是应该仰视他还是俯看他。这个人就是苏格拉底。在阿尔喀比亚德对苏格拉底的 *eironeia*[反讽]实践的指责中,他表达了他的全部困惑。阿尔喀比亚德怀疑,苏格拉底的反讽作为一种欺骗性的自贬(self-deprecation)实际上是一种蔑视的表达。在苏格拉底的 *eironeia* 中,他觉察到了一个真正心胸博大之人的迹象。这个人可以掩盖他的伟大,仅仅是出于他那令人妒忌的从

---

① 修昔底德笔下的阿尔西比亚德在鼓动雅典人接受在他的领导下进行西西里远征的伟大冒险的时候,如此开始他的讲演:对于思虑宏大的人(*mega phronounta*)来说,不愿平等并不是不正义的(《伯罗奔半岛战争志》第六卷16.4)。在《阿尔喀比亚德后篇》中,苏格拉底说起阿尔喀比亚德的 *megalopsuchia*,把它称为"愚蠢的众名中最漂亮的一个"(140c, 150c)。

需要他人承认的需要中摆脱出来的自由。①

Megalopsuchia 的德性不但要与过度一极的虚荣品质区别开来，也要从灵魂的小气(smallness of soul)一极摆脱出来。看起来灵魂最小气的人是那种值得伟大的认可却自称配不上的人。想想看，亚里士多德提示说，如果他真的所值更低的话他会怎么做(1123b12-13)。但是，如果他实际上确实不如他所是的那样伟大的话，他没有必要让自己显得比所是的更差一点。只有那些大人物才有必要让自己的形象在那些仰视他的人眼中显得小一点。②心胸博大之人更关心真理而不是意见，他们的言行常常是直白公开的——除非当他发现有必要的时候，才会在众人面前反讽地说话(1124b28-31)。根据亚里士多德的三分图式，*eironeia*[反讽]作为对自己所值的品质的谦抑，属于不足一极的过恶，与过度一极的自夸过恶相对，而与中庸状态的诚实(sincerity)相关(1127a21-27)。在 *megalopsuchia* 的诸德性的 *cosmos* 中，有一种可疑的过恶：*eironeia*。不过，这种"自小"(self-belittling)的实践看来是从心胸博大所固有的深层问题中

---

① 参《会饮》216e, 218d，以及我在《苏格拉底式反讽》["Socratic Eironeia"]页143-150中的讨论。正如斯特(Martin Sitte)首先提醒我注意到的那样，在《后分析篇》中，当亚里士多德举 *megalopsuchia* 为例来说明用多个种(species)来定义一个属(genus)的问题时，阿尔喀比亚德与苏格拉底共同出现了。在想到心胸博大之人的时候，人们可能会想到阿尔喀比亚德、阿基琉斯或埃阿斯(Ajax)这一类不可受辱的人，也可能会想到苏格拉底或吕珊达(Lysander)这一类对于好运厄运无动于衷的人；但是，如果这些特征没有共同之处的话，那么就必定是有两个 *megalopsuchia* 的 *eidē*[类型](97b18)。参豪兰德，《亚里士多德的心胸博大之人》["Aristotle's Great-Souled Man"]页32-33。

② *Megalopsuchia* 是通过身体的模式引入的，因此，只有大个子才能是美的。不过，他的量度要能防止那些因为从下面或远处出发来看他而导致的扭曲比例而显出的伟大。为了克服这个问题，需要柏拉图所谓的成像艺术，以便调整大小比例，使每一个从特殊视角出发的观察者都可以得到正确的形象(《智术师》235d-236d)。心胸博大之人所用的 *eironeia*[反讽]只能被理解为一种应用到自己身上的技艺。

摆脱出来的唯一途径,因为它能从内部解脱那种以荣誉的形式表现出来的对于不可能满足的承认的需要。

现在,eironeia 可能真是一种会在诚实方面显得不足的品质,而诚实则被设定为有美德的中庸。[①]当然,正如亚里士多德在关于 eironeia 的讨论最后所承认的那样,一个人对自己优点的微妙低估有可能显得是优雅的和富有魅力的。在这一点上,他举了苏格拉底来作为例证(1127b25-26)。苏格拉底式自贬的本质对象是智慧:根据《伦理学》中的其他所有对苏格拉底的指涉,这个相信美德是知识的苏格拉底在这个作为 eiron[反讽者]——这个反讽者宣称他只知道他所不知道的东西——的时刻出场露面了。[87]随着这种苏格拉底式性格特征被插入到关于心胸博大之人的形象中去,亚里士多德肯定了这一形象中的所有模糊性。这种模糊性不是一种单纯的修辞工具,而是对诸如阿尔喀比亚德那样一类人的性情方式的反思。这种反思正如阿尔喀比亚德本人所猜度(devines)的那样,越过他自己而指向苏格拉底,越过伦理德性而指向作为德性之极的哲学。

美尚的消失

某种壮伟——无论城邦的壮伟还是城邦[人民]所瞻仰的壮伟——为 megalopsuchia[心胸博大]洒上了光辉,就像它为 megaloprepeia[体面大方]所做的一样。而且,在这样做的时候,它似乎在那些特殊美德之上赋予了自己的名字。当对荣誉的爱变成私人性

[①] 亚里士多德挑出诚实这个品质来确证我们的一种信念:即每一种美德都是两种极端之间的中庸状态(1127a16-20)。诚实的特殊状态作为一种有德性的中庸也许可以在伦理德性的视野内部有意义;但是,当亚里士多德想要认可这一视野的时候,为了做到这一点,他做了一个奇怪的选择,去诉诸这样一种情形,在其中苏格拉底的那种无疑是优雅的 eironeia 实践被认为是一种过恶(1127b22-26)。

的时候,这种爱就变成无名的东西。在第三卷和第四卷的十一个品质系列中,在小尺度上涉及荣誉的德性正处在中间位置。[1]在这种德性的中庸状态和两端状态之间,界限的游移不定性达到了最大程度。部分地因为这个原因,导致在诸美德之中,它是第一个在日常语言中缺乏名字的美德。在所有无名的德性中,它被证明是极端的情况,以至于亚里士多德甚至没有像在其他情形中那样为它生造一个自己的术语。因为这种中庸状态是彻底无名的,所以,爱好荣誉(*philotimia*)和不爱荣誉(*aphilotimia*)交相侵入它的领地,争相获得赞赏,并把对方树为谴责的对象。雄心勃勃之人被赞扬为有男子气(勇敢),并且是"美尚之物的热爱者",而缺乏雄心也被赞扬为慎重和节制。这种品质的过度一端沾上了勇敢的美名,另一端的不足则沾上了节制,两者都争当值得称赞的中庸。另一方面,当事涉责备的时候,有雄心的人就被责备为追求那超过了正确的 *logos* 所认为适量的荣誉,而缺乏雄心的人则被责备为不去要求即使是美尚的东西(1125b9-18)。当用正确的 *logos* 来衡量的时候,爱好荣誉显得是过度的;而用美尚来衡量的时候,缺乏对荣誉的爱好则显得是不足。换句话说,雄心因其超出本分尺度而受谴责,但因其在美尚方面的本分坚持而受赞赏,缺乏雄心则因为相反的原因而受到赞赏或谴责。

这种不稳定的和不确定的品质,最生动地展现了在性情美德的描述中起作用的两种尺度之间的相互矛盾。一方面,每种美德都是一种根据正确 *logos* 的中庸,或一种瞄准中庸的品质。[88]根据它,我们可以决定在什么时候、如何、由什么人在什么情况下应该做什么,并且由以避免过度和不及。这符合对于伦理德性的最初的一般定义;但是它把美尚的作用遗漏在外。美尚是在关于勇敢的讨论中,作为美德的 *telos*[目的]首次被引入的。在位居中间的那一系列涉及荣誉的德性之后,美尚从视野中淡出;它既没有被明确地用来

---

[1] 参见附录二。

刻画怒气感觉上的中庸状态——亚里士多德借"温和"之名以称之——也没有被用来刻画任何一种在谈话、幽默感和社交快乐中值得赞赏的性情状态。如果 megalopsuchia 是一个顶峰，上述那些品质就都是从它下降的路上碰到的东西。这条从 megalopsuchia 下降的路直达正义，在那里，美尚消失无余。

在美尚淡出视野的同时，另外一种东西的发展壮大正在发生：美德本身变得无名了，至少在日常语言中无名了。在向着心胸博大上升的途中，包括心胸博大本身，每一种中庸状态都有一个普通的名字；但是，从那个点之后，没有一种中庸状态有名字，至少在最后达到"机智"之前都是无名的。确实，在心胸博大之前已经出现过无名的品质了，但从来没有在美德的情形中出现过：①亚里士多德强为之名的"乏怕"和"冷漠"这两种极端状态，都被认为是在日常语言中无名的，因为它们都处在通常人类经验范围之外。相比之下，在 megalopsuchia 之后，中庸状态本身变成无名的了，而且不是因为它的罕见，而是出于它所瞄准的〔中庸〕目标的无限不确定性。在愤怒方面确定其中庸状态的不可能性，恰如在荣誉方面的情形。我们常常称赞那些在愤怒方面不足的人，并且称之为温和；但我们有时也称赞那些性情暴烈的人，以他们为勇敢并善于统治（1126a36-b2）。只是因为我们以为过度的一极与那个无名的中庸状态更相反对，所以这个中庸采用了不足一极的名字："温和"。然而，构成那个中庸的东西本身是无名的，它只能通过在特殊情境下的判断——针对谁、为什么以及应该如何发怒——才能得到确定。

美德列表中的前半（到 megalopsuchia 为止）与后半（开始于"爱好荣誉"）的关系，犹如伦理德性的原初定义即瞄准中庸的品质（第二卷第六章）与"第二次启航"——对我们所认识到的作为我们自

---

① 〔译按〕意指在讨论 megalopsuchia 之前，没有任何一种性情品质的中庸状态（即美德）是无名的，虽然有某些品质的极端状态即某种过恶出现过无名的情况。

己的倾向的两端过恶的避免(第二卷第八至九章)——的关系。"爱好荣誉"这一滑动性的美德恰好展示了那样一个点,在那个点上,中庸停止表现为[89]它所是的东西,而是只能表现为从一个极端出发所看到的对立面的形态。必须依靠美尚之物,才能挑选出一种当得上某种语言命名的中庸品质;一当美尚不再成为目的,那种中庸就不再赋有一个名字,从而不再能就其自身而被识别。一旦美尚消失,感觉和行动上的中庸就只能被正确的 logos 所决定;而正确的 logos 所挑选出来的就只是考虑的结果,从而也就是一个滑动的刻度表上的一个无名的点,一个非数学的中庸度量,永远需要根据情境变化来重新确定。如果每种值得赞赏的状态都只能通过这样一种度量方式来界定,那么就不会有任何一个状态有它自己的称号,正如亚里士多德通过这种语言学的方式所表明的那样,所有的伦理德性都将被归结为 phronēsis,或者说被 phronēsis 所取代。

最后一系列品质是那些涉及社会交际和谈话之快乐的品质。对第二卷列表的一个轻微修正导致现在的序列终止于机智。机智这种品质看来不只是在通往正义之路上的一种社会性的美德,而更像是在超出全体伦理德性之路上的一种美德。亚里士多德用了一个双关语,把机智(eutrapeloi)这个名字追溯到它的字面本义,即充满了"好的转向"(eutropoi)——一种看起来是或者被认为是从性情中迸发出来的运动(1128a9–12)。在任何情况下,一个机智之人所说的和所听取的,都是适合一个得体而自由的人的。因此,他的圆熟练达(tact)并不是脱离社会阶层的谈话方式。当亚里士多德称赞[当时的]时髦(modern)喜剧的优雅胜过旧派喜剧的粗俗——这很可能是指阿里斯托芬的喜剧——的时候(1128a22–24),人们自然会产生疑问,亚里士多德究竟如何评价机智的这个方面。亚里士多德承认,既然喜剧是一种滥用的(abusive)言辞,那么,它也许就应该像其他这类言辞一样接受法律的约束。他很快就对此做出反应,宣布了一种从此约束中解脱出来的最大可能的自由:机智之人富有魅力和自由,就像是自己的法律(1128a31–32)。带着他的富有魅力的或优雅的风格(charieis)——这同样的特点,亚里士多德曾用于苏格拉底的 eironeia[反讽]实践之上——机智之人结束了美德的系列。

不过,对那些值得赞赏和谴责的品质的说明,还没有完全达到尽头。它很奇怪地终止于一种并不被认为是一种美德的中庸状态之上。亚里士多德现在坚持说,羞耻(aidōs)并不适合被说成是一种美德,因为,首先它更像是一种感觉,而不是一种品质(1128b10-11);作为对丧失名誉的畏惧,它是畏死的对当物(counterpart),而不是[90]那种与畏死有关的德性品质[即勇敢]的对当物。然而,无论羞耻是多么的不适合被说成是一种美德,但是当它首次出现以便作为荷马史诗英雄的政治性勇敢背后的动力的时候,美德正是用来界定羞耻的东西(1116a27-28)。一定程度上可以说,只有当现在否认羞耻是一种美德的时候,那种状态①何以不足为一种真正的[勇敢]美德才真相大白。亚里士多德起初是从伦理德性"内部"、而现在是站在"外面"来揭示那种貌似有美德的行为②的一种动机——如果不说是唯一动机的话——并且抽掉了那种认为它代表了人类卓越的典范这样的论断。

羞耻,或一种有所顾忌(respect, aidōs)的感觉,是适合年轻人的。年轻人依赖感觉生活,并因而只能通过感觉的检点才能得到教养。正是因为这个原因,年轻人或任何只受感觉指导并因而作为 logos 对立面的人,一开始就被排除在外,不适合参与这个[关于伦理与政治的]研究(1095a4-9)。但是,如果羞耻是习性养成过程中需要的东西,而习性养成是所有伦理德性都卷入其中的事情,那么,尚不清楚的一点是,是否一当各种品质得以内化养成,羞耻感就可

---

① [译按]指公民战士在战争中表现出来的政治性勇敢。关于这种勇敢并非真正的勇敢德性,参《伦理学》第三卷第八章以及本书前面"勇敢与节制"一节的讨论。

② [译按]指政治性的勇敢行为。

以消失殆尽呢？毫无疑问，有羞耻感比无羞耻好；而且，它只能被"假设地"视为是得体的，也就是说，如何一个人想要做什么卑贱之事的话，他会引以为耻。在这种情况下，就有一种不道德的因素以一种虚拟的运作方式参与到阻止他不做坏事的过程中来。但是，亚里士多德认为，如果因为一个成年人有羞耻感或不光彩（aischunē）的感觉而称赞他，这是很荒谬的，因为他完全可以不做不光彩的事情，从而不引起那种感觉。至少，一个得体的人（ho epieikēs）①不会自愿地去做那些会引起羞耻感的卑贱之事（1128b26-29）。②

在《修辞学》中，羞耻被定义为一种针对过去、现在或未来的有可能带来恶名的行为的痛苦或难过。如果过错出于我们自己，那么这些事情就被认为是更加令人羞耻的。但是，自觉意愿却不是一个必要条件：即使是在强迫之下，淫荡行为也被认为是羞耻的，因为抵抗的无能被认为是缺乏男子气（unmanliness，不勇敢）的标志。③当亚里士多德说得体之人既然不会有意去做卑贱之事，因而不受羞耻影响的时候，他显得是从 epieikēs［得体之人］自身的视角出发来看

---

① ［译按］ho epieikēs，本书英译作 the decent person，苗力田中译"好人"或"善人"，廖申白中译"公道之人"。前者引申太过，后者胜在能顾及"公平""有平衡感""正到好处"等意思，但未能传达体面、有教养、通情达理（据此意有英译作 reasonable）等含义。我们译为"得体之人"，希望庶几可兼顾。

② aidōs 作为一种有所顾忌（respect，有所敬畏）的感情被认为是只适合年轻人的。在中间句（midsentence）中，它被替换为 aischunē，即一种不光彩的感觉。对于这种感觉，没有一个成年人会赞赏它，因为一个得体人（ho epieikēs）不会"自愿地"去做那些会引起这种感觉的卑贱之事（1128b19-22）。带起第三卷开头的"意愿"主题，在这里有一个扩展的分析。这是全部关于德性的讨论中唯一一次出现"意愿"这个词的地方。在此关于 epieikēs 的描述导向第七卷的 phronimos［明智之人］。在那里，亚里士多德谈到，如果认为同一个人可以既是明智的又是不自制的（akratic），那么这种观点是荒谬的，因为没有人会说一个 phronimos 会自愿地去做卑贱之事（1146a5-7）。

③ 参《修辞学》1384a。此处的讨论主题是 aischunē，而 aidōs 只是在"众目之下有羞耻"（Shame is in the eyes）这句谚语中被提到。

问题。这种人——他的名称使他与公平(equity, epieikeia)联系起来,而公平是正义中的灵活性之源——在他无可非议地必须承担责任的行为表现中从来不会感到羞耻。因为他拒绝承担无意行为的责任,所以他就被从那种道德缺乏意义上的悲剧中解救出来,[91]无论那些无意行为被理解为是出于神意的操控还是出于无意识的动机。这种人的反面是俄狄浦斯:俄狄浦斯出于无知的行为所导致的免责并不能减轻他的羞耻感的强度。这种强烈的羞耻感迫使他弄瞎了自己的眼睛,因为将来命赴黄泉之后,无颜面见父母。①如果正如亚里士多德在《论诗术》中所观察到的那样,得体之人不适合作为悲剧的主角,那么,之所以如此,乃是因为他的免于这类羞耻使他不能引起观众的怜悯和恐惧。②关于德性的说明终结于在伦理上得体的领域中,在羞耻经验的核心把悲剧人物排除在外,正如伦理上的得体之人在悲剧世界中被排除在外。

当 epieikēs 的形象在论正义一卷的结尾重新出现的时候,他表明了对于作为法律普遍性的矫正性的公平来说意味着什么。正是这个矫正使得法律无能于保证正义。公平之人是那种在实施法律意图的时候不要求极端精确性的人。即使当法律偏向他那一边,他也宁愿满足于那少于他所应得的东西(1137b34–1138a2)。对于正义或罚恶之神的干预——正是这一点保证了奖惩分配的精确无误——他并不怀抱期望,也许甚至根本就不曾希望。他看来像是最少受到义愤即 nemesis 感染的性格。义愤是在看到邻人得到其所不配得的好运时感到的痛苦感觉。在第二卷所列出来的关于美德和过恶的原初大纲中,义愤是最后一种品质,仅次于羞耻。如同羞耻,

---

① 仅仅根据这一点,黑格尔把索福克勒斯的《俄狄浦斯王》视为古典戏剧的典范(《美学讲演录》[Vorlesungen über die Aesthetik]页 545–46)。

② 参《论诗术》1452b34–36,以及伯纳德特在《论希腊悲剧》一文中把这一点联系到《俄狄浦斯王》的讨论(见《情节的论证》[The Argument of the Action]页 134–135)。

它在那里被列举出来不是作为一种美德,而是作为一种值得赞许的感情的中庸状态,以便与两个极端的状态形成比照:nemesis 介于妒忌和幸灾乐祸之间。妒忌是无论别人得到什么好运都感到痛苦,幸灾乐祸是他人遭遇不幸时感到快乐(1108a36-b6)。义愤是唯一一个在起初的考察中被提到,但是在第三、四两卷的讨论中完全缺席的品质。

义愤的激情有赖于这种信念:即认为生活是绝对正义的,而且幸运是应该精确地匹配于内在价值的。它也许是一种自然的人类经验,希望幸福与德性相符合。但是,对道德秩序的这样一种期望是如此精确,以至于没有为机运留下空间,从而就会引起危险的失望情绪。它必须依赖罚恶之神来保证幸运不至于落到不配得的人头上,否则就必定会带来怨毒的痛苦。在关于人类行为和激情的研究上,《伦理学》一开始就对精确性的要求做了一个方法论上的限定。[92]这种要求很可能会引起人们的失望,以至于让人完全放弃这种研究。义愤现象显示了那种关于道德本身的理论理想主义(theoretical idealism)的对反情形。如果二者分享共同的根源,那么就不可能舍弃其中之一来消解另一方。① Nemesis 在第四卷的消失如果有意图的话,不管出于什么意图,它的缺席带来的影响是强有力的:如果它不被排除在外的话,那么,义愤将会在关于性情德性的讨论中占据一个集大成的位置,而且会把它所含有的观点的影响投射到作为一个整体的德性系列之上。相反,关于德性的讨论终结于对公平之人的指涉,预示了第五卷结尾关于公平的说明,而那个说明在走向最终归入 phronēsis 的路上,在伦理德性的讨论整体中,占据了一个集大成的位置。

---

① 参我在《伦理学反思与义愤:〈尼各马可伦理学〉中的 Nemesis》["Ethical Reflection and Righteous Indignation: *Nemesis* in the *Nicomachean Ethics*"]页 127-140 中关于这种 pathos[激情]的讨论。

城邦的正义与灵魂的正义

正义与幸福

第五卷关于正义和不正义的探讨开始于这样一个提议,声明要沿着与前面相同的道路(methodos,方法)进行探讨。但是,关于做一个正义的人或不正义的人是什么意思,甚或关于什么是正义或不正义的行事方式这些问题,直到这一卷已过半才出现,而且性情德性模式对正义的消化也无疑是紧张的。一方面,如何能把正义理解为一种针对某种激情时的性情品质,这一点是远远不够清楚的。贪婪(pleonexia)被提出来作为这种激情的一个候选项。然而,贪婪毋宁直接指向不正义的过恶,从而就是正义美德的对立面。我们忍不住会觉得亚里士多德在试图把正义理解为一种中庸,以便与性情德性模式保持连贯性时,"确实过多地抵制了"这些设想所带来的后果。[1]

第五卷的开始对正义的分析,不是把它当作一种性情的品质,而是作为一个原则,或一系列原则,用以统领政治的、司法的和经济的结构。这些原则是用数学的形式提出来的,尽管《伦理学》曾一再警告,期待错误的精确标准是危险的。对正义的说明是尽量从激烈的激情和信念中抽象出的,这些激情和信念就是要在政治生活中实际诉诸[93]那些原则。正义的原则所欲造就的,乃是共同体的秩

---

[1] 这一点首先得到讨论:如果正义就是均等(equal)——这一点似乎无需 logos 都能使每个人明白——而且均等就是中庸,那么正义就是某种中庸(1131a13-15)。在分配性的正义中,正义就是比例(1131b10-12)。在矫正性的正义中,正义就是根据数学比例处在较大和较小之间的中庸,而仲裁人自身作为"正义的化身"就是相互争论的派别之间的中庸(1132a24-30)。在交易中,钱在某种意义上是中介(mean),因为它衡量所有事物,衡量过度与不足(1133a20-21)。最后,行正义之事(dikaiopragma)是行不义之事和遭受不义之间的中庸(1133b30-32),虽然这些很难被看作是相对于中庸的过度和不及。

序。如果由正义原则来驱动个人的话,那么,与其通过内化的羞耻感,还不如通过对惩罚的惧怕来进行:对正义的支持首先不是来自道德教育,而是来自法律,连同所有法律的制裁,而这又可以被理解为是对道德教育之限度的默认。①

第一卷的末尾转向德性考察原是基于如下两个理由:它应该有助于沉思何谓幸福,它也应该事关真正政治家的关怀,而政治家的目标就是要使公民善和守法。第五卷关于正义的处理看来更适合后一种目的;实际上,它似乎是属于 politikē[政治学]这个学科分支的,它的适当主题乃是城邦。② psychē[灵魂]仅仅出现过一次,正在第五卷的末尾,而且很快就被当作"其他言论"的主题而受到批评。③这指的很可能是柏拉图笔下的苏格拉底言论:他把灵魂结构

---

① 从性情德性转向正义,让我们想起[柏拉图]《王制》从意在塑造护卫者性情的音乐教育,转向诸如取消私有财产这样的制度性秩序。这种转向意味着教育是不够的。

② 不过,正如米勒(Fred Miller)所论,亚里士多德对正义的处理包含了某些可为个人权利辩护的理由:分配的正义要在分配中决定每个人在整体中的公正权益或正确份额,矫正的正义要在纷争中决定"每一方的正当(right, to dikaion),也就是说,[决定]什么是他的本分(own, to hauton)",而交换的正义则要在交易中决定"每一方就其商品价值而言的正当"(《亚里士多德〈政治学〉中的自然、正义与正当》[*Nature, Justice, and Rights in Aristotle's "Politics"*]页 71—74)。邓艾尔(Douglas Den Uyl)和拉斯穆森(Douglas Rasmussen)在《自由与自然:自由秩序的亚里士多德式辩护》[*Liberty and Nature: An Aristotelian Defense of Liberal Order*]一书中(尤参页 58—76)致力于从亚里士多德式自然目的(natural-end)伦理学的基础上发展出一种权利理论的计划。

③ 科洛普赛(Joseph Cropsey)认为,正因为亚里士多德对正义的处理在如此大的程度上是"从灵魂得出的",所以后面关于友爱的讨论就是必需的(参《〈尼各马可伦理学〉中的正义与友爱》["Justice and Friendship in the *Nicomachean Ethics*"]页 265)。温斯罗普(Delba Winthrop)考察了正义自身无能为力而八九两卷所述的友爱却能完成的几个方面(参《亚里士多德与正义理论》["Aristotle and Theories of Justice"]以及第六章注释 20[译按:即本书下文第 258 页注释①]关于它的讨论)。

的分析类比于城邦阶级的结构,揭示了在正义要求的核心中有着惩罚的欲望。①灵魂意气部分的核心,以及驱动这部分的对惩罚的欲望,在《伦理学》第五卷中几乎不见踪影:在柏拉图从中得出道德和政治理想的基地,亚里士多德却给我们描述了一个完全缴了械的(defanged)正义。

在考察普通意见之前,为了捍卫他自己关于幸福的定义,亚里士多德提到了提洛斯(Delos)的铭文。铭文宣称正义是最美的,健康是最好的,欲望的对象是最令人快乐的。相比之下,亚里士多德把幸福的统一体视为最好的,最美的,也是最快乐的(1099a24–29)。而亚里士多德对正义的明显忽略则表明,正义不属于或至少不是以一种直接的方式属于个人的幸福。为了区分我们对最高事物所奉献的荣耀与我们因其他某种好的东西而献上的称颂,亚里士多德发现没有人会用称赞正义之事的方式来称赞幸福,因为我们认为幸福是更神圣和更好的东西(1101b25–27)。在关于性情德性的全部讨论中未曾露面的 eudaimonia,令人惊奇地出现在讨论正义的开头,虽然只出现了一次:正义的事物被说成是"造就和保存幸福的东西,以及在政治共同体中与幸福相关的部分"(1129b17–19)。这个表述既重要,又模糊。考虑到[那句话]是在[94]刚刚声称下面

---

① 为了支持把 thumos[意气、激情]作为一个单独的灵魂部分,与欲望区分开来,苏格拉底讲述了莱昂提乌斯(Leontius)的故事。莱昂提乌斯对正义的渴望变成了一种自我愤恨,而自我愤恨的起因则是出于这样一种冲突:一方面是想看犯罪遭受惩罚的欲望[译按:指想看被处决的罪犯尸体],另一方面则是对这种欲望之丑恶性的厌恶[恨自己为什么想看尸体的丑恶],而正义原本应该是美好的(《王制》439e–440a)。苏格拉底分析的第二个步骤是想把 thumos 与灵魂的计算部分[即理性部分]区别开来。这一步分析的基础是奥德修斯在实施对求婚人进行惩罚这一目标时所经验到的内在冲突(参看在《意气灵魂》["The Thumotic Soul"]页151–67 中的讨论)。当亚里士多德在第五卷末尾终于承认不正义可以被理解为一种内在失序,而正义可理解为内在秩序的时候,他是在谈灵魂的理性部分和非理性部分的关系,但对 thumos 却未置一词。

这个观点后——法律形式的正义或者是为了促进共同利益,或者是为了统治权力服务的——之后出现,那句话的理解自然难免引起疑虑。① 究竟哪些部分是幸福的适当部分,以及,政治共同体的幸福究竟是什么意思?在《政治学》的第二卷,亚里士多德针对苏格拉底在《王制》中所构想的城邦所提出来的最后一个反驳是,除非城邦的每个部分或大部分,或至少某些部分拥有幸福,否则,幸福不可能是某种属于城邦整体的东西。幸福并不像偶数那样,其规定性只属于整体而不属于其组成部分;② 但是,偶数(even number)的均等性(evenness)看起来似乎很符合正义所带来的"政治共同体中的幸福"模式。

正义在其详尽意义上可被界定为"完全的美德",虽然它总是与他人相关的;但也正是出于这一原因,正义比其他任何美德都要更被理解为是为了他人利益的(1129b25—1130a5)。③ 主张正义就是一个人自己的利益,这种观点是苏格拉底在《王制》中所面临的挑战,起初由忒拉叙马霍斯提出,然后又被格劳孔和阿德曼图斯重新提起(343c,360c-d,367b-e)。为了满足这种主张,苏格拉底必须

---

① 柯林斯(Susan Collins)总结说,即使正义作为合法性确实是致力于共同利益的,由于"它与人的强盛或灵魂的良好秩序相应",所以,"只有当那个秩序能维持和促进公共善好的时候,它才能如此"(《亚里士多德〈尼各马可伦理学〉中的正义与道德德性困境》["Justice and the Dilemma of Moral Virtue in Aristotle's *Nicomachean Ethics*"]页120)。

② 参《政治学》1264b15-21。当阿德曼图斯抗议说,如果被剥夺私有财产的话,城邦卫士就不被允许拥有幸福的时候,苏格拉底回答说,如果卫士的生活方式确实可以带来幸福的话,这就是不足为怪的。卫士在城邦构建中的目的所在并不是某个部分的幸福,而是城邦整体的幸福(《王制》419e-420d)。

③ 托马斯·阿奎那讨论了七贤之一的比亚斯(Bias)的观点。比亚斯认为法律的正义致力于做有益于他人的事,无论是对共同体有利还是对统治者有利;相比之下,其他美德如节制,则是为了达到个人的善(《亚里士多德〈尼各马可伦理学〉评注》[*Commentary on Aristotle's "Nicomachean Ethics"*]节909,页286)。

从根本上重构正义的意义：只有当正义的原初运用是为了灵魂的正确秩序时，他才能试图表明正义就其自身而言而非就其结果而言就是为了自己的好处。苏格拉底认为，从统领城邦劳动分工的"一人一职"原则转向对这一原则的统领灵魂秩序的解释，是一种从正义的幻像（eidōlon）到发现正义之真理的上升运动（《王制》443b-d）。而且，苏格拉底从中得出的最极端意涵在于，在我们相关于他人的行为中，用以衡量我们的行为是否能被称赞为正义或美尚的尺度，应该是一种维持可欲的灵魂内在秩序的能力（《王制》443e-444a，589e）。

苏格拉底把城邦中的正义仅仅看作一种"大写"的模式，以便认清个人灵魂中正义的原初形式。《伦理学》在尽量推延对这个问题的考虑之后，把这个排序翻转了过来。当在第五卷的最后一章允许正义被运用到灵魂诸部分之间关系的时候，亚里士多德坚持认为那只是一种隐喻性的运用，而且，即使在隐喻的意义上使用，这个隐喻也不是用来喻指正义的本来含义——即同在法律之下的自由平等主体之间的关系——而只是在派生的意义上来运用，这种派生的意义只能用来刻画家庭中的关系（1138b5-8）。如果正义可以被说成是[95]完全属于个人灵魂，它只有在这种双重移位的形式下才是可能的。

在三、四两卷关于美德和过恶的讨论中，是美尚阻挡了苏格拉底式的把美德归结为 phronēsis，并因此才开启了探索品质多样性的行程——这些品质分别都与某种激情相关，并因其相关于激情的方式而受到赞赏或谴责。第五卷对正义的处理抵制了苏格拉底的那种把正义重构为灵魂的正当秩序的做法，从而使得对那种构成了城邦中的正义的政治的、司法的和经济的正义的探讨成为可能。尽管有这样的类比，美尚和正义并不正好是对称的。正是通过美尚之物才使得性情的品质不被狭隘地理解，而是能超越自身，并至少能提出这样的问题：是否只有在哲学中才能发现人类卓越性的真理？这正是苏格拉底在把正义重构为灵魂秩序的时候所发现的事情。但是，当《伦理学》第五卷结尾处承认这种苏格拉底运动的时候，亚里士多德并未从中得出相同的结论。即使他意在暗示哲学的勇敢或哲学的节制、哲学的壮丽和哲学的心胸博大,他似乎也不情愿考虑某种哲学的正义,在那种正义中,正义的日常含义的真理可以被发现。关于正义的说明,其全部边界似乎都包含在 *polis*[城邦]之中。在多大的程度上是这样,仅从第五卷结尾谈到的自杀问题就看出来了:因为亚里士多德认为自杀的受害者不是放弃自己生命的自杀者,而是丧失了公民的城邦,所以,我们无法从自杀中找到理由,支持对自己行不正义之事的可能性。

正义的数学

在性情德性的情形中,两种限定的过恶即过度和不足,都是从关于两端之间的值得称赞的中庸的原初说明中推演出来的。相比之下,不正义这种单一的过恶却提供了一个起点,从它出发才能推出正义的美德:我们称之为"不正义"的,或者是对法律的破坏,或者是某人试图占有比他应得的份额更多的东西。因此,亚里士多德推断说,正义的完整含义应该既包含合乎法律的意思,也包含公平这样一种特殊的含义。尽管这两种含义的分离将证明是存在问题的,但这从一开始就使双重推导成为可能:一方面,它带起了对任何一种只要是声称代表了正义的政治共同体的法律的初始(initial)辩护,另一方面,[96]它也开启了对于公平的准数学分析,这种分析预设了一种独立于任何政治观点和灵魂激情的客观的规定性。

虽然说把一个犯法的人称为不正义之人可能是对的,①但是,如果把正义等同于守法的话,就似乎是一种蕴含着危险的观点,因

---

① 雅典的人格化(personified,[译按]指重在对人的而非对事的)法律提醒苏格拉底,如果他逃往一个治理良好的城邦的话,他就会被视为[雅典]法律的破坏者,从而就会坐实陪审团在他的审判中对他的指控,因为任何人只要是法律的破坏者,就会在某种程度上被认为是青年的败坏者和一个缺心眼的(mindless)人(《克力同》53b-c)。

为，无论一邦的法律是什么，只要遵守它就足以使一个人成为正义之人，而且，如果正义是完整的美德，那么这样一个人就成了拥有全部卓越的人。第五卷的论述运动过程恰好可以被理解为一种要把这种观点置诸问题的努力。①然而，亚里士多德从一开始就带着有他个人特点的遣词造句(with his signature adverb of qualification)来参与这场论述运动：所有合法的事物都在某种意义(pōs)上是正义的事物(1129b12)。②毕竟，法律的目的是所有人的共同利益，或者——亚里士多德立即补充说——体现的是统治者的利益，或者是与美德一致的，或者与其他标准一致(1129b14-17)。这是以一种偶然提及的方式承认了那种以正义为统治者利益的正义定义。这种定义导致忒拉叙马霍斯把正义贬低为只有弱者和傻瓜才愿意去履行的东西(《王制》338c-339a)。

因为法律要求人去做的行为是合乎美德的，禁止人去做的行为是符合过恶的，所以这些行为被认为是构成了"差不多大多数法律性的事物"(1130b22-23)。值得注意的是，法律几乎都是用禁止的方式来表述的——不要擅离职守，不要放下武器，不要通奸，不要口

---

① 在思考《米诺斯》(Minos)中苏格拉底在法律作为政治共同体的法令状态和法律所必需含有的可变性之间的犹豫不决时，布鲁厄尔评论说："作为一种有着同等精致性的处理，我们必须转向亚里士多德在《尼各马可伦理学》第五卷第一部分中关于一般正义(即合乎法律的正义)的讨论。"《论苏格拉底式教育》[(On the Socratic Education]页9)

② [译按]这里作者是从亚里士多德常用的一种修辞方式("在某种意义上……")的微妙性，读出亚里士多德展开讨论的进路。"在某种意义上"，一件事情如何如何，但进一步的深究又发现并非如此，或并不完全如此，这是亚里士多德用以与他的前辈或普通意见展开对话的常用修辞。此处关于法律与正义的讨论，也是用这种方法起头："在某种意义上"，正义就是守法，然而，亚里士多德随即就在进一步的深究中发现，一方面，法律本身是否正义是个问题，另一方面，即使对于正义法律的遵守也不过是出于强迫，不足以体现正义的美德。在与译者的通信中，作者对亚里士多德的这种修辞方式做了上述解释，并认为这种修辞体现了亚里士多德的微妙幽默感。

出恶言(speak badly,1129b19-24)。亚里士多德没有明确提出这个问题:如果法律的训令和禁令与美德和过恶——后者可以独立于法律之外得到确定——不相符合的话,那么,仅仅是遵守法律的人是否可以算是正义之人?不过,他却是明示了,即使符合的话,出于守法而做的行为还是完全不同于出于追求中庸的内在品质的行为,其中的原因便在于美尚:亚里士多德终究会认为,出于畏惧惩罚的守法行为在任何本质的意义上都不能被视为正义的行为(1137a9-14)。

在整体意义上的正义之外还有特殊意义上的正义,这一点是从对于那种把不正义与求利或得利之乐的过恶区别开来的特殊驱动力的认识中推断出来的(1130b4-5)。而且,如果不正义意味着占有比自己应得的份额更多的东西,那么正义就必然是公平——正如它无需任何论证就能向所有人显示的那样(1131a13-14)。首先,这种无需辩护的、普遍同意的单纯性,覆盖了亚里士多德将要对之进行区分的两种形式:[97]分配的正义和矫正的正义。分配正义的任务是当共同体中可用的物品有限的时候,按照几何学比例的原则来实施分配,俾使平等的份额分配给平等的主体,不平等的份额分配给不平等的主体;矫正的正义则是根据算术的比例原则来改正人际交往中对公平的侵犯,俾使一方所遭受的不公正的损失从另一方拿过来补偿,无论所涉双方主体在价值上有何不同(1130b30-1131a11)。

在说明分配正义的数学的时候,亚里士多德的所有做法似乎都只是几何学比例的应用,诸如平等的主体获得平等的份额,不平等的主体获得不平等的份额,无论在共同体的哪方面权益上都是如此,如政治职务、荣誉、财富、安全等等。但是,即使所有人都同意这个原则,基本的问题还是明摆着:什么东西的平等或不平等?在《政治学》中,亚里士多德把这个问题视为真正引起"困惑和政治哲学"

的问题,而且他的讨论反映了这个问题可能引发的严重分歧和敌意。[1]对于《伦理学》中分配正义的论述来说,必须承认在民主制、寡头制或贵族制中,用以衡量平等的尺度是不同的;但是,《政治学》所提出来的与那些不同相伴随的现实政治力量和人类诸般激情,却都是在《伦理学》所提出的关于比例公平的形式原则的数学分析统摄之下的。

在《伦理学》关于矫正性正义的论述中,那种用数学分析来对政治现实和人类激情进行的统摄采取了另一种形式。根据这一论述,不正义就是在人际交往中对平等的侵犯,而为了矫正它所需要的全部东西就是计算一方多占的部分,把它补偿给损失了相应数量的一方,于是,平等就得到了恢复。因为所有这一类情形都可以称为矫正的正义,所以亚里士多德承认,"得""失"的意义范围都必须突破它们的日常用法,以便既可用于意愿性的交往,也可用于非意愿的交往(1132a11-14, 1132b11-20)。当我们发现非意愿的情形是由投毒、谋杀、抢劫等行为得到说明的时候,我们会感到震惊:受害者毕竟不是自愿地放弃生命或财产的!我们立刻就认识到,被放到"非意愿交往"这个名目之下的,是所有犯罪的类型,虽然矫正的正义对于这些[98]侵犯方式的处理只不过是要求补偿损失,此外一无所求。补偿通过计算来得到理性的确定;但是,犯罪行径必须得到惩罚,而作为欲求惩罚之源的激情是 *thumos*,但 *thumos* 已经公然在此消失了。完全从罪与罚中抽身,亚里士多德的分析因而磨平了

---

[1] 参《政治学》1282b14-24。这是"政治哲学"(*philosophia politikē*)这个确切短语的唯一一次使用,无论在《伦理学》还是《政治学》中。它出现在对不同的歧异性的考察积累到结论的阶段。在那些相互歧异的政制中,每种政制都有其对正义的特殊理解,尤其是在民主制和寡头制之间有着关于以什么为平等标准的激烈争论(《政治学》1280a17-25;参 1281a15-17, 1281b17-22)。

正义的尖刺。①

所有犯罪行为都归属在"非意愿交往"之下,同时还要在其中做出一种区分——一些行为是偷偷摸摸的,另一些则是公然的暴力行为——这种区分似乎并不是为了把一种矫正正义区别于另一种形式的矫正正义(1131a6-9)。这个区分是在柏拉图的《法义》中,雅典来的外邦人在构建一种惩罚性的法律时遭遇到如下问题的时候提出来的:一方面这种法律对于城邦来说是必不可少的,另一方面,如果要维持苏格拉底式假设——美德确实是涉及知识的事情,而过恶不过出于无知,因而对于过错的正确反应就应该是教育,而不是惩罚——的话,这种法律就成为不可能了。那么,立法者怎样才能为一种惩罚性的法律辩护呢,如果这种法律必须依赖对于有意犯罪行为和无意行为之间的区分?对于此种区分,外邦人提出了一个替代区分,就是偷偷摸摸的秘密行为和公然暴力行为之间的区分。不过,情理之中的是,外邦人的对话伙伴还是对怎样解决这个问题感到困惑:如何才能证明,只惩罚有意的犯罪行为这种做法是对的(《法义》864c)。②

亚里士多德既然采用了秘密行为和公开行为的区别,就把非意愿交往划分成了两个类别,一起构成与意愿行为的对比。对这些行

---

① 惩罚虽然完全从矫正性的正义中抽离,但也在对等性[原则]中有一定位置。关于这一点,罪行是否出于意愿就要纳入考虑。阿奎那评注说,强迫盗贼归还他所窃取的东西,已经足以重建正义的平等了;但是,如果盗窃行为是出于有意的话,那么,应该被给予这种行为额外的惩罚,因为行为的有意加大了罪行(《亚里士多德〈尼各马可伦理学〉评注》[*Commentary on Aristotle's "Nicomachean Ethics"*]节970,页308)。

② 爱利亚外邦人引入的一种区分,似乎是由雅典外邦人应用到惩罚性的法典上去的。爱利亚外邦人在追寻智术师[定义]的时候,区分了偷偷摸摸的猎取方式和公开的战斗方式。智术师首先被发现是猎人,但哲学家也同样掉进了这个偷偷摸摸的类型,直到哲学家的进一步特征被发现,从而被解救出来(《智术师》219c-e,222b-223b)。

为,他似乎是随意地给出了一些例子,但它们实际上是足够系统性的,以至于三类行为中的每一类都被分配了七个例子。位居正中的例子是"撮合"(pandering, *proagōgeia*,拉皮条)。① 根据柏拉图笔下的苏格拉底,由于害怕自己所做的撮合之事受到指控,所以,接生婆会隐藏她在配鸳鸯(matchmaking)方面的真实技能。而苏格拉底发现自己作为年轻人灵魂上的接生婆,也处在相同的处境中。这是苏格拉底在他接受审判和走向死亡之前不久为自己构建的形象。② 人们禁不住会想,亚里士多德把它(拉皮条)置于那些需要矫正性正义来矫正的诸种非意愿交往正中的位置,究竟是不是毫无意义的?

分配的正义和矫正的正义被提出之后,似乎这两种形式就穷尽了特殊意义上的正义。然而,那两种分析刚一结束,就立刻引入了[99]回报或相互性的概念。毕达哥拉斯派就直接把这种概念当作正义(1132b21-23)。拉达曼提斯(Rhadamanthys)的正义——一个人必须承受他所做的事情——听起来像是矫正的正义;但它并不分享平等的原则,根据那种原则,不公平的所得必须被拿走,而损失一

---

① 参1131a7及本书附录三"正义诸范畴"。
② 在向泰阿泰德描述他的灵魂接生术的时候,苏格拉底谈到接生婆在配鸳鸯(matchmaking, *promnēstikē*)方面的自豪,但是,她们必须隐藏这种技能,以免人们指控她们是在做不义之事,即指控她们做毫无技艺可言的拉皮条(pandering, *progagōgia*)。苏格拉底如此表明他在这方面的技能:他送了很多年轻人到诸如普罗狄科(Prodicus)这样"又聪明又富有灵感的人"那里去,而他本人并未从中收取什么报酬(《泰阿泰德》149d-150a, 151b)。在色诺芬的《会饮》中,苏格拉底通过讲述他曾把卡里阿斯(Callias)和普罗狄科带到一起来证明他在撮合(procuring, *mastropeia*)方面的能力,同时还赞扬了安提斯忒尼(Antisthenes)的拉皮条(pandering, *proagōgeia*)的相关实践(第四卷56-64)。参拉纳兴俄(Nalin Ranasinghe)在《苏格拉底的灵魂》(*The Soul of Socrates*, 页151-152)中关于苏格拉底拉皮条术的讨论。在《伦理学》第五卷讲的偷偷摸摸行为列表中,列在拉皮条前面的是 *pharmakeia*[下药、投毒]。关于这个,苏格拉底曾提到它是接生婆用的方法(《泰阿泰德》149d,此处当指非投毒的下药),在《斐德若》里则用来描述书写文字的危险力量(274e-275b,此处当指毒药)。

方必须受到补偿,无论行为的意图如何,以及涉事主体状况如何。相比之下,相互性要求分别处理意愿行为和非意愿行为,而且要求考虑到不义行为人的情况:一个臣属不能对他的首领还手,而首领对臣属不只可以还手,还能做更多的事情(1132b28-30)。如果矫正的正义所要做的事情,只是无论如何要改正不正义的交换,那么,必定有一个先验原则使得一种交换是正义的交换,而这看来就是相互性所起的作用了。虽然这不是分配正义的事,但它也分享比例公平的原则。而且,亚里士多德补充道,正是这个原则把城邦维持在一起。这一点很快就会通过联系到一个基于劳动分工的交换系统来进行说明,但亚里士多德首先要通过另一种基础来支持它:只要人们认为他们不能以伤害回报伤害,他们就会觉得像是奴隶(1132b33-1133a2)。相互性听起来像是一种理性的计算——以眼还眼——但是,标识相互性的报复欲望并不能追溯到理性,而是追溯到对奴隶生活的充满意气的(spirited)抵制。

然而,这种对于政治共同体团结的理解只是略有显露而已,它很快就被那种从经济交换中的比例公平原则出发来解释的相互性概念所代替了。① 根据这种解释,城邦的团结是自然需求的现实;但是,自然需求得以表达的中介是通货(vehicle),也就是钱,而正如钱的名称(nomisma)所表明的那样,它是习俗的产物。自然本身无能为力的事情,习俗的产物使之成为可能——那便是商品的可公度性(commensurability)。没有可公度性就没有平等,没有平等就没有交换,没有交换就

---

① 为了说明相互性不仅是物品交换中的正义,而且是政治共同体的必要基础,雅克(Bernard Yack)提请我们注意《政治学》第二卷(1261a30)中把相互平等的概念应用到轮流为治的要求上来(参《政治动物诸问题》[*The Problems of a Political Animal*]页136-140)。弗朗克(Jill Frank)分析说,在相互性的正义中有审慎的判断参与其中,所以,它的方式"预设和教诲了自由,也就是说,它预设和教诲了平等和参与者之间的区别,从而为他们之间的友谊开辟了道路"(《差异的民主:亚里士多德与政治学著作》[*A Democracy of Distinction: Aristotle and the Work of Politics*]页100-101)。

没有共同体。如果 polis[城邦]只被降低到前政治的交换领域的话,这种形式的相互性就足以满足团结之需了。对于这种形式的相互性概念的局限性,亚里士多德在开始讨论由惩罚的要求所展现出来的相互性概念时就有所暗示——后一种相互性根植于自由感觉的需要。

出于自然的正义

就在关于正义原则的分析行将完成的时候,亚里士多德突然提醒我们,所要寻找的东西是[100]"正义本身(just simply)和政治的正义"(1134a24-26)。这个表达式足够含糊,以至于我们无法知道,这说的究竟是两个东西还是一个东西,以及,究竟城邦是不是正义本身的处所。这个问题将会在理解友爱和正义的关系时表现出重要性。政治正义统领了自由的和平等的人之间的关系。无论根据数目还是根据比例,以法律之下的自足为名,它导向一种公共生活。它涵括了一般意义上的正义和特殊意义上的正义,把它们都作为合法的和平等的形式。①其他人类关系可以在一种派生的意义上受正义标准的统辖——主人和奴隶之间的"专制正义"(despotic justice),父母和孩子之间的"家长正义",以及夫妻之间的"家政正义"(economic justice)等等;不过,家室是一个人的私人领域,在那里不可能有不正义,因而也不可能有原本意义上的正义,因为对于自己的东西来说,没有人会去伤害自己(1134b9-13)。亚里士多德表明,与那条迫使正义等同于内在灵魂秩序的苏格拉底原则不同,这条苏格拉底原则实际上要求把正义限制在可用于城邦的原本意

---

① 在《政治学》第五卷讨论党争的时候,亚里士多德观察到,所有人都根据价值(worth)来理解"正义本身",虽然他们在这条原则的实施上意见歧出(1301b36-39,参1282b14-20)。雅典来的外邦人把"政治正义本身"——这应该是任何立法者致力的目标——界定为这样一种平等:把较多的东西分配给较大的,把较少的分配给较小的,从而根据自然而赋予每人正确的量度(《法义》757b-d)。

义上——在这个城邦中，独立的主体之间可以交往互动。

只有当 polis 建立之后，正义才有其原初语境，然后才有可能发生如下问题：是否有出于自然的正义，抑或，是否所有正义的事物都只是出于习俗才如此？亚里士多德对这个问题的谈论方式，是《伦理学》中最著名的几处诡秘的和藏头去尾的讨论之一。这种讨论与它之前之后的讨论都只有很少的明显联系，即便不是完全没有联系。①当然，自从亚里士多德观察到我们所有那些关于正义和美尚之物的"不确定的"意见引起疑问以来，即在追问这些东西中是否有出于自然的东西（1094b14-16）以来，可以说伦理学的全部探讨都是在这个问题的笼罩之下进行的。那个疑问从来没有在美尚问题上得到过明确说明；而如果说有某种事物"出于自然"的话，那么，什么是"出于自然"之物的问题，显然首先是从多种多样的法律中产生出来的，而每一个共同体都宣称他们的法律代表了正义。②

出于自然的东西，就是在任何地方都拥有同样力量（power）或潜能（capacity, dunamis）的东西，无论人们认为还是不认为它是这

---

① 人们也许会想起早先在作为平等正义的讨论结尾时提到过的"正义和不正义的 phusis［自然、本性］"（1134a15），以及后面提到的"公平的 phusis"（1137b27）。关于阿奎那通过联系到自然正义来对公平进行解释，参《亚里士多德〈尼各马可伦理学〉评注》［Commentary of Aristotle's "Nicomachean Ethics"］1086-7，以及本章注释67［译按］即本书下文第163页注释①。

② 施特劳斯观察到，"对于亚里士多德来说，政治哲学首先是而且终究是探寻一种最适合各地自然的政治治学"（《城邦与人》［The City and Man］页17；另参他的《自然正当与历史》［Natural Right and History］页156-157）。雅克发展出一种关于亚里士多德自然正当的似乎可信的解释，与他对政治共同体的解释相关，而政治共同体在他的理解中就是自然事物。雅克认为，自然正当并不是说自然为我们供给某种政治正义的确定标准，或者某种可以促使我们正确行动的内在品质；但是，它确实可以促使我们形成这样的政治共同体，在其中，我们可以争论究竟什么是本质上正确的政治正义标准《政治动物诸问题》［(The Problems of a Political Animal]页57, 147）。

样。①相比之下,习俗则似乎从一开始就按另一种方式决定,而一旦确立下来就不再无足轻重:出于习俗的正义之所以是正义的,乃是因为在某种意义上它是被普遍同意了的(1134b18-21)。[101]亚里士多德提出的例子——一个米纳(mina)的囚徒赎金,一只山羊或两只绵羊的献祭等等——表明,一种法律中的偶然因素源于需要把数目规定附加上去,而可理解的原则还是在其自身内部的。不过,这里令人惊奇的是献祭的突然出现,而这一点在《伦理学》中是如此罕见。一种关于献祭的法律看起来像是一个特别好的例子,以便说明那种没有任何理由作为条件,而只是像以前传下来的那样存在着。在它的特异性中,它只要求遵循照做,虽然恰恰因此而导致关于献祭的一般功用的问题被提起,以及连带地,还会提起被人敬拜的诸神或神的问题。②

---

① 亚里士多德的这个说法让我们想起苏格拉底在《克拉底鲁》中关于由"命名者"立法颁布的(legislated)名字所提出的图景:当 pharmaka[药物]被染上不同颜色和气味的时候,虽然它实际上还是同一个东西,但对于外行人来说就成了另外一种东西,但是,对于研究其 dunamis[潜能]的医师来说,它仍然显现为同样的东西。类似地,对于研究名称的 dunamis 的人来说,无论一个词的字母发生了什么增减、变形,乃至变成完全不同的字母,他们也不会觉得奇怪。字母表中非元音的字母需要增加其他字母来帮助它发出读音(如 beta),但是,增加的字母并不能阻碍这个名称来显示这个字母的自然——即不能发出读音的 b——而这个自然正是立法者(lawgiver,这里指命名者)的意图(393d-394b)。类似地,对于外行来说,各种各样的习俗律法也会显得陌生难识;但是对于研究它们的专家来说,却可以认出各种习俗律法底下的 dunamis,使它们看起来像同一个东西,而这也就是出于自然的正义。

② 在《米诺斯》中,苏格拉底的对话伙伴诉诸献祭和葬礼作为例证来说明法律事物的可变特征(315b-d)。迈蒙尼德用献祭作为例证来说明,戒律只是为那些领受天命的人而颁予的。对这种观点,他评论说,在细节上它是对的,但在普遍原则上却不对:虽然牺牲的奉献就其自身而言有巨大的明显用处,但是,我们找不到理由来说明为什么一种特殊的献祭需要用羔羊或是公羊,以及牺牲品的数量为什么是这个特殊的数目而不是另外一个数目(《迷途指津》III. 26;2 :509)。

亚里士多德观察到,有些人认为所有正义的事物都是出于习俗的。这种观点是基于如下假设:出于自然的事物是不变的,而且在任何地方都是一样的——火在希腊和波斯一样燃烧——而正义的事物显然是可变的。对于这种观点,亚里士多德不乏诡秘地回应说:"事情不是那样的,不过,在某种意义上是那样的。"在我们中间——无论在诸神中间情形如何——所有事物诚然是可变的,但是,仍然有某些东西是出于自然的。为了说明他的观点,亚里士多德诉诸右手自然比较强壮的现象,虽然每个人都有可能变成左右开弓的(ambidextrous,1134b33-35)。在这个例子中,"自然"是指一种内在能力,这种能力处处相同,至少对于大多数人来说相同。这种意义上的自然并不决定什么是可欲的,也不排除某些变形,以便带来更加值得欲求的东西,就像某些自然能力可以通过习性养成而转变成美德那样。①亚里士多德似乎卷入了与柏拉图笔下的雅典来的外邦人的对话。雅典外邦人用右手更强的例子来说明什么是出于自然之事的问题。在考察男孩和女孩是否应该接受相同教育这个问题的过程中,尤其是涉及战争中如何运用武器的问题时,他突然转向对流行的用手方式的抱怨:根据自然,人的两只手是同等的强壮,就像两条腿的关系一样,但是母亲或保姆通过教我们单用右手的习性导致了孩子们的"偏废",虽然每个人其实都是可以左右

---

① 正如阿奎那对那一段的解读,右手出于自然的优势意味着,这是符合大多数人情况的情形,而左右开弓的人只是偶然的例外:类似地,出于自然的正义虽然在大多数情况下都可以得到归结,但是也可能会有例外情况。也许是为了提出一个与苏格拉底向塞法路斯(Cephalus)所举例子相反的例子,阿奎那让法律的正义——即仅仅在大多数情况下有效的正义——与出于自然的正义相对立;后者被阿奎那认为是与平等相关的。为了达到这个结论,阿奎那使用了亚里士多德的一个短语,不过把"变成"(become)改成了"是"(be)——"右手出于自然更强壮,虽然有些人是左右开弓的"——于是,问题就不再是一种潜能的转化了(《亚里士多德〈尼各马可伦理学〉评注》[*Commentary on Aristotle's "Nicomachean Ethics"*]1028;p.327)。

开弓的。①柏拉图是不是要让他笔下的雅典外邦人来代表那种真的相信我们生来都是左右开弓的人,这一点还是成问题的。但是,如果雅典外邦人隐含的意思是说,左右开弓——或者它所意味的男女平等——应当被视为可欲的状况,那么,诉诸自然天赋这个标准便可以成为一种特别有效的论证。[102]亚里士多德显然不同意这种观点。他认为,自然作为原初给定的状态,虽然不至于如此固定不变以至于妨碍那种可被视为理想状况的事情的发展,但是,它也并不能决定那种状况是什么样的,也不能用来做论证的根据。②

右手有较强的力量,这一点被用来说明某种意义上的自然;不过,这并不是亚里士多德最终的用法。在他的最终用法里,自然被用来作为一种凌驾于那些仅据合约建立起来的正义性之上的标准。那些习俗性的正义事物并不是处处一样的,因为不同地方的政制不一样。不同时间和不同地方有不同的法律,这种法律的多样性差别反映了对正义的个别理解,而这些个别的正义则是激发各种政制的东西。不过,亚里士多德总结说,只有一种政制在每个地方合乎自然,因而是最好的。当然,很可能这个"最好"[的政制]存在且只能作为"天上的范本"而存在,根据这个范本,一个人也许可以在自身

---

① 参《法义》794d-e。关于右手问题的旁涉,为男女平等的问题开启了一条间接的论述道路,这条道路一路经过了自然与习俗、教育、战争与和平、城邦及人类生活的 telos[目的]等问题(参 805a)。用潘戈的话来说,关于左右开弓问题的论述"是导向性别安排问题的'掩马'(stalking horse)"。潘戈问道:如果左右开弓代表了"全面的自然完美",那么,这种观点实际上可能会构成对一种标准的批评,根据那种标准,人们认识到社会有必要进行劳动分工,尤其是进行男女分工(参《柏拉图的〈法义〉》[The "Laws" of Plato]中的疏解文章,页480-481)。

② 在《两圣相契论》[The Harmonization of the Two Opinions of the Two Sages]中,阿尔法拉比致力于纠正他所在时代的一种关于柏拉图与亚里士多德相区别的成见。在那些成见中有一种是认为在亚里士多德那里,没有什么道德习惯是出于自然的,任何道德习惯都是可变的;而相比之下,他们认为在柏拉图那里,自然被认为是压倒习惯的(节 42-43;页 147-148)。

之中建立一个城邦。①如果它不是通常意义上的任何一种城邦,那么,它就显示了 polis[城邦]及其正义的局限。②关于一种出于自然的最佳政制的设定,在任何情况下只能用来提醒我们,任何实际城邦的法律都是相对于其政制而定的,因而相对于最好的来说,都有可能是有所欠缺的。于是,我们就有必要节制一下最初的断言:即遵守法律足以堪称正义。那种断言属于那些受到过良好教养的得体之人的"如此",亚里士多德关于自然正义的讨论——如果不是别的什么东西的话——则导致了一种困惑,这种困惑将会使人不满足于"如此",而且注意到那种寻求"为何"的需要。

对自己的不正义

关于正义原则的说明并未告诉我们:在严格意义上,什么是行为正义,什么是行为不正义,更不用说什么是做一个正义的或不正

---

① 在构建"言辞中的最佳城邦"过程中,苏格拉底构想了一个哲学大师,他沉思出于自然的正义,以便作为了解自身灵魂的范型(pattern)。不过,他接下来继续思考,如果这个大师被迫去复制这个范型——无论在公共领域还是私人生活中——那么,这将会发生什么(《王制》501b2)?格劳孔最终同意苏格拉底,他们所构建的模型不可能在地上的任何地方找到,而只能存在于言辞之中,或者只能是作为天上的范本(paradigm),用以在自身之中(in oneself)构建城邦(592a-b)。

② 尼科尔斯论证说,亚里士多德在《政治学》第七卷所构想的最佳政制,"与其说是政治的理想模型,不如说是政治之不完美性的教训。亚里士多德把那种政制称为'最好的',肯定是一种反讽"《公民与政治家:亚里士多德〈政治学〉研究》[(*Citizens and Statesmen: A Study of Aristotle's "Politics"*]页 145)。戴维斯认为,《政治学》第七卷的"最佳政制"所具有的自为(autotelic)行动特点——即在自身内部拥有目的的行动——及其模型,都是哲学的;而第三卷承认,把这个模型转化到政治领域的"显然"道路是授权给那些有着超常智慧的人,不过是表明了这是不可能的《哲学的政治:对亚里士多德〈政治学〉的一个评注》[(*The Politics of Philosophy: A Commentary on Aristotle's "Politics"*]页 61,126-127)。

义的人。这些问题导致第五卷第八章做了一个分类,这个分类让我们想起第三卷开头所做的意愿行为和非意愿行为之间的分类,虽然进行了某些修正。一种侵犯正义原则的行为如果要被视为不正义的行为,它必须是出于意愿的,而不是在强迫之下做出的,也不应该是出于对某些特定情况的无知而做出的;而且,那种不正义行为如果要被视为某种非正义性格的表现,那么,它就不但应该是出于意愿的,而且还应该是一种选择的结果,而不是出于 thumos[意气]或其他激情的行为(1135b11-27)。① 既然正义被理解为一种个人的德性品质,那么,它就应该是[103]两种极端之间的中庸;然而,每种性情的美德都是在过与不及之恶所构成的连续体中间的中庸状态,而正义行事则被认为是处在行不义之事和遭受不义之间的中庸(1133b30-32),在后者的情况下,相互反对的情形并没有构成一个连续体的两端,而是构成了不义的行为者与受害者之间的关系。遭受不义看起来像是一种偶然的经验,并不适合被认为是值得谴责的,但是,让自己成为不义行为的受害者却或许是应该谴责的(参

---

① 参本书附录三。福克纳(Robert Faulkner)注意到,与前面的论述相比,"第三卷关于自然的偶然提示在第五卷被置换成了对不同政制带来不同法律的注意"(《自发性、正义和压迫:在〈尼各马可伦理学〉第三卷和第五卷中》["Spontaneity, Justice, and Coercion: in *Nicomachean Ethics* Book III and VI"]页82-89,尤参88-89)。根据第五卷第八章的分类,损坏或伤害(*blabē*)被划分为过失(*hamartēma*)和不义(*adikēma*)。前者意指出于无知的行为,后者意指自己知道的行为。在后者的情况中,只有出于选择的行为,才可看作是不正义品格的表现。前一种类型又被细分为意外(*atuchēma*)——其行为的效果与理性的预期相反——和有罪责的过失(严格意义上的 *hamartēma*)。道伯(Daube)注意到,这个区分在第三卷中并没有明确说出(虽然在亚里士多德的《修辞学》1374b4-10 中是有的)。第五卷在一种宽泛的意义上把非意愿行为的两种类别都归作 *hamartēma* 的形态,因此,根据第三卷,即使意外也可以被理解为某种无知的情况。道伯讨论了为什么出于无知的行为——与意外情况相反——"对于古人来说有着如此巨大的吸引力",无论在希腊悲剧中,还是在圣经中(《罗马法》[*Roman Law*]页 141-142, 147-150)。

1138a28-32)。

  这个问题在第五卷末尾引起了一系列困惑。首先引起的困惑是：是否有可能自愿地遭受不正义？①这个问题让我们想起柏拉图借卡利克勒斯(Callicles)之口说出的一种观点。卡利克勒斯教训苏格拉底，说行不义之事是坏的只是出于习俗的判断，而遭受不义则就其自然而言就是坏的(《高尔吉亚》482d-483b)。较低等的多数人用法律的锁链束缚了较优越的个人，而后者本来应该得到超越平等份额的东西。卡利克勒斯认为这种情况是对自然正义的侵犯。对此，卡利克勒斯感到愤怒。尤其让他大怒的是，大人物似乎愿意忍受这种不义。这种人应当因其在接受 *megalopsuchos* [心胸博大之人、有派头的大人物] 方面的失败而感到耻辱，并应当重新宣称他所配得的东西。这正是卡利克勒斯反驳苏格拉底的指控，而且，他认为是哲学导致了对这种强有力的自然本性的败坏。②

  在缺乏自制(self-restraint)的例子中，自愿遭受不正义似乎是可能的，因为缺乏自制之人允许自己受到伤害。但是，亚里士多德接下来提出了如下界定，从而消除了那种可能性：如果遭受不义意味着忍受某种违反自己愿望(*boulēsis*)的事情，那么，没有什么人会自愿地接受，因为包括缺乏自制的人在内，没有人希望自己受到伤

---

① 当欧里庇德斯笔下的阿尔克迈翁承认了他的弒母行为之后被问及"你们[指阿尔克迈翁和他母亲]都是自愿的，还是都不自愿"的时候，亚里士多德评论道，这显然听起来很荒唐(1136a10-14，原文误作1126a10-14)。这部戏剧还曾用来说明一种成问题的要求宽宥的受强迫行为(1110a28-29)。

② 卡利克勒斯问苏格拉底："你和其他一些人总是在哲学上不断深入，身处如此境况，你不感到羞耻吗？现在，如果有人抓住你，或者他们中的其他什么人把你投入监狱，在你并没有做什么不义之事的时候宣称你做了不义之事，你知道你说什么都没用……当你站在法庭上，碰巧面对一个非常卑贱邪恶的指控者，如果他要求对你判死刑，你死定了。"(《高尔吉亚》486a-b，James Nichols 英译)同样的想法促使克力同试图劝说苏格拉底逃出监狱(《克力同》45c)。

害(1136b1-9)。自愿遭受不正义的不可能性是从一种苏格拉底原则中得出的,根据那种原则,人类的普遍倾向是意愿对自己好的东西。按照苏格拉底原则,对自己行不义之事是不可能的。如果一个人拿得比自己应得的份额少,这看起来像是一个得体之人(ho epieikēs)所为;但是,亚里士多德反驳说,这样一个人在其他某个方面可能寻求太多,即在追求名声和美尚方面可能是贪婪的(pleonektein, 1136b20-22): kalon[美、高贵、美尚]在第五卷中的唯一一次出现竟然是作为贪婪的对象,也就是说是作为不正义的对象。在这样一种显然是自我牺牲的行为中,得体之人很可能实际上是在不正义地行事,不是对他自己,而是对那个被他拿去了过多高贵性份额的人来说,他的行为不正义!①

[104]得体之人的自相矛盾的自贬导向了一种关于公平的考虑,从而为关于正义的讨论带到了顶峰。②公平(equity)揭示了以前把正义界定为平等(the equal)和合乎法律这两种观点的局限性:它发现,在要求得到相等份额和要求盲目遵循法律这两种要求中,有着共同的精确性精神在下面支撑着它们,因此,它们都是将一种普遍原则应用到特殊案例之上,不管这种应用是否得出了不恰当的结

---

① 这里关于对美尚的贪婪的提及预示了在友爱话题中关于自我牺牲的讨论(1168b25-30, 1169a3-6)。

② 为了准备谈论公平,亚里士多德明显游离了一段主题并得出了一种极端的结论(1137a5-26)。人们认为,既然行为不义是力所能及之事,那么,做正义之人也就不是什么难事。然而,亚里士多德反驳说,事情并非如此。为了说明这一点,他举出了令人惊讶的例子:一个人诚然有能力去通奸或行贿,但是,从一定品质出发去做这类事情就不容易了。类似地,人们认为通过是否合乎法律来知道什么是正义的,因此知道什么是正义并不难,但是,那种正义行为(合法行为)不过是偶然的。真正知道什么是行事正义比知道用什么医疗手段带来健康要困难得多(1137a4-26)。亚里士多德认为,正义之人作为有知之人,与医师一样拥有某种中性的能力;他可能会根据一种他所理解的理由来行事,而如果不根据这种理由的话,就很可能是出于一种不正义之人的性情,也很可能被认为是因外在的原因而被看成是那样的[即被看成是正义的]。

果。针对作为平等的正义,公平校正了那种缺乏正义的精确性;针对作为合法性的正义,公平校正了那种缺乏正义的不精确性。亚里士多德把"公平的性质"比诸"勒斯比亚的铅尺",这种尺可以随被量物体形状变化而弯曲(1137b27-34)。公平要求一种不同的尺度,从而促使我们反思前面提出过的关于精确性本质的数学观点。①作为全部伦理德性分析的最后步骤,公平标志了这样一个点,在这个点上,伦理德性开始克服它的理想主义(idealism)。公平要求针对特殊情境的反应应该采取一些考虑到特殊变量的判断,这使得公平像是一种已经被转变成了 phronēsis[明智]的伦理德性。不过,它所问的问题已经不再是对于一个人来说什么是善的? 而是,什么是正义的? 或者,也许是,如果立法者在现场的话,他会立下什么[法律]?

由于公平问题涉及少拿应得份额的情形,所以,这个话题就把我们带回到关于对自己做不正义之事的论述上来。亚里士多德确定地说,无论不正义意味着对平等的侵犯,还是意味着对法律的侵犯,在两种情况下,对自己行不正义之事都是不可能的。在前一种情况下不可能,是因为一个人不可能错误地拿掉那已经属于他自己的东西。检验这种观点的例证就是自杀。苏格拉底在他的最后日子里,被要求做出申辩,说明自己并不是在自杀:他回应说,自杀是对诸神意志的冒犯,因为我们都是诸神的所有物,诸神要求我们活着,除非——苏格拉底在那个时刻宣称说——一个人发现自己处在"某种神圣的必然性之下"(《斐多》62b-c)。亚里士多德同意,消灭自己的生命是不正义的;这不仅仅是违反诸神的——他对诸神保持沉默——而且,由于遭受这样的伤害是出于自愿的,所以这也不能被看成是对自己的不正义。他的结论认为,自杀的受害者是城邦,

---

① 柏拉图笔下的爱利亚外邦人在《政治家》中采取一种非数学的尺度,并由此得出精确性的标准(尤参 283e-284e;参第二章注释 10,25[译按]即本书上文页 83 注①和页 92 注②)。

这一点可以从城邦羞辱自杀者的身体这种做法中表现出来。① 作为政治正义的场域，城邦必须通过提供自由自治的条件和法律面前的平等主体而获得信用；但是，[105]城邦最终却鲸吞了一切事物，包括个人的生命也不再是自己可以拿走的了。

亚里士多德认为，说一个人不可能对自己行不义之事，意思是说，一个人不可能同时是不正义行为的行为人和受害人的整体。不过，在第五卷行将结束的最后一刻，他作出了让步，谈到在那些区分灵魂的 *logos*[理性]部分和非理性部分的"那些 *logoi*[说法]"中，可以在自己内部的诸部分之间谈论正义或不正义的状态（1138b8-9）。"那些 *logoi*[说法]"看来应该是《王制》第四卷里的一些谈话。在那里，苏格拉底发现了个人灵魂中的正义，并以之为元原则（metaprinciple）。根据这个原则，灵魂的计算部分从事推理，而意气部分则在计算部分的管理下命令和控制欲望部分。只有通过把正义解释为灵魂的一定秩序，苏格拉底才能把哲学家界定为正义之人。不过，《王制》第四卷用正义来定义的灵魂结构却不能用来定义哲学家的灵魂结构，因为哲学家的理性并不单纯是工具性的，他的欲望也并不需要被其他什么东西主宰。苏格拉底所描述的灵魂秩序是对于非哲学家来说最好的可能性，它实际上是 *enkrateia*，也就是自制，其褫夺形式即 *akrasia*，也就是缺乏自制。而这正是《伦理学》第五卷最后所达到的结论：应用于个人身上的正义只不过是一种隐喻，而且只相关于一种派生意义上的正义，即在不平等的党派之间要求统治的一方必须能掌控被统治的一方（1138b5-13）。第五卷关于正义的探讨终止于——关于伦理德性的全部探讨亦随之终止于——对第七卷自我分裂的预示。为了达到哲学家的灵魂，必须有待于对友爱的讨论，以便带入一种把自我与他人的关系内在化并以之为自我内部结构的不同形式。

---

① 雅典外邦人为自杀者定下的处罚是，自杀者必须葬在隔离的地方，而且坟墓上不许有墓碑，也不许铭刻姓名（《法义》873c-d）。

第三部分 回到善

第四章　思想的卓越

　　[109]苏格拉底：一句话，灵魂所采取和承受的所有事物，如果是在明智（prudence）的指导之下，就会导向幸福；但如果是在不思状态（thoughtlessness）的控制之下，就会导向反面？

　　美诺：看来是这样的。

　　苏格拉底：如果美德是灵魂中的某种东西，并且就其自身而言必然是有益的，那么，它必定是明智；因为，实际上，任何与灵魂有关的事物就其自身而言并不是有益的，也不是有害的，但是，一旦明智或不思加诸其上，它们就会变得有害或有益。根据这个论证，美德既然是有益的，它就必定是某种明智。

　　美诺：我也觉得是这样。

　　——柏拉图《美诺》88c-d，阿纳斯塔普罗与伯恩斯英译

　　苏格拉底：特奥多罗啊，[我的意思]就像泰勒斯的故事一样：他在仰望星空的时候掉进了井里，并因此受到了一位优雅伶俐的色雷斯女仆的嘲笑——在渴望知道天上事物的同时，他对眼前和脚下的事物一无所知。所有投身哲学的人都将饱受同样的嘲笑。

　　——柏拉图《泰阿泰德》174a，伯纳德特英译

《伦理学》论证的枢纽

第六卷从伦理德性转向了理智德性。通过这个转向,第六卷就完成了从第二卷开始的德性考察,同时,最终回到了伦理学探究起初的问题:什么是人的幸福?通过理智德性的透镜来接近这个问题,[110]第六卷居高临下地观照到所有人间事物的无意义(insignificance);从这个视角出发,它发现幸福是由 *sophia* 即沉思的智慧构成的——对于沉思智慧来说,宇宙整体或宇宙整体中的最高存在才是它的对象——而 *phronēsis* 或实践智慧则被发现是较低级的。它之所以是较低级的,恰恰因为它所关心的是属人之善。正如第六卷结尾所说的那样,如果要反转这种排序的话,就会显得如此荒谬,以至于像是因为政治科学统领所有城邦事物的秩序就说它统治诸神(1145a10-11)。而政治学统领城邦秩序这一点正是第一卷用来支持 *politikē*[政治学]作为统治性的和包罗万有的科学的理由。现在这点理由在这里显得像是一种可笑的基础,用以支撑那种[把政治学]高估了的评价。

现在被抬举为最高的人之完善性的智慧概念,让人想起苏格拉底在《泰阿泰德》——这场对话正好发生在他遭受审判和被处死之前不久——中所描绘的图景:与那些成天出没于法庭的人不同,理论沉思之人过着一种全无束缚、悠闲自在的生活。他们对日常的人间事务漠然置之,全然不知道去往 *agora*[市场]的道路怎么走,也不知道怎样去法庭和议会。从这幅为数学家描绘的图景中,似乎可以看到苏格拉底为自己或一般意义上的苏格拉底们描绘的肖像;[1]然

---

[1] 在《泰阿泰德》的这幕中间过场中所描绘的图景之后,苏格拉底对特奥多罗说道:"这是在自由和闲暇中长大的人。你们称他为哲学家。"(尤参173c-175e;另参导论部分注释4[译按]即本书上文第4页注释①)

而，苏格拉底本人的生活却实际上完全不同于上述两种情形中的任何一种。他的对话伙伴相信他们只是在闲谈，然而对于苏格拉底来说，他已经卷入了一种有利于收集他败坏青年诉状的谈话方式，而这种控诉很快就要把他送上雅典的法庭。对话中所反映的苏格拉底谈话是一种重述，这种重述所依据的东西，就是那些被认为是苏格拉底向他的未来讲述者们所提供的东西。这样一种重述占据了苏格拉底被审判之后和被处死之前的那些日子。苏格拉底毕生所做的事情，那些把他最终带到如此境地的事情，一点都不像他所描述的那种人的情形，那种人的身体独自生活在城邦之中，而心灵却四处漫游，在这片大地上，他仰观天象，俯察地理（geometrizing on the surface, astronomizing aloft），探究世上万物的本性，决不愿把它们降低到手边事物的水平（173e-174a）。

第六卷以这样一种可用以说明何谓人之幸福生活的图景终结。如此看来，《伦理学》的开卷问题似乎已经抵达了答案。如果在此结束的话，这部著作似乎并无缺憾。然而，接下来的论述却从天上下降，强行开启一个新的开端。如果说从这个新的开端出发，全书的论述到达第十卷的时候，它关于何谓幸福的观点[111]看起来与第六卷所达到的结论一致或非常近似的话，那么，它达到这个结论的根据却是不同的，因为它将不再是奠基于德性的考察之上。第六卷因而扮演了一个枢纽的角色，因为它不是完成了《伦理学》整体的论述，而是完成了它的第一个阶段的论述。而在这个枢纽位置上起到主宰作用的人物则是苏格拉底，是他促使第一个阶段的论述走向终结，并且激发了重新开端的必要性。①

第六卷关于理智德性的探讨，最终把亚里士多德引向一种对苏

---

① 《伦理学》的讨论被从天上召唤下来，犹如哲学在苏格拉底转向之后所发生的事情一样（西塞罗《塔斯库兰谈话录》[*Tusculan Disputations*] V. 4. 10-11）。从第六卷结尾到第七卷开端之间的一些章节，包含了《伦理学》中最大密度的对苏格拉底的提及（参附录一）。

格拉底以 phronēsis[明智]为真正的美德核心这种观点的赞同或部分赞同。亚里士多德与苏格拉底之争的这个关键时刻早在第二卷就已开启端绪。它转换了伦理德性的形态,使得它不再构成一个独立的领域。曾经被区分为性情德性和思想德性的二元性,现在变成了实践德性(practical virtue)或行动之卓越的统一性。不过,紧随这个转变而来,新的问题产生了:在把实践理性与伦理德性结合到一起的时候,似乎就在理性灵魂中开启了一道裂缝。

这个问题从第六卷一开始所分析的灵魂结构中就已经预示出来。恰如第一卷结尾为了给伦理德性的考察做准备而把非理性的灵魂区分为两个部分一样,第六卷为了准备进行理智德性的分析,也把理性灵魂分成了两个部分,即理论理性和实践理性。让这两种理性各领疆域,各有其完备德性,就使得理性灵魂的统一性陷入了问题之中。一旦 phronēsis 作为实践理性的完备性与伦理德性相融合,并且公然完全地与理论理性相分离,那么,上述结论就似乎得到了确定。不过,到第六卷结尾的时候,phronēsis 被设定为服务于 sophia[智慧]的地位——后者代表了理论理性的完备性。这样一来,我们就被迫提出如下问题:phronēsis 对伦理德性的统驭和它对 sophia 的臣服如何能兼容并存?这些不同的角色可以在一起完成吗?

虽然第六卷最终把 phronēsis 设定为是为 sophia 服务的,不过,它一点都没有明确地说出一方高于另一方的后果。相反,它通过把二者处理成不同生活方式的完善而强化了二者的分别——一种生活方式由伯利克利来代表,另一种则是泰勒斯和阿那克萨戈拉。通过二者在谁是最高品级问题上形成竞争,这场比试先是以有利于宇宙论思想家的局面落幕,然后苏格拉底又最后出场,倡议所有美德都是 phronēsis 的不同形式,[112]或至少没有任何真正的美德可以没有 phronēsis(1144b17-21)。在这一点上,伯里克利似乎不再足以代表 phronēsis;同时,出于同样的理由,由泰勒斯和阿那克萨戈拉代表 sohphia 也似乎是成问题的了。而苏格拉底作为人类德性问题上的一定观点的发言人(spokesman),他本身并没有被列举为德性的代表。在政治统治和无功利的宇宙沉思之间的二分背后,有这样一个问题:谁是苏格拉底? 或者更准确地问,在苏格拉底的 *phronēsis* 和苏格拉底的哲学之间,究竟是什么关系? 如果采用当代学术争论中的话语,把前苏格拉底哲人所体现的关于善好生活及其最高目的的观点视为"排外的"(exclusive)概念,那么,"内包的"概念就似乎需要对阿那克萨戈拉与伯里克利的生活进行一个几乎不可能的结合。①但是,苏格拉底的 *phronēsis* 与苏格拉底哲学的二重性——如果事情确实如此——将会带来这样一种生活,它既不是在上面所描述的那种沉思生活类型的排外方式,也不是那种仅以附加而成的内包方式。

理性的 *psychē* [灵魂]

第六卷的第一句话提起了一句我们一直在说的一点,即必须在过度和不足之间根据"正确的 *logos*"选择中庸。只不过,*logos* 的概念到此为止还没有得到考察(参 1103b31-34)。亚里士多德现在解释说,为了瞄准某种目标(*skopos*),拥有 *logos* 的人或紧或松地运用他的激情,犹如调整弓弦的张弛。在这种张弛调整中,必定有某种界限(*horos*)根据正确的 *logos* 来界定过度与不足之间的中庸状态(1138b21-25)。正确的 *logos* 看来具有双重功能:它确定那用来作为行为目标的中庸尺度(*to meson*),同时,它设定那构成了性情的德性品质的中庸状态(*mesotēs*)的"界限"。正确的 *logos* 是在某种目标的光照之下由它自己来确定的。这个目标是理性的个人所追寻的目标;但是,正如我们在第六卷结尾所发现的那样,这个目标在一种

---

① 参第一章注释 41-45[译按:即本书上文页 47 注①②,页 49 注①②,页 50 注①]以及第七章注释 20-24[译按:即本书下文页 313 注②,页 314 注①,页 315 注①②,页 316 注①]。

方式上是那种投身伦理德性的人所理解的目标,他们追寻的是美尚和正义,但在另外一种相当不同的方式上是由那些以追求 sophia 为旨归的人所理解的目标。①

亚里士多德重提正确 logos 的决定性作用只是为了承认,建议某人根据正确 logos 来行动,就像是建议一个病人[113]根据医师的处方来作为,并因此期望他能对吃什么药变得更明智。既然正确的 logos 这个概念把《伦理学》的前后两半捆绑到了一起,那么,它就能仅仅通过挑起对伦理德性的自主性诉求的不满足来开启关于理智德性的讨论。现在的问题不再仅限于一个人以为只要听取医生的处方但不采取任何实际行动就能变得更好的无效性(1105b14-16),而是变成了如何找到一个可以开出处方的医师,或者如何自己成为一个医师?

为了谈这个问题,我们必须返回到作为德性探讨基础的灵魂学(psychology)。在第一卷中,那个灵魂学是从一些"公开的 logoi[说法]"得出的,这些说法认为灵魂可以划分为拥有 logos 的部分和没有 logos 的部分。那种划分看来是太粗糙了,以至于甚至不能为伦理德性和理智德性的区分奠定基础,因为它未能首先在非理性部分内部把毫无理性可言的生物性功能欲望和那种能听从 logos 的灵魂欲望区分开来。在这个基础之上,第一卷的灵魂学就开启了一种能把欲望替代性地理解为理性灵魂的一个子集的可能性(1103a2-4)。当第六卷开启了一种专注于理性灵魂结构的灵魂学的时候,我们也许会期待它会拾起那种替代方案。不过,它所讲的灵魂结构不再是基于那种统治被统治结构的政治模式,不再是把那种自我发动

---

① 克劳特(Richard Kraut)认为,第六卷通过区分两种极端——卓越的理论理性和卓越的实践理性——而强化了中庸的教义,从而为决定的做出提供了标准(《亚里士多德论属人之善》[*Aristotle on the Human Good*]页 300-301)。然而,实践理性不过是工具性的,它并不服务于自身,而是服务于伦理德性所提出的目标或 sophia 的目标。

的理性与那种仅仅是听从命令的部分区别开来。事实上,欲望(desire)或嗜欲(appetite)的功能已不再明确地涉入其中;因此,欲望的潜在理性能力的全部问题都在此得到了覆盖。与此不同,第六卷对理性灵魂的划分是建立在一种关于知识(gnōsis)的假设基础之上:使知识得以可能的,乃是灵魂的理性部分与它所涉及的事物本性之间的被给定的相似或亲缘关系。① 存在与理智(mind)的协调一致——它看来需要某种目的论宇宙观的支持——并未经过论证,而是直接设定的。由不变的原则统治的事物和由可变的原则统治的事物必须对应两种能力间的区分,以便我们"思考"每种事物。② 这两种不同的能力,亚里士多德现在称之为理性灵魂的算计性的(calculative, logistikon)部分和知识性的(scientific, epistēmonikon)部分。

亚里士多德接下来在第六卷中——就像他在第一卷中做过的那样——谈到人类灵魂的三个部分,只不过现在的中心点已经由原来的[114]非理性部门的高级部分转移到了理性部门的低级部分。当然,算计性的能力——它的功能是考虑(deliberation)——当然不是欲望功能的另一个标签,二者各自的特殊卓越性也并不是一个东西。如果它们是一个东西的话,就永远不会有欲望和考虑之间的冲突了,而这个冲突正是 akrasia[缺乏自制]的经验。对于这一点,亚里士多德从一开始就很关心,而且还将在第七卷驱动新的开端。灵魂的理性部分必须经受第六卷所做的内部划分,就像非理性部分在第一卷中所受到的一样。不过,这两次灵魂划分的动作是在一个序列(sequence)中发生的,以至于每当一个部分被进行内部划分的时

---

① 这是《王制》第五卷结尾,苏格拉底所说的假设。他采用这个假设来作为他的线段划分图景的基础(参《王制》478c,《伦理学》1139a7–12)。

② 这个观点在《论灵魂》中得到发展(431b20–432a4)。参海德格尔(Martin Heidegger)对这种真理概念的分析(参《柏拉图的〈智术师〉》[Plato's "Sophist"]页17,以及本章注释10[译按]即本书下文第182页注释②)。

候,另外一个部分总是能保持完整。① 当人们从最基本层面的生物学功能出发,就会发现灵魂的中间部分是欲望的功能,而理性就成为一个未做区分的第三者;而当人们站在最高层面往下看,也就是从理论理性往下看,那么,灵魂的中间部分就成了考虑的功能,而非理性的灵魂则成了一个未加划分的第三者。每一种划分方式都提出了一种三分结构,其中都有一个部分位居灵魂中央。但是,如果读者把这两种划分方式合到一起,中间的功能就会成为双重的。在涉及欲望和考虑的关系,或涉及代表各自的完满性即道德德性和明智审慎的关系的时候,上述问题被提了出来。②

第六卷灵魂学的开端还保留着第一卷设定的理性灵魂与非理性灵魂的分别,其中,欲望归属于非理性灵魂的部分。但是,当论述进展到第二章谈到选择(*prohairesis*)现象的时候,那个前提就开始出现问题了。选择的概念曾经在关于伦理德性的讨论中涉及责任

---

① 《王制》中的苏格拉底进行的灵魂三分结构正好需要这样一个序列:在把计算部分与欲望部分的灵魂分开之后,引入了一个第三部分,即 *thumos* 的部分;对于这个部分,他先是通过把它与计算部分联系在一起而让它区别于欲望部分,然后又通过把它与欲望部分相联系而与计算部分区分开来(437b-441c;参上文第 126 页注释①)。从欲望的角度来看,*thumos* 与计算像是一个整体;但从计算部分的观点出发,*thumos* 与欲望又像是一个整体。

《伦理学》中的灵魂学分两步展开——首先在第一卷,然后在第六卷——也反映了那个序列。但是,与《王制》的灵魂学相比,亚里士多德的双重划分无论在低级层面还是在高级层面都扩展了人类灵魂的范围,同时又把 *thumos* 从中间去掉了:

《王制》 第四卷	epithumēkon [欲望的]	thumos [意气]	logistikon [计算的]
《伦理学》 第一/六卷	threptikon-epithumēkon [营养的-欲望的]		logistikon-epistēmonikon [计算的-知识的]

② 在第六卷的结尾,正是当亚里士多德遭遇到这个关系带来的问题的时候,他第一次也是唯一一次在《伦理学》中提到了人类灵魂的第四个部分(1144a9-10)。

问题的时候扮演了重要的角色:它引入了什么可以被正当地赞赏或谴责、奖励或惩罚的问题。在那个语境中,选择被视为意愿行为这类行为方式的标识。出于选择的行为意味着:行为人对行为的选择是自愿的,更准确地说,是建立在事先考虑的基础之上,而不只是出于一时的激情驱迫。当第六卷回到选择的概念,它把责任的问题置诸脑后,脱离了它属于的道德-法律的论域。现在的问题不再相关于赞赏和谴责,而是涉及对行为的灵魂学的理解。prohairesis 在第三卷被定义为"力所能及范围之内的对事物的经过考虑的欲望"(1113a10-11),而这意味着是为了达到某种既定目标的手段;现在,它变成了无所限定的"经过考虑的欲望"(1139a23),[115]而且很快就要脱离特殊的考虑,从而使它预先排除了任何对象为其目标的可能性。

在它现在所扮演的角色中,选择变成了行为的真正起源(the origin)或始因(principle, archē)。当在追求或回避中所显示出来的欲望的正确性与在肯定或否定中所显示出来的思想的真理符合一致的时候,行为的始因就是"真的"(serious, 1139a21-26)。因此,选择作为行为的来源(source)显得像是与它自己的双重来源——欲望和"为了某物的 logos"——的杂交产物(1139a31-33)。但是,如果 logos 自身就是导向一个目的的,那么,它就不再与欲望并立为二;因此,它就可以不再被局限为一种工具性的考虑,臣服于一种由欲望的独立功能所给定的非理性目标。因此,关于选择的探讨,其结论就不能被理解为欲望和理智(mind)的杂交,而只能被理解为一种不可分割的统一体,在其中任何一方都只是一种不确定的实体或修饰语(indeterminately substance or modifier)——欲求着的理智(desiring mind, orektik nous)或智性的欲望(intellectual desire, dianoetic orexis);而正是这个行为来源的统一体才是被界定为人类本身之 archē[始因]的东西或者也许应该说,人类就是这么一个 archē(始因)(1139b4-5)。然而,欲求着的理智或智性的欲望如果不是两种独立始原之综合的话,那么,似乎只有在爱智慧者(lover of wisdom)那里才是首先可能的,或也许是唯一可能的。伦理德性所致力于塑造的条件,即根据正确意见来对欲望进行习性养成,是被理性之爱所驱动的哲学家的自然条件。如果说欲求着的理智或智性的欲望是人之为人本身的统一性原则,那么,它正是在哲学家的灵魂中才有的模范展示。

理智德性

在第六卷第二章中所理解的选择看起来像是这样一个起点,从这个起点开始有望出现一种关于人类灵魂的统一性的崭新理解。不过,那里的讨论看来不过是一个开端,很快就突然终止,而接下来的章节却要"在更高的层面上"重新开始(1139b14)。随之而来,第六卷关于选择的讨论开始进入各种理智德性的分析,正如第三卷关于选择的讨论引入了关于各种伦理德性的分析。通过被理解为欲望和思想(thought)的统一性,选择本应该把《伦理学》后半部分与前半部分连接到一起。这个连接的关键,是把伦理德性核心中的一种非分析的(unanalyzed)因素揭示出来[116]——这是一种理性的因素,如果缺乏这个因素的话,伦理德性就根本不成其为德性。相反,选择通过引入一系列思想的德性——它们构成一个独立的领域,与性情的德性相分离——而把《伦理学》的第二部分与第一部分区别开来。

因为选择的标准被界定为思想(thought)的真理和欲望的正确之间的符合一致,所以,我们的关注现在就被限制到灵魂通过肯定或否定来达到真理(alētheuei)的不同方式(1139b15–16)。亚里士多德未加论证地给出了五种方式:技艺(technē)、知识(epistēmē)、明智(phronēsis)、智慧(sophia)和理智(nous)。到分析结束的时候,除了phronēsis,所有其他的理智德性都被归结为或整合进了sophia,从而使这两者成了理性灵魂的两个部分各自的完善性代表。但是,正当一种理由可以被准备出来,以说明其中一方所达到的真理如何可能会影响到另一方的时候,这两者被带入了一种相互竞争的关系:在这种竞争中,每一方都声称占据了德性的最高品级,并且能决定什么是人的幸福。在这场竞争中,哲学的生活并不是一个竞选人。毕竟,在这一系列现在受到定义和评价的理智德性中,哲学并没有被给予一个位置。①哲学,这显然不是任何一种特殊的认知能力的完善,至少不是一种总是达到真理的东西。当然,第六卷对理智德性的处理将会表明是对各种意见的审查,正如伦理德性曾经做过的那样。有知意味着什么,围绕着这一点所进行的意见审查,将会如同伦理德性讨论中的意见审查一样,揭示出很多成问题的假设以及在意见中潜藏着的纰漏。

在排除了可能会抵达错误并以之为真理的"假定"(supposition)和"意见"之后,亚里士多德从严格意义上的知识出发,开始了理智德性的分析。他观察到,我们所有人都假定我们的知识是不变的,因此,*epistēmē* 的对象也必定是必然的和永恒的(1139b20-23)。② 就这样,刚刚在有鉴于其可能导致错误的理由下而排除了假定之后,随即就在假定的基础上定义了何谓科学知识。所有知识都被认为是可教的,但

---

① 用维尔克利(Richard Velkley)的话来说,亚里士多德对人性的理解提起了人类构成(composite)的问题:"它如何是一个整体,以及作为一个成问题的整体,它为什么很少获得它的自然目的?"但是,正如维尔克利继续观察到的那样,"关于人类构成的 *theōria*[静观沉思、理论]在《尼各马可伦理学》第六卷的讨论中没有被提及,哲学本身也没有被提及"。生成那个讨论(指《伦理学》第六卷的讨论)的活动(指哲学)在那个讨论中一直无名(《卢梭之后的存在:问题中的哲学与文化》[*Being after Rousseau: Philosophy and Culture in Question*]页 35,页 161 注释 12)。

② 海德格尔考虑到,任何一种特殊模式的存在的真理的方式都解蔽(uncover, *alētheuein*)了存在者的一种特性。他认为,*sophia* 对 *phronēsis* 的优先地位不过是相关存在者类别本身的排序。在那些存在者类别中,那些总是存在着的东西对于希腊人来说有着一种存在论上的优先地位(《柏拉图的〈智术师〉》[*Plato's "Sophist"*]页 22-23,94)。他隐含地认为,亚里士多德不过是他的时代和文化的那些前提预设的发言人。但是,当亚里士多德说我们都假定严格意义上的知识是不变之物的时候,它所谈及的并不是那些存在者自身,而是在说那些关于它们的统治性意见,而对于这些意见,他并无意为之辩护。

是,亚里士多德提醒我们,教育必须从认知之前的事物开始。为了获得科学知识,一个人必须怀有信任,而且知识奠基于其上的这些始点(principle)对于求知者来说应该比那些由之导出的结果①更加是熟知的(familiar, *gnōrimoi*):*epistēmē* 作为一种"证明的品质"有赖于对一些熟知的始点的信任,而这些始点本身却并不隶属于证明。

[117]被排除在 *epistēmē* 对象之外的可变事物的范围包括所有行动和制作的对象(1140a1-3)。亚里士多德对它们的区分仅仅通过诉诸"对公开 *logoi*[说法]的信任"。从这种信任出发,人们可以推断出,行动(action, *praxis*)所需的理性品质必定不同于制作(production, *poiēsis*)所需的理性品质——后者会通过制作程序带来产品。亚里士多德隐含有这样的意思:如果在行动和制作的区分中有什么东西是成问题的话,那么这只能是对第二卷中一处观点的质疑,那个观点认为,从伦理德性出发的行动是以自身为目的而被选择的(1105a32)。一种 *technē*,如建筑技艺,会通过一种"有 *logos* 的品质"而把某种东西带向存在;但是,这个定义很快就被重新表述,以便把 *technē* 与无技艺(artlessness, *atechnia*)区别开来:前者是"有真 *logos* 的能生产的品质",后者则是与错误的 *logos* 相伴随的(1140a20-23)。因此,一种有技艺的错误这种说法是一个自相矛盾的术语;而一个医师就算理性地完成了他的任务,但在作出相关科学发现之前,他还是不能被认为是用 *technē* 来做事的。人们也许会说,亚里士多德用完美来取代专业技能(expertise)的做法是提出了一种自我理解的 *technē*。如此理解的技艺概念将会把它所追求的不出错的目标错误地当成它本身之所是。②

---

① [译按]指知识。
② 亚里士多德对 *technē* 的分析采用了《王制》第一卷里面忒拉叙马霍斯引入的原则。忒拉叙马霍斯在那里诉诸"精确性",以便论证一个医师就算犯了一个错也就根本不是医师,一个自命的(would-be)统治者如果不能在他自己的领域立法的话,就不是一个真正的统治者(340d-341a)。

我们已被要求不加考察地接受一种相关于行动而非制作的理性品质的存在；但是，亚里士多德没有在上述那种描述中引入 phronēsis，而是建议我们首先思考（contemplate）那些被认为是明智的人（1140a24-25）。被认为是特别属于那种人的东西，是美尚地（beautifully）考虑那些对自己善好和有益的事物的一种能力，而且这种考虑不是针对某些特殊方面的善，如健康，而是作为一个整体的生活得好。但是，由于没有人对不可变的事物进行考虑，所以，phronēsis 不同于 epistēmē。它与 technē 也不同，因为制作以某种自身之外的东西为目的，而做得好（eupraxis）则是其自身的目标（1140b4-5）。当与 technē 相比的时候，praxis 在其自身中有其目的；但与第十卷结尾的 theōria 相比的时候，它就会被发现在其自身之外还有目的（1177b2-4）。亚里士多德总结说，phronēsis 是一种与属人的善恶之事相关的有 logos 的真正的实践性品质，这一点是保持不变的。为了运用这种品质——它似乎已经超出了那种只是为了自身的益处而进行的美尚的考虑——看来需要那种关于人性本身的理论知识来作为基础。

亚里士多德并没有确切地说出他自己认为谁是值得我们思考的明智之人，而是考察了那些我们相信是明智的人[118]，如伯里克利。思考什么事物对自己好或是对人类好的能力，是我们相信属于政治家的那种能力，或是属于政治家的私人对应物即属于家政管理者的能力（1140b8-11）。我们思考那些我们认为是真正明智的人，而且把那种能一般性地思考什么东西是人类的好东西的能力归给他们。phronēsis 因而被重新定义为一种"关于人类的实践之善的真正的理性品质"（1140b20-21）——原先被用来说明这种品质本身的实践性，现在却只用来修饰它所关涉的善。

与 phronēsis 和 technē 相比，亚里士多德再次说道，epistēmē 是一种与普遍的和必然的事物相关的设定（supposition，1140b30-32）。于是，问题被迫重新回到关于科学知识的未解决问题，即我们是如何知道那种证明过程必须在它之上才能运作的最初始点的？而且这些始点自身还不能作为证明的对象。而且,出于对它们的不变性的设定,这些始点也不可能是 *technē* 和 *phronēsis* 的对象。此外,它们也不可能是 *sophia* 的对象,因为,亚里士多德在此不无神秘地补充道,智慧之人是要证明某些事物的(1140b33–1141a2)——当然,这应该不是指对最初始点的证明。于是,剩下来必定是理智(mind, nous)才能把握那些始点。亚里士多德作出这个结论是突然的,并没有对可选项系列进行穷尽性论证,也没有说明 nous 是如何发挥给出始点的作用的。

在《形而上学》的 Gamma 卷①,亚里士多德面临着为所有证明的终极原则即无矛盾律②辩护的挑战。但是,无矛盾律如果不被付诸使用的话,它就无法得到证明。他的策略是通过对怀疑论进行反转的运用,因为每当怀疑论者质疑无矛盾律的时候,实际上都预先肯定了无矛盾律的原则。如果上面探讨的理性始点可以被宣称为智性直观的自明对象的话——这如果不是最近的可能性的话,就没有别的什么情形能是了——那么,《形而上学》Gamma 卷所用的那种通过反驳进行的证明策略似乎就没什么必要了。面对证明的不可证明的始点的挑战,还有另外的可选方案:为了建立一个点,我们不得不从一些被接受的前提开始,但是,如果我们发现了这些前提所跟从的更远前提的话,它们也会变成证明的对象,以此类推。这是一种假设推定的推理方法。苏格拉底为了避免那种直接从善开始的方法的危险,曾提出这种方法以作为他的"第二次启航"(《斐多》100a)。[119]不过,这种方法也可能导致把完善的智慧接受为一种渐进的目标,从而使我们总是仅仅停留在路上。

亚里士多德承认,他对 nous 的这种满怀希望的倚重是由一种通常意见驱动的,这种意见认为有这样一种叫做 *sophia* 的东西,它

---

① [译按]即第四卷,因《形而上学》有大小两个 *alpha* 卷。

② [译按]Law of noncontradiction,义同 law of contradiction(矛盾律)。因为所谓矛盾就是不要有矛盾。

是关于全体的沉思智慧。在一种普通用法中，*sophia* 指一种技艺的"最高精度"。根据一种相信有全面智慧的人的信念，人们滑向了更远的意见，推断说 *sophia* 应该是所有科学知识中最精确的（1141a16-17）。从最高级别的技艺性卓越到关于完备知识的意见，智慧最终显现为知识精确性的顶峰。①因此，智慧之人将不但知道证明的结果，而且知道这些证明由以导出的那些始点的真理。于是，*sophia* 就应该是——这个定义是有条件的——*nous* 与 *epistēmē* 的结合：*epistēmē* 被降低为仅仅是证明，而 *nous* 则作为最初始点被附加到 *epistēmē* 上，作为后者的"头"（head），但毕竟是另外的东西。只是通过这种结合，才使得 *sophia* 有可能成为最值得尊敬的事物的知识（1141a20）——当然，我们可以产生疑问，为什么"尊敬"这个人事用语却被用来描述那种据信是超出了人类事物的知识对象。

sophia 既是所有存在者的完备知识，又是最高存在者的精确知识。从这种双重形式中产生的地位，使 *sophia* 根本上重新定向（reorient）了《伦理学》的初始前提以及所有由之出发的东西：亚里士多德现在论证说，如果认为政治科学——它与 *phronēsis* 享有共同领域——是最当真的（serious, *spoudaiotatos*）知识的话，那么，这将是荒谬的，除非人是这个宇宙中最高的存在者。作为政治学和 *phronēsis* 之目的的属人之善，在与它们相并列的时候，必须降低排序，因为，就像健康一样，善也总是与受益主体相关的：对于人来说的善不同于对于鱼来说的善。在这一点上，赫拉克利特是对的。亚里士多德观察到，在什么是对自己好的事情上，每一种存在者都把自己归为最明智的，信任自己能做出最好的思忖（theorizing），就像

---

① *sophia* 概念的这个发展让人想起亚里士多德在《形而上学》[第一卷]第二章中所提出的问题。在那里，亚里士多德考察了我们关于智慧之人的种种意见：我们把智慧之人视为拥有完备知识的人，也是拥有最精确知识的人（982a8-14），但是对这两种标准并未进行兼容性的反思。

一只机智的鹤那样,能对有益于自己和同类的善做出思忖。①

亚里士多德接着说,即使退一步讲,就算人类确实优于其他动物种类,也还是有某些事物在其天性上要比人类神圣,最明显的例子便是天体。随着属人之善的降级,政治科学也必须臣服于天文学或[120]天体神学,因为后者致力于在天性上"最值得尊敬的事物"。亚里士多德明确地认可了前苏格拉底的视域。他是通过诉诸阿那克萨戈拉和泰勒斯来说明那种视域的。他把他们说成是智慧的,但却是不明智的。泰勒斯发现了整体实在的真理。他用他的全部智慧仰望星空,但脚下却失足掉进井里。阿那克萨戈拉未能解释宇宙心灵(cosmic mind)如何在善的要求下安排宇宙秩序。苏格拉底认为,如果想要做成自己想做的事情的话,阿那克萨戈拉的失败是必须避免的前车之鉴。②这些思想家所拥有的知识被认可为罕见的、非凡的、艰难的,但也是神灵的(demonic),与属人之善无关的,因而也是无用的(1141b6-8)。

前苏格拉底的 sophia 就这样站在了 phronēsis 的最大可能的尖锐对立面上,因为后者的本质关怀是属人的事物。在归给 phronimos[明智之人]的功能中,首先最重要的一点是善于考虑(deliberate);而考虑,亚里士多德再次说到,总是相关于那些"具有某种目的的事物",也就是相关于实践之善的。至于那个目的本身是如何被认识到的,这个问题现在只字未提。"一个真正好的谋事之人(counselor)"是那种善于根据算计(calculation, logismos)来瞄准人类实践事物的善(aiming, stochastikos)瞄准的人(1141b13-14)。不管算计是如何决定手段之选取的,它的瞄准目标本身显然依赖于同样类型的

---

① 为了驳回小苏格拉底关于人与禽兽的悍然划分,柏拉图笔下的爱利亚外邦人反驳说,如果有其他某种堪称 phronimos[明智者]的动物,譬如鹤如果也明智的话,那么,它也同样会把自己所属的物种视为特别的种类,以与所有其他动物相区别,把包括人在内的其他动物算作另类(《政治家》263d)。

② 参《斐多》97b-98c;《形而上学》984b15-19,985a18-22。

猜度(guessing, stochastikē),而这种猜度正是伦理德性用来瞄准中庸的(参1106b28)。

把目的如何被给出的问题置于一旁,亚里士多德通过演示他所谓的实践演绎(practical syllogism)来说明了计算是如何介入实践事物的。这个演示是一系列演示中的第一个。这次演示把第六卷中关于 phronēsis 的讨论与第七卷中关于 akrasia [不自制]的说明连在了一起,并且为整个系列提出了一个问题。[①]它的明确意图是想说明,拥有那种基于经验的特殊知识的人比那些只有普遍原则的人更能做出正确选择:一个知道鸡肉有益健康的人比一个只知道白肉(light meat)容易消化因而有益健康但不知道什么肉是白肉的人更知道该吃什么(1141b16-21)。这两种人的区别把理论的东西与实践的东西分裂开来,但却是以一种并不必要的非此即彼的方式。[②]为了在这个问题上做得好,最佳条件当然是既有确定性又有灵活度的方式,即知道鸡肉是好的,而且知道它的好是因为它属于白肉的种类,而这类肉是容易消化的,因而是有益的。经验也许会碰上管用的特殊案例,[121]但医学科学能提供特殊事物从属其中的一类事物的属性知识,从而能理解为什么一种特殊事物是可欲的,并且能认识到可能发生的例外情况或合理的替代项。如果一个人拥有这样一种知识,并且毫不犹豫地以健康为追求目标,那么,在选择吃什么东西的问题上就不会有什么疑虑来烦人了。不过,对于明智之人来说,为了总体上过得好是有必要为了忖度(weigh)在特殊情况下健康是不是应该被追求的,或者,在其他有可能与健康相矛盾的

[①] 这个段落(1141b16-22)应该与第七卷谈论 akrasia [不自制]的两段说明相互对观(参1146b36-1147a10 和 1147a24-b3,同时参看第六卷第五章关于"实践理性及其失败"的讨论)。

[②] 人们也许会说,亚里士多德在《形而上学》的开篇首章袭用了相同的策略。在那里,他提出了一种关于普遍理论知识与特殊经验知识之间区别的夸大的说明,以便确立我们应该如何仰慕那种完全脱离实践利益的理论知识(981a14-30)。

目的之中,健康应该被排在什么次序上。在这一点上,似乎不但要求对手段的计算,而且要有对属人之善的终极目的的理解。

如果正如《伦理学》起初设定的那样,属人之善要划分为城邦之善和个人之善的话,那么,*phronēsis* 也必须相应地做此划分。亚里士多德现在提议说,涉及城邦的方面,立法的技艺是主导性的(architectonic)——显然,没有一种主导技艺能同时统领个人和城邦[之善]——而那种涉及个别情形下的行为和考虑的 *phronēsis* 则被称为 *politikē* [政治学],而且看起来似乎是一种囊括了城邦全部领域的科学。①但 *phronēsis* 首先主要还是被认为是关于个人自身的,而且,正因为它的这个关怀才赢得了作为整全德性的名声(1141b24-31)。② *sophia* 的意义得到了扩展:从技艺上的精准到一种能把握完备智慧的可能性的意见,最后达到关于最高事物的最精确的知识。上述最后一个意义上的理论智慧高于实践智慧的排序,是在 *phronēsis* 的多种意义范围还没有得到展开的时候被接受的,而后者现在也已经从家政管理和一种伯里克利式的政治领导术扩展到寻找一个人的属己之善所需的智慧了。

明智之人的考虑不仅是一种中性的技巧,而且必定是导向善

---

① 亚里士多德说,*phronēsis* 与 *politikē* 有着共同的品质,但各自是什么却不同(1141b23-24)。萨尔科维(Steven Salkever)评论说,它们是一样的,又不是一样的,犹如从雅典到忒拜的路与从忒拜到雅典的路是一样的,又不是一样的。同样,从个别的善到一般的属人之善的道路以及与之相反的道路之间的关系,也是类似的。而这一点之所以可能,有赖于理论认知活动可以从我们面前的个别事例中看到普遍性(《发现中庸:亚里士多德政治哲学中的理论与实践》[*Finding the Mean: Theory and Practice in Aristotelian Political Philosophy*]页101-102, 106)。

② 如果与本来意义上的 *phronēsis* 相比的话,政治家看起来像是好管闲事的人(busybodies, *polupragmones*),因为他们经常介入他人的生活。当苏格拉底被指控为不安心做好自己分内事的时候,他承认说这确实是很难被人理解的奇特方式,因为他不是在公共事务上而是在私人方面做了一个好管闲事的人(《申辩》31c,参《申辩》19b 和《王制》433a-434c, 444a-b)。

的,还必须是既能达到有利的正确结论,又是根据正确的理由在正确的时间达到的。一个明智之人所展现的良好谋划(good counsel, euboulia)被定义为"在达到一个 telos 的方便途径方面做出的正确考虑,而 phronēsis 本身正是关于那个 telos 的真实设定(supposition)"(1142b32-33)。现在,就像 epistēmē 一样,phronēsis 也被界定为一种"设定",但这是一种关于 telos 本身的设定吗?第六卷似乎是要论证,一方面,是德性提供了对目的的认识;但另一方面,sophia 才是真正的目的。[122] 无论在哪种情况下,phronēsis 都似乎仅仅是——如果这是一个设定的话——与通向目的的手段相关的东西,而这个目的则似乎是一种直觉的对应物(counterpart),它所对应的东西则是[phronēsis 的]关于良好谋划的正确推理。

无论 phronēsis 所洞察的对象是什么,它都与一种命令的功能相关,并以此而区别于理解(sunesis)或好的理解(eusunesia),后者也与考虑的对象有关(1143a7-12)。理解作为明智所命令的判断或判分(decision, krisis),似乎把实践理性的边界最大限度地拉近了理论理性。①在特殊事物的公平方面做出正确的判分,便是"人们称之为评判(gnōmē)"的工作。这个词被亚里士多德通过语言学的关联联系到体谅(consideration, eugnōmē)和谅解(forgiveness, suggnōmē)②

---

① 爱利亚的外邦人在运用他的区分方法的时候,把 politikē[政治学]放在知识的技艺类别之中,以与实践的技艺相对;只不过,那种知识的技艺是命令的技艺(epitaktikē),而不是判断的技艺(kritikē;《政治家》260b-c,参伯纳德特《柏拉图〈政治家〉的计划》["The Plan of Plato's Statesman"],见《情节的论证》[The Argument of Action]页371-372)。

② [译按]gnōmē 兼有知识判断和道德判断的意味,在《伦理学》第六卷里的意思,颇近于中文所谓"知人论事""评判公允"的意思,故译为"评判"。苗力田译本和廖申白译本皆作"体谅"。eugnōmē 就是好的 gnōmē,本书英译作 consideration,有体谅、理解、顾及的含义,我们不妨译为"体谅"。两种中译本皆作"善于体谅"。suggnōmē 就是共同的 gnōmē,即有同感的品评、判断,有中文所谓"善解人意"的意思,本书英译作 forgiveness,我们不妨译作"谅解"。苗译本作"宽容",

(1143a19-24)。谅解现在是作为一种理智德性,不同于作为一种 *pathos*[激情]的同情。同情这种激情在关于伦理德性的讨论中没有出现过。谅解涉及一种无需惩罚的评判,但是,与同情不同,它并不建立在以为生活应该酬以善好的假设之上。谅解承认机运的作用,而同情和义愤拒绝承认机运。把评判联接到体谅和谅解的语言学纽带反映了它们在与公平的关系中有共同的联系:公平,这个曾经是把关于正义的探讨带向终结并因而使伦理德性成为一个整体的东西,现在对理智德性的讨论做了相同的事情,或者更准确地说,对那些与 *phronēsis* 相关的理智德性做了相同的事情。

正是同样一些人展现了所有这些品质——体谅、理解、*phronēsis*,亚里士多德在此还令人不无惊讶地加上了 *nous*。①他建议说,因此,凡是出于有经验的人、老人或明智之人——仿佛他们属于同一类——的意见,即使未经证明,也值得重视,就像那些经过证明的东西一样,因为经验给了他们一双能正确观察的眼睛(1143b11-14)。我们立即就会被告知,"灵魂之眼"如果没有德性的话并不能获得 *phronēsis*(1144a29-31)。灵魂之眼是 *nous* 的合适隐喻,因为 *nous* 拥有把握最初始点的理智能力,而正是那个始点使得 *sophia* 成为可能。②通过这一点,"有 *nous*"的含义就得到了扩展,或者说变得

廖译本作"原谅"。一个总的原则是,我们对本书的中文翻译应该忠实于本书作者对亚里士多德的理解和英译意图,而不是直接面对亚里士多德。这一点其他地方也适用,不一一作注说明。

① 正如厄尔(Douglas Den Uyl)所论,实践智慧"展现了行动中的理性,因为尽管"考虑、知觉、经验、洞察、评判、理解和行动都是独特的,但是,在实践智慧的运用中,它们并不是一些相互分离的组件"(《明智之德》[*The Virtue of Prudence*]页78)。使得这一点成为可能的经验涉及一种"在整体语境中对个别事物的面对,而这意味着,总是能对个别事物与终极目的的关系保持关注"(页68)。

② 为了检讨善的普遍理念的可能性,亚里士多德曾谈及 *nous* 之与灵魂犹如视力之与身体的类比(1096b29)。

与它的成语含义(idiomatic sense)一致,即成为通情达理(reasonable)的意思,或者说是拥有一种我们通常会期待比较成熟的或有经验的人才会有的那种通达(good sense)。①第六卷论述过程中发生的 nous 含义的扩展或漂移与 phronēsis 和 sophia 联系在一起,它并不能帮助我们[123]理解这两种在论述中被设定的理智德性之间的尖锐分裂,反而使我们充满疑惑。

phronēsis, *sophia* 与幸福

phronēsis 和 *sophia* 已经分别被定义为灵魂的恰当部分(*morion*)的独特卓越性,但是它们各自有什么用还保留为一个未作结论的问题(1143b15–18)。正是在提到这个问题的时候,第六卷第一次把我们带回到我们的最初关怀,即什么是人的幸福。亚里士多德现在论证说,理论智慧由于并不思考任何事物的生成,所以,对于什么能导致幸福的问题,它不能贡献什么。而当 *phronēsis* 被说成是在这个问题上正好管用的时候,我们会发现这种说法似乎是肤浅的;因为,如果 *phronēsis* 所关心的东西是对人来说的正义的、美尚的和善的事物的话,这些却是一个好人已经做到的东西(1143b21–24)。当这个问题再次被提出的时候,问题表述略有变化——*phronēsis* 可否帮助人们更能做美尚的和正义的事情?——这次提法中"善的事物"

---

① *Nous* 以其把握推理过程由以出发的定义(definitions)的能力,而首先与 *phronēsis* 形成对比,因为后者在其实践理性运用中只能把握个别事物那一端(1142a25–30)。但是,最后,*nous* 被赋予了把握"两端"(both ultimates)的能力,即不但是定义的一端,而且是实践理性运用中的个别事物一端(1143a36–b5)。正如里夫(Reeve)所说,证明是从脱离个别的普遍出发,而实践理性则是以应用到个别事物上的普遍东西为结束(《理性的运用》[*The Practices of Reason*]页 59)。关于海德格尔对 *nous* 的双重方向的分析,参《柏拉图的〈智术师〉》[*Plato's "Sophist"*]页 108。

的明显省略,提请我们去填补 phronēsis 确实能做的事情:无论一个人受到多么好的性情修养,以至于可以很好地瞄准美尚的和正义的事物,但是为了洞察对于自己来说真正善的事物,以及在这方面做出富有理智的考虑,他似乎还需要更多的东西。怀着这层未曾道破的隐含意思,亚里士多德现在承认说,对于那些已经有德性的人来说,phronēsis 确有可能显得是没用的。也许只是对那些正在试图变得有德性的人来说,它才被认为是有用的。不过,亚里士多德又反驳说,那些人完全可以只需听从他人的建议:为了达到健康的目的,一个人不一定要学习医学(1143b32-33)。当然,这个类比是有问题的:一个病人自然无需自己成为医师来医治自己身体的疾病,但是灵魂的真正健康却必须是一个人做自己的医师才可能达到的——根据赫西俄德,最好的人是为自己想出一切,与之相对的则是那种能听从他人良言的人(1095b10-11)。因此,也许 phronēsis 在某种方式上确实对带来幸福终究是有用的;但是,亚里士多德推论说,它的这个用处应该是通过发挥它在统治和命令方面起到的作用来达到的,而如果我们说 phronēsis 能统治比它高的 sophia 的话,就显得太荒唐(strange, atopon)了(1143b33-36)。

[124]对这些复杂问题的考察开始于承认 phronēsis 和 sophia 这两种灵魂的适当部分的德性本身就是值得追求的,即使它们并不"产生"任何东西;当然,亚里士多德随即说,它们实际上是能带来某些东西的。在这一点上,他再次引用了医学的比喻以便说明这两种德性能带来的东西,不过,在他的表述过程中,他只提到了两种德性中的一种:"并不是像医学[产生]健康那样,而是像健康产生健康那样,sophia 产生 eudaimonia[幸福]。"(1144a4-5)亚里士多德解释说,sophia 作为德性整体的一个部分,以其在 energeia[实现活动]中并拥有 energeia 而产生幸福。这是一个足以令人惊讶的称言,也引起了许多问题。亚里士多德为什么在这里说"产生"(producing, peiein)幸福,以及,我们应该如何理解健康产生健康的模式? 在 energeia 中拥有 sophia 是什么意思? 拥有 sophia 作为属人幸福的必要

条件,是否像健康之于健康那样是足够的条件?我们应该回想起,第六卷已经把 sophia 定义为对于整全的完备知识,或对于整体中的最高存在者的知识。它需要一种能会知原初始点的智性直观,而从这些始点出发,证明的知识才能被推导出来。人们也许会说,理想化总是能在德性领域中找到地盘,而成问题的完备性首先出现在与心胸博大的联系中,然后在与正义以及随后在与 phronēsis 的联系中,也都遇到问题;最后,在作为能产生幸福的 sophia 德性中,问题看来仍有显现。sophia 看起来就像是一种达到完美健康状态的渐近式目标,而属人的幸福正与之相随,如果说幸福有赖于拥有 sophia 的话。当然,如果所谓拥有 sophia 正好意味着逐渐地接近 sophia 这个目标,那么,这也就是追求 sophia 的 energeia[实现活动、实现过程],而这便是产生幸福的过程。

在探讨产生幸福的 energeia 问题的时候,第六卷重提了第一卷的基本观点,即把属人之善定义为灵魂的某种 energeia 的观点。只是,这个观点把作为 energeia 的属人之善与 eudaimonia 所属的"完整生活"区分开来了(1098a16–20),而目前关于 sophia 的讨论则不再谈及属人之善,而只是谈到 eudaimonia。毕竟,什么是属人之善的问题曾经被降低为"仅仅是" phronēsis 所关心的东西,而且这一点正是 phronēsis 被排到位居 sophia 之下的原因,而后者则被宣称为关于整全的知识,或是关于整全中"最值得尊敬的"东西的知识(1141a17–20, 1141b2–3)。第一卷的论证探究了属人之善。它的探究是基于如下假设之上的:任何主体都有一种独特的 ergon,而那种主体的善就在于很好地完成那个 ergon。根据论证所依赖的这个模式[125]——木匠或鞋匠之于城邦,眼睛或手足之于身体——只有当整体的每个部分都做好自己的本职工作,整体才会兴旺发达(flourish)。人所特有的 ergon 被发现是在某种"有 logos 的存在者的 praktikē"中,听起来像是某种实践理性的功能。属人的 ergon 的操习(exercise)本身就是灵魂的某种 energeia,这种 energeia 会在依 phronēsis 实现的过程中得到很好的完成;但是,属人之善本来是被

设定为 *ergon* 操习之结果的,却又被界定为"与最完善和最完美的德性相一致的灵魂的 *energeia*"(1098a16-18)。第六卷在谈及 *sophia* 和属人幸福的时候,似乎达到了上述标准的规定性:虽然亚里士多德宕开一笔,转而提醒我们 *sophia* 不过是德性整体的一部分,虽然是最高的那一部分——即理性灵魂的理论部分的完备性——但与它相关的 *energeia* 还是被定义为能产生幸福的东西,亦即能产生人生整体的兴旺发达的东西。

另一方面,我们被告知,那个只有在[与 *sophia* 相关的]*energeia* 的完成中才能得到很好实现的[属人的]*ergon*,是要根据 *phronēsis* 和伦理德性才能完成的(1144a6-9):伦理德性和 *phronēsis* 各自是一种不同的灵魂功能的卓越性,但是,属人 *ergon* 的完成需要它们的合作。亚里士多德接下来解释说,德性使目标成为正确的目标,*phronēsis* 则是达到目标的手段(1144a7-9)。我们刚刚被告知,*phronēsis* 和伦理德性共同完成属人的 *ergon*;但是,当目的或目标问题出现的时候,加在德性上的限定语"伦理"就被丢掉了。我们也许会自然地补足那个丢失的限定。如果这看起来不像是第六卷最后几章的总结方式的第一个步骤的话,这个限定的丢失就会显得完全是突然的。仅仅数行之后,我们就会被提醒到,某些其他的能力也可算是达到目的的手段,即"德性使选择正确"(1144a20)——然而,那是什么德性?如果考虑的能力并不服务于一种善好目的的话,那么,它就不能算是 *phronēsis*,而只能算是一种为达到某种目的而谋划手段的自然能力。实践理性的中性技能现在被亚里士多德贴上了"智巧"(cleverness)①的标签。它是 *phronēsis* 的必要条件,但它自身是不够的:如果没有德性的话,"灵魂的眼睛"无法看清善并

---

① [译按]不宜译作聪明,智巧庶几近之。耳聪目明差不多接近圣贤了,是与明智或智慧通达接近的意味,只是在现代汉语中有贬低为中性智能发达的倾向。一定要用聪明的话,"小聪明"比较接近,但又不是中性,含有贬义,亦不妥。

以之为目的(1144a23-31)。尽管,能让"灵魂的眼睛"看清目的的德性再次未作详细说明。而且,当亚里士多德未做进一步说明地总结说,如果不善的话就不可能成为 phronimos[明智之人]的时候(1144a36-37),那种重要的未限定性又得到了加强。

[126] 如果 sophia 之为人类幸福的原因,确实如同健康是健康的原因,那么,sophia 就应该是那种被 phronēsis 视为目的的德性;但是,在上述未做限定的"德性"的未限定性指涉中,phronēsis 与伦理德性的联系被以如此方式保存(preserved)了起来,以至于这种保存无论对实践理性还是对性情都产生了重要的影响。二者中的每一方在与另一方结合的时候,都与它们分离的时候不同。因此,每一方都需要一种类似的内部划分:实践理性中的智巧与性情的德性相分离,在性情的自然德性(phusikē aretē)中有其对应物,因为后者是与 phronēsis 相分离的。这两种自然条件一起构成了与那种被认为是有统治意义的德性的统一性条件的对立(1144b1-4)。①我们的性情也许就是这样被自然决定的,或至少是这样被自然影响的,以至于不但我们的节制和勇敢,甚至正义——亚里士多德现在如此提议——也都是生来如此的。当然,在缺乏理智(nous)的情况下,任何自然品质——即使节制、勇敢或正义之人的自然品质——都会成

---

① 阿尔法拉比曾为设定自然德性的必要性展开论证。他的论证是从两个方向出发导致悖论:一个方向是从独立于道德德性的考虑德性[deliberative virtue,即考虑谋划方面的卓越能力]出发,另一个方向是从二者的不可分离出发。结果便是,考虑的德性要么必须自身就是善的德性——这个可能性从未得到过明确的驳斥——要么它必须伴随某种另外的德性,那种德性能使人欲求善的和道德的目的。因为那种德性不可能是意愿(will)的产物(因为那会导致无穷倒退),所以它只能是自然的德性——正好与那种自然性的考虑德性即智巧相平行。阿尔法拉比接下来继续探讨不同个人在自然天性上的差别,得出结论说"君主占有他的位置乃出于自然,而不仅仅是出于意愿"(《幸福的获取》["The Attainment of Happiness"] ii. 35-37,见《柏拉图和亚里士多德的哲学》[The Philosophy of Plato and Aristotle] 页33-34)。

为祸害的因素；而且，就像狗急跳墙的人会变成更危险的亡命之徒一样，有良好自然品质的人可能会遭受更大的祸害。① 不过，如果这种人能诉诸 nous 的话——nous 现在实际上成了 phronēsis 的同义词——那么，原先只是些貌似德性的品质就会变成有统驭意义的德性。

但现在并没有理由认为，拥有一种特殊的自然德性就必然拥有其他自然德性。事实上，一个天性勇敢的人不大可能也是天性节制的，而一个天性温和的人也不大可能同时是天性有雄心壮志的。自然给予的诸性情并不必然共属一体，反倒很可能是相互冲突的。相比之下，真正的德性则必须是与 phronēsis 相联系的；而对 phronēsis 的拥有，亚里士多德现在认为——用一种似乎不具说服力的方式——同时包含了所有其他德性。② 当然，如果德性无非就是 phronēsis 的话，一开始就不会出现统一性的问题。挑战的出现，源于亚里士多德试图让性情的各种品质保持一定的独立状态，当然前提还是坚持它们在与 phronēsis 的联系中保持统一的必要性。这种观点似乎假定，phronimos[明智之人]的激情（passions）和感情（emotions）必须如此完全地在对自身之善的全面自觉的指导之下发生，以至于灵魂的欲望部分没有能力作为一种独立的动力之源起作用，除了几种特殊的品质可以脱离其他品质而得到完善。然而，在那种

---

① 关于哲学家的自然天性以及这种人的天性在错误的环境中发生的有害效果，苏格拉底在《王制》第六卷中谈到一个普遍原则：他的自然越强大，他被败坏时带来的结果就越糟糕（491a-c）。

② 亚里士多德宣称，这是对诸美德之间的分离性的"辩证论辩"的解决（参《普罗塔戈拉》329c）。雅法认为，在实践智慧加入之后，以及在道德德性和严格意义上的德性之间画出一条界线之后，从作为朝向德性的特别倾向的自然德性，到作为那些潜力的通过性情养成而培养出来的伦理德性，以及最后到真正的德性，就有了一个等级的秩序（《托马斯主义与亚里士多德主义》[Thomism and Aristotelianism]页92-93）。但是，一旦那个界限被划分，自然德性在等级上低于那借由习性养成而产生的品质这一点就不那么明显了。

情况下伦理德性作为[127]习性养成的产物看起来几乎消失不见了,通过它们与 phronēsis 的关联而化入了真正德性的统一性,从而把那些独立的、碎片化的自然德性设定为某种另类的东西。

当《伦理学》第六卷以上述观点为结论的时候,我们就达到了关于人类德性研究的第三个顶峰。我们说过,心胸博大之人以其对引人误入歧途的目的的蔑视,展现了所有其他的性情美德,或至少避免了过恶;而正义在它作为合法性的一般意义上,也被认为是完全的德性,涵括了所有与他人相关的其他美德。心胸博大是通过对美尚的向往而把其他美德带上自己的轨道,正义则是通过法律来涵括它们;phronēsis 则是转化它们,通过朝向人之善的导向而把它们化入一个统一的整体。然而,如果那就是要去完成的任务的话,第六卷刚才已经提出过,它所寻求的目的应该是 sophia。

现在被界定为真正德性的统一整体可以回溯到苏格拉底。根据亚里士多德,苏格拉底认为所有美德都是 phronēsis 的不同形式。亚里士多德说,虽然苏格拉底把二者等同的观点是错的,但是,他很漂亮地说出了任何美德都不能脱离 phronēsis 这个道理(1144b17-21)。① 亚里士多德注意到,这方面的一个征象便是对德性的一种通常定义,这种定义认为德性是一种"遵从正确 logos"(kata ton orthon logon)的品质,意即遵从 phronēsis 的品质。但即使这样也还是不够的:一种碰巧合乎正确理性但并非内在地由之驱动的状况,并不能荣膺美德的头衔。因此,亚里士多德坚持对此定义略做改变:美德是一种"伴随"或"通过正确 logos"(meta tou orthou logou)的品质,

---

① 实际上,这正是柏拉图笔下的苏格拉底说过的。在作出美德是 phronēsis 这个结论之前,苏格拉底得出了更加节制的推断:通常被赞誉为美德的状态并不是有益的,因而并不能算作美德,除非它们是在 phronēsis 的指导之下(《美诺》88c-89a)。亚里士多德对真正德性的统一性的描述——与自然德性的可分离性对立——可能会使我们产生疑问,他能否在不完全认可他归于苏格拉底的立场的前提下尽量接近这一立场?

也就是说,伴随或通过 phronēsis(1144b21-28)。①

通过这些被认为是很微小的形式改进,美德被要求与正确的 logos 有一种内在关系,而不仅是与它相一致。不过,与此同时,亚里士多德还要努力避免另一个极端,即把美德归结为 logos 的极端。为了指出这种观点的错误,他重塑了苏格拉底的观点,根据这种观点——我们现在被告知——美德既然是 epistēmai,它们就应该是 logoi(1144b28-30)。而这种观点完全不同于刚刚在数行之前提到的苏格拉底观点——在那里,苏格拉底相信所有美德都是 phronēsis 的一种形式,并且不能与 phronēsis 相分离,这因而意味着不能与一个人对自己的善的知识相分离。② 亚里士多德在第六卷中最后一次[128]关于苏格拉底的评论——那次评论认为苏格拉底把美德等同于 epistēmai——让人想起他在第三卷中对苏格拉底的第一次明确评论,在那一次,他说苏格拉底把勇敢等同于 epistēmē(1116b4-5)。这种框架把苏格拉底立场置入了一种最可疑的形式,根据这种形式,美德就是一种科学知识,除了是 logos 之外什么都不是。正如亚里士多德最初提到苏格拉底转向的时候(1105b12-18)所显示的那样,这样一种对人类卓越性的理解就把性情的状态及其可能展现的灵魂力量归结为纯粹的言辞。诚然,在他的受审过程中,苏格拉底把他的毕生活动总结为言辞的事业——谈论德性以及其他所有事物——而且,他认为这是对人类最大的善(《申辩》38a)。不过,作为 logoi 的德性,对于苏格拉底来说是通过交谈(dialegesthai)的行

---

① 洛克伍德(Thornton Lockwood)通过考察亚里士多德心中可能存在的争论来思考这一段的意义(参《美德是不是逻各斯? 遵从逻各斯还是通过正确的逻各斯?》["Is Virtue a logos, kata ton logon, or meta tou orthou logou?"])。

② 亚里士多德从一种形式滑到另一种形式的方法是遵循柏拉图笔下的苏格拉底自己的策略:在设定要向美诺证明美德是 epistēmē 并因而是可教的这个目标之后,苏格拉底达到了使任何一种所谓的美德有益的东西是 phronēsis 这个结论(《美诺》87c,88c)。参布鲁厄尔关于这个论证的讨论(《论苏格拉底式教育》[On the Socratic Education]页179-180)。

动来追求的问题；而且，驱动他从事这一追求的激情——这一追求本身就是属人之善——却不仅仅是言辞的事情。亚里士多德归给苏格拉底的观点是，因为美德是 epistēmai，所以美德是 logoi；然而，隐藏在这一公式背后的对人类德性的真实理解却构成了苏格拉底哲学的探问实践。

亚里士多德对苏格拉底立场的反思引导我们达到这样的结论：没有 phronēsis 就不可能有统驭（sovereign）意义上的善，离开伦理德性也不可能做一个 phronimos［明智之人］（1144b30-32）。伦理德性被肯定为在实践理性的运用中做到 phronēsis 的必要条件，而不仅仅是一种自然的技能性智巧；不过，关于伦理德性如何决定 phronēsis 的目的，这里只字未提。当目的的问题再次出现的时候，第六卷就走向结束了，而德性再一次被不做限定地谈及：如果没有 phronēsis 或没有德性的话，选择是不可能正确的，因为"一个，telos；另一个使我们在朝向 telos 的事物上有所行动"（1145a5-6）。前一个分句中谓语动词的缺乏可能会让我们假设它是这样的："一个——这是指德性——使我们瞄准 telos"；不过，它也很可能或者更应该读作"一个是 telos"，而根据第六卷的论述，那便是 sophia。①

有伦理德性的人被教养得"出于行为自身的原因"而选择他的行为（1105a32），也就是说，因行为能体现美尚或正义才选择其行为。一旦选择这样的目标，犹如健康之于医师，他就必须在每一个特殊的问题上考虑谋划，以便选择达到目标的最有效途径。如果他考虑得很好，那么这便是 phronēsis 德性的工作。在其中，phronēsis 将成为［129］伦理德性借由实现的工具。作为理性灵魂一部分的德

---

① 在论证了智慧"在真理中抓住幸福"，而明智抓住了通往幸福的手段之后，阿尔法拉比总结说："因此，在人类的完善中，这两者是相互帮助的——智慧给出终极目标，明智给出达到目标的手段。"（《箴言选集》[Selected Aphorisms]53，见 Alfarabi：《阿尔法拉比：政治著作集》[The Political Writings]页35）。

性 phronēsis——另一部分的德性是 sophia——在政治家或立法家的实践智慧中有其最高表现形式;不过,它自身并不是政治生活或行动生活(active life)的目的——如 sophia 是沉思生活(theoretical life)的最终目的那样——而是在那种生活中作为伦理德性的目的。虽然伦理德性以其目的为终极目的,而不是把它理解为通往自身益处的工具,但是,phronēsis 还是被定义为一种为了个人或更普遍的人类的善和有益事物而谋划的德性。《伦理学》开始于我们所有人都追求幸福这个原则,而到现在这个点上,幸福被定义为 sophia。

phronēsis 因而必须具备双重面相,一重面相朝向伦理德性的目的这一方向,另一重面相朝向作为幸福的 sophia。但是,这两个方向能在一个人的生活中相互贯通吗?正如伦理德性之人对伦理德性目的的理解,伦理德性的目的不会从属于任何超越它们自身的东西;同样,sophia 作为幸福的构建者也不会从属于伦理德性的目的。当然,出于伦理德性的品质而选择的那些行为对于追求 sophia 目的的人来说,或许也会构成他们追求 sophia 目的的必要条件;phronēsis 对达到目的的途径的谋划有助于看清可欲的性情品质,从而使得对智慧的追求成为可能。而且,实践理性如果不与伦理德性相联系就不足以成为 phronēsis 德性,而同时伦理德性对目的的选取又只是出于其自身的话,那么,爱智慧的人或以 sophia 为追求目标的人似乎就不可能成为严格意义上的 phronimos[明智之人],也不可能成为严格意义上有伦理德性的人。另一方面,如果 phronēsis 据其定义是关心个人或人类之善的,而我们所有人所追求的终极目标都是幸福,而幸福又是从 sophia 或者说从对 sophia 的追求中产生出来的,那么,哲学家实际上就会成为真正的 phronimos,而有伦理德性的人之所以是有伦理德性的就会缺乏标准,变成只是在一种松散的意义上成为有伦理德性的。

然而,phronēsis 相对于 sophia 而言的工具状态给自己带来了一种困境。这一点亚里士多德在其讨论的开始就提了出来:他指出,phronēsis 低于 sophia,但 phronēsis 的统治能力和发出命令的能力却恰恰意味着相反的情形,从而使得那种排序足够奇怪(1143b33-35)。正是在第六卷的结尾,讨论回到了[130]对那种困境的阐述:正如医术并不高于健康,phronēsis 也并不凌驾于"较好的部分"之上,因为医术并不向健康发布指令,而是为了健康而发布指令。类似地,phronēsis 也只是为了 sophia 而发布命令。于是,sophia 作为我们所追求的但又常常缺乏的完善性标准,似乎更适合在美丑对立的模式中得到理解,而不适合通过健康和疾病的比较模式来说明。如果标准是完美的健康,那么,它在死亡面前仍然是不堪一击的,而且,我们总是处在某种有缺陷的状态中,也就是说,在某种程度上总是有病的。① Phronēsis 作为医术的对当物,总是有必要的。第六卷结尾的结论——phronēsis 为了 sophia 而发令,犹如医术为了健康而发令——并不必然怀有任何拥有 sophia 的想法:它看起来像是对苏格拉底哲学的一个完全有效的描述。

第七卷开始致力于一个新的开端,探索有缺陷的人类灵魂的合成性质以及疗救灵魂的可能性。如果像第七卷所假设的那样,akrasia[不自制]或灵魂的冲突果真是灵魂疾病的话,那么,健康就将表现为自制者的灵魂和谐,而这一点显然不同于 sophia。②但是,在第六卷的开篇就显示出来的和谐或统一性的最高形式是欲望和思想

---

① 而哲学就是赴死(dying)和死亡(being dead)的练习(参《斐多》64a)?

② 第六卷结尾所理解的灵魂健康和第七卷关于 akrasia 的讨论之间的对比所引发的问题,让人想起爱利亚的外邦人关于"净化技艺"的讨论。在把那种技艺应用到灵魂的时候,外邦人区分了灵魂的缺陷和无知。灵魂的缺陷是某种内在因素的状态(意见和欲望、thumos[愤怒、意气]和快乐、logos 和痛苦之间的 stasis[对立]),无知则是某种不均衡的状态,以至于在瞄准真理目标的时候错失目标。对前一种状态的隐喻是疾病,对后一种的隐喻则是丑陋(ugliness)。最大的无知在假装有知中被发现。假装有知应该受到被驳斥的对待,而被驳斥带来羞耻。与这种对待相应的图景是那种必须首先净化病人的身体然后才能让病人消化正常的医师,但无知被认为是灵魂的丑陋,而不是疾病(《智术师》227e—230d)。

的融合,而这一点似乎刻画了大部分爱智者的情形,或仅仅是爱智者的独特情形。如果是为了纠正第六卷所提出的关于灵魂健康的理解,《伦理学》的论证才被迫继续的话,那个纠正必须超越对拥有 *sophia* 的想象,达到对 *sophia* 之爱的真实性(reality)。

第五章　快乐与自然的发现

　　[131][苏格拉底对普罗塔戈拉]:大多数人关于知识的意见是这样的,他们认为知识并不是什么强大的事物,不是能起领导和统治作用的东西。即使知识确实是这样的东西,他们也不这么看。当知识呈现在一个人面前的时候,他们认为并不是知识统治了他,而是某种别的东西——时而是意气的怒火(spirited anger),时而是快乐,时而是痛苦,有时又是情欲之爱(erotic love),很多时候是恐惧。他们只是像对奴隶那样来对知识,让它围绕其他事物,受其差遣。那么,你对知识的看法是像这样的意见呢,还是认为知识是高贵的,能统治一个人的,而且,如果一个人知道什么是好事、什么是坏事的话,他就不会被知识之外的事物压倒,去做那些知识不让他做的事情,而是让明智(prudence)有能力成为他的助手?

　　　　　　——柏拉图《普罗塔戈拉》352a-c,巴特勒特英译

　　苏格拉底:因此,我们应该正确地设定快乐的位置。既然快乐是一种生成(genesis),我们是否应该把它设入很多不同的位置和部分,而不是置入善?

　　普罗塔库:是的,是的,非常正确。

　　苏格拉底:那么,就像我在论证的开始就说过的那样,我们应该感谢那个把快乐说成是一种生成、并且在快乐中没有任何存在之物的人,因为很显然他会嘲笑那些说快乐是善的人……而且,这同一个人也会嘲笑那些从生成(becomings)中获取完

善和目的的人。

——柏拉图《斐勒布》54d-e,伯纳德特英译

新的开端:从兽性到神性

[132]在《王制》第六卷,苏格拉底关于哲学家的讨论最终使他引入了善的 *idea*[理念]以作为"伟大研究的 *telos*[目的]"(504d),虽然他只能够以及只愿意通过太阳的比喻来说明:太阳凌驾于可见宇宙之上,犹如善统驭存在整体。在第七卷,苏格拉底从那种宇宙论的层面及其可能令人目盲的最高原则退回,转向相反的方向,进入黑暗洞穴中的阴影世界。《伦理学》的论述也经历了类似的下降运动:它从 *sophia* 的天界高度——*sophia* 作为关于"天性上最值得尊敬的事物"的知识的高度(1141b3)——下降到第七卷宣称的"新开端",从而把我们带回到人类性情的领地。这个下降运动似乎是对苏格拉底洞喻中的第二次转身的再现。在那个洞喻的图景中,那个离开了阴影世界的人受某种驱使返回到他出发的地方,并转而能在新的光亮下看清这个故地。

《伦理学》第七卷中关于人类性情的重新思考,采取了一种探究欲望灵魂学的形式,而且这一研究的视角也显示了这种研究形式会给研究路径带来的影响。这个研究似乎放弃了它原先预设的君子型听众,同时它也似乎放弃了探索那种有德之人所理解的伦理德性的努力。美尚和正义不再是重要的关怀,奖赏和惩罚也几乎不扮演什么角色。[1]曾

---

[1] 在关于自制和缺乏自制的初始探讨中,诚然是出现过奖赏和惩罚,不过,那仅仅是为了突出接下来让奖惩的问题消失,进而用可否疗救的问题来替代奖惩的问题。一处例外是在讨论 *thumos*[意气、愤怒]这一方面的 *akrasia*[缺乏自制]的时候:这方面的不自制与身体快乐方面的不自制比较起来,被认为是更可耻的和更不正义的(参 1149b18-20,以及本书此章后面关于"扩展的 *akrasia*"的讨论)。

经在性情的塑造中发挥作用的责备和劝勉,现在被替换为医治,而后者则必须有赖于某种关于灵魂疾病的理解:作为立法家的 politikos[政治家]现在被作为灵魂医师的 politikos 代替了(参 1102a8 - 10, 1102a18 - 20)。很明显,一旦可以不透过道德的透镜来看问题,论述就全然专注于自然。这一点可以从第七卷对 phusis[自然]及其相关词语的集中指涉看出来;①更准确地说,第七卷关涉的是趋乐避苦的自然倾向,而这在动物包括人类的生活中乃是贯穿始终的东西。

从关于美德和过恶的前提假设开始,第七卷的研究却展现了人类性情中超出那两种可能范围的领域。我们将要考察的,不仅仅是两种复杂的状态——自制和缺乏自制——它们位于美德的较高状态和过恶的较低状态之间,而且,我们还会考察两种超出上述范围的极端状态[133]:当兽性被提到的时候,作为一种低于过恶的状态,在它的太过人性的形式中,它将至少是"适合宣称"一种超出人类德性水平之上的反面状态,这种兽性的反面状态也许可以被称为英雄的或神性的美德(1145a18-20)。第七卷的研究打开了一扇窗户,使我们可以窥见人类也有的令人厌恶的兽性。关于神性美德完全没有做什么阐述——至少在开头引用了一行荷马诗句之后就再也没有谈到过。那行诗写道:"赫克托尔看起来不像是一个有朽之人的儿子,而像是神的儿子。"(《伊利亚特》第二十四卷,行 258)

这行诗是普里阿摩斯说的,意在回忆赫克托尔面临即将到来的死亡时的行为。亚里士多德曾在第三卷选择了这个场景,以便说明政治的勇敢——或更准确地说,出于羞耻所驱动的勇敢——不足以成为真正的勇敢(1116a23)。在那里,亚里士多德引用了一行描写

---

① 特别令人惊异的是,在全部第四卷关于伦理德性的分析中,完全没有出现过 phusis 或相关词语,而在第七卷,如果我没记错的话,却足足出现了四十三次。最接近的比照是第三卷,出现了十六次(包括八次关于 thumos 的讨论),以及第五卷,出现了十七次(包括十次关于自然正义的讨论)。

赫克托尔内在对话的诗句。当时,赫克托尔站在特洛伊城门外,等待阿基琉斯的逼近。他曾出于恐惧而退缩,但又出于羞耻感而站稳脚跟。他的父母发出了伤心欲绝的请求,希望儿子放弃与阿基琉斯对阵,回到城墙里面来,挽救自己和特洛伊人。他们的请求失败了(《伊利亚特》第二十二卷,行 22-92)。在亚里士多德现在引用的这一段里,普里阿摩斯似乎忘记了那场劝说儿子的失败请求,重新致力于把赫克托尔编入一种传奇。神性的或英雄般的美德在《伦理学》的开篇就曾在一处评论中提到过,在那里,达到城邦的善显得是比个人的善更加美尚和神圣的(1094b9-10);但是,在目前所举的虚构人物中,他所体现的英雄美德却是把城邦的利益置于个人声誉之下,而他的神性状态只是在他的父亲眼中看来如此。他的父亲只是为了把他树立为一个标准,以此责备他的兄弟。在那个时刻,普里阿摩斯正在准备去见阿基琉斯,求他归还儿子的尸体;在把赫克托尔比作"神的儿子而非有朽之人的儿子"的时候,这是一种满怀遗憾的自嘲。以此,亚里士多德似乎已经准备踏上一条道路,特别提出一种关于神性美德的成问题的说法。当然,设定这样一种可能性也许足以防止道德上的有德之人把自己设想为人类德性的最高典范,而这种防范对于《伦理学》的最后结论来说是一种非常重要的准备。

只要美德和过恶被视为两种极端的情形,就意味着不但潜在地否认有任何高于美德的状况[134]和低于过恶的状况,而且也否认了它们之间的任何中介形态。人的灵魂被假设为有着来自习惯力量的或积极或消极的内在统一状态:在有美德的性情中,欲望被认为是塑造得与正确的 *logos* 协调一致,而在恶的性情中,一种关于善的意见被塑造得去为那些与理性相反对的欲望服务。这两种选项都没有为那种灵魂状态的可能性留下位置,这种状态可以类比于身体的缺乏控制,在其中,灵魂的一部分可以违背理性所选择的方向而自主活动。虽然第一卷中的灵魂学提请我们注意那种 *akrasia* 或缺乏自制的经验的可能性(1102b13-23),①但是,直到现在才准备让我们去考察它。

解释这种灵魂学经验的复杂性几乎完全是由苏格拉底引起的,因为他完全否定这种可能性。亚里士多德在第二卷通过把苏格拉底向 logoi 的转向解释为对伦理德性的误解而为他与苏格拉底的争论设置了舞台。那种误解通过一种病人的图景得到说明,这种病人相信他只需得到医师的处方就足以变得健康(1105b12-15)。亚里士多德暗示说,拥有正确的"处方"但是没有习性去把它付诸行动的话,那么,这种状态就是一种特别不能抵御 akrasia 的状态:在苏格拉底的理解中,对美德的本质威胁来自那些苏格拉底式解释无力左右的经验。由这个图景所引起的与苏格拉底的争论似乎在第六卷的结尾随着亚里士多德承认 phronēsis 是真实美德的必要条件而走向终结。然而,那个承认显然是不够的:一旦遭遇 akrasia 问题,苏格拉底式立场立刻就会受到考验。在这场对垒过程中,亚里士多德看来似乎越来越靠近苏格拉底的立场,以至于一开始显得是如此违反直觉,直到最后他才导向对这一立场的基本原则的重新认识。

亚里士多德与苏格拉底的最后交锋迫使他致力于解决所有那些在解释会让我们误入歧途的快乐力量时所带来的难题。因此,毫不奇怪的是,这场论辩的新舞台是从亚里士多德与苏格拉底争论的完成中生发出来的,所以它应该从对快乐的自然性质的理论分析出发。然而,我们很难料到,关于 akrasia 的讨论会带来一个关于快乐本身之善的论述,或更彻底地说,没料到会接下去探讨那种可能性,

---

① 虽然"无节"(incontinence)和"意志薄弱"(weakness of will)通常用来翻译 akrasia,但是,"缺乏自制"(lack of self-restraint)或"缺乏自控"(lack of self-mastery)更能抓住这个概念的字面意思,符合自我分裂的经验这个主题。

[135]在其中,快乐或某种快乐也许是善本身(the good)!① 第七卷尽可能从那种首先在第一卷出现过的对快乐的态度出发,朝向上述可能性开放。在第一卷中,快乐作为人之善曾被充满义愤地拒斥。它被认为是一种只适合标志畜群生活方式的东西,而不是标志人类生活的。快乐现在显示为被追求的自然目的,以这种形式或那种形式被人追求,而不再是畜群追求的目标。在第七卷中得到表达的快乐主题看起来像是在论证过程中所出现的发现自然的第一个后果;当然,有人会补充说,第一个后果并不一定是最充分的发展形式。②

第七卷开始于引进一种神性的或英雄般的美德,以之为兽性的积极对立面,然后就对兽性相关的特殊快乐进行了分析;它并非终止于神性美德,而是神的持久快乐。然而,正如我们将会看到的那样,那个标准所带来的人类天性研究将会触及一个黑暗得惊人的音符,以至于似乎要完全颠覆关于快乐的自然之善的论证,而后者正

---

① 这个问题交织于柏拉图的《普罗塔戈拉》。在那里,苏格拉底通过把智术师作为多数人意见的代言人而对多数人的意见进行了考察(352a–357e)。因为,根据普罗塔戈拉,多数人心中除了快乐之外并没有其他的善。苏格拉底证明,如果他们把某些快乐称为坏的,那么,这只能意味着,对它们的追求未能达到最大化快乐的目的。但是,如果他们坚持认为快乐就是善,而且认为关于善的知识有可能被快乐征服的话,那么,他们就会陷入自相矛盾。恰恰是在他们的快乐主义的基础上,他们被迫重新解释缺乏自制的行为,把它们解释为对善无知的产物。

② 施特劳斯推理说:"倘若最初那种善与祖传的善的等同首先被善与快乐的等同所取代,这并不是什么令人吃惊的事情。因为当人们基于自然与习俗之间的分别而拒斥那种最初的等同之时,古来的习惯或神法所禁止的东西本身就表现得是极其自然,并且因而内在地就是善的了。古来的习俗所禁止的东西之所以被禁,是因为它们不是基于习俗的原因而被人想望的;它们是因为自然而被人想望。这样,那诱使人们偏离古来的习俗或神法的窄路的,好像就是人们对快乐的想望和对痛苦的厌弃。于是,自然的善显得就是快乐。快乐导向成为第一个取代祖制导向的东西"(《自然权利与历史》[*Natural Right and History*]彭刚译,北京:三联书店,2003,页108–109。)。

是它借以达到最后结论的东西。那么,现在关于快乐主题所说的并不是《伦理学》在这个主题上最后想说的话:第十卷将会用一句令人困惑的提议来开篇,那个提议说,我们应该转向关于快乐的讨论。它是如此重要,以至于不应被忽略。很可能第七卷的讨论揭示了关于快乐的一种真理,但在随后的论述中被压抑下去;或者,那场讨论的最后结果似乎提示了它的基础假设中有某种成问题的东西,于是,为了改正问题,快乐主题必须透过另外的透镜得到重审。这两种可能性也许都有道理。在第七卷中发生的自然的发现确实揭示了在动物生活中起到普遍作用的快乐和痛苦的某种真理;但是,如果这种论述是要考虑在一个人的善好生活中快乐占有什么位置,那么它所提出的自然理解就必须在独特的人类天性状态下得到重新审查。

激情与理性的冲突

摆出现象与苏格拉底的挑战

通过第六卷结尾对苏格拉底的两次指涉,亚里士多德对苏格拉底的让步似乎比他的看似轻描淡写的表述所含的程度要大得多。根据对苏格拉底观点的第一个表述形式[136],苏格拉底把所有美德都归结为 *phronēsis*。对此,亚里士多德愿意承认,*phronēsis* 对于任何真正的德性来说如果不是充分的话,至少是必要的(1144b17-21)。被归到苏格拉底名下的观点的第二种表述认为,任何美德既然是 *epistēmai* 的话,就应该是 *logoi*。对此,亚里士多德愿意承认,美德至少是必须"伴随"或"通过 *logos*"的(1144b28-30)。第七卷回到苏格拉底的时候,是面对他的如下观点:他认为,如果一个人拥有知识(*epistēmē*),但其他什么东西却能取得胜利而且"像役使奴隶那样役使知识"的话,这种情况是非常荒唐的(1145b23-24)。①在第二种表述形式中,亚里士多德解释说,苏格拉底与 akrasia 的 logos 作斗争,坚持认为没有人会违背自己的利益,除非不知道什么对自己有益(1145b25-27)。对自身之善的这样一种认识不应该是出于 epistēmē 的工作,而是出于 phronēsis 的工作。对苏格拉底的反 akrasia 立场的两种表述形式的并置——一种是用 epistēmē 来表述的,另一种则是基于对属己的最善之物的意识来表述——反映了第六卷末尾对苏格拉底把美德理解为知识的观点的双重指涉。在没有指明他所想的是哪一种表述形式的情况下——也没有考虑一个人如何可能会扭曲他人的观点——亚里士多德发出了他对苏格拉底否定 akrasia 观点的指控:"这种 logos[说法]显然是与现象不符的。"(1145b27-28)

第七卷最后一次提到苏格拉底的时候——同时也是《伦理学》全书最后一次对他的明确指涉——亚里士多德放弃了他的明显对立的立场:从他所提供的实践推理出发进行判断,"苏格拉底所寻求的东西似乎是说得通的"(1147b14-15)。不过,亚里士多德为了遵从苏格拉底而给出的字面上的理由,似乎既没有表明他对苏格拉底观点的根本同意,也没有表达他从一开始批评苏格拉底就有的根本分歧。②如果真正的和解在那个地方达成,它就会把关于 akrasia 的讨论带向结束;相反,亚里士多德对苏格拉底观点的明确让步开启了一个漫长而复杂的后续讨论,这个讨论涉及的问题是,当

---

① 这是苏格拉底向普罗塔戈拉提出的一个比喻,以便说明多数人的意见,同时嘲笑那个智术师公开地站到多数人阵营中作为多数人的一员,或者采取与多数人相反的意见(《普罗塔戈拉》352b)。

② 正如谢佛尔(David Schaefer)注意到的那样,在亚里士多德的讨论中表现出来的表面上对苏格拉底的明确赞同似乎只不过是形式性的。它本身并没有表明,在关于什么知识能抵御 akrasia 的问题上,两人有什么深层的共识(《智慧与道德:亚里士多德论缺乏自制》页 232, 247["Wisdom and Morality: Aristotle's Account of Akrasia"])。

考察范围扩展到那些大多数人都能沉浸其中的典型身体快乐领域之外的时候，*akrasia* 还能不能在一种有限定的意义上得到使用？在第七卷的第十章，这个讨论把我们带回到起初提出的关于 *akrasia* 与过恶的关系问题，不过，回到这个问题是为了颠覆原先关于这些状态的评价，以及它们在人类弱点排序表上的位置。在这个过程中，虽然没有提到苏格拉底的名字，但是亚里士多德表达了他对苏格拉底的 *phronēsis* 概念的最基本方面的接受。[137]《伦理学》通篇提到的苏格拉底的名字总是典型地对应于一种教义的倡议人，而那些教义又都是从一些对话语境中摘取来的——这些对话是他所征引的那些教义的来源；只有当苏格拉底不被点名的时候，他的观点似乎才不再听起来像是一种夸张的或扭曲的观点。

为了引入关于 *akrasia* 可能性的考察，亚里士多德做了一个方法论的说明。从第一卷的开篇算起，没有哪一次的方法论说明有这一次的说明那么清楚。我们被告知，这个研究是通过一种"惯常的方式"来进行的。如果说这种研究方式以前一直在用，但他从来没有像现在这样被描述过：

> 就像在其他地方一样，我们必须摆出 *phainomena*[现象]，让自己首先感到彻底的困惑。这样一来，在最好的情况下，我们可以指明（point out）关于这些经验的所有普通意见（*ta endoxa*）；如果不能的话，就尽可能多地指证最具有统领性质的意见；因为，如果困难得到解决，而普通意见还得到保留，那么，它就得到了充分的指明（1145b2—7）。

我们接下来要对一些通常意见（*endoxa*）进行考察，只不过现在这些意见不是那些在性情塑造中伴随我们长大的意见，而是一些用来解释 *akrasia* 经验的理论企图。考察这些意见之前要完成"摆出现象"的任务并因而陷入全然的困惑。我们的目标是解决疑难，也就是我们将要碰到的困惑,同时,尽量让 endoxa 保留在不受影响的状态——而这些 endoxa,我们必须记住,不但包含智慧之人的意见,也包括多数人的意见(参 1095a21-22,1098b27-29)。如果这种处理方法真正如同这里的描述所显示的那样保守的话,人们可能会奇怪,为什么这种研究还必须经过彻底困惑的道路——自从第一卷中谈及一般善的 idea 之后(1096a11-12),这种感到困惑的经验就未曾得到过鼓励。

亚里士多德关于研究进行方式的描述看起来似乎意味着,我们要遭遇的难题将来自对行为的直接观察;事实上,接下来的分析是摆出了一系列普通意见和说法。phainomena 或"显现出来的东西"是指我们所说的和所相信的东西:自制之人是坚守计算(calculation,理性)的人,缺乏自制的人则抛弃计算;前者被认为值得赞赏,后者则是值得谴责的(1145b8-12)。①现在,根据[138]苏格拉底,一个人只有在对属己之善无知的时候,才会去做违背属己之善的事情。如果说这种意见产生了疑难的话,那么,疑难的产生不仅是因为它与一种未加解释的经验相冲突,而且是因为它与另一种意见或付诸言辞的观点相冲突——这种观点认为,通过激情去做一个人知道是坏的事情,这是可能发生的。我们应该预计到,这种冲突将会导致亚里士多德反对苏格拉底的观点;但实际上,它只是激发他提起了一种考察,追问苏格拉底心中所想的无知究竟是哪种无知

---

① 在抵制痛苦的压力方面存在着对立的状态,我们分别予以赞赏和责备:软弱(malakia)向这种压力屈服,违背自己的良好判断,坚忍(karteria)则能抵制压力。我们随后会发现,这一对状态需要一个基于同情的标准来对之进行评价:我们批评一个人软弱,只有当他不能抵制多数人能忍受的痛苦时才这样批评;我们赞扬一个人坚忍,只是在他能忍受多数人会为之屈服的痛苦时才这样赞扬。一旦这种标准被引入快乐问题上,它就会转而被用到与快乐的斗争中去(1150a9-16)。

（1145b28-29）。①对于苏格拉底的观点，亚里士多德立即反驳说，至少在受到激情影响之前，缺乏自制的人还是知道他应该做什么的。如果这意味着是在行为进行的时候无知，那么，这几乎就是在讨论开始之前就把问题让步到了苏格拉底一边。

从那种推荐的研究程序中，人们也许会在 akrasia 问题上期待一种"拯救现象"的努力；然而，恰恰在实行那种研究程序的时候提出了对"拯救现象"努力的某些批评。根据这样一种努力，如果一个人的更好判断只被理解为一种意见而非知识的话，那么，他违背自己的更好判断来采取行动便是可能的了。这种提法就会表明正是亚里士多德本人的 akrasia 观点中的一个要点，但目前他对此提出了另外的反驳：如果意见因其弱点而完全被欲望征服，并因而得到我们的原谅，那么 akrasia 就被认为是值得责备的。②这个反驳意在使我们反对那种把 akrasia 解释为欲望对意见的征服这种观点；不过，我们应该反对的也许是那种观点，即一个人应该受责备是因为他的欲望过强，以至于压倒了过弱的意见。随着讨论的展开，在每种情况下，疾病的模式逐渐取得主导地位，而且为了考虑疗救的可能性，逐渐放弃了关于谴责的谈论。

如果在意见的领域之中，我们同意把 akrasia 处理成遭受谴责的对象，那么，我们似乎有必要设想某种强大的东西，它会被追求快乐的欲望所征服，从而使我们不容易得到原谅。这样一种强大的东西首先被指派给 phronēsis；但是，亚里士多德随即就插话反驳说，没

---

① 正如埃尔文所指出的那样，辩证法家的任务是"去看从通常信念出发，如果我们要捍卫一种违反直觉的观点的话必须走出多远"——正如苏格拉底反驳 akrasia 可能性的任务——在这个过程中，关于辩证难题的考察扮演了关键的角色（《亚里士多德的第一原则》[Aristotle's First Principles] 页 38-43）。

② 关于意见在解释 akrasia 中的作用，参 1145b32-1146a4, 1146b24-30, 1147b9-11。

有人会认为一个明智之人会自愿去做最卑贱的事情(1146a5-7)。①这似乎是再一次从一开始就退回到苏格拉底的观点。不过,如果说明智之人会避开卑贱之事的话,那么,这并不是因为它们是卑贱的,而是因为它们是坏的和有害的。根据苏格拉底,只有那些对人来说是坏的和有害的事情才是人们不会自愿去做的事情。②[139]亚里士多德从一开始就排除了把 akrasia 解释为 phronēsis 被征服的情况,但是,当他这样做的时候,他的做法并不是明确地从苏格拉底观点的基础上发展出来的,后者关心的恰好是什么叫做知道什么对自己好的问题?

当苏格拉底否认 akrasia 可能性的时候,智术师则在挖掘悖论,以便炫示他们的智巧。在有关 akrasia 可能性的问题上,亚里士多德与苏格拉底的争论让我们面对区分真正的哲学困惑与智者游戏的问题,后者不过是为了设计出来让思想上当,不再能够平稳站立,从而接受一个结论,而不是为了解决问题,继续前进。譬如,有这样的智术师论证:如果一个愚蠢的人是不能自制的,他会做得很好;因为,在做他认为正确的事情的反面的时候,由于他信以为好的事情其实是坏的事情,他最终恰恰是做了好事(1146a21-31)。当然,人们可以立刻回应说,愚蠢的不自制者的成功是因为做了他认为正确的事情的反面,所以这是出于偶然的事情,在行为人方面并没有值得赞扬的东西。为了反驳这种智术师的诡辩,这样说也许是有道理的:akrasia 本质上并不是指放弃任何一种意见,而只是涉及对正确意见的抛弃。这正是亚里士多德最终给出的回应(1151a29-b4)。不过,他现在并没有把它提出来,其理由恰恰与前面反驳那种诉诸意见的弱点来解释 akrasia 时用过的理由相反:由于对真意见的坚

---

① 在这里,phronimos[明智之人]取代了"得体之人"(ho epieikēs)的位置。在关于伦理德性的讨论结尾,同样的标准被运用到得体之人身上,以便说明为什么羞耻不应被视为一种美德(1128b28-29)。

② 参《美诺》77b-78a;《普罗塔戈拉》358c-d;以及《申辩》25c-26a。

持可以如此确定,以至于它的持有者把它当成了知识,所以,要想区分违反意见的不自制行为与违反知识的不自制行为是很不容易的(1146b24-30)。在那个时候,亚里士多德还没有考虑下述可能性:关于行为的正确选择的真意见会缺乏对于原因和后果的理解,而正是这种理解使得那种选择是正确的,而且正是出于这个原因而使得它在相互冲突的诱惑面前是脆弱的。

从那种被说成是苏格拉底的观点出发——那种观点使知识成为行为的唯一决定性根据——一个拥有过恶品质的人似乎只要被说服改变他关于什么是善的信念就可以得到治疗。可是,对一个不自制之人的治疗——虽然他已经确信自己在做错误的事情——却如同用水来帮助一个被水噎住的人把噎他的水冲下去(1146a34-36)。亚里士多德的生动比喻抓住了一个看来是真正的困难:如果一个人已经知道他正在做的事情[140]是错的,我们能给予他什么样的帮助?关于邪恶之人的可治疗性,亚里士多德所表达的意见并没有说明如何才能把这样一个人转变成有德之人:他首先需要采用不自制之人已经拥有的原则,而且,在他从那一点出发的朝向美德的斗争中,没有什么东西能阻止他变得缺乏自制。根据起初的意见调查,放纵似乎是比 akrasia 更少顽固性的疾病;第七卷的论述运动的特点之一就是最终发生了上述排序的反转(1150b29-35)。邪恶之人必须表现出最少的获得自己真正想要的东西的能力——而每个人真正想要的东西是对自己好的东西,在这一点上,亚里士多德似乎最终同意了苏格拉底的观点。

实践推理及其失败

一个人不能按照他所知道的"什么是最好的"来行事,就此问题存在多种解释,针对这些解释所做的预备性驳斥为弄清楚什么是"知道"的问题做了准备。在仅仅是拥有知识和实际上能运用知识之间的明显断裂,提供了一个似乎不错的出发点:如果一个准备行动的人知道他将要采取的行动是错的,但在当时还没有

"考虑"那一点,那么,如果他的行动违背那仅仅是潜在的认识的话,就不是令人奇怪的事情了(1146b31-35)。同样似是而非的是,这个出发点没有说明,当那个不自制之人还没有"考虑"那有可能防止他做错事的因素的时候,他未能实践的究竟是什么类型的知识？在提到这些问题的时候,亚里士多德转向了实践推理中一些步骤的分析。这些实践推理并不必然是行为发生当场的有意识过程,而是对行为动机的重构。当一个大前提的普遍性与一个小前提的特殊性相结合的时候,就会产生一定的实践行动,犹如通过理论推理得出一个结论(1147a25-28)。或者是思想过程一结束,行动就立即产生,或者——如果行为本身是与三段论结论对当的东西——是在那个结束点之前有一个隐蔽的步骤,使得两个前提能在行为人的思想中发生必要的融合。

正如第六卷关于 *phronēsis* 的讨论,第七卷关于实践推理的探讨强调了对个别事物的知识的重要性：如果行为人的有知不过意味着知道运用普遍前提来决定自己的行为的话,那么,违背自己所知为正确的东西而行动的可能性就不成问题了。[141] 而且,我们现在还被告知,这一点不但是针对事说的,也是针对行为人而言的。亚里士多德再一次转向健康来说明问题。他解释说,为了行事正确,我不仅必须知道干燥食物对人是有益的,而且应该知道哪一类食物是干燥的,以及还应该知道——我们可能会奇怪怎么可能会有人不知道——我是一个人。如果我所运用的知识不是那种"这就是某物"类型的知识——譬如一种个别的食物摆在我面前,作为一种对于我这个物种来说有益的食物——那么,如果我的行为与我对何谓有益事物的一般意识相违背的话,这种情况就是非常可以理解的了(1146b36-47a10)。第六卷认识到,必须知道某些个别种类的食物是健康的(1141b14-22);但是它没有提到还必须知道一个特别的个案是属于那个种类的,或者一个成员是属于那个可以受益的物种的。对自己是人的认识,在干燥事物对人有益的例子中可能是不成问题的;但是,什么叫做"未经检验的生活对于一个人来说是不值得过的"？这个观点引起了最困难也是最重要的问题，它促使我们思考什么是做一个人，以及什么是意识到自己是一个人。在每一个问题上，《伦理学》的论述总是一开始就区分人的种类，对于他们来说，一种行为或激情或是有益的，或是有害的；因此，在特殊情境下唤起的反应必将需要一个人认识到自己就是那个适当类型的人。①一个不具备此种自我知识而行动的人，从一种苏格拉底式观点来看，是不能被描述为真正知道什么东西对他自己是好的但又背之而行的。因此，亚里士多德对实践推理的诉诸与其说是为了拯救 akrasia 现象，还不如说是为了展开"知道"的特性，以便说明是什么促使苏格拉底宣称 akrasia 是不可能的。

缺乏自制是关于普遍原则的知识和个别案例的认识之间的断裂的结果，这一点已经得到了说明，但是，关于激情作为这种断裂的原因却没有得到任何说明。这就需要进一步扩展"知道"的可能意思：一个处在性的欲望或愤怒中的人，违背他所说的正确之事而行动，这种情形就像一个人在睡着的时候或在疯癫状态中或喝醉的时候说出正确的言辞。如果说一个缺乏自制的人知道正确的选择，那么，这就像是一个演员在舞台上背诵诗行，而真正的知道要求被知道的事情与知道的人"一起自然地生长"（1147a21-22）。这个论证也许看起来像是导向一个非苏格拉底的方向——[142]诉诸性欲或愤怒的能力来改变身体并以此克服行为人关于属己之善的判断；但是，当他否定在那种情形中有真正的知识起作用的时候，他就又在接近苏格拉底的立场，离它更近了。

---

① 这种推理在《论灵魂》中得到过说明。在那里，大前提"如此这般的人应该做如此这般的行为"跟着一个双重的小前提："这就是那种行为，而我就是那种人"（434a16-19）。谢弗尔说明了为什么这对于道德行为的推理来说是适当的模式——在道德行为中，性情的差异起到了关键作用（《智慧与道德：亚里士多德论 Akrasia》["Wisdom and Morality: Aristotle's Account of Akrasia"]页238-242；参本章注释16[译按]即本书下文第221页注释②）。

上述张力包含在亚里士多德所提出的两种研究进路之间的关系中:关于 akrasia 的原因的研究,是走自然的或物理学的(physically,phusikōs,自然学的、物理学的)研究进路,还是与之相对,采取逻辑学的或语言学的(linguistically,logikōs,言辞的、逻辑的)研究进路? 如果采取后者的话,随之而来的必然是试图重构在灵魂冲突中起作用的推理过程。当在此问题的探讨结束之际,欲望被认为是要对"驱动组成部分"负责的时候(1147a34-35),我们并不是很清楚,这里说的"组成部分"是指身体的部分,还是指相关推理过程中的步骤。这个模棱两可性正是问题的核心。用来代替生理学(physiology)的三段论在《论灵魂》中隐含地带起了一个问题:愤怒作为报复的欲望,引起热血沸腾,但是,如何才能把这种涉及身体感受的生理学解释与辨证学家着眼于灵魂经验的解释结合到一起?①

为了把欲望的作用带进实践推理的分析,亚里士多德提供了一个新例子:如果一个人持有一个大前提"所有甜的东西都应该尝一尝"和一个小前提"在我面前的这个东西是甜的",那么他就会受到驱动,肯定会去尝一下,如果他能够的话(1147a29-31)。这个推理过程说明了放纵之人的驱动方式。另一方面,在缺乏自制的人那里,有一个禁止品尝这类食物的普遍前提,这个前提的提出还伴随着把所有甜食界定为快乐的,同时,小前提"这个东西是甜的"也起作用(in *energeia*)。一方面,正确的 *logos* 只是单纯的禁止,以其有鉴于品尝甜食的危害而没有表达出任何对于此事积极性好处的理解,另一方面,欲望也用一种理由把自己转变成一种对立的 *logos*——甜味令人快乐。因此,亚里士多德总结说,在某种意

---

① 参《论灵魂》403a29-403b1。亚里士多德在《伦理学》第一卷提到政治科学在属人之善方面的实践关怀与一种更精确更理论化的灵魂科学之间的区别(1102a18-26)。正是关于 akrasia 的聚讼纷纭的灵魂学似乎要把《伦理学》的论证推到更接近精确科学的方向。

上——著名的亚里士多德式"在某种意义上"——可以说,缺乏自制的人是由 logos 和意见驱动的:野兽从来不可能是缺乏自制的(1147b1-5)。缺乏自制的人知道正确的 logos 是禁止他想做的事情的。但是,欲望以相反的普遍原则的面目出现,并以之为推理的大前提。当这个大前提与一个关于个别情境的小前提相结合的时候,它就可以"驱动组成部分"(1147a35):当缺乏自制之人向允诺快乐的甜食伸手的时候,它对缺乏自制之人心中的三段论组成部分的驱动,丝毫不亚于对他的身体组成部分的驱动。

[143]缺乏自制之人对正确 logos 的意识只不过像喝醉的人或睡着的人所做的那样;如果他因某种无知状态而遵从了错误的原则,那么,一旦时过境迁,他的无知就会消失,知识就会恢复。为了解释那种情形是如何发生的,亚里士多德建议必须转向生理学:肯定有一种生理学可以解释,在缺乏自制之人心中,知识是如何一开始就被阻断的。这意味着要进行一种 physikōs[物理学的]研究。这种研究只是在这个时候被提起,显得像是在关于三段论的分析过程中的一个分叉。这个分叉提出了一个问题:什么样的身体状况导致缺乏自制之人陷入他在行动时身处其中的那种他所是的状态?而被这个问题所打断的[实践推理]分析则问的是另外一个问题:当缺乏自制之人处在他所是的状态中的时候,什么事情在他心中发生?

无论生理学家如何解释,我们都必须回到三段论的分析,以便确切地知道,在缺乏自制之人的推理过程中究竟是哪个步骤受到了激情效果的遮蔽。他一度拥有但现在被欲望的 logos 所压抑的信念——我们也许会期待听到这样的说法——是正确的 logos,即"禁止吃甜食"。对此,亚里士多德现在换了一个提法,称之为"最终前提"(the final premise, *he teleutaia protasis*)。①对于这个前提,缺乏自

---

① [译按]对于这个词的翻译,廖申白译本(商务 2003)作"后一个前提",苗力田译本(人民大学出版社 1992)作"最后的前提"。后者较可取。

制之人在他的激情之中并不拥有,或即使拥有,也是以醉汉口诵诗行的那种方式拥有(1147b9-12)。这个解释长期以来困扰了注释家们。"最终前提"被描述为针对感觉对象的意见,它"在行为中起到统治作用"。人们也许会想到这指的是小前提"这是甜的";但我们已经被告知,那个前提是在 energeia[活动、现实]中的,因而如果它缺席的话,缺乏自制之人的行为就失去了驱动。也许在这一类情形中,根本就不可能有关于事实要素的中性判断,在涉及对象是否值得追求这类关键属性方面,不可能存在不受任何意见影响的东西。① 如果是那样的话,"最终前提"应该是指一种个别判断与这一种或那一种普遍陈述的结合——它可以是"这是甜的,属于那些不该吃的东西",也可以是"这是甜的,属于那些能带来快乐的东西"。② 对于一个正在发生内心斗争的人来说,他也许会从对于情

---

① 在一开始提到实践推理与理论推理相平行的时候,亚里士多德谈到这样一个点,在这个点上,一个人从两个前提而来采取行动,并从而"成为他之所是"(1147a26-28)。正如罗蒂(Amélie Rorty)所论,如果缺乏自制之人确实思考了他正在做的事情,那么,他或者是误判了眼前的具体情境,或者是在正确判断了情境的情况下未能把它与一般原则联系起来,所以,他终究得出了错误的结论(《缺乏自制与快乐:〈尼各马可伦理学〉第七卷》["Akrasia and Pleasure: Nicomachean Ethics Book 7"]页273)。缺乏自制之人所做的似乎包含上述两者:正因为他把个别情境联系到一个一般原则——但并非正确的一般原则,而是由追求快乐的欲望形成的错误原则——才导致他在涉及属己之善的个别事情上形成了错误的认识。

② 缺乏自制之人拥有禁止吃甜食这个普遍意见和"这是一种甜食"这个特殊意见。他不具备的知识,谢弗尔总结说,是那一类食物的性质,这种知识可以解释它们为什么是有害的;与此类比的情形是那种有德之人,他的德性仅仅来自习性养成,而不是在明智指导之下的(《智慧与道德》["Wisdom and Morality"]页233-236)。对于何者有益、何者有害的理解——这属于明智——似乎需要某种理论的研究。但是,正如谢弗尔所言(页246),如果它确实"预设对理论智慧的拥有",那么,明智就不再是比 sophia 更难得的了。这整个讨论所提出的问题,似乎不是考虑 phronēsis 如何与 sophia 相关联,而是如何与哲学相关联。

境的这种判断游移到另一种判断,也许同时持有两者;最终,对于被禁止的对象的性质的认识将会说服自制之人,即 enkrateia,而缺乏自制之人,[144]如果他毕竟也说出了那种认识的话,他实际上除了发出声音之外什么都没做。快乐的吸引力显示了正确 logos 的弱点。亚里士多德已经小心地把这个弱点表达为单纯禁止的形式——也就是一种缺乏动力的规则,而动力来自对属己之善的理解。

然而,在目前这个地方,亚里士多德完全没有谈到这样一种理解是如何介入的。他谈到的是提请我们注意那个被认为是起到统领作用的 epistēmē[知识]对象的普遍前提,而且我们应该发现,不是那种知识而只是"感觉"才是被 pathos[激情]像役使奴隶一样役使的东西;于是,这就得出了苏格拉底似乎会得出的结论——即知识是不可征服的(1147b13—17)。这个结论就像它奠基于其上的分析一样不能令人满足。首先,"禁止吃甜食"这个普遍前提确实显得是可以被征服的,即使是通过征服代表它的一个案例的特殊判断来进行的——当然是在这个特殊判断对行为起到指导作用的情况下。无论如何,这样一种普遍知识不可能是苏格拉底认为能统治行动的知识。如果他发现了某种比快乐的诱惑更强大的知识,那么,它的强大不会是由于它的普遍性;它只能是在任何具体案例中认识到属己之善,基于所有人都欲求对自己好的东西的前提下。

在特殊情境中发现什么是属于对自己或对一般人类有益的一类事物,这是 phronēsis 的而不是 epistēmē 的工作。苏格拉底的立场曾经被表述为两种形式(1145b23—28)。亚里士多德现在向第一种表述形式让步了,即如果 epistēmē 可以像奴隶一样被役使的话,那将是很荒唐的;他没有面对另一种表述形式,即没有人会违背他以为好的东西。亚里士多德理解的缺乏自制之人未能发现眼前的甜食是不该吃的,虽然他持有一种表达了普遍禁令(不许吃甜食)的意见。只有当他完全认识到他的行为对他的健康来说是不好的,而且并不认为另外会有什么好处超过其危害的情况下,他才算是苏格拉底论题的反例;要获得这些认识,要求一个人理解好生活是由什么构成的,以及健康在其中相对于其他所有善好来说处于何种地位。亚里士多德从没有提供这样的一个反例。

苏格拉底是作为一个显然是颠倒错谬的论点的主张者而被引入的,但如下情况的可能性从一开始就是保持开放的,[145]即总是有某种形式的无知要对那种违背属己之善的行为负责。为了准确定位那种无知是在哪个环节,亚里士多德通过重构做这类事情的行为人的思想过程而作出了寻找的努力;然而,沿着这条道路,他却提出,在激情状态的生理学效果中可以发现这种无知的深层原因,因为这种激情状态的生理学效果暂时遮蔽了缺乏自制的行为人对当时处境的认识。①当亚里士多德在对行为人的推理进行基础分析的时候向苏格拉底作出让步的同时,是否实际上通过诉诸激情的生理学影响而掏空了那种基础?即使人们承认亚里士多德分析中的反苏格拉底方面,我们仍然可以追问,究竟是什么使得一个不自制之人首先无法抵御激情的压倒性经验?这个苏格拉底或许会问到的问题并没有被提及。因此,人们或许可以料到,亚里士多德据说是向苏格拉底观点所作的让步——虽然这是亚里士多德在《伦理学》中最后一次明确指涉苏格拉底——并不足以把关于 *akrasia* 的讨论带向结束。

---

① 当在后面把 *akrasia* 区分为两种不同形式的时候,论证又回到了这个线索。那两种形式是急躁的(*propeteia*)不自制和懦弱的(*astheneia*)不自制:在急躁的不自制情况下,激情从一开始就起到主导作用,以至于根本上妨碍了推理;在懦弱的不自制情况下,激情最终取得了主导作用,从而妨碍了他的完美无缺的正确推理被转化为行动(1150b19-28)。这两种情况是如何与实践推理过程相关,以便在不自制之人的谋划中定位无知或错误发生的环节,还是不清楚的。

扩展的 *Akrasia*：在放纵的快乐之外

在认识到追求快乐的欲望有可能与某些知识冲突并且有可能征服某些知识的同时，亚里士多德实际上是努力给苏格拉底式立场以某种可信度的。他的那种被认为是对苏格拉底的认同，在对什么是"知道"的分析这一基础上得到了完成。这个分析完全没有探入快乐的自然，而只有这一点才能解释为什么快乐的力量可以压倒知识。为了开始接近探究快乐的任务，亚里士多德转向了讨论的开头就提出的一个问题：与什么种类的快乐相关，缺乏自制之人才能展现他的缺乏自制？在日常用法的基础上，"*akrasia* 本身"指的是在一个核心系列的快乐面前的缺乏自制，这个系列与在讨论放纵时展示过的那一系列快乐是同一个系列——即食物、饮品和 *aphrodisia*［性欲、性爱］；当然，人们也说在愤怒上面不自制，或者譬如说在荣誉和收益的追求方面不能自制（1145b 19-20）。现在问题重新被提起的时候关注的是，当 *akrasia* 用在显得只是一个言辞问题的地方，它还能不能在一种有限定的意义上得到谈论？实际上，由这个问题所启动的讨论将把我们带入对人性自然的一种全新的描述之中。

我们对快乐的理解被不假思索地落入放纵的熟悉领域来进行；于是，如何理解快乐就变成了一个在此领域之上或之下来肯认快乐和欲望的问题。［146］在如此不假思索地理解快乐的时候，我们也对人类的自然（本性）进行了不假思索的理解；现在，对这一点的纠正将把我们带向非正常的灵魂学领域。在那些比普通的人性之恶所带来的行为更加具有破坏性的行为中——这些行为是由那些不同于受人尊重的和得体的东西所带来的——我们可以发现那种狂热沉迷的可能性。在那个被认为是对立面的极端，我们可以遭遇到兽性或疯狂的种类。它们显得是如此脱离文明世界，以至于只能被归给地球上最偏远的角落，如果说它们的存在不是出于想象的话。对于亚里士多德在《政治学》第一卷中提出的一个阴沉的看法，只有在《伦理学》这里才给出了证明。那个阴沉的看法认为：人类在完美的时候是所有动物中最好的，而在远离礼法和正义的时候却是最坏的——尤其在性和食物方面是最卑鄙和野蛮的(1253a32-37)。这似乎意味着，正如先前独眼巨人(Cyclopes)的例子所示(1252b23-24)，乱伦和食人是未开化人类的标志。

快乐的扩展范围，包括独眼巨人的类型，在《伦理学》第七卷中是通过一系列在很多方面令人困惑的划分而展开的。①这个分析首先甚至是在提出什么是快乐的问题之前展开的。也许，在面对各种各样稀奇古怪的寻求快乐的行为之前，在受到这些形态激发之前，什么是快乐的本体论追问根本就不会被提起。在第七卷的最后一章，当什么是快乐的问题终究被提出和考察的时候，它为一种新的快乐分析提供了基础：什么是本质上的快乐，不同于仅仅是偶然的快乐，后者有赖于是否伴随某种有机体的满足其自然条件的活动，或者有赖于其自然条件的恢复过程。②但是，仍然远未清楚的是，那种可以应用于任何有机体之上的分析，如何能应用到前面主要涉及人类所寻求的快乐的分类系列之上，尤其是如何应用到对属人的快乐和不属人的快乐的划界之上。

这个分类的系列开始于对必需的快乐和非必需的快乐的划分(1147a23-35)：③这种划分预设了，对于个体有机体或其物种存活

---

① 参附录四"快乐的分类"。在这些多种多样的快乐分类中，森仁(Kathryn Sensen)分析了诉诸 phusis 所带来的成问题状态(参氏著《论自然作为标准：亚里士多德〈伦理学〉第七卷》["On Nature as a Standard: Book VII of Aristotle's *Ethics*"]页 8-17)。

② [译按]满足有机体的自然条件，如人体的饱足；恢复其自然条件的过程，如饮食以致饱足的享用过程。

③ 关于快乐分类的讨论最后还是回到了这个必然和非必然的划分(1150a15-18)，以便比较我们对快乐的趋近和对痛苦的厌弃。正是在这一点上，我们用以衡量痛苦忍耐力的宽宏标准——多数人都能忍耐的标准——被用在自制之上，而在涉及快乐的时候却不用它(1150b1-6)。

来说,自然决定了某些活动是必需的。正是与这类活动相关的基本身体快乐,使得 akrasia 的对象是正当的。人类可能寻求的非必需快乐,如胜利、荣耀和收益等等,[147]属于那些被认为是高于身体欲望的欲望;但是,由于它们可能被过度地追求,违背人的最优判断,因此,它们也可能成为有限定意义上的 akrasia 的对象。如果我们的目的只在于厘清 akrasia 这个词的扩展使用的话,必需快乐和非必需快乐的划分就将是足够的;然而,为了完成那个厘清用语的任务,我们却看到了一大片人类行为的开展领域,其中,自然被引进来作为衡量标准。

于是,先前被标识为"非必需"的快乐现在被重新标注为"出于自然而值得选择的"快乐,同时,还为它设置了一个对立的种类,而必需的快乐则被置于那两个极端之间的中介种类(1148a22–25)。作为可用来判断值得选择的快乐的标准,自然必须是那种能定义一种特殊存在者的东西;对于一个人来说能满足那个标准的东西,现在被说成是"美尚的和严肃的"事物,看来似乎应该是某种超越身体快乐的快乐,就像那种可以从钱财或收益、胜利或荣誉中得到的快乐类型。然而,虽然这类东西也许可以是美尚的和严肃的,但它们同样可能是某种超越自然限度的让人无限沉迷的追求对象——而所谓超越自然限度,就是说超过它通常被追求的程度。亚里士多德引证了尼奥柏(Niobe)这个人物:她出于对自己的孩子的无节制的爱或自豪,夸口说他们堪比勒托(Leto)女神,从而受到诸神的惩罚,孩子死于诸神之手。这类激情是悲剧诗的主题,一度在《伦理学》的关怀中极为缺乏;现在,它出现在视野,并从而认识到,出于自然而自身值得追求的东西,却有可能以如此不自然的极端方式而被追求,以至于它开始显得难以区别于那些本来被设定为反面的东西,即对那些违反自然的快乐的追求。①

在转向那些对于我们中的大多数人来说无法想象的快乐类型的时候,亚里士多德把这些快乐都回溯到它们根源于其中的反常品质——诸如食人、病态、疯狂一类的兽性,譬如嗜食同伴肝脏的奴隶,用自己的母亲献祭或亲自分食那种祭品的人等等(1148b24—27)。②亚

---

① 在翻译亚里士多德《论诗术》的时候,伯纳德特和戴维斯(Michael Davis)做了一个附录,引用了《伦理学》第七卷中关于从神性美德到兽性的人性可能范围的论述,及其关于兽性品质的后续讨论(《亚里士多德:论诗术》[Aristotle: On Poetics]页87—89)。在其关于索福克勒斯的《安提戈涅》研究中,伯纳德特注意到,在那个把安提戈涅描述为"野蛮父亲的野蛮后代"的那个合唱歌里,用到了一个曾用来形容食肉狗群的词[即"野蛮"],而这些狗,安提戈涅曾试图让它们远离她兄弟的尸体。伯纳德特评论说:"他们[指歌队]感到,她[对兄弟]的深情(devotion)与文明不相容。律法的政治效果是雅驯(mansuetude),然而在安提格戈涅那里却表现为一种兽性化(beastialization)的工具"(《神圣的罪过》[Sacred Transgressions]页63。[译按:已有张新樟中译本《神圣的罪业》,北京:华夏出版社,2005年,页80,译文有改动。书名不妨作罪过,对应transgression寓含的逾越之过。当然,业作为佛教名词,在这里正好可用以显出安提戈涅兄妹对父罪的业力报应,亦足称善,但却非作者命题本意。]

② 在列举了一些被认为是出于习惯的病态行为(诸如拔头发、咬指甲、吃灰土等等)的末尾,亚里士多德毫无论证地转向了同性恋(homosexuality),即与男性同伴进行aphrodisia[性行为]。他指出,这些情况中的一部分是出于自然,另外一些是习俗的结果,譬如那些从小就受到虐恋的人就是这样。他引入这个对比似乎只是为了令人惊讶地得出结论说,仅仅出于自然的情况并不能被认为是akrasia,由习俗造成的也不是。那么,这是否意味着,那些行为不应该算是值得谴责的呢?或者,它们是否不可能成为一种会压倒较好判断的欲望?也许正如接下来的段落所解释的那样,这里的要点只在于,这样一些行为不可能仅仅是akrasia本身,因为它们落在恶的范围之外,因而也落在单纯的akrasia范围之外(1148b27—1149a4)。

柏拉图笔下的雅典外邦人在这个主题上给出了一个复杂的、不用说也是高质量的论述。在谈论克里特和斯巴达人的共餐习俗和体育习俗的时候,他承认说,克里特人和斯巴达人在许多方面受益匪浅;但是,他接下去说,他的对话伙伴

里士多德推断说,这些变态情形可能是出自遭受伤害,或者出于习俗,如在从小遭受虐恋的情况中那样,或者,它们也可能是出于一种"恶劣的自然天性"(1148b17-18);phusis 本来是一个用来判定这些快乐是否与人类自然天性相悖的标准,现在却在某些特殊个人那里为偏离对这种标准提供解释。而且,把[148]自然作为一个原因也令人惊异地带来了道德谴责:阻断天然快乐的东西却必须是某种天性上恶劣的东西。既然对于人来说出于自然的快乐是应该享受的快乐;终极而言,这将会是这样一种快乐:它所伴随的活动将实现一个人作为人的最高潜力。然而,在身体快乐和欲望的范围之内,自然作为标准给出了一个界限,在这个界限之下的行为不再被认为是属人的。但是,最终,自然本身——作为一个人生而具有的机制——却有可能成为这样一个原因,使得这个人未能满足那个作为人的最低标准;这就是说,在一种自然存在者中的 phusis,至少人类的 phusis,可以在上述那些意义之间被撕裂。phusis 的歧义表达了第七卷的一个发现:自然一方面是用来决定何谓属人之善的指导,一方面却也同样是阻碍人们实现属人之善的阻力之源。

从人之为人的限度范围下降的探究,使我们有必要沿着缺乏自制的思路来重新思考恶。超常的放纵行为、愚蠢或其他的恶,也都有可能被带到这样一个极端,以至于达到人之为人的底线之下。第七卷开头提出过一个从低于人性到高于人性的频谱,其中,兽性看起来像是人类反常形态的一个独立领域,比恶更低,因而也比缺乏

们的城邦[即克里特和斯巴达]却恰恰因为实行这些习俗而破坏了远古而来在性欲快乐方面的法,而那种快乐是出于自然的,不但是人的,也是野兽共有的。外邦人评论说,人们应该记住,无论是闹着玩还是当真,为了生育而把男性的自然与女性的自然结合到一起时产生的快乐似乎是出于自然的,而男性与男性、女性与女性的结合则是违反自然的,至于胆敢做那种事的人似乎是因为在快乐方面不能自制(*akrateia*,《法义》636b-c)。

自制更低。①我们所发现的是在恶的领域以及在 *akrasia* 的领域中作为一种潜在可能的兽性：在欲望和理性的关系定义之下，恶与 *akrasia* 是根本不同的两种状态，各自都有其"人性与自然"内容的范围以及低于其范围的更大堕落形式。亚里士多德观察到，兽性的欲望和快乐比那种在人性范围之内的恶更加可怕，但它并不坏（1150a2）——说不坏是在这个意义上：它们是如此恶心和怪异，以至于逃离了我们的谴责评判。我们无法把他们当成人来指责。如果说在无自制之人那里，理性太弱了，以至于不能控制坏的欲望，而在恶人那里，理性被坏欲望败坏的话，那么，在兽性的人那里，理性似乎完全是缺席的（1150a3-8）。②

对 *akrasia* 的扩展超出了构成放纵领域的基本身体快乐。这种扩展导致对兽性、疯狂、病态欲望等这些悖逆人性的东西的承认。但同时，这些扩展也使得在 *thumos*——即意气（spiritedness）或怒火（anger）——方面的 *akrasia* 成为可能。这方面的 *akrasia* 现在被认为是比身体欲望和快乐方面的不自制还要高级的不自制（1149a25-26）。[149]《伦理学》的论证似乎从一开始就试图消减或压抑 *thumos* 的作用：它被排除在第一卷的灵魂分析之外，而这个分析为关于美德和过恶的研究提供了基础；出于义愤（nemesis）的意气激情被包含在第二卷的美德和过恶列表里面，但在第四卷关于那些品质的讨论中却消失不见了；当第五卷在关于矫正的正义中把罪

---

① 为了回答但丁提出的在哪里可以找到某些罪人的问题，维吉尔解释道："你难道忘了你的《伦理学》[指亚里士多德的《尼各马可伦理学》]里说的话了？三种品质违背上天的意志，不能自制（incontinence）、恶意（malice）、疯狂的兽行（mad brutishness）。其中，不能自制冒犯上帝较轻，因而导致较轻的责罚。"（但丁，《神曲·地狱篇》第十一篇 79-85）。

② 这段聚讼纷纭的文本是不清楚的。它一方面有些意思是说兽性完全缺乏理性，从而使得 *akrasia* 对于兽性欲望和快乐来说成为不可能，但另一方面，这里的讨论又是为了论证在涉及兽性的情况下，*akrasia* 仍是有可能在有限定的意义上得到使用的。

行归结为"非意愿交往"中的不公平所得,补偿的要求就代替了意气鼓动的惩罚要求。看来似乎尤其是在与正义相关的时候,*thumos*才特别受到压抑。毕竟,人们认识到,作为一种模仿勇敢的激情,它似乎为那种德性提供了自然根源。现在,在一种力求理解激情与理性冲突的探索灵魂复杂性的研究中,*thumos*找到了一个位置。

作为《伦理学》中的一个突出的诗性形象,*thumos*被联系到一个匆忙草率的仆人,他不等主人吩咐完所有的事情就匆忙上路(1149a26–29)。① 由 *logos* 或知觉(perception)宣布为快乐的任何一种事物所引起的欲望,都与"热烈的 *thumos*"形成了对比。对于 *thumos* 来说,一旦 *logos* 或想象(*phantasia*)受到冒犯,它就立马出发,报仇雪耻,就好像找到理由(having reasoned, *hōsper sullogisamenos*)必须马上投入战争一样。向欲望发令并许诺快乐的 *logos* 和知觉,比起激发 *thumos* 的想象来说,似乎是更少误导性的;但是,无论是被想象激发还是由 *logos* 发动,*thumos* 的行动倾向"似乎"总是演绎推理的结果,在这一点上它做得如此充分,以至于"在某种意义上"是由 *logos* 指导的,并因而显得比屈服于欲望害处更小。亚里士多德接下来论证说,愤怒的冲动比追求快乐的欲望更自然,尤其是比那些过度的和非必需的欲望更自然:追求快乐的欲望可以扩展超出基本的自然范围,而愤怒不会如此。② 而且,与欲望的狡诈相比,愤怒是坦率的或公开表达的,从而使得对愤怒的屈服较少显出不正义。为了确证欲望的较大不正义,亚里士多德谈到满足欲望时是快乐

---

① 亚里士多德在这里也许是想到了柏拉图对 *thumos* 的理解方式——而他又是从荷马那里学来的——即把 *thumos* 理解为一种倾向于用诗歌形象来表达自身的激情,尤其是用一种拟人化的方式来解说,这种方式把无生命的东西当作有生命的东西来处理,就好像它们自身是有意志的(尤参《王制》439e–440a, 441b–c)。

② 当然,亚里士多德为了论证 *thumos* 比欲望更自然而举的"俄狄浦斯式"例证是相当奇怪的——儿子打老子,理由是老子以前也打过他们的老子(1149b6–14)。

的,而在愤怒中行动则是充满痛苦的(1149b14-18);但是,当愤怒得到满足时获得的快乐又当如何呢?①

不同形式的 akrasia 之间的比较,或 akrasia 与其他有缺陷的人类状况的比较,是基于可治愈性的标准来进行的(参 1146a31-34)。不过,在这个论述中,根据羞耻感和是否不正义的标准,对怒气的屈服被放置在对快乐的屈服之上[150]。这个评价看起来似乎是从意气自身的眼光出发来看问题的。如果 thumos 在灵魂机制中起到了驾驭欲望的作用,它就必须被赋予较高的品级;②即使当 thumos 本身成为有待驾驭的激情,理性也必须从它那一边出发,通过激发它的意气勃发的威力,击败它的那些朝向不正义的和可耻的目标的激情,才能完成驾驭 thumos 的任务。无论 thumos 激情有多么自然,但那种把它放到比快乐的 akrasia 更高的位置,认为它比后者更少危害和更少不正义的设定,却不是一种自然的观点。它反映了 thumos 自身的观点——而且似乎是由于自然标准在遭遇可耻的"邪恶自然"时的失败(1148b18;参 1154b28-31),才导致滑向这种从 thumos 自身出发的观点,开始让它发挥作用。当关于灵魂冲突的论述采取

---

① 苏格拉底曾用荷马的语言描述那种从愤怒的满足中得到的特别快乐(《斐勒布》47e;《伊利亚特》第十八卷,行 109)。亚里士多德认为,在做 hubris [羞辱]他人的行为中,没有人会感到痛苦,而在愤怒中行动则充满痛苦(1149b 20-24)。奇怪的是,如果亚里士多德在这里是想把愤怒与快乐分开的话,他为什么要用 hubris 来作为一种被认为是快乐行为的例子,而正是这种行为首先引起 thumos(1149a34)。参路德维希(Paul Ludwig)关于 hubris 的分析和关于"侵犯、盛气凌人的傲慢和对他人的恶意贬低之间的关系"的分析(《爱欲与城邦:希腊政治理论中的欲望和共同体》[Eros and Polis: Desire and Community in Greek Political Theory]页 171-172;参页 50-51)。

② 从《王制》第四卷中关于灵魂的分析中(439e-441c;参第三章注释 50 和第四章注释 7[译按]即本书上文第 150 页注释①及第 179 页注释①),苏格拉底得出结论说,只有当灵魂的每一部分各司其职的时候——亦即理性部分统治、意气部分遵从、二者联合统领欲望的时候,正义才来到灵魂之中(441d-442a)。

了仅仅关心疾病和治疗的医学模式,《伦理学》的论述就把道德的诸范畴抛诸脑后;在 thumos 把这些范畴带回来的路上,《伦理学》允许 thumos 表露了自身的自然。

一个苏格拉底式的结论

第七卷起初关于意见的考察把恶置诸缺乏自制之上,理由在于,它是更可救药的;当论述经历了一番关于 akrasia 的扩展意义的长篇分支讨论,又回到那个问题的时候,上述观点却被颠覆了(参 1146a31-1146b2 和 1150b29-36,1151a20-26)。①最初的意见设定了一种夸张的苏格拉底立场的解释,把美德归结为知识:沉湎放纵之人只需被教给正确的原则便可以得到救治,而对于缺乏自制的人来说则是无计可施,因为他已经知道他应该做什么。根据起初的意见,沉湎放纵之人的过恶不是别的什么问题,而只不过是知识信息的缺乏,而这一点是可以补救的。进而,他的过恶被认为是体现了内在欲望和信念的一致性,所以,我们可以设想他是坚强的和可以自我约束的,虽然他是不道德的;而对于不自制之人来说,由于他违背自己的信念,所以,他被认为是较少不道德的,但也是软弱的和不

---

① 在《八章集》[Eight Chapters]的第六章,迈蒙尼德提到在"哲人们"(philosophers)的教导和贤人们(sages)的观点之间有一个明显的矛盾:对于哲人来说,美德或欲望和理性之间的和谐关系比自制更高;而贤人则赞美那种斗争,在其中,对律法的遵从战胜了追求快乐的欲望。迈蒙尼德通过在两种人那里的行为分类,提出了两种观点之间的一种"美妙和解":哲人根据普遍接受的意见而判定什么是坏的事物,而贤人对行为的考虑则不是看它本身是否是坏的,而是根据传统律法的禁令而认定它是坏的。(我曾在《自制与美德:迈蒙尼德〈八章集〉中的贤人与哲人》["Self-Restraint and Virtue: Sages and Philosophers in Maimonides' Eight Chapters"]中讨论这个问题)。通过比较自制之人与拥有节制美德的人,阿尔法拉比把他们归为不同种类的人:自然美德对统治者来说是更可取的;对于被统治者来说,遵守 nomos[礼法]的自制则是更为可取的(《箴言选集》14-15[Selected Aphorisms 14-15],见《阿尔法拉比政治著作集》[Alfarabi: The Political Writings]页19)。

能约束的。然而,由于放纵之人对自己的行为并不后悔,所以,放纵之人的状况最终还是被认为是更糟糕的,犹如慢性疾病比 akrasia 的间歇性疾病更糟糕。我们最终看到,放纵之人与不自制之人在拥有向过度的身体快乐屈服的性情方面并无二致;只不过他走得更远[151]的地方在于,他的关于什么是正确之事的意见恰恰是从他的那方面性情中塑造而来的。当一个人违背正确的 logos 行动的时候,激情总是在控制能力之下的,但这种情况只是在恶人那里如此,相比之下,在不自制的人那里,他并不能意识到这一点,而是在他作恶的时候还自欺欺人地相信自己是有主见的。

在 akrasia 所引起的诸多问题中,首先得到考虑的是智术师们所提出的问题。他们从下面这个假设出发,玩弄它的结果,这个假设便是:自制之人能坚持自己持有的任何意见,无论它是正确的还是错误的,而缺乏自制之人则会放弃他们的意见。在这种情况下,一种行为最终表现为有益的还是有害的,完全成了偶然的事情:对于自制之人来说基本上是有益的事情,对于缺乏自制的人来说却基本上是有害的。那么,正如亚里士多德最后所承认的那样,自制之人所坚持的东西是真正的 logos 和正确的选择,而这正是不自制之人所抛弃的东西;可欲状况与不可欲状况的区分,不是通过对任何一种意见的保持能力来判定的,而只是通过对正确意见的保持能力来判定的(参 1146a17-21 和 1151a29-1151b4)。起初,亚里士多德驳斥那种认为 akrasia 是真实意见而非知识的被征服这种对 akrasia 的解释方式,其理由是有些人可能会把他的某种主观信念搞得比知识还强大(1146b24-30);但是,真实意见现在把自己表现为正确的 logos 在自制之人以及缺乏自制之人的分裂灵魂(divided soul)中所采取的形式。在真实意见之上,知识另有其标准。这意味着,它将不但阻挡了 akrasia 的道路,也将使自制成为不必要。

那个标准潜伏在最初关于意见的考察中,其中包含一种认为明智之人不可能 akrasia 的观点;但这种观点被另一种看来是对立的观点所反对,即明智之人和智巧之人有可能 akrasia(1145b17-19)。

亚里士多德现在对错误进行归类：智巧作为一种可为任何目的服务的用以计算手段的中性技巧，当然是可以与 akrasia 兼容的，但 phronēsis 作为一种不能与"严肃性情"脱离干系的德性，以及不仅作为知道正确事物的知识，而且作为实施正确知识的行动，它是预先排除了缺乏自制可能性的（1152a6-14）。亚里士多德再次提及，不自制之人可以说是拥有知识，但以一种有知识的睡梦中人或醉汉的方式来违背知识而行动，因为他的良好判断力已经被他身处其中的激情所导致的灵魂效果遮蔽了。但是，亚里士多德的论述现在认识到，使一个人陷入上述状况中去的东西，首先是 phronēsis 的缺席，即缺乏一种对于属己之善的真正理解[152]。正是在这一点上，而不是在第三章的末尾，亚里士多德应该让步说："苏格拉底所寻求的结论看来是可以得出的"。

亚里士多德与苏格拉底——虽然没有提及他的名字——的争论开始于对"逃到 logos 中去寻求庇护"的多数人的批评，似乎苏格拉底哲学就是一种相信言辞万能的天真信念的产物。这种信念否认有必要进行习性养成，并因而必定会促成 akrasia。在最后一次提及苏格拉底名字并完成与他的争论的时候，亚里士多德达到了相反的理解：使一个人变得 akrasia 的，恰恰是因为依赖那种只是通过习性养成而得来的德性，因而它在我们灵魂景观图中只表现为仅属意见的形式，从而显得力量不够，不足以达到抵制快乐欲望的强度。达到要求的力量只能来自对属己之善的认识，而其基础则是对属人之善的理解。实际上，达到这样一种理解正是统领了那种越出习性养成而转向 logos 的探究方法的目的，而这一点正是构成了《伦理学》自身的探究内容。在达到一种苏格拉底式的人性动力理解但在言辞上并不把它归功给苏格拉底的时候，亚里士多德试图努力完成他在关于缺乏自制的讨论之初就设定要做的事情：在尽量不扰动普通意见的前提下驳斥那些反对观点——只不过，那些被驳斥的反对观点后来被证明是一些对苏格拉底观点提出指控的观点。

第六卷用一个对苏格拉底原则的承认——没有任何真正的美

德缺乏 phronēsis——结束了关于美德的研究,同时引入了一种缺乏 phronēsis 标准的"自然德性"的可能性。第七卷关于缺乏自制的讨论注意到出于自然的不自制和出于习俗的不自制之间的对比,从而达到其结论。通过习性养成而发展出来的性情状态也许较易治疗,不过,亚里士多德补充道,恰恰因为习俗是与自然相似的,所以,即使习俗也是很难改变的;正如诗人埃维努斯(Evenus)所言,"习俗日久成自然"(1152a32-33)。在这里,自然似乎代表很难改变的东西,而如果说习俗与之完全不同的话,那只不过是在程度上有别。对于这种毋宁说是相当冷静的关于变化可能性的评估,亚里士多德没有试图提出不同意见。病态灵魂的不稳定性表现出违背一个人的最好判断而行动的倾向,它由激情驱动,事后又懊悔不已;但是,一旦那种倾向性从习惯中发展出来,宛若出于自然,那么,它就会变得根深蒂固[153]。关于快乐和痛苦的研究其部分目的就是揭示那种状况的基础。

出于自然的快乐与善本身

第七卷从灵魂冲突的讨论转到关于快乐和痛苦的讨论时,有一个陈述表明这一转向的意图值得注意:

> 思考快乐和痛苦是政治哲学家[以政治方式进行哲学思考的人]的任务;因为,在寻求我们所说的什么是恶什么是善这个 telos 的活动中,这类人是匠师(1152b1-3)。

这是"政治哲学家"在《伦理学》中的第一次也是唯一一次出现。它的出现不是偶然的,它似乎恰恰出现在亚里士多德对苏格拉底关于人性动力理解的完全接受之后。①政治哲学现在取得了一种在第一卷被赋予 *politikē*［政治学］——即政治实践或关于政治的科学——的主导(architectonic)地位,只要它也是在属人之善的指导之下,以属人之善为其目的。但这个 *telos* 现在似乎是某种由政治哲学家所指定的,并且转而成为判定何谓善恶的标准。如果他要完成他的作为目的匠师(architect of the end)而被赋予的任务,即对快乐和痛苦的沉思,他就必须在涉及奖励和惩罚的事情上与城邦的意见和习俗道德保持一定距离。第七卷的论述在这个方向上走得如此之远,以至于它在结尾的时候把人类生命处理为各种其他生命中的一种形式,而所有这些形式都是倾向于趋乐避苦的。②把这个自然主义的观点归诸政治哲学家,这听起来是颇为反讽的:如果这个环节标志了《伦理学》论证运动中的一个新阶段,那么,第七卷向自然的转向以及随之而来的对快乐的处理就不过是政治哲学必经之途的必要开端。

实际上,沿着那条道路走下去,最终在第十卷的开头,我们还会回到快乐的主题。根据某些注疏家的意见,第七卷和第十卷的论述太重叠了,以至于难以作为一部论著的不同部分,而根据另外一些注疏家的意见,它们又太歧异了,以至于难以作为一部论著的不同

---

① 特希托尔正确地注意到这唯一一次对政治哲学的指涉及其对前面提到的政治科学的取代的重要性(*Reading Aristotle's Ethics*［《阅读亚里士多德的伦理学》］页 63-64)。格拉(Marc Guerra)也注意到这一点(《亚里士多德论快乐和政治哲学》［" Aristotle on Pleasure and Political Philosophy "］页 172)。不过,反思之下,这也是很让人困惑的:"政治哲学"的这次出现竟然是为了透过一种生物学的眼光来看快乐和痛苦,以便引入一种看起来与伦理和政治的关怀相距甚远的讨论。

② 正如伯纳德特所言,"任何加之于人的法律体系的约束在变成人的第二自然之前,起初都是痛苦的,任何从这种约束中的解脱都会被当作一种快乐经验"。这种观念必然导致"无法律约束的生活是快乐生活"的推论(《生命的悲剧和喜剧》［*The Tragedy and Comedy of Life*］页 89)。

部分。①经过《伦理学》艰难曲折的全部发展,对快乐问题的处理最后达到了这个[154]双重论述。它似乎比其他任何东西都更多地为学者们提供了论据,证明这部论述的碎片性质。如果相反,有一种论证可以使《伦理学》成为一个整体,那么,同样是那些晦暗和转折却可以被理解为那个论证过程的标识。首先,那个论证过程是由一个问题来标志的,这个问题无论在第七卷还是在第十卷中都有提出:什么是快乐? 在《伦理学》中没有其他问题引出了这个苏格拉底式的 *ti esti*,即这是什么的问题。②没有其他的讨论需要或允许那种类似 *ti esti*[什么是]快乐这类问题的理论分析。为了努力解决那个问题,讨论必须运用存在论的和灵魂学的范畴,从而向《伦理学》的地位提出了疑问:它能否作为一种有着严格界限和处理方式的自主政治科学而存在?

自从第一卷拒绝把快乐作为人之本善以来,关于快乐的讨论所跨越的距离不但表现为第七卷和第十卷所提出的什么是快乐的问题,而且更直接地表现在对它的评价上,虽然对它的评价在那两卷探讨中是以不同的方式给出的,在结果上也有微妙的差别。一种很有影响的分析让我们确信"[对两种论述的]不同导论对我们的目

---

① 费斯图吉耶尔发现,第十卷关于快乐的论述是亚里士多德的更成熟版本,但它实际上对前面的论述有太多复述,以至于不能服务于同一部论著的目的(《亚里士多德论快乐》[*Aristotle*: *Le Plaisir*] 页 xxiv-xliv)。欧文(G. E. L. Owen)发现,"传统上,问题变成了这两种论述太歧异了,以至于难以相容",但他试图表明,实际上"它们太歧异了,以至于可以相容"。欧文认为,它们并不是针对同一个问题的相互竞争的答案,而是谈的两个不同的问题:第一个问题关心的是什么是被享受的(*enjoyed*)或可享受的(*enjoyable*);第二个问题涉及的是享受(*enjoying*)或享乐(*taking pleasure*)的性情问题(《亚里士多德论快乐》["Aristotelian Pleasure"]页 93, 102-103)。

② 在完成美德是如何得到的这一研究的时候(1105b19),第二卷转向了它是什么的问题。不过,这一点是很有趣的:这个讨论开始于对这一问题的明显贬低:"不是为了我们也许能知道所研究的德性是什么,而是为了我们也许可以变善"(1103b27-28)。

的来说似乎并无意义"。①但那些导论性的评论说明了两种快乐论述之间的语境差别,从而也说明了它们在论证整体中的不同功用。第十卷将转向这样的快乐概念:它关涉性情形成中最重要的东西;它一方面愿意承认快乐本身的善,同时它致力于把美尚的快乐从可耻的快乐中区分出来,并且以"真正的人"为标准。相比之下,第七卷担负的则是"思考快乐和痛苦"的任务,它所秉持的标准是自然的标准,而它首先关心的问题则是:什么构成了自然的快乐?

第七卷在涉及如下经验的研究上走得很远,便是快乐把我们带离了正确的推理。因此,不难理解,关于快乐的主题考察开始于三种否定性的意见:(1)根本没有什么快乐是善的;(2)即使有什么快乐是善的,大多数快乐是卑贱的;(3)快乐不可能是[最高的]善(1152b8-12)。亚里士多德集中关注第一种和最后一种意见,但仅仅是为了表明——这一点是颇令人惊异的——支持这些意见的论证是多么的不足。

那种最极端的观点——根本没有什么快乐是善的——建立在明显最薄弱的论证之上。这种论证指出,儿童和动物追求快乐,节制之人逃避[155]快乐,而明智之人追求无痛苦的东西。当然,亚里士多德愿意承认,一定的快乐是通过一定的活动方式得到的——没有人能在享受 aphrodisia[情欲、性爱]快乐的时候思考——但每种活动也通过属于它的独特快乐来得到加强(1153a20-24)。于是,对于快乐本身不是善的这一观点来说,对一种不可欲的特殊快乐的

---

① 参见戈斯林(J. C. B. Gosling)和泰勒(C. C. W. Taylor)著 The Greeks on Pleasure[《希腊人论快乐》]页202。特希托尔提供了一种有用的分析,帮助我们理解两种论述之间的差别。他的分析强调第十卷中有修辞目的在起作用(《对亚里士多德〈尼各马可伦理学〉中的快乐思想的政治解读》["A Political Reading of Aristotle's Treatment of Pleasure in the Nicomachean Ethics"]页260)。当然,第十卷的讨论仍然关涉快乐的自然性质及其与行动的关系问题,虽然它达到这个问题是与下面这个讨论相分离并且是在它之后到来的:这个讨论便是在快乐作为善或恶的问题上,什么应该被教的讨论。

诉求便不能被视为支持它的足够基础。但是,如果那种观点要被根本上推翻的话,就有必要诉诸一种存在论的假设,说明它的基础是什么。

认为没有什么快乐是善的,或者更清晰地说,快乐不可能是善本身(the good),这样一种观点,是基于快乐是一种生成(genesis)这样一种假设之上的:快乐被认为是恢复有机体的某种自然状态的过程——饿的时候吃,渴的时候喝;而我们预先设定的是,无论什么东西如果是善的话,以及当然包括善本身,必须是一种 telos,而不是一种 genesis。① 亚里士多德认为,有机体通过它以恢复其自然品质的过程也许是快乐的,但它只是偶然如此;在这个过程中实际经验的,其实是一种痛苦状态的解除。另一方面,本质上快乐的东西已经是那种自然状态的品质的活动。② 因此,亚里士多德总结说,快乐不应该被定义为一种"可知觉的(perceptible) genesis",而应该是"合乎自然的品质的无碍的(unimpeded) energeia[实现过程]"(1153a13-15)。本身是快乐的东西不依赖于自然状态的某种不足,因而也根本上与痛苦或欲望没有关系——至少与那种克服某种不足状态的欲望没有关系。亚里士多德仅在一个地方提到过沉思的 energeia[实现活动](1152b35-1153a2)。在对自己的无知的自觉以及在对克服无知的希望下,人们当然被时时驱使着去追求那种活动。但在 theōria[沉思、理论]本身的 energeia 中有一种快乐——无论人类对它多么罕有经验——并不是出于需要的满足;而且,即使对无知的自觉也被认为是痛苦的,但这种快乐仍然不可被归结为对痛苦的克服。

随着快乐被定义为一种无碍的 energeia,就再也没有什么东西能预先排除它成为善的,甚至是善本身。即使某些快乐是卑贱

---

① 关于这种作为 genesis 的快乐概念,参《斐勒布》54d。
② 在这里,"自然"似乎等同于有机体的无缺陷状态,而不是指一种动物从败坏到恢复的全部生命循环过程(参《斐勒布》31d 和 42c-d)。

的——正如上述接受审查的第二种意见所认为的那样——某些特定种类的快乐还是可能被证明为最高的善。也许,亚里士多德出人意料地提议说,这实际上是必然的:如果每种品质都有其无碍的活动,那么,由于不受阻碍,那种构成了幸福的活动或几种活动就必然是最可欲的东西,[156]而这也就是快乐;因此,最高的善也必将是某种快乐。于是,人们的下述想法就是很有意义的了:幸福的生活是快乐的,而且把快乐"织进"了幸福(1153b10-16)。不过,人们在这样想的时候,也许走得还不够远。在承认某些特定的快乐是善的这种可能性的时候,亚里士多德就开始启动了一种不停留于那种可能性之上的论述,而且他已经准备好要接受它所带来的后果并贯彻到底。

某些思想家由于看到举目所见的情况是,快乐不仅是人所追求的,而且也是所有其他动物所共同追求的东西,所以他们得出结论说,快乐是坏的;相反,亚里士多德现在发现这种随处可见的情况恰恰是一种迹象,它表明在某种意义上快乐是最好的东西(1153b25-26)。①为此,他引证了赫西俄德的一段话:"众口相传之事绝不会完全灭绝。"(《工作与时日》763)在《工作与时日》的语境里,诗人告诫他的兄弟不要做任何使自己成为流言的对象的事情,因为流言会取得自身的生命。亚里士多德引用"众口相传之事"的方式,是以之代指"所有生命物都追求快乐"这件事:在普遍被追求的共同目的中肯定会有某种道理,恰如众口相传的流言中必定会有某些东西。如果确实存在某种所有生命存在物都追求的一个目的,那么,这个目的除了善——或毋宁是善本身——之外,又能是什么呢?

亚里士多德从赫西俄德那里借用来的句子似乎是为了支持快乐主义的论题。但是,如果我们转向那显然被亚里士多德忽略了的

---

① 这个观点在第十卷中将被归给欧多克索斯(Eudoxus, 1172b9-15,参1172b35-1173a5)。

赫西俄德接下来的诗句的时候,亚里士多德引用那句话的意图的歧义性和复杂性就显露无遗了:①"众口相传之事绝不会完全灭绝。/甚至流言也是某种神。"现在,这句诗有着关键的重要性:在把不同的快乐处理成所有生物都追求的同一件事物即快乐本身的时候,我们的错误在于进行一种有误导性的物化(reification)——或更准确地说是一种神化(deification)的活动。我们把快乐变成了一个神,或某种终归是同一的东西,一个空洞的 *idea*[理念]。当亚里士多德接下来提出,并不是对于所有生物来说最好的东西是同样的自然和同样的品质,所以他们所追求的快乐并不是同一个快乐的时候,他看来是肯定了上述那个关键要点的。但是,他接下来提出了一种令人震惊的提议:也许,所有人所追求的快乐不是他们所相信的或所说的那种快乐,而实际上是同一种快乐,因为"所有存在物都有某种神性的自然"(1153b29-32)。

那种所有人都追求的单一快乐,即使他们都意识不到它,是一种神性的标志。读者也许可以很有道理地把这种单一快乐等同于[157]沉思的快乐。②确实,"*theōria*[沉思]的 *energeia*[实现活动]"被挑选出来作为无涉先行痛苦的快乐的例子本身(the example, 1153a 1-2);而且,在《伦理学》的结尾,它将被描述为人类所参与的有赖于人之中的神性才能从事的活动(1177b26-28)。不过,目前的段落开

---

① 亚里士多德在《政治学》第一卷中系统地使用了这种策略:通过所引诗人诗句中隐含的前后文关系来发展出一种论证,同时明显地省略一些引文(参1252b8,11,23;1253a6;1260a30-31)。参见戴维斯对这些文本的讨论(《哲学的政治》[*The Politics of Philosophy*]页16-17,25-26),还有尼科尔斯的讨论(《公民与政治学家》[*Citizens and Statesmen*]页31)。

② 虽然每个人都认为或都说他们追求不同的快乐,"然而",托马斯·阿奎那评注说,"既然所有人都出于天性而欲求知识,那么,每一个人出于天性都倾向于同一种快乐,这种快乐是最高的,即对所有人自然渴望知道的理性真理的沉思之乐"(《亚里士多德〈尼各马可伦理学〉评注》[*Commentary on Aristotle's "Nicomachean Ethics"*]1511,页468)。

始于考虑所有生物包括人和动物共同追求的快乐;而当考察对象仅限于人,而他们所追求的快乐被认为也许有别于他们各自所相信的和所说的快乐的时候,这一段终结于认定那种单一快乐为所有生物中都有的某种神性的标志。①神性在跨越所有动物的对快乐的追求中显示自身,即使或恰恰因为每种其他快乐来源都以某种方式效仿但缺乏在 theōria 的 energeia 中才有的快乐的最纯粹形式。

在这里,第七卷的自然转向似乎达到了一个高峰。此刻的论述比《伦理学》的其他任何地方都更多地把我们带回到这场探讨一开始为自己设定的目标,即探讨善本身,而非后来转向的探讨属人之善。在这个包罗万物的视野中,所有生物都必须在与最高生命形式的关系中得到理解,而那种最高生命形式会展现出最高水平的知识(awareness)。根据《形而上学》第十二卷,那种我们称之为"神"的生命形式,必定是纯粹的 energeia[现实性、实现活动],而那种 energeia 便是快乐。②亚里士多德通过在《伦理学》第七卷中断章取义地引用赫西俄德的诗句来引导我们思考那个观念:也许快乐也真的是某种神!

---

① 这个段落开始指的是"全体"——人和动物——作为一种中性的复数,然后,当他谈到我们所相信的和所说的快乐追求的时候,他的指称滑向了作为阳性复数的"全体";但当他作出结论说所有人都追求同一种快乐并以之为所有存在物都有神性的标志时,他的用语又回到了中性复数的"全体"(1153b25-32)。阿纳斯(Julia Annas)认为,虽然亚里士多德的确说快乐是所有生命存在的自然目的,但他并不是一个快乐主义者,因为他不可能认为快乐是一种由所有人所追求的单一的、独立的、可分离的目的(《亚里士多德论快乐与善》["Aristotle on Pleasure and Goodness"]页 288)。不过,这似乎是亚里士多德在目前这个地方所提出的想法。

② "对于我们的短暂生命来说,[最高存在的]消遣(pastime, diagōgē)是最好的。如此消遣的最高存在是永在的,而我们不能如此。最高存在的 energeia 是快乐的,因此,我们的觉醒、感知和思想也就是最快乐的……而且,生命也属于[神];因为理智(mind)的 energeia 就是生命,而神就是那个 energeia。"(《形而上学》1072b15-18,b27-28)关于所有生物与这种最高存在的关系,参李尔(Jonathan Lear),《亚里士多德:理解的渴望》[Aristotle: The Desire to Understand]页 295。

第七卷的分析相当确信地驳斥了那些用来支持如下论点的论证,这种论点认为没有什么快乐是善的,以及更加令人惊异地认为快乐不可能是最高的善。被悬搁的论点认为某些快乐也许是值得选择的,但另外一些不是;这种观点的真理也许可以在考虑到身体快乐的时候得到明确的支持,因为身体快乐特别与沉溺放纵的过恶有关。然而,即使这种看似温和的观点也有问题:如果这些快乐不是善的,为什么与之相反的痛苦却是坏的?因为对一种真实意见的最好支持是去解释一种与之相冲突的错误意见,所以,亚里士多德认为,思考身体快乐为什么显现为值得选择的东西便是很有用的。人们寻求过度的快乐,以便驱逐过度痛苦,而身体快乐作为一种治疗正是服务于那个目的;它们的强度来自与痛苦的并置,并由此出发提供痛苦的缓解。于是就有这样一类人——如一般而言的年轻人或那些"天性忧郁"的人——他们的自然状况是这样的:他们把一种中性的状态经验为[158]一种痛苦的状态,并且被驱使着去克服它。根据生理学家的观点,折磨或紧张是动物生命的普遍状况——即使看和听都被说成是痛苦的,虽然我们被认为是在这些方面已经变得很坚强了。被道德谴责为过恶的东西,可以通过纯粹的自然过程得到解释。

治疗性的快乐在有机体的疾病状态中发挥威力。相反,那种并不伴随一种有机体向着平衡状态的恢复过程的快乐,却并不依赖先行的痛苦;①我们先前被给予的例子是沉思的快乐。最后提出的问题是,如果有一种快乐伴随着有机体在自然状态中的活动,为什么不可能有某种东西一直持续地给予我们快乐?如果"神"代表一种有着单纯性质的存在,这样一种存在应该会持续享受一种单一的快乐。但那是一种表象,通过它才能认识到人类的真相:人并不是一个整块,因此,对于我

---

① [译按]所谓伴随快乐的先行的痛苦,指譬如饮食快乐之前的饥渴痛苦。所谓有机体平衡状态的恢复,指譬如饮食带来营养代谢平衡,不至于处在营养匮乏的不平衡状态。所谓不伴随身体机能平衡恢复过程和先行痛苦的快乐,指譬如理性沉思的快乐。

们人来说,"所有事物中的变化都是最甜蜜的"(1154b28-29)。亚里士多德这里引用的,是欧里庇德斯笔下俄瑞斯特斯说的话。疯掉的俄瑞斯特斯躺在地上,央求他的姐妹帮他站起来;他观察到,对于一个病人来说,任何朝向中性状态的变化都会显现出健康的积极状态的外表。①

亚里士多德对欧里庇德斯的征引,表明我们根本上是处在一种疾病状态之中。从这种状态出发,任何暂时的缓解都被经验为一种快乐。第七卷最后作出如下解释:我们从变化中获得的快乐,本身源于某种劣性(wickedness, ponēria),因为正如一个多变的人是卑劣的,一种需要变化的自然本性也是卑劣的,它既不单纯也不得体(1154b29-31)。这种用来反对一种卑劣自然的谴责——这种自然首先表现为一种可能的原因,导致那种对违反自然的快乐的罕见的吸引力(1148b18)——现在被普遍化为人类的状况。第七卷向自然的转向意欲提供的东西,看来似乎是一种启蒙的理解,这种理解只有当一个人从传统道德的束缚中解脱出来之后才是可能的。然而,一种使得快乐主义得以发出声音的纯粹自然观点的实验,最后却采取了一种奇怪的转向:②一种对于自然的理解,在以快乐为善的可能性中达到其高潮,却终结于对我们的"恶劣"自然的憎恶,而后者曾带来了如此多的障碍,妨碍我们享受那种与神的单一永恒活动一起到来的快乐。

---

① 参欧里庇德斯《俄瑞斯特斯》234。这里隐含的对积极快乐的否认,在同一戏剧中谈到关于友爱的阴暗观点(dark view)中又有回响,对此,第九卷将有引用(参《伦理学》1168b7 和《俄瑞斯特斯》1046;《伦理学》1169b8 和《俄瑞斯特斯》665)。

② 特希托尔谈到"一种关于有限的人类快乐能力的清醒的教诲"(《阅读亚里士多德的〈伦理学〉》[Reading Aristotle's "Ethics"] 页 69);斯巴肖特谈到"一种阴郁的悲观主义论点"(《认真对待生活:〈尼各马可伦理学〉论证研究》[Taking Life Seriously: A Study of the Argument of the "Nicomachean Ethics"] 页 262)。

第六章　友爱与自我的发现

[159]苏格拉底：但是在我看来，他们的意思是说，那些好人都是相似的，而且相互之间是朋友；而那些坏人——正如人们所说的那样——从不相似，即使他们自己对自己也不是相似的，而是冲动的和不稳定的。而自身不相似的和变化的人很难变成相似的，也很难成为任何他者的朋友……所以，我的朋友，这便是我对他们关于朋友所说的话的理解：相似者是他所相似的人的朋友，也就是说，好人是好人的朋友——只有好人才是好人的朋友——而坏人则从来不能进入无论与好人还是与坏人的友爱关系中去……不过，我还是对其中的某些东西有疑问。

——柏拉图《吕西斯》214c-d，博罗丁英译

理性的和政治的自然

友爱①在《伦理学》中的首次出现，似乎是以一种相当偶然的方式。作为"引进形式之人"②的朋友，亚里士多德觉得有必要先对他关于善的 *idea* 的批判性考察进行辩护；但是，他提醒自己，有时候有

---

① [译按]Friendship 的希腊文对应词 philia 由于有"爱"的意思在内，所以，中文宜译为"友爱"，以示与中文固有词语"友谊"有别。"友谊"中的"谊"也就是"宜"，就是"义"，与"爱"的区别很大。

② [译按]指柏拉图及其追随者。

必要为了真理的缘故而牺牲一个人自己的东西,尤其在爱智者那里——对于他们来说,真理和自己的东西都很珍贵①——更加崇尚真理是神圣的(1096a11-17)。②于是,对友爱的执着(attachment)从它的第一次露面开始就处在与真理的投入的冲突之中——因为真理的投入要求一个人把"自己的东西"后置,而这种东西正是用来向朋友表示忠诚的。然而,"自己的东西"也可以意指,甚或更应该指一个人自己的意见——而在寻求真理中牺牲个人意见的需要,也许只有在与他人的对话中才能被认识到,而与他人的对话将表明是定义何谓友爱的活动(1170b10-12)。[160]与自己的关系——它被设定为通往真理客观性的障碍——当它采取哲学友爱形式的时候,也许实际上是寻求真理的唯一一条真实道路。③

亚里士多德在第一卷中关于善的 *idea* 的考察所做的论述——它似乎表达了效忠朋友与探求真理之间的冲突——包含了一个冲突模式的微型版本,这个冲突是指人的政治自然(本性)与理性自然(本性)之间的显著冲突,这种冲突模式在《伦理学》整体中贯穿始终。但是,如果那些论述实际所指的是友爱在真理探求中的作用的话,那么,它们应该隐含有我们的政治自然与理性自然不相分离的意思,从而使得其中任何一方在取得成果的过程中有赖于另一方。那种不可分离性在向最高形式的友爱转化的过程中可以看得

---

① [译按]"自己的东西"这里特别包括 *philia*[爱、友爱、朋友]。"爱智者"(philo-sophous)这个词中兼有 *philia* 和 *sophia*,所以说二者对于他来说都很珍贵。

② 关于亚里士多德对善的 *idea* 的批判性考察的辩解,参见第一章注释32[译按]即本书上文第39页注释③。

③ 当第九卷结尾把友爱描述为"分享讨论和思想"的事情(1172b11-14)——而这正是那些"一起爱智慧"的人们的活动(1172a5)——的时候,亚里多德暗含的意思,正如斯万孙(Judith Swanson)说的那样:"友爱可以成为真理的助产士。"(《亚里士多德政治哲学中的公共性和私人性》[*The Public and the Private in Aristotle's Political Philosophy*]页200)

很清楚。这个论证开始于第八卷关于"完美友爱"模式的讨论——在这个模式中,友爱是美德上相似的人之间的关系,而这种关系的获得是通过在对方中感受到与之共属一体的整体感以及在自身中也经验到这一点而达到的。论证在第九卷的末尾以哲学友爱的范式作结——对于哲学的友爱来说,朋友双方都认识到对方拥有自己所缺乏的东西,并因而认识到相与切磋对话的需要。

在从这个友爱讨论的一端到达另一端的过程中,有一个值得注意的事件。《伦理学》从一开始设定要去发现的属人之善在亚里士多德的原初"大纲"中,是指合乎人类全面而完美德性的灵魂的 energeia(1098a16-18),而人的德性被简单地宣称为灵魂的卓越(1102a16-17)。这听起来也许很习以为常,我们无需追问为什么属人的德性不是人类的德性,或为什么属人之善不是人类的活动;我们无需寻求任何论证,以证明分离出来的"灵魂"就是主体。实际上,在第九卷把朋友视为"另一个自我"(*allos autos*; 1166a31-32)①以前,我们并没有认识到曾经想当然的程度有多么大,因为随着"另一个自我"的引入,我们至少第一次被引导认识到人不是灵魂,而是自我。通过如此漫长过程而达到的这样一种自我概念,其出现是令人惊讶的。更令人惊讶的是它被理解的方式:我们将会被告知,自我是或主要是理智(mind, 1166a16-17, 22-23;参 1168b34-35)。当《伦理学》最终引入自我的概念,并令我们期待一种对人作为身体和灵魂的不可分联合体时,自我却被定义为理智——而理智正是在合成存在物中唯一能被设想为分离的东西。②

---

① [译按]对于第九卷出现的 *allos autos* 和 *heteros autos*,本书作者分别译为 another self 和 other self(或 an other self),前者意谓自我的一个镜像,后者意谓他人的自我,我们分别译为"另一个自我"和"他我"。本书关于二者关系的论述,参阅英文页码页 182。

② 在《论灵魂》413b25-28 中,理智被描述为"灵魂的另一个种类",只有它才能分离出来。

[161] 于是,能统摄个人的全部特殊性的统一性原则现在却被规定为一种能被理解为最没有个人性的和无名的人性方面。①

对于第十卷结尾所提到的构成幸福的活动这一问题来说,上述对自我的理解是相当自然的,它将会为那个问题提供解答的基础。但是,为什么他会出现在友爱的语境中?在第十卷中,沉思生活被确信是这样一种生活:它比任何其他人类生活方式展现出更大程度的"所谓的自足",即相对于他人的独立(1177a27-28)。但是,当自足(autarkeia)第一次作为据信属于幸福的特征而被引入的时候,亚里士多德曾坚持说,它并不意味着一种孤独的生活:因为人类出于自然(天性)就是政治性的,所以,善好的生活必须是有家庭、有朋

---

① 荷马通过让奥德修斯对付独眼巨人时说过的一句深刻的双关语,传达了对理智的这种理解。在目睹了同伴被吞噬的惨景之后,奥德修斯设计了一个首先用酒来迷醉波吕斐摩斯(Polyphemus,一个独眼巨人)的计划。当喝醉的独眼巨人询问这个陌生人(指奥德修斯)的名字时,奥德修斯回答说"无人"(outis,《奥德赛》第九卷,行366)。在奥德修斯把波吕斐摩斯弄瞎之后,另一些独眼巨人听见他的嚎叫,在洞外呼唤他,问他"你肯定没有人(mē tis)能通过狡计或强力杀死你吗?"对这个问题,波吕斐摩斯答道:"无人(outis)在用狡计而不是用强力杀死我。"(行406-409)于是,他们以为,既然没有人(mē tis)对你行凶,你肯定是在受宙斯给予的疾病的折磨(行410-411)。当他们走开以后,奥德修斯叙述说,他的心中窃喜,因为用他的名字和他的狡计(mētis)骗过了他们(行413-414),而这两者当然是一回事。这便是奥德修斯终于"在他[指独眼巨人]的心灵的愤怒中"驶离并向独眼巨人夸示他是拉埃尔特斯(Laertes)的儿子奥德修斯并且是弄瞎他的人(第九卷,行501-505)的时候所失去的理智的无名性。在伪装中回到伊塔卡之后,奥德修斯抑制住自己,强忍住想出手杀死[与求婚者鬼混]的女仆们的愤怒,回忆起他在独眼巨人的洞穴里如何忍耐,直至通过狡计(cunning, mētis)找到出路(第二十卷,行18-21)。伯纳德特从这个双关语中发现了疏通《奥德赛》的钥匙,因为这个双关语提出了个人性的愤怒与非个人的理性之间的关系问题(见《弓弦与竖琴》[The Bow and the Lyre,中文见程志敏译,北京:华夏出版社,2003年]页74-79)。

友和同胞公民的生活(1097b8-13)。①第十卷中的自我——对于这个自我来说,善存在于对沉思活动的最心智单纯的投入——被认为在人的最高层面的理性自然中有其体现,而且显然是超出了人的政治自然的。一个能进入朋友——我们也许可以称之为对话的自我——关系中去的主体,同时体现了人的理性自然和政治自然,因为他迫使我们重新思考两种自然在相互分离中各自的意义。

完美友爱与其他类型

友爱是如此可欲,以至于没有朋友的话,即使拥有所有其他善的生活也没有人愿意选择(1156a5-6)。《伦理学》没有就人类生活的任何其他方面,做过类似这样的声明。对这个声明的最初辩护,是通过承认在各种生活境遇中的友爱的必要性来进行的:好运和富有在与朋友分享时得到加强,而在贫穷和厄运面前,朋友则被认为是我们唯一的指靠。年轻人需要朋友来防止自己误入歧途,老年人需要朋友能给予关怀,而那些年富力强的人则需要朋友来协助完成美尚的行动。亚里士多德引用《伊利亚特》来作为支持——"当两人结伴时,他们就更能谋划,也更能行动"(1155a14-16)。我们注意到,"美尚的行动"抽离出来了。毕竟,亚里士多德引用的这行诗是由狄奥墨德斯(Diomedes)说的。他说这话,是为了找一个同伴来一起[162]对熟睡中的特洛伊人实施一场血腥的夜袭——如果一个人想挑出一个例子尽可能清楚地说明友伴如何促进高贵行动的话,

---

① 在那个语境中,自足被重新定义为一种活动的特征,这种活动从其自身出发使生活一无缺憾(1097b16-17)。友爱并不合乎这个标准,但友爱被当作如此关键的一种必要条件,以至于如果没有友爱的话,就没有生活会是充足的(1155a5-6)。

那么，这是一个奇怪的选择。①

如果友爱在我们的生命中是贯穿始终的必需事物，那么，自然似乎是与这一需要完全相配的：与必须通过操习才能产生的美德不同，友爱更直接地根源于我们的自然倾向之中。这至少在父母对子女的感情中很明显——而这种感情似乎是所有动物共有的。友爱的自然根源表现在一个物种的任何个体与其他个体之间的相互吸引上，但尤其表现在我们人类这个物种上，譬如我们可以看到，在那些外出旅行的人中间会仅仅因为同为人类就能生起一种亲近的关系（1155a16-22）。同时，友爱似乎是把城邦连成一体的纽带，而立法者也似乎更看重友爱，胜于看重正义，因为友爱能避免党争，促进和谐，而和谐似乎是某种 philia（1155a22-26）。但我们随后就会读到，公民之间的和谐显得像是政治性的友爱（1167b2-3），而不是友爱本身；而立法者关心友爱或者说必须关心友爱，恰恰是因为发生在朋友之间的人际关系以其强度和排外性而构成了对和谐的威胁。②

为了说明友爱的政治意义，亚里士多德说明了那些是朋友的人并不需要正义，而那些正义的人却还需要友爱（1155a26-28）。那些友爱以其所有快乐和回报而被宣称为优于正义，以其规则和义务

---

① 在《政治学》第三卷中，这一段也被亚里士多德做了一次同样有问题的引用（1287b10）。那一次引用的语境是考虑君主制的限度。参《普罗塔戈拉》384c 中，苏格拉底对这段荷马史诗的引用。

② 在《政治学》第五卷（第 2-7 章），亚里士多德考虑过这种威胁对政治稳定造成的影响。在柏拉图的《会饮》中，泡赛尼阿斯（Pausanias）谈到那种由"强大的友爱和社团"所激发出来的"大想法"有可能威胁僭主统治，就像"阿里斯托盖伊顿（Aristogeiton）和哈默迪乌斯（Harmodius）的 philia"有可能导致对庇西斯特拉图（Peisistratids）统治的颠覆（182c；参修昔底德《伯罗奔半岛战争志》第六卷 54）。《会饮》中的阿里斯托芬用他对爱欲的神秘解释肯定了这一点。在他的爱欲解释中，爱欲就是意欲恢复我们的"古老自然"，这种古老自然会驱使原初未劈分的完整人带着他们的"大想法"挑战天庭，反叛奥林匹亚诸神（190b-c）。

而在展开友爱的探索中发现支持;当我们假设友爱可以无需正义的时候,这似乎走得有点太远了。事实上,各种类型的友爱都有其对正义的需要,而这里的探讨最后反而转变成对那种说法的考量,以及对友爱的优先地位的评估。①然而,第八卷的开篇首章并没有揭示友爱与它的对立面即争执之间的联系。友爱不但被理解为人类生活中的必需品,而且被理解为某种高贵的和美的东西;无论如何,拥有很多朋友被认为是美尚的(1155a30)——但这个观点在随后的讨论中被明确地驳斥了。②关于友爱的高贵性的断言,尤其当它被用在拥有很多朋友的情形下时,不过是如同讨论之初提到的另外一些说法那样,表达了通常被认为是或被说成是如此的情形。作为分析的起点,亚里士多德竖起了一面[163]关于友爱的日常意见的镜子,凡是反映在上面的意见都会在多个方面显示其自身是一种观念化的图景。

犹如提出以幸福为终极目的的普遍同意不过是为了开启关于幸福之所是的探讨,亚里士多德所发现或所建构的关于友爱之可欲性的普遍同意也不过是为了开启何谓友爱的辩驳。在辩驳的核心存在的问题是,友爱是否首先是相似的主体或不相似的主体之间的关系?相似者与不相似者之间的吸引用人类经验的语言来表达,而且借由隐喻的话,就是如同欧里庇德斯、赫拉克利特和恩培多克勒

---

① 这种对观点的考量在关于友爱的讨论中占有一个特别长的部分(从第八卷第九章到第九卷第三章,尤参 1159b36-1160a8;另参本章注释 22[译按]即本书下文第 259 页注释②)。它最后结束的时候承认,基于性情之上的友爱虽然比基于快乐和有用性之上的友爱更稳定,但仍然不过是可变的,从而带来了疑难:即在友爱发生变化的情况下,我们应该如何面对昔日的旧友?

② 后面将会论证说,最高形式的友爱是罕见的,因为太少有人具备这种友爱的能力,也因为培养这样一种关系需要很长时间(1156b25-32);因此,做朋友在其完全意义上是如同爱情一般排外的,或是接近于如此的(1158a10-16,1171a10-13)。

所说过的那样，是一种宇宙论的原则（1155b1-7）。①亚里士多德做了一个苏格拉底式转折，在摒除了那些关于总体性质的玄思之后，他开始把友爱当作一种严格的人类现象进行分析：我们所探讨的不是自然宇宙中的关于相似者和相反者关系的一般原则，而是要探讨友爱是否有多种形式，以及是否所有人都能成为朋友，抑或只有好人才能成为朋友？

这两个问题是联系在一起的：类型（eidē）的区分使得友爱可以被如此宽泛地解释，以至于可以包含坏人之间的关系，虽然在规范意义上友爱应该是好人之间的关系。友爱显然唤起了亚里士多德曾在处理性情德性问题时所用过的策略的反面。对那些性情德性中的每一个，亚里士多德曾尽可能在狭窄的意义上处理它们，只是偶尔顺便指出在它们应该覆盖的范围之外还能意指什么。②亚里士多德在我们与他人相互吸引的动机上发现了友爱分类的原则：无论我们的实际关系可能是多么的混杂不堪——出于人之善或因为快乐或出于有用而喜欢一个人，这三者之间的差异构成了友爱的三种纯粹类型的三分。对 philia 的这个扩展用法，部分地是由日常语言所引导的：我们把出于所有这些原因而相慕的人都称为"朋友"（1157a25-30）。但是，在日常语言之后，分析抓住了某种天然的慷慨：出于我们的政治自然（本性），我们被允许或被迫使——即使我们并不是纯粹的好人——参与这种最为可欲的经验，虽然不无缺陷。

对交友动机的区分，使友爱类型的划分可以在不确定友爱本身

---

① 参《吕西斯》214a-b 和 215e，在那里，一种宇宙论的观点唤起了 philia 的概念，以之为相似者或相反者之间的关系。

② 这个对比尤其是在涉及勇敢的时候特别明显。真正的勇敢美德是指在最严格的可能境况下为了美尚事物而克服恐惧，所以，[在勇敢方面]对真正卓越的理解恰恰必须排除那些仅仅是貌似勇敢的状态。与目前的友爱分析相当的，也许是那些被说成是勇敢的 eidē[类型]的各种状态，无论它们多么不及勇敢的完美形式。

是什么的前提下进行。讨论那个问题的出发点在于如下这个普遍预设[164]:无生命的对象不可能成为朋友。我们并不祝福这样一个对象,除非它在心中知道我们的祝愿;但是,他们说——亚里士多德此说法并未确认——一个人应该为了朋友的缘故而希望对朋友好的事物(1155b31)。不过,良好愿望是不够的;必须有回报才能算作友爱,而且,即使有回报也还是不够的,除非朋友双方都意识到对方的好意。当然,一个无生命的对象不可能回报我们的感情,甚至根本不可能意识到它。一个 *philo-sophos*[哲学家、爱智者]无论多么努力变得智慧,他也不可能在精确的意义上成为智慧的朋友。严格来说,他只是"智慧的爱人":智慧引起了他的爱欲,然而智慧本身对于追求它的人来说毫不相干。①爱欲朝向求爱者之外的某种东西,而这个东西并不需要求爱者。这就与友爱的情况形成对比:对于友爱来说,两人之间的相互关系乃是本质性的。

更确切地说,友爱是一种必须要有相互性的二人关系,同时还必须有相互承认的感情和真实的相互祝愿。这是一个全面涵括的概念,它被认为有三种类型:亚里士多德提议说,我们可以"为了其中任何一种"——吸引我们接近朋友的善、快乐或有用性——而希望一位朋友好(1156a6-10)。但是,因为一个人所提供的有用性或快乐而喜欢他,已经被认为是并非为了他自身而希望他好。在那种情况下,以快乐或有用性为动机的友爱似乎并不能达到友爱所致力于达到的目标,如果友爱是通过所设定的完全定义来表达的话。这样一种关系是不稳定的:一方面,一旦朋友的一方不再能提供另一

---

① 在《吕西斯》中,苏格拉底质问到相互性的必要。如果相互性意味着不可能成为"酒的朋友"或"体育的朋友"的话,那么,只要智慧并不能回报它的感情,人也就不可能成为"智慧的朋友"(*philosophoi*, 212d-e)。伯纳德特评论说,如果《吕西斯》提出的问题"是在语言角度上提出的",那么"人们就可以问 *philosophia*[对智慧的友爱]没有被称为 *erotosophia*[对智慧的爱欲]是否只是一个偶然"(《论柏拉图的〈吕西斯〉》["On Plato's *Lysis*"],见《情节的论证》[*The Argument of the Action*]页200)。

方所寻求的好处,那种由有用性所驱动的联系就会解体;另一方面,在由快乐驱动的友爱关系中,这种关系的不稳定性正如驱动它的趣味一样弱。当然,亚里士多德最后承认,即使性情也会因其改变而使得友爱终将不可能保存(1165b13-31)——在人类生活中,如果说有持久的东西,那么,指出这种东西是多么的稀罕也许就是最清醒的提醒。

  友爱的不稳定性在年轻人之间的关系中看得比哪里都清楚。亚里士多德说,他们之间的关系,特别是情爱关系,仅仅是为了快乐而建立。仅仅为了快乐而寻找友爱,所以,他们之间终止关系一如建立关系那样迅速和激烈,常常在一天之中就发生变化(1156b1-4)。情爱关系在这里的第一次[165]出现是为了说明由快乐所驱动以及由感觉所指导的联系必然是不稳定的。不过,即使如此,这样一种在年轻人中比较典型的关系,却比老年人中常见的利益驱动关系更加接近友爱的最高形式。老年人,或某些病人以及某些坏脾气的人,也许会真心相互祝愿,但他们并不必然从相与为伴中得到快乐,因而也就并不希望共同度过时光,而年轻人却从"一起生活"(suzēn)中发现快乐,而且正是共同生活使得友爱的潜能变成现实(1156b4-6)。快乐是一种手段,通过它,自然驱使我们走向友爱的现实性。基于快乐的友爱因为另一个原因也更接近友爱的首要形式:基于快乐的友爱更倾向于在相似的人之间建立,而基于有用性的友爱则几乎肯定是在不相似的人之间建立,因为一方总是在另一方中寻找自己缺少或需要而对方并不缺少或并不需要的东西。在这种关系中,当双方都计较从对方得到什么利益的时候,他们之为朋友的理由本身就会在他们的关系基础问题上带来欺骗或自我欺骗。因此,基于有用性的友爱为怨恨和相互指责提供了特别丰饶的源泉。①这些困难注定要引起的灾难正如由快乐所驱动的关系一样:在后一种关系中,如果友爱的双方以不同的方式甚或暗地里相

---

① 参第八卷第13章,尤其是1162b5-21。

互冲突的方式追求快乐,那么就会引发问题。在这里,亚里士多德再一次把情爱关系作为一种模式(1157a6-14)。

因朋友自身的缘故而发生感情并为了朋友自身而希望他好,这似乎只是最高种类的友爱即美德上相似的好人之间的友爱的特征(1156b7-17)。他们之间的关系与较低层次的 philia 形式不同,因为他们的目的不是为了从对方获得快乐或利益;当然,他们之间的联系事实上是既有好处也有快乐的,只不过这不是像在所有其他友爱中的情形那样,只是在他们自己的眼中看来如此,而是本身即如此。好人之间的友爱因而是一个标准,而且不只是作为一个最高种类的友爱,而且是作为一种完全的类型:它是 teleia philia[终极友爱、完美友爱],而且这种特征——完全或完美性的特征——的歧义性对于其状态来说乃是本质性的。① 它是原初意义的 philia (1157a30-31),这不仅因为它是最好的,而且因为它涵括了友爱的全部基础:仅仅是出于这个理由,那些朝向快乐或有用性的关系才被认为是对首要形式的模仿,并以此模仿而被算作 philia 的种类。② 被归为友爱的内部结构的东西[166]把一系列有欠完美或完全标准(teleia philia)的 eidē[种类]整合到一起,它为《伦理学》的结论做好了准备,因为后者把一种完美的幸福标准(teleia eudaimonia)从那些有欠完美但也算作幸福的类型中区分开来(1177b24,1178a9-10)。

---

① 这个词的歧义性首先出现在把幸福刻画为 teleios 的描述中(1097a28-b1),然后出现在对与人之善相关的 teleia[完善]美德的刻画中(1098a16-18)。

② 亚里士多德对三种友爱关系的划分——其中两种与完美的 philia 相比有所欠缺——例证了伯曼(Robert Berman)关于类别成员的"榜样范导模式"的分析。这种模式承认一个完全的分类,并从中挑选出一个模范代表。相比之下,"排外模式"则会排除德性友爱之外的任何东西,而"内包模式"则承认所有三种类型都是平等的成员(参《单独存在之道:个体的逻辑》["Ways of Being Singular: The Logic of Individuality"]页112-115)。关于这一分析在亚里士多德论第一和第二幸福问题上的运用,参第七章注释48[译按]即本书下文第333页注释①。

不过，构成了 philia 标准的好人之间的友爱是以一种抽象的形式呈现出来的，而我们对它的认识在很大程度上是通过对更加具体的与之不同的次级友爱形式的描述来进行的。谁是这种友爱关系中的"好人"？他们所拥有的美德是什么样的？《伦理学》很少提及"好人"本身，而且现在他们并不是指得体的或严肃的人，也不是指明智的或智慧的人；他们所拥有的共同美德保留在未命名的状态中。两个各自自身即好的好人，如果不像其他朋友关系中那样在基本方面相互有需要，那么，他们之间的友爱关系是否仍然具有现实可能性？①他们显然不会像欲求整全的两半那样，因为意识到各自的缺陷而谋求与对方联合，以便完善自身。②

友爱中的正义

随着讨论的发展，philia 逐渐涵括了更多的关系范围——家庭的、经济的、社会的、政治的和爱欲的关系——这些关系远远超出了

---

① 关于好人之间的友爱关系的论述没有或还没有谈到苏格拉底在《吕西斯》中提出的问题：相似的人如何对他所似的人有用或有益？以及，如果不能有用或有益的话，这样两个相似的人之间如何相互珍爱？而且，如果他们之间的相似性在于善，而善人又意味着自足之人，而自足意味着不假外求，那么，他就不会珍爱任何东西，而如果不爱的话，好人又如何能成为好人的朋友？（见《吕西斯》214e-215c；参 David Bolotin，《柏拉图关于友爱的对话》[Plato's Dialogue on Friendship]页 130-134）。

② 正如罗琳·潘戈（Lorraine Pangle）所指出的那样，根据亚里士多德的教导，"有德之人……就其自身而言可能是完善的，而正是这些完善之人才有可能成为最好的朋友"。潘戈评论道，与相反者相互吸引的情爱关系相比，对于最好的朋友关系，亚里士多德"并没有像柏拉图的《会饮》中的阿里斯托芬那样提出爱欲（eros），后者把爱欲视为'寻找一个人的另一半'——这个另一半可以一种持续的方式补足和完善一个人灵魂中所缺乏的东西"（《亚里士多德与友爱哲学》[Aristotle and the Philosophy of Friendship]页 41）。

我们通常称之为"友爱"的范围。不难理解，这个扩展导致 philia 被认为与正义有共同的外延(1159b25-27)，而正义曾被视为整全的美德，虽然只是与他人相关方面的美德。特别是在面临这一扩展的时候，我们会尤其惊异于第八卷和第九卷的全部讨论竟然都是在未对何谓敌人进行定义的前提下作出的：敌对似乎被有意地从关于友爱的讨论中排除出去，犹如在关于美德的研究中，惩罚也被从关于正义或义愤的分析中排除出去。①

所有与他人的关系都必须涉及正义，这一最终认定，在第八卷的开头引起了一个问题，因为那里宣称友爱是如此优越，以至于完全无需正义。在某种意义上，友爱所做的事情依赖一个比正义更高的层面，这个观点似乎能在《伦理学》本身的论述过程中得到支持：[167] 正义在第一个阶段所占的位置——这是在伦理德性探讨的结论位置——在第二个阶段被友爱所代替。②像正义一样，友爱是我们作为一种需要在与他人的共同存在中找到自身完善的存在者的政治自然（天性）的表达；不过，友爱是那种基本的人类需要的自然反应，所以友爱被经验为或应该被经验为一种快乐，而正义则被经验为一种义务，即对我们的行为强加的一套涉及与他人关系的要求，无论我们对之抱有何种感情都必须遵从。正义有可能要求我们在涉及直接自身利益或预期的自身利益方面做出某种牺牲，而友爱则被假设为在我们

---

① 在《王制》的第一卷，珀勒马科斯(Polemarchus)根据"各得其份"的公式把正义解释为帮助朋友、伤害敌人(332d)。敌对(echthra)在《伦理学》关于友爱的讨论中，仅在第八卷开头出现过，在那里，立法家被认为是要促进像朋友一样的和谐，而驱除敌对的纷争(1155a24-26)。此前，这个词曾在描述心胸博大之人的时候出现过一次：在那里，心胸博大之人被说成是即使对敌人也不屑于进行恶评，除非是为了对他们进行 hubris[羞辱](1125a8-9)；而这样一个人刚刚被描述为无法与他人一起生活，除非是与朋友一起生活。

② 用雅法的话来说，由于《伦理学》在不同的"道德水平"之间运动，正义"被友爱带到了一个较高的水准"[《托马斯主义与亚里士多德主义》(Thomism and Aristotelianism)页142-143)。

的自身利益和他人利益之间有一种自然的一致。友爱在不幸中提供安慰的源泉，在好运中加强幸运，这一点在正义中是找不到的。正义在政治共同体的统治性关系中的功能也许可以为个人实现善提供必要条件；不过，它不像友爱那样是那种善的内在因素。正义也许可以保存"政治共同体中的部分幸福"（1129b17-19），无论那种幸福意味着什么；但是，它不像友爱那样直接促进个人的幸福。

这个区别反映在两场讨论所运行的相反方向之中。第五卷坚持，正义首先是独立个人或毋宁说是法律治下的 polis 公民之间的关系状态；所以，一个人可能对自己不正义的观念是被拒斥的。更准确地说，作为灵魂秩序的正义的可能性是被认可的，但仅仅是在分析的末尾作为一个隐喻而被提出来，而且甚至仅是在一种派生的意义上作为正义的扩展含义被提出来用于不平等的关系中的。"灵魂中的正义"作为灵魂中的统治部分对被统治部分的正当主宰，被证明是自律（self-restraint）。相反，在处理友爱的时候，与他人的关系被发现是从个人内部的某种秩序派生出来的，而朋友最终被理解为"另一个自我"。

日常意见在把友爱置诸正义之上的时候，抓住了人性自然的一个深刻真理；它并不像日常意见所以为的那样意味着，友爱可以完全无需正义。①友爱的唯一性和排他性关系并不能为城邦提供一种能把所有公民团结在一起的联系。如果这样一种联系能完全由 philia 提供出来，那么，这也仅仅是在一种模糊的意义上说的，[168]根据这种意义，同心（like-mindedness, homonoia）可以被称为"政治

---

① 温斯罗普提醒说，正义"即使是与他人相关的美德的全部，也不应该被误解为包含道德德性和理智德性在内的全部美德"，而友爱则吁求整全德性的实践并使之成为可能（〈亚里士多德与正义理论〉["Aristotle and Theories of Justice"]页1211）。正如温斯罗普所见，亚里士多德论述的真实意图也许在于把我们引离那种追求完美正义的危险的理念论（idealism）。不过，"关于友爱的教诲是为了替代正义理论而非补充它"，这一点并不是很明显（页1214）。确切来说，在引发我们寻求正义的问题上，友爱以何种方式提供了一种"非政治的解决"（页1215）？

友爱"(1167b2-3;参 1155a24-26)。但是,无论公民和谐多么接近友爱,只要法律能体现分配的和矫正的正义原则,那么,依赖友爱来代替法律就会是一种危险的设想。①友爱不但不能在整体的城邦中取代正义,而且在人际关系中,正义的诉求也不会简单地消失。实际上,亚里士多德最终总结说,那些归属于各种关系的期待和义务问题终究不过是某种意义上的正义问题(1162a29-31);而且,*philia* 的关系越亲近,正义的要求越强烈(1159b35-1160a8)。②

亚里士多德推论说,既然每种伙伴关系或共同体(community, *koinōnia*)似乎都有某种正义因素和友爱因素参与其中,那么,友爱和正义必定涵盖相同的领域;不过,既然像他们说的那样,政治共同体的目的是朝向共同利益,那么,所有其他的追求特殊利益的关系就似乎是政治共同体的组成部分(1160a9-11)。一些例证被提供出来——船员或士兵、部族成员、为献祭或节庆而组成的会社等等——亚里士多德再次指出,所有这些似乎都是政治共同体的组成部分(1160a21);当这个讨论用再一次重复来得出结论——所有特殊共同体都显得像是政治共同体的组成部分(1160a21)——的时

---

① 雅典的外邦人提议说,只有通过制定法律才能促成他想把城邦变成"自身的朋友"(a friend of itself)的目标,以及让城邦变得自由、明智的目标(《法义》693b-c;参 743c)。

② 在《政治学》第七卷,在讨论最佳政体中的公民所需的意气天性(thumoeidetic nature)和理智天性(dianoetic nature)的时候,在关系越近则需要越大方面,亚里士多德做了类似的观察:如果一个人被朋友轻侮所激发的 *thumos* [意气]比被陌生人轻侮所引起的要更加强烈。于是,在那个语境中就把 *thumos* 认定为友爱感情的来源(《政治学》1327b39-1328a4)。路德维希(Ludwig)在《爱欲与城邦》[*Eros and Polis*]中讨论了 *philia* 与愤怒和侵犯的关系(犹见其书 194-95 页)。*Thumos* 在情爱关系中特别容易被点燃,似乎恰恰是因为爱欲并不是或并不必然是有回报的。施特劳斯有一次提示说,"对不义之事的义愤悄然转化为对得不到回报的爱欲的不义的愤慨",这种转化的方式"或许是意气的最深秘密"(《政治科学的起源与苏格拉底问题》["The Origins of Political Science and the Problem of Socrates"]页 192-193)。

候,亚里士多德拒绝认可这种表象,就应该促使我们怀疑他对那种看法的支持。一支军队的 koinōnia 也许是政治共同体的一个部分并且从属于它,但家庭或两个个体之间的友爱关系呢?在何种政治共同体中,柏拉图和亚里士多德的关系可以成为其中的适当部分呢?只有从第一卷曾经提示过的那种着眼于城邦及其目的的视角出发,才能使得每种人类关系可被视为政治总体的从属部分。如果正义确实在所有人际关系中发挥作用,那么它就不仅仅属于城邦和它的法律。关于友爱的讨论促使我们不仅要越过而且要重新思考第五卷关于正义的分析——尤其是要重新思考"政治正义"是不是"正义本身"(the just simply,1134a24-26)。

正义在朋友之中无足轻重的观点在善人之间的理想友爱中拥有最强的证据;从那种理想中获得越多,正义的要求就越多地加诸自身之上。一开始作为一种美尚图景而提出的两个在德性上相似的人之间的友爱——他们相互倾慕[169]对方的善好——最终下降到关于我们作为儿童、父母、公民、业务伙伴、同志或爱人等角色之间的失望和冲突的考察。在能体现友爱即平等(philotēs isotēs;1157b36)这种通常标准的时候,正义问题可能还不至于太干扰;但是,在被认可为友爱的"另一 eidos[类型]"的尊卑关系中(1158b11-14),正义问题却很多。

为了揭示不平等给友爱带来的威胁,亚里士多德让我们的注意力转向这个极端情形:一个人不可能与神成为朋友(1158b35-1159a5)。做一个朋友被设定为拥有如下特点:他为朋友着想而对他表示最好的祝愿。而一个人之所以能如此的前提是,他必须保持他自身,也就是说,他终究必须是一个人。如此,这个极端情形就揭示了一种普遍张力——良好愿望和平等之间的张力——这种张力潜藏在友爱本身的核心。① 对于每种关系来说,可能都存在某些界

---

① 在这种张力中,奥本克(Pierre Aubenque)发现了"友爱的悲剧性命运"(《亚里士多德论友爱》["Sur l'amitié chez Aristote"],见《亚里士多德论明智》[La Prudence chez Aristote]页 180)。

限,一旦越过那个界限,便不可能不破坏友爱而增加不平等。在那个界限之内,亚里士多德提议说,只要每一方对另一方在值得的比例上有感情,尊卑之间的友爱便可以维持(1158b23-28)。这是对分配正义原则的一个应用,而分配正义原则则是在政治共同体中为公平对待公民而提供的首要标准,根据这个标准,作出不同贡献的人值得享有不同的回报;而在友爱的情形中,这种分配标准却只是次好的,因为它总是缺乏理想的严格平等,这种平等在朋友二人之间是不需要补偿所值差异的。

然而,即使作为次好的东西,它是否可能让感情被统治在各得其所值的标准之下?常见的情形是,爱者(lover)抱怨他的爱没有得到回报,他很少会满足于由被爱者(beloved)所估量的值得给他的回报比例(1164a3-4)。有时,亚里士多德承认说,回报所值之物是不可能的——儿女永远无法回报父母所应得,人类也无法回报诸神之赐(1163b15-18)。在第九卷的开头,亚里士多德为这些例证做了一个颇令人惊奇的增添:对那些"参与哲学"的同道,人们不可能回报他所值的东西,而只能尽其所能地去回报(1164b2-6)。对那些"引入形式的人们",亚里士多德偿还他所欠负于他们的东西的方式,只能通过提出他们的观点,并对这些观点进行考察,以便服务于真理的追寻(1096a11-17)。[170]欠负和回报的问题让人想到"哲学参与者"的状态,即老师和学生的关系作为不平等关系的典型,与之类似的还有孩子与父母、人与神等等。①在这方面,哲学友爱与好人之间的友爱形成了对比,后者被假设为是在相似的和平等

---

① 亚里士多德关于哲学友爱性质的观点,让人想起柏拉图对话从来不让对话发生在哲学水平对等的两个谈话者之间。施特劳斯注意到,平等者之间的对话不能展现主要对话者为他的特定听众所调制的教诲;它将不把如下任务分派给读者:判定那种教诲是否以及如何在脱离那场对话的语境之后仍然有效(《城邦与人》[*The City and Man*]页54-55)。当然,那里谈及的是如何在书写作品中表现对话的问题,而亚里士多德所谈的应该是实际的关系。

的伙伴之间发生的。

亚里士多德把不平等的伙伴关系特别地视为两种生活领域的本质特点——一个是统治与被统治之间的政治关系,另一个是家庭成员之间的关系(1158b12-14)。从两者之间的详尽比较得出了政体的三种 eidē[类型]及其相应的偏差形式,而在家庭关系中也可以看到"如其所是的相似性和范本"(1160b23-24)。①作为"相似性",家庭关系显得像是一种结构的反映,那种结构的首要形式是政治的;不过,家庭含有各种各样的关系,包括夫妻、父母与子女、兄弟姐妹、主奴等等,因此它是在一个整体中包含了各种不同政体形式的原型类别,而其中只有一种形式才能在特定时间、在特定政治共同体中找到。无论如何,在一种情形中,家庭关系似乎是原本的,而政治结构则是相似者,这种情形便是父子关系作为王制的范型:荷马称宙斯为"父亲",因为"王权希望像父亲那样统治"(1160b25-28)。②如果说王

---

① 这里谈及的政体分类尤其可参《政治学》1279a22-b10。根据《伦理学》第八卷第 10 章提出的类比,王制与父子关系平行;僭政作为王制的变形平行于主奴关系或那种在波斯人中发现的专制的家长制关系。与贵族制的相似,可以在正常的夫妻关系中找到;寡头制即贵族制的退变形式,相当于丈夫侵入妻子的能力范围,或妻子因家族财富的缘故取得统治地位。资产制(timocracy),即假设平等的公民轮流为治的政体,在兄弟关系中有其对应物;民主制则对应于一个没有主人或主人孱弱的家庭。

② 相比之下,夫妻关系只是显得像是贵族制的形式(1160b33),兄弟之间的关系也仅仅似乎是资产制的(1161a4),而父亲对子女的关系则被说成是不仅仅看起来或显得是国王般的,而是"拥有王制的 schēma[形式]"(1160b25)。亚里士多德的《政治学》开篇就批评了一种意见,那种意见认为 polis[城邦、政治]与 oikos[家庭]之间只有程度上的差别,而没有种类上的区别(1252a7-14)。在谈到 polis 的出现是社区的充分发展之后,亚里士多德观察到,最初的城邦都是由那些仅仅从家长扩展而来的国王统治的,形成了长者的王室统治。当他提到荷马史诗中的独眼巨人来说明王家统治的时候,他的言下之意指向了这种类型的家政和邦制的坍塌(1252b20-28;参第七章注释 39[译按]即本书下文第 327 页注释①)。

制发源于父子关系,那么这仅仅是因为它把政治共同体处理为一个大家庭而没有认识到 polis 本质上的独特性质。

统治者和被统治者之间的政治关系用语,有可能被借用来描述家庭内部的不平等关系;但亚里士多德论证说,家庭是比城邦更加本源和必需的,因为人类就其天性而言,比起他作为一种政治存在来说,更是一种"配偶的"(pairing)存在物——这至少是就动物世界整体而言的(1162a16-19)。相比之下,《政治学》的第一卷一开篇就确立说,城邦从其天性上来说是先于家庭和个人的,正如整体先于部分(1252a19-29)。当然,如果家庭和城邦各自的"在先"是在不同意义上说的,那么,上述对比就并不能构成一种矛盾。而且,在各自的分析中有着不同的视角在发挥作用,这个视角的不同表现在两者各自与城邦习俗所保持的距离之中:《伦理学》谈论人的德性,《政治学》则论及女人、儿童和奴隶的德性[171]——这个德性是由他们在 polis 的秩序以及从属于它的家庭中所扮演的独特角色来界定的。①两部论著的视域的不同体现在它们关于与奴隶的友爱的不同看法上:《政治学》认为,只要主奴双方各自适合他们的特定角色,他们之间的友爱就是可能的(1255b13-15);《伦理学》则认为,对于作为奴隶的奴隶,主人是不可能与他有友爱的,只有当奴隶超出他的奴隶身份而作为一个人,才能与主人有友爱(1161b2-8)。正如《伦理学》在它的关于友爱的所有讨论中所揭示的那样,我们也许有一种政治的自然(本性),但人类不能被理解为仅仅是一种政治的存在者,至少在政治的下述意义上不仅是政治存在者,这种意义仅仅通过人在 polis 或家庭中所扮演的特殊角色来定义其存在。

家庭关系的多样形式(multiform, polueidēs)也许可以通过与

---

① 在《政治学》的第一卷,亚里士多德为高尔吉亚的观点辩护。这种观点反对苏格拉底的那种寻求人类德性的普遍定义的做法,根据城邦和家庭中的位置来对德性的等级进行排序(1260a15-34;参《美诺》71e-73a)。

政体分类的类比来说明；但所有家庭关系最终都源于一种深深植根于自然之中的单一源泉——父母对子女的爱（1161b16-19）。① 如果说孩子因其父母曾赋予他生命和自然这一巨大好处而感觉到或应该感觉到有欠于父母，那么父母对孩子所感到的爱则拥有一个更自然、更强大的来源：在孩子身上，父母看到了"犹如从自己身上分离出来的另一些自我"（1161b28-29）。对父母的 *philia* 的说明，提出了一种新友爱原则的第一个征象，这种友爱比那种出于有用性、快乐甚至善的友爱还要深入。父母之爱的来源是一个人自己对他者的投射。不过，恰恰是这种出自父母的自我投射——亚里士多德在这里特别就母亲而言——使她不计任何回报地为子女的好而祝愿和行动：所有人类关系中最无私的根源乃是对属己存在物的执着（attachment）。② 这种特别的矛盾关系预示了一个关键转折，这种转折将把我们带向亚里士多德所理解的友爱的基础。

---

① 特希托尔评论到，虽然关于各种家庭关系的分析是基于它们与诸种政体的相似性进行的，从而使得这种分析是从城邦的观点出发的，但亚里士多德也通过考察"所有这些关系由以产生的自然根源，即独立于任何特殊政体类型的代际生产"现象，而重新思考了家庭。[《阅读亚里士多德的〈伦理学〉》（*Reading Aristotle's "Ethics"*）页 82-83）。

② 亚里士多德在施恩者对受惠者的关心这一现象中发现了这一原则的例证。令人惊奇的是，施恩者对受惠者的关心程度之大，超过了受惠者的感激之情（1167b16-68a10）。人们也许会假设，施恩者希望受惠者好，是因为他期待从后者得到回报，就像债权人希望保全债务人，以便让后者还钱。亚里士多德并未简单驳斥这种观点——丝毫不比他对那种在父母对子女之爱上的类似解释的驳斥更多（1163b24-25）。不过，他提出，"更自然的"模式是艺术家与其作品（*ergon*）的关系：制作者的 *energeia*［活动过程］存在于他的作品中；因此，出于对属己存在的执着（attachment），他非常在乎自己的作品，在这个意义上，受惠者就是施恩者的 *ergon*。

朋友作为另一个自我

内在和谐与自我的可能性

当关于友爱的讨论从好人之间的完美友爱下降到对所有那些使我们的友爱如此不可靠的冲突和失望的分析的时候,这场讨论似乎就要完成了;[172]然而,它却在第九卷的第四章完全重新开始,引入了"另一个自我"作为理解朋友的正确方式。在全部先行讨论中,亚里士多德历数了那些被视为决定性的友爱的特征,以便说明这些特征首先刻画的却是个人的内在状态(1166a1-2)。在两个人之间的最佳友爱中,一个人为了朋友的缘故而希望他得到好的事物或看起来好的事物,而且,他会为此而行动;在最起码的层面上,他会为了朋友的缘故而祝福朋友的存在和生活。虽然,对于两个互为朋友的人来说,只是祝愿对方好是不够的;朋友必须乐于在一起度过时光,他们各自挑选同样的东西,而且,他们要一起经历悲伤和喜悦。亚里士多德现在推论说,如果这种类型的和谐被认为属于两个互为朋友的人之间的关系,那么,这是因为它首先是在一个得体之人(the decent person, *ho epieikēs*)作为个人的自身内部被发现的。事实上,他顺便补充道,这样一种内在和谐是所有自认为得体的人都有的,虽然他提醒我们说,似乎真正的人(serious person)才是尺度(1166a11-13)。虽然执持 *spoudaios*[严肃、真正之人]以为典范——这种人暂时为此目的而替代了 *epieikēs*① 的位置——但亚里士多德显然愿意把一种未经撕裂的自我扩展到所有具备些许"自

---

① [译按]原文误作 *epiekēs*。

尊"(self-esteem)的人之中。①

那种在自身内部拥有与他人的友爱特征的人,是一个在其全部灵魂中欲求同一种东西的人(1166a13-14)。②他为了自身的缘故而希求对自己好的东西或看起来好的东西,并为自身之故而从事于斯,因为他是为了理智的部分(*to dianoētikos*)而这样做,而理智似乎恰恰是每个人之所是。他希望过自己的生活并保留下来。但更重要的是,他希望过的和保留下来的生活是在他实践明智(Phronein)时的生活。和所有人一样,渴望对自己好的东西。但在这种情况下,确定是为了他自己,因为他想要的生活绝大部分保留下来的是思考的部分。这恰恰似乎是每个人之所是,或至少是其绝大部分。一个如此这般的人愿意与自己一起度过时光并充满乐趣,怀着愉快的回忆和美好的希望,还有一颗充满沉思之物(*theorēmata*)的心灵(*dianoia*)。就像一对在同感中经验痛苦和快乐的朋友一样,他在与自己的关系中这样做,不

---

① 人们可以产生疑问,如果这样一个人是自欺的,并且实际上是停留在并不属于自己的真正兴趣的欲望中,那么,他是否还有能力像一个真正得体之人那样处理任何事情?关于这个问题,森仁(Kathryn Sensen)在"On the Nature of Friendship in Aristotle's *Nicomachean Ethics*"[《论亚里士多德〈尼各马可伦理学〉中的友爱性质》]页9-10中进行了讨论。

② *Psychē*——在这里的讨论中被置换成理智(mind, *nous*)——只是在这个关于得体之人的论述中,并且是在再一次与灵魂分裂的卑劣之人的对比之中,才出现的(1166b20)。在第八卷中,*psychē* 只是在顺便提及主奴关系与身心关系的比较时出现过一次(1161a35);在第九卷中,它将只在"[朋友]同心"(one soul, *mia psychē*, 1168b7)这个谚语的形式中,以及在对那种沉溺于灵魂的非理性部分的可耻的自爱者的描述中(1168b20)再次出现。*Psychē* 在全部关于友爱的讨论中的罕有出现使人认识到,它在第六卷之后实际上就或多或少地消失了。在第七卷——我们本来或可期望在此更多地见到它——它只在描述演绎推理及其实践对应物的时候有过一次毋宁说是古怪的现身:当一种涉及普遍状况的大前提与一种涉及特殊情况的小前提相结合,灵魂就应该确认结论,正如在实践中一个人必须立即行动(1147a25-28)。在第十卷关于沉思生活的描述中,*psychē* 将公然缺席,仅仅在最末一章现身一次,谈到必须教化灵魂,犹如下种之前必须耕耘土地(1179b25,[译按]原书误作1179a25)。

至于此时发现什么事情是快乐的,随即又追悔莫及。

[173]只有这样一个人,恰恰因其可被视为拥有一个自我或成为一个自我,才能像对自己那样对朋友,因为朋友是另一个自我(allos autos; 1166a29-32)。与他人的友爱是一种内在和谐的延伸,而内在和谐继而又被追溯到作为自我或绝大部分自我的理智的认同(identification)。确实,理智被赋予一整套功能——通过它,人们可以明白事理,进行实践推理,以及获得洞见。① 但这一系列功能不再被归属到灵魂的不同部分:在关于灵魂的分析中起到基础作用的整体与部分的逻辑,现在被本质的逻辑所替代——这种逻辑使理智成为构成自我的同一性的统合原则,无论灵魂的功能多么分化多样。②

与得体之人——或那些自认为得体的人,亚里士多德也允许他们算在内——的内在和谐相比,卑劣之人就是那些灵魂中充满纷争的人(1166b5-10)。他们总是欲求一件东西同时又渴望另一件东西,无法稳定地经验他自己的快乐和痛苦。这样的人根本不能被说成是拥有一个自我,或是成为一个自我。我们当然认可亚里士多德在这里描述的条件,不过,用这种方式定义卑劣之人却包含了一种对在全部伦理德性考察中起到基础作用的前提的根本改变:突然之

---

① 瓦尔士(Germaine Walsh)评论到,"真正的自我"在第九卷第八章被界定为实践的理智,在第十卷的第七章被界定为理论沉思的理智,而在第九卷的第四章则包括理智的实践方面和理论方面;这种对真实自我的理解在第九卷第九章中隐含地保存在关于通过友爱来完善的智性活动(intellectual activity)的讨论中(《特希托尔〈阅读亚里士多德的《伦理学》〉书评》,页733)。

② 关于处理灵魂和处理理智的这种不同,让人想起布灵克曼(Klaus Brinkmann)在读亚里士多德《形而上学》时关于 konstitutionstheoretische[构造理论的]实体概念与 bestimmtheitstheoretische[规定理论的]概念之间区别的分析。前者是诸部分合成的整体,后者则关涉存在与本质的关系(《亚里士多德的一般形而上学与特殊形而上学》[Aristoteles allgemeine und spezielle Metaphysik]页80,103-104)。迈蒙尼德总结他对包括理性部分在内的灵魂的分析时说道,"这个单一的灵魂——其诸种力量和部分有如上述——犹如质料,而理智则是它的形式"(《八章集》[Eight Chapters]第一章,页64)。

间,过恶与 akrasia 或缺乏自制之间再无区别。现在,只有两种可能性是被认可的——要么是自我的统一性,要么是无能于达到统一性。①能通过内在和谐达到自我统一性的人被归为得体之人;由内在纷争造成的另一类人被算作卑劣之人。这里用的语言是道德的语言,但它被嫁接到一种新的灵魂学之上。②过恶之人的原初形象——他对属己之善的认识受到如此大的破坏,以至于他的不良欲望能与他的错误判断取得协调——不再能作为一种真实的可能性而出现了;现在的假设是,每一个人都有某种对善的模糊观念以及关于善之缺乏的意识。③于是,这就不可避免地产生如下后果:对于那个虽然模糊但还能看见的善,一个人不能用他的全部灵魂去追求,如此引起的内在纷争转而使得与他人的友爱变得困难,乃至成为不可能。④

标准已经由得体之人设定出来。得体之人似乎更一般性地取

---

① 正如斯特恩-吉列特(Suzanne Stern-Gillet)所言,这样一个"自我"是一个成就词语(achievement word):它"构成了一个我们可以向之努力但不一定能达到的理想"(《亚里士多德的友爱哲学》[*Aristotle's Philosophy of Friendship*]页29)。

② 阿纳斯(Julia Annas)指控说,[在《伦理学》中]支持 philia 讨论的灵魂学,亚里士多德是从《吕西斯》中借用来的,但他未能把它整合到《伦理学》整体中去:关于自爱的关键论证,部分是奠基在柏拉图前提之上的。根据这个前提,好人内在地是持续的和统一的,坏人则是内在冲突的。但这个前提"并不能很愉快地嵌入亚里士多德的《伦理学》之中"(《柏拉图和亚里士多德论友爱和利他》["Plato and Aristotle on Friendship and Altruism"]页553)。为了反驳这种不太可能成立的假设——认为亚里士多德没有注意到这个问题的假设——我们必须看到,[《伦理学》]的论证过程已经导向了这种修正,而且正因此使得德性分析所需的灵魂学不再能满足理解自我的需要。

③ 正如苏格拉底在《王制》第六卷所见,每一个灵魂都追求善并为之而努力,探知其中必有某物,但又惶然,未能充分把握其为何物(505e)。

④ 亚里士多德总结说,如果处在内在的纷争状态必定是可悲的,那么,我们应该努力避免它,以便对自己拥有友爱的感觉,以及成为他人的朋友(1166b27-29)。迪尔迈尔(Franz Dirlmeier)注意到,这是唯一的一处亚里士多德走出他的科学视野的框架而说到"你应该"[《亚里士多德的〈尼各马可伦理学〉》(*Aristoteles Nikomachische Ethik*)页546]。特希托尔评论到,在提出一种"有

代了伦理德性上的有德之人,在后者中,属于灵魂的非理性部分的欲望已经通过习性养成而与实践理性形成了和谐(参 1128b21-25)。不过,根据眼下的论述,这样一个人的内在和谐是理智作为自我的同一性原则所发挥作用的结果,[174]虽然这一点在关于伦理德性的论述中从未被提出,也不可能被提出。从现在这种新眼光来看,通过习性养成而产生的灵魂和谐显得像是作为理智的原初自我同一性的某种拟像(simulacrum)。这种自我的同一性在《伦理学》中的某个较早时刻曾有预示——在第六卷的第二章出现关于选择(prohairesis)的修正说明的时候,把人类行为的唯一源泉界定为"欲求着的理智"(desiring mind)或"智性的欲望"(intellectual desire;1139b4-5)。理智和欲望的那种融合——现在它被设定为统一性的人类原则——也许可以用来描述那种由对智慧的爱欲所驱动的哲学家灵魂:由它做出的描述即使不是唯一的,也是首要的。在第六卷的闪现(fleeting appearance)之后,它①不再重新露面,直到第九卷的这个地方,在说明一个用其全部灵魂来欲求同样事物的人的自我作为理智的时候,我们重新想起了它。

与自己做朋友

虽然那些被归于做他人之友的特征被回溯到个人内部的和谐状态,但亚里士多德对一个人能否与自己交友的问题不置可否(1166a33-34)。但是,当第九卷后面问及一个人应该首先是与自己交朋友还是与他人交朋友的时候(1168a28-29),与自己交友的可能性又似乎是理所当然的了。问题是从道德说法中以及由道德

道德训诫意味的得体之人和卑劣之人的对比"并以一种"罕见的道德劝勉"作结的时候,亚里士多德同时已经开始通过指出"自爱的首要性"来"揭示友爱的灵魂学根源"了(《阅读亚里士多德的〈伦理学〉》[Reading Aristotle's "Ethics"]页84-85)。

① [译按]指理智与欲望的那种融合。

说法所预设的自我概念中生发出来的。"自爱"(philautos)在日常语言中是一个责备人的词,因为坏人被假设为那种只为自己做事的人,而得体之人则是为了美尚之事以及为了朋友而行动,不顾自己的利益;不过,亚里士多德观察到,实际情况与这种道德说法并不吻合。他们说,无论如何,一个人应该最爱自己的朋友,而最好的朋友就是为了那个人自身的缘故而希望他好的人,即使他永远不知道这一点。亚里士多德推理说,上面所描述的情形正是一个人对自己的关系。①

把与自己的关系作为标准,使与他人的友爱关系接近这一标准——为了支持这种观点,亚里士多德求助于诸如"[朋友]同心"(one soul;1168b6-7)这类形式的谚语的智慧。这句话出自欧里庇德斯的《俄瑞斯特斯》。通过引用这部戏剧,亚里士多德提出了一种对人类动机的描摹:它先是援引《俄瑞斯特斯》中的诗句,以说明快乐所依赖的那种贫乏(neediness;1154b28-29),然后,在来自同一部剧的线索上,它最终提出了友爱所依赖的那种贫乏(neediness)。在亚里士多德此处所指涉的语境中,[175]俄瑞斯特斯刚刚回到埃勒克特拉(Electra)②身边,向她报告试图说服公民大会给他们姊弟俩减缓死刑努力的失败。他的努力不过是想请求不被公众用石头打死,准允他们一起自杀。埃勒克特拉请求兄弟结束她的生命,但是当他拒绝这样做的时候,她就准备自己用剑来解决,而且要求与他做最后的拥抱:"哦,最亲爱的人,有你姐姐最渴慕的身体和最大快乐的人,以及同心的人。"俄瑞斯特斯让步了,准备抛弃全部害羞:"这便是我们俩所能有的婚床和儿女"(1045-1051)。亚里士多德对欧里

---

① 为了他人自身而爱他,即使那个他人并不知道自己被爱,这种情形的真实可能性体现在母亲对孩子的爱之上(1159a28-34;参 1161b27-28,1168a25-27)。亚里士多德现在想证明,在这种意义上最值得一个人去爱的最好朋友就是自己,而这一观点的成问题性质就体现在用以支持这一观点的陈述的语法结构上:在句子的中间,宾语——即一个人最应该去爱的最好朋友——变成了主语,即一个为了他人自身的缘故而希望他好的人(1168b2-3)。

② [译按]埃勒克特拉是俄瑞斯特斯的姊妹。

庇德斯的征引意味着,如果一个人最好的朋友总是自己的话,那么,与他人的友爱将会在乱伦关系中发现其最完美的实现形式。

当亚里士多德诉诸谚语的智慧以证明一个人首先是或在最好的情况下是自己的朋友,他对这个观念的论证就开启了 philautos[自爱]的意义。在日常用语中,这个词是指一个人为自己分配超出应得份额的钱财、荣誉或身体快乐,以满足欲望和灵魂的非理性部分的需要。这被认为是自爱的唯一形式。不过,如果一个人严肃认真地从事正义之举或节制之事,而且总的来说是为了自己能努力获得美尚之物的话,那么,这是不会招致任何人谴责的(1168b25-28)。从"努力为自己获取美尚之物"——就其定义而言,对美尚之物的朝向应该是毫无功利的——中,一个人究竟能得到什么,这是亚里士多德没有明确提出的问题。①现在,他已经准备好做总结:那些把最好的和最美的事物都分派给自己的人应该首先被称为"自己的爱人"。亚里士多德努力说明,得体之人(ho epieikēs)是最大程度上的 philautos[自爱者],因为他满足了自己的最具有统治性的部分:他遵循理智,而理智为自身选择最好的东西(1169a16-18)。当然,能不能把遵循一个人自己的最具统治性部分的理智等同于为自己追求美尚事物,这一点还远远没有弄清楚,以至于这两种值得赞扬的自爱形式都是一样的。

特别是对 kalon[美、高尚、高贵]的追求展现了自爱在自我牺牲中显示自身的矛盾特征。恰恰是在为自己而追求美尚之物中,真正的人(ho spoudaios,严肃的人)会做很多事情,包括为朋友或祖国

---

① 当狄俄提玛问苏格拉底美尚事物的热爱者究竟欲求什么的时候,苏格拉底回答说:"让美尚事物成为自己的";当狄俄提玛问什么人能做到这一点的时候,他却未能作答(《会饮》204d-e)。亚里士多德用来表达为自己追求美尚的动词(peripoiein; 1168b27, 1169a22)在《伦理学》的其他地方,只出现过一次:与沉思相比——从沉思中得不出进一步的结果——实践的活动则追求自身以外的某种东西,尤其是,政治家寻求那种超出了政治自身意义的东西(1177b1-4, 13-16)。

(*patris*)而牺牲生命(1169a18-20):这种人的概念在《伦理学》中仅仅在此出现过一次,它听起来像是在描述某种英雄,这个英雄宁愿为了壮烈的瞬间荣耀而放弃长久的温柔舒适。他已[176]准备好放弃钱财、荣誉,或人们为之奋斗的其他善好,而为自己选择伟大的和美尚的事物;不过,这种做法本身却是以牺牲他者为代价而达到目标的,并因而是把自身的权利作为竞争的目标。高贵的自爱者在把更多的 *kalon* 分配给自己的时候,就侵犯了平等的原则,并因而导致了美尚和正义之间的潜在冲突。① 在他的对于最无私行为的贪求中,他不但准备着在必要的时候放弃生命,而且,如果他发现由他的朋友来实施这种行为更加美尚的话,他甚至会让渡这样一种美尚行为的实施权利!高贵的自爱者退居一旁,以便让他的朋友拥有牺牲自己的荣耀,这个场景是《伦理学》中更具喜剧性或也许是悲喜剧的(tragicomic)时刻之一。通过对这种追求 *kalon* 的自我牺牲的自爱者的形象描摹,亚里士多德揭示了伦理德性本身的一个根源;而当德性被视为伦理上有德性的个人的经验时,这个根源在关于那种德性的讨论中是没有被揭示出来的。从外面出发来看,为了美尚而采取的行动是服务于一个人的自身利益的强有力手段;不过,这个客观上的后果不可能在行为人自身的理解中成为行为的动机而不破坏行动自身的可能性。②

---

① *Kalon*[美、高尚、高贵]在第五卷中的唯一一次出现,是在亚里士多德谈到得体之人的公平行为——这种公平行为看起来也许像是对他自己的不正义行为——的时候;亚里士多德提出,在要求少于自己应得份额的时候,这种人也许会被理解成贪婪之徒,因为他在诸如名声或美尚等其他善的方面获得了较大的份额(1136b21-23)。

② 这个矛盾的结构在第十卷关于沉思活动的描述中再次出现,并且以前苏格拉底的哲学家作为代表:即使对于投身其中的人来说有巨大的利益,*theōria*[沉思、理论]的 *energeia*[活动]也不能因此驱动而受到追求,否则就不能保持其自身之所是(参阅第七章的注释 49-51[译按]即本书下文页 334 注①,页 335 注②,页 336 注①)。

亚里士多德曾试图论证,自爱就其自身而言并不是值得谴责的,它取决于被满足的自我的同一性(identity)。[关于自爱的]谴责性的日常词语只认识到自我沉溺的最低形式,很像对快乐的常见谴责也是只认识到快乐的最低级形式。对这一点的证明似乎构成了论证的首要关怀。不过,这个证明似乎通过关于一种可接受的自爱者的模糊描述而得到了完成,那种自爱形式看起来像是唯一一种与自爱的反面相关的类型。如果更加切近地进行考察,那种热切追求美尚以及因其行为而广受赞誉的人,很难被视为等同于那种以满足理智的方式而来自爱的人。关于自爱类型的任何明显的统一实际上都遮盖了一个二分的类别:在那种投身美尚之物的自我牺牲的自爱者形象背后站着哲学家,后者是对作为理智的自我的自爱者。

相互的自我觉知(Self-Awareness) *

第八卷的讨论开始于涉及友爱的这样一个观点:没有人会选择缺乏友爱的生活。这个观点最终被驱向对上述假设的质疑。如果朋友是一个他我(an other self, *heteros autos*)①,[177]他就是弥补自身缺陷的人,如果是这样的话,他们说,自足的人就没有这个需要(1169b4-7)。欧里庇德斯再一次被征引来给一个光明的形象投上阴影。亚里士多德引用俄瑞斯特斯的话说道:"如果幸运垂青于我们,朋友还有什么用呢?"②亚里士多德并没有立即驳斥这个问题所

---

* [译按]"自我意识"容易让人联系到现代西方哲学的 self-consciousness,在此为示区别,把 self-awareness 译为"自我觉知"。

① [译按]注意区别于"*allos autos*"(another self,另一个我)。前面已发译按说明,此不详及。

② 俄瑞斯特斯在生命遭受威胁的时候请求叔父墨涅拉俄斯(Menelaus)的救助。他非常明确地承认,一个人仅仅在无能自助的时候才转而求助于朋友(欧里庇德斯《俄瑞斯特斯》665)。对于墨涅拉俄斯来说,一旦他算计自己未来的前程,亲情关系就变得毫无意义;而俄瑞斯特斯的同伴皮拉德斯(Pylades)宣称随时可为朋友做任何事情,却只不过把自己引向越来越深的混乱和危险。

蕴含的阴暗观点,而是承认说,如果把所有好的事物都归给幸福的人而唯独排除朋友的话该是多么荒唐,因为朋友被认为是最大的外在之善(1169b9-11)。当最大的外在之善这个头衔在关于心胸博大之人的讨论中被归给荣誉的时候(1123b17-20),它反映了心胸博大之人的自我理解,同时暴露了那种从荣誉获取满足的方式所具有的内在矛盾。①友爱也许能带来荣誉所不能提供的满足——正如心胸博大之人似乎会揣测到的那样——并因而可以成为最高的价值(1125a1)。但目前的观点是,友爱被认为是最大的外在之善,而如果朋友果真是另一个自我的话,友爱所带来的益处根本就不应该被理解为一种"外在的"善了。

没有人会选择拥有所有其他善却没有朋友的生活——如果说在这种观点中有某些真理的话,那么这是因为人类出于天性就是政治的,倾向于与他人共同生活,以及肯定是更愿意与朋友而不是与陌生人生活在一起。亚里士多德分析说,对朋友的明显需求——这一点似乎立即就可以确定下来——却在那些认识到有福之人不必为了有用性和快乐而需要朋友或者只需要少量那样的朋友的人那里受到了质疑,因为有福之人的生活内在地就是快乐的,因而是可以得出完全无需朋友这个推论的;而对这个结论,亚里士多德相当节制地反驳说,它也许是不对的。于是,这个问题就没有得到充分的确定。我们曾确

---

① 史密斯(Thomas Smith)提出,荣誉是最大的外在之善,这个观点是那些富有追求的人们的观点,他们构成了亚里士多德的听众,对于这些听众,亚里士多德试图用重新把友爱界定为最大的外在之善而来改变他们的观点[《重估伦理学》(*Revaluing Ethics*)页185)。雅法论及关于最大的外在之善的这两种显然是相互矛盾的观点时,谈到哲学活动作为交友活动的完善(参本章注释66[译按]即本书下文第292页注释①)。他推论说:"如果我们问为什么对于心胸博大之人来说,首要的关怀是荣誉而不是友爱,那么答案也许与心胸博大之人不是哲学家并因而不可能成为完美的友爱关系的一方这个事实有关……而且,出于那个原因,对于他来说,荣誉被说成是最大的外在之善"(《托马斯主义与亚里士多德主义》[*Thomism and Aristotelianism*]页126)。

认人的政治本性是必需友爱来完善的；不过，这一观点所真正包含的意思要等到在下面的一系列论证中才能得到说明。

第一个论证把我们带回到《伦理学》的起点，它把幸福等同于某种 *energeia*［活动、实现活动］。

（1）如果幸福在于生活在或存在于 *energeia* 之中，

（2）而且，正如一开始就说过的那样，好人的 *energeia* 就其自身而言就是真正的（serious）和快乐的，

（3）再者，属于自己的东西也属于令人快乐的事物，

［178］（4）但我们更能沉思我们的邻人及其行动胜于沉思我们自己和我们自己的行动，

（5）对于好人来说，他们作为真正的人的朋友，其行动是令人快乐的，因为它们在本性上兼有两种令人快乐的事物；

（6）那么，被祝福的人如果选择要对得体之人的行动和自己的行动进行沉思的话，他就必定需要这种朋友；

（7）而这就是一个作为朋友的好人的行动。

（1169b31–1170a4）

如何制造我们对于朋友的最基本需要的问题，似乎变成了一种难以沉浸到行动之中而且同时难以保持沉思自身所需的距离的困难——虽然也许还不是不可能性。第一卷曾为此问题而奋斗：如果一生总体的幸福有赖于某种"看到最后"的观看者的眼光，而一旦到了那样的时刻就不再有能经验到幸福的 *energeia*［实现活动、现实性］的主体了，那么，我们如何可能把幸福归到一个人的整个人生呢？可以想象冥府，在那里，一个人可以在死后继续存在。但这种想象只不过带来了进一步的困难，为确定生命整体的界限带来了一系列问题。对朋友的行动的沉思似乎是为了提供一种解决方案：真正的人一方面自己是行动的主体，另一方面同时是一个对象，通过这个对象，他的朋友可以沉思他自己的得体（decency），如果他选择

这样做的话。是否因为这种沉思自身就构成了幸福的 energeia,所以它就是必要的？这一点并没有被论及。

位居这第一个论证核心的,是某种间接地沉思自己的快乐,至少对于好人来说是这样。朋友有可能对那种属于幸福生活的快乐作出贡献的另外一种方式,是在第七卷关于快乐作为不受阻碍的活动的分析中提供出来的:由于对一种活动的维持较易在与他人共同进行时实现,而独自进行时则不易持续,所以,应当享有这种持续活动之快乐的蒙福之人是不能过一种孤独生活的(1170a5-8)。①而且,我们假设,与朋友分享活动远胜与陌生人分享活动。在第七卷中,我们用以享受持续快乐的能力的局限性曾被贬责为我们的"低劣本性"(1154b28-31),而在第十卷则将被解释为疲劳的结果(1175a3-10);目前的论证建议说,克服这些局限的最佳可能性在于,与朋友分享一种活动就能使得更大的持续性成为可能。[179]如果在一种活动中,与朋友共同进行就能增进活动的持续性并且增加它的快乐,那么,正如亚里士多德引用忒奥格尼斯(Theognis)所见到的那样,与好人生活在一起就该是一种在德性中的实践了(1170a11-13)。这个诗人的句子还将在第九卷的最后被引到——"高贵之事出于高贵"(Noble things from the noble)——以表明得体之人似乎在与他人交友的过程中变得更好,每一方都从对方得到一种印象,认为对方拥有使自己愉悦的特质;当然,在那里还将承认,卑下的人在出于其本性而沉瀣一气的时候,就会通过他们的相互联系而变得越来越坏(1172a8-14)。

目前,友爱是否有助于德性的问题让位给了关于朋友之可欲性的"更自然的"基础的考察(1170a13-14)。此前,在谈及一个惊人

---

① 持续性这一点有助于为达到第十卷的结论做准备,在那里,持续性这个特点成为判定活动合乎幸福程度的排序标准(1177a22-23);只不过它在那里服务于挑选出那种活动以及投入那种活动的生活,并以此代替最低限度的与他人一起完成活动的需要。

事实的时候,亚里士多德曾提出过另一个关于"更自然的"论证,即施恩者似乎更加在乎受惠者,而不是相反;虽然一方面得承认这种情况的发生也许是因为施恩者期待回报,但亚里士多德发现下面这种解释是更自然的:即施予恩惠的人之所以拥有更大的热情,是因为他认识到受惠者的状态是他作为施恩者的自身存在的实现。① 现在引入的更自然的论证——这也许是《伦理学》全书中最长的单个论证——不再关心友爱作为青年的指导、老年的支持,或盛年的伙伴,而对那种带来婚姻和家庭的自然冲动,或那种可以培育性情的与得体之人的友爱联系,也都未置一词。这个论证毋宁说只是转向了对于活着的觉知(awareness),而活着本身就是好的。带着这样的想法,我们也许会对如下说法感到惊奇:这个自然主义的(naturalistic)论证的目的是为了表明,为什么"一个真正的朋友对于一个真正的人来说从其自然本性而言就是值得选择的(choiceworthy)"。如果这个论证不只是简单地依赖对于 spoudaios [严肃的人、真正的人]的权威性的求助,②那么,在对于这种人来说什么是好的东西这个问题上,这个论证所提出的观点就必定是从出于自然的善的独立基础出发得出的推论。

对于人之为人来说,活着意味着什么? 当亚里士多德由此出发提出一个前提或一系列前提以启动论证的时候,他就提供了那种[出于自然的善的独立的]基础。

(1) 对于动物来说,活着是通过感觉(perception)的能力来

---

① 关于这里谈到的施恩者和受惠者的讨论,参见 1167b29–1168a10,以及本章注释 29 [译按]即本书上文第 264 页注释②。

② Spoudaios [严肃的人、真正的人]作为论证诉诸的对象在全部《伦理学》中所扮演的角色,尤其明显地表现在第十卷对他的求助上。第十卷试图通过把真正的快乐状态界定为它在真正的人之中所表现出来的快乐事物而来确定何谓真正的快乐状态(1176a17–22)。

界定的,而对于人来说,是通过感觉和思想的能力来界定的;

[180](2)但是,由于能力是通过 energeia[活动、实现活动]来得到理解的,而且能力的主导意义(sovereign sense)就在 energeia 之中,所以,活着的主导性意义就在于去感觉和去思考。①

在论证展开之前,还需要引入更进一步的前提:

(3)活着是一件本身就是好的和快乐的事情;因为它是有限定的(determinate),而有限定的便是好的性质。凡是出于自然就好的东西,对于得体之人来说也是好的,因而对于所有人来说也是愉悦的。人们不应该在恶的、腐坏的或痛苦的生活中安身立命(take bearing),因为这样的生活是无限定的,正如那些从属于它的事物一样。

亚里士多德没有继续说明什么叫做有限定,以及为什么有限定是自然善好的标志;②而是,论证继续行进在善的和快乐的生活的

---

① 这个论证在第十卷中还将得到补充:快乐是一种伴随感觉和思想的自然活动的经验(1174b14-1175a3)。

② "毕达哥拉斯式的"有限定性(*hōrismenon*)原则与无限定性或无限相对——前者与善好相联系,后者与坏的相关。这些原则首先是在关于中庸的论述中出现的,在其中,感觉和行动中的简单目标被置于过度和不足这两种未能达到中庸标准的无限定状态的对立面(1106b29-34)。第十卷论证说,快乐不可能是善的,因为善是有限定的(*hōrismenon*),而快乐由于可以增减所以是无限定的;在谈及这个论证的时候,亚里士多德没有质疑这个标准,而只是质疑了对快乐的如下描述:如果健康可以更多或更少仍然是有限定的(*hōrismenon*),为什么快乐不能如此(1173a16-29)? 在《斐勒布》中,苏格拉底分析说,健康是无限性和有限性的正确混合的产物(25e-26b):这是在自己提出的 *eidē* 分析之后诉诸毕达哥拉斯原则。伯纳德特评论说,这是一个陌生的苏格拉底,因为他出人意外地涉入前苏格拉底的宇宙论之中,而又显然让它从属于人事之善的问题(《生命的悲剧和喜剧》[*The Tragedy and Comedy of Life*]页 89-90)。

另一种基础论据之上。

(4) 如果活着本身就是好的和快乐的,以至于似乎所有人都欲求它,得体之人和蒙福之人尤其欲求它,

(5) 而且,如果一个人看就感觉到他在看,听就感觉到他在听,走就感觉到他在走,如果总有什么东西感觉到我们是在 *energeia* 之中,

(6) 以至于我们感觉时,我们就觉知到我们在感觉;而当我们思想时,就觉知到我们在思想,

(7) 而觉知到我们在感觉或在思想,就是觉知到我们存在着,因为存在着就是在感觉或在思想,

(8) 而如果感觉到自己活着是一件本身就快乐的事,因为生命出于自然就是善好的,而感觉到那种善好属于自己是快乐的,

(9) 而如果活着是值得选择的,尤其是对好人来说是这样,因为活着对于他们来说是善的和快乐的,因为在对那些自身即善的事物的感觉中,他感到愉悦,

(10) 如果真正的人对朋友的感觉如同对自身的感觉,因为朋友是一个"他我"(*heteros autos*),

(11) 那么,正如对于他自己来说,他自身的存在是值得选择的,他的朋友的存在也是如此,或几乎如此。

(12) 但存在因其被感觉为某种好的东西而被认为是值得选择的,而且这种感觉在其自身中就是快乐的;

[181](13) 所以,一个人应该与朋友一起感觉(*sunaisthanesthai*)自己是存在着的,

(14) 不过,要想成为这样,他们必须通过生活在一起、分享谈话和思想才能做到,因为那样做才是对于人来说的一起生活的意思,否则就是像牲畜那样一起喂养。

(15) 所以,如果对于蒙福之人来说,存在本身就是值得选

择的,就是出于本性的善和快乐的,而他的朋友的存在也近乎如此,那么,朋友就同样应该是一种值得选择的事物。

(16)凡是对他来说值得选择的东西都应该属于他,因为否则的话他就会因缺乏而痛苦。

(17)所以,幸福的人需要真正的朋友(serious friend)。

(1170a13–1170b19)

《伦理学》从一开始就在说明使一个人生活幸福的客观条件,但目前的论证第一次揭示出,没有任何一套客观条件是足够的;只有当活着被觉知到,以及活着本身的善好被觉知到,生命才可以算作值得选择的。①我们也许会期待,这个论证表明了这种觉知只有通过觉知到朋友的生命及其善好才能获得。不过,我们被给予的似乎毋宁是关于一个人对自身的原初觉知的说明,这种觉知可以溢出为对朋友的生命的觉知。②因此,对于朋友生命存在的可欲性的感觉,只能对一个人自身生命的已经被感觉到的可欲性起到增强丰富的作用。如果说这无论如何是必要的,那么,这显然是因为,一种缺乏那种增强感觉的生命(生活)将会缺乏某种可欲的东西,并因而

---

① 帕卡鲁克(Michael Pakaluk)评论说,因为幸福是反思性(reflexive)生命的一种活动,所以,在生命自身所是的方式中有一种欲求堪比与他人的关系(见《亚里士多德〈尼各马可伦理学〉卷八和卷九》[Aristotle's "Nicomachean Ethics" Books VIII and IX]页 216)。它是否会在所有形式的友爱中显现,或是否能同等地显现,则是另外一个问题(页 226):如果友爱的反思性(reflexive)特点是通过分享谈话和思想来体现的,那么,这似乎本质上或首先是属于共同爱智慧(philosophize together)的友爱活动。

② 正如库珀(John Cooper)所言,"对他人的意识是一个好人的自我意识的溢出"(《友爱与善》["Friendship and the Good"],见《理性与感情》[Reason and Emotion]页 340)。

不再是一个蒙福之人的生活。①

如果论证终止于断言朋友存在的值得选择几乎相当于一个人自身的存在,那么,无论如何,这也许可以算作那个论证的起码结论。②但是,进一步的步骤增添了新的一点——人们应该与朋友"一起感觉"(sunaisthanesthai)自己的存在——而论证的总结性评论只不过说明了这个"一起感觉"是什么意思。③朋友作为另一个自我的地位,使得一个人对自身生命的觉知,以及对伴随这一觉知的快乐的觉知,有可能扩展到他人。不过,如果他人只不过是我的理解力的纯粹被动对象的话,那种扩展便是不可能的了;我必须把他理解为另一个主体,这个主体同样也承担着或有能力承担[182]我对自己所拥有的觉知经验。于是,正如论证所总结的那样,"一起感觉"最终是由分享谈话和思想来完成的,亦即通过对话来完成的。

起初,我们发现,通过与朋友的关系,我们更容易找到对自身行为的得体性的赏识,而朋友的得体行为由于与我们自己的相似,也可以成为我们观照(contemplation,沉思)的对象。根据我们刚才被给予的"更自然"的论证,朋友不只是一个对象,而是他自己的生命及其朋友生命之可欲性的一个共同感受者。对行为的观照预设了自我作为主体和朋友作为客体之间的距离;分享谈话和思想是在一

---

① 这个论证运用了第一卷中曾作为幸福的标准而提出的自足性的某种版本:如果没有友爱的话,生命(生活)就不再是"一无所缺的"(1097b16-17)。托马斯·阿奎那解释说,如果一个幸福的人没有对朋友的生命存在的意识,那么,由之导致的缺乏将会与幸福的概念相对立,因为幸福要求充足无缺(《亚里士多德〈尼各马可伦理学〉评注》[*Commentary on Aristotle's "Nicomachean Ethics"*]1912,页578)。

② 正如斯巴肖特所见,论证的结论并未显示出要求它的"貌似不凡的前提"。不过,斯巴肖特继续评论说,通过把友爱的价值放置到由它所带来的扩展的意识(extended awareness)之中,这个论证为发现最高级友爱的智性生活特征提供了基础(《认真对待生活》[*Taking Life Seriously*]页299-300)。

③ "一起感觉"(sunaisthanesthai)预示了结论部分对朋友间相互参与活动的描述,这个描述终止于"一起爱智慧"(sumphilosophousin;1172a4-7)。

起的形式。而且,在对行为的观照中,朋友显得不过是自我的一面镜子;而只有在一起谈话中,才有可能发现把人区分开来的差别。朋友首先被指为"另一个自我"(allos autos;1166a32),意谓自我在另一个人中的重合;而作为对话的一方,他则变成了一个"他我"(heteros autos),从而恰恰因为那个使他真正成为他者的差异性使他的自我与我的自我形成一个对子。通过对话来进行的参与活动,或许可被视为非个人的或匿名的理智活动,但正是它看起来像是能借以发现什么是特别属于一个人自己的东西的方式。

为何需要朋友的问题,在一开始就通过诉诸人类的政治自然(本性)而得到了解决;从那之后,我们所发现的是,我们的政治本性的实现是通过对话而发生的。不过,分享谈话和思想同时也是我们的理性自然(本性)的实现。用来定义友爱的这种活动,解释了自我是如何能在对朋友作为一个他我(an other self)的认识中与他我一起出现的,以及,这如何能说明自我是理智,或主要是理智。友爱作为我们的理性自然和政治自然得以共同实现的中介,尤其是对话性的,因而,如此设想的友爱主体也就是对话的自我。对话允许和要求双向的运动——不仅是从自我向他人扩展,而且是通过与他人的关系来对自我进行持续的建构。对话的自我并不是作为友爱的必要条件而被充分给予的,而是他部分地通过友爱关系来成为他之所是的。分享谈话和思想是由对自己的视域局限或不完全性的认识来驱动的,同时,分享谈话和思想也带来这种认识;这种认识把某种渴望的可能性引入友爱,而这样一来,起初被设想为善人之间的友爱关系似乎就被排除在外了。[183]与这种可能性的出现相伴而行的,是在理解爱欲(eros)及其与 philia [友爱]的关系上发生的变化,于是《伦理学》中关于友爱的讨论走向了终结。

友爱、爱欲与哲学

在一个简短的题外讨论之后,第九章的"自然论证"在第九卷的最后一章得到了重述和完成。朋友之间如何获得对自身的和相互之间的共同觉知(awareness)？在这个问题上,我们又回到了前面达到的结论性反思。只不过,对友爱(friendship)的这种本质性刻画现在是通过与爱欲(eros)的对比方式进行的:

> 正如对爱者来说,观看[对方]是最令人愉悦的,所以他们选择这种感觉,胜过其他感觉,因为爱欲首先就是产生和存在于与这种感觉的一致之中。那么,对于友爱来说,共同生活是否也像那样是最值得选择的？因为友爱是 koinōnia[共同体],所以,一个人如何对自己,就如何对他的朋友;因此,正如对自己的感觉是值得选择的,对朋友的感觉也是同样的;不过,这种感觉的 energeia[实现、活动、现实性]只有在共同生活(suzēn)中才能形成,所以,朋友们很自然地寻求这种共同生活。(1171b29–1172a1)

观看之于爱者(lovers),犹如共同生活之于朋友(friends)。爱欲(eros)在《伦理学》中显出的这种罕见面相让我们突然意识到,这个问题在亚里士多德关于人类生活的论述中是多么缺乏,而与之形成鲜明对比的是,在柏拉图那里,没有任何其他主题能比[爱欲主题]更加核心和无所不在。① 柏拉图让苏格拉底用雄辩的语言颂扬爱欲的神圣 mania[迷狂],这种迷狂使得疯狂的爱者把被爱者当神一样崇拜,而被爱者甚至也许根本就未曾注意到爱者的存在。根据

---

① 在评论爱欲(eros)在柏拉图思想中的核心地位时,伯纳德特观察到:"在柏拉图那里,人第一次成为一个形而上学问题,而爱(love)则第一次成为一种形而上学的激情"(《苏格拉底与柏拉图:爱欲的辩证法》[*Socrates and Plato: The Dialectics of Eros* 对应]页19)。爱欲在《伦理学》中的明显缺乏或不重要地位,对应于亚里士多德在关于正义的讨论中不提 thumos[意气]及其所要求的惩罚冲动。

亚里士多德，友爱必定是两个人之间的相互关系，而且这两个必须意识到作为人的有限性（参 1159a3-11）。对自身所缺乏之物的觉知和渴求，在柏拉图的爱欲思想中是居于核心地位的；但是，在亚里士多德认为是最高等级的关系——即两个德性上等同的成年人之间的友爱关系——中，它似乎是毫无地位可言的。爱欲作为对所缺乏之物的渴求，恰恰是在对智慧的爱中有其范式；友爱抵制任何这类重构。在这里——如果说确有这样的地方——柏拉图式的疯狂显现为亚里士多德式的清醒节制的替代形式。

当《伦理学》第九卷的最后一章开篇显得像是随意地提[184]及爱欲的时候，它看起来像是在探讨友爱的过程中发生的一系列显现中的一次显现；更仔细的检视会发现这个系列中的一种发展，这种发展将会表明，爱欲的地位可能并不像它一开始出现的时候所显现的那样只起到外围辅助的作用。①柏拉图的《斐德若》为那种发展提供了一个模式：在对话的前半所给出的三篇讲辞系列中，爱欲从被谴责的对象激烈地变成受到最高颂扬的对象。最初对爱欲的谴责是被归在修辞学家吕西阿斯名下的一篇书面讲辞，它是以一个"非爱者"的名义表达出来的。这个"非爱者"后来在苏格拉底对那篇讲辞的重述中变成了一个伪装的爱者(lover)，这个爱者要为自己赢得被爱者的青睐。讲辞进行到一半，苏格拉底中止下来，揭开他原先用以遮羞的蒙住头脸的衣服，并且准备离开，但又在他的 *daimonion*[精灵、保护神]的阻止下留了下来；苏格拉底宣称，因为担心受到爱神的惩罚并耻于呈现出如此一幅关于爱者和被爱者的庸俗

---

① 这是我的论文《一起猎取或一起爱智慧：亚里士多德〈尼各马可伦理学〉中的友爱与爱欲》("Hunting Together or Philosophizing together: Friendship and Eros in Aristotle's *Nicomachean Ethics*")的主题（参页 37-60）。在拉纳辛格（Ranasinghe）编的《逻各斯与爱欲：斯坦利·罗森纪念文集》[*Logos and Eros: Essays Honoring Standley Rosen*]页 105-117 中，出现了这一讨论的一个版本，其中涉及罗森论《斐德若》中的非爱者（nonlover）。

景象,他决定提出一篇"翻案文章",以便洗清自己[渎神的罪过]。这篇"翻案文章"把爱欲的迷狂颂扬为我们的最大福祉的源泉。

与上述《斐德若》模式相应,《伦理学》八、九两卷中对爱欲的指涉系列可展开为两个阶段,在这个展开过程中,友爱(friendship)一如爱欲(eros),同样经受了一场变形。这场变形根本上改变了它们之间的关系。[1]出现在第一个阶段的,是出于一个非爱者的视角,从这个视角出发来看的爱欲成为不可避免的沮丧的源泉,因而势必不为任何有理智的人所信赖。爱欲关系在此被设定为完美的或完善的 philia[友爱]满足的对立面,后者被认为是两个相互参与者之间的关系,其中的每一方都觉知到那种映照在对方之中的自己本身的完满性。然而,讨论中出现的一个转折点却最终把讨论带向一个关于友爱的非常不同的范式,这种范式根植于对各自自身中所蕴含的不完满性的觉知。与这个发展过程相伴随的,是一种对于爱欲的新理解,根据这种理解,爱欲不再是一种令人沮丧的选择,而是 philia 的最高形式的决定性核心。

爱欲关系在第八卷中被首次提及时,是作为年轻人的自然本性而被引入的:年轻人由于是在感觉的指导之下和快乐的驱动之下,因此,他们之间的关系往往就是这样:他们不管黏到一块儿还是走向分手都同样迅速和热烈(1156b1-4)。不过,使得爱欲关系成问题的,还不只是它的易逝本性。正如起初所描述的那样,对爱欲的定义,几乎是通过对爱欲关系中的各方从与对方的关系中所欲追求

---

[1] 指涉爱欲(eros)或相关词语的地方,在第八卷中有 1155b3-4,1156b2-3,1157a6-13,1158a11-12,1159b15-17,在第九卷中则有 1164a3-8,1167a4-6,1171a11-12 和 1171b29-31。到第九卷第一章为止的部分,与第九卷第五章之后的部分(即上列最末三处),在这个问题上有非常不同的处理方式。在第八卷和第九卷之外的地方,与爱欲相关的词语只有两次顺带的提及:一处是在谈及提洛斯铭文的时候宣称一个人所爱的东西是最令人快乐的(1099a28);另一处提及是反对那种认为寻死以解脱得不到回报的爱的痛苦的行为是勇敢的这种观点(1116a10)。

的不同目的出发来进行的,因而它必定带来欺骗或[185]自我欺骗,无论这发生在一方还是在双方都有发生。爱者和被爱者所怀有的不同目的,而且是潜在地或几乎是不可避免地相互冲突的不同目的,使得他们之间的关系成为好人之间的完美友爱关系的反衬(foil),而在后者中,友爱关系的两个主体之间被设想为是用相同的方式指向对方。

即使是基于快乐或有用性的友爱关系,也有可能表现出某种类似于完美友爱的强度和稳定性,只要友爱的各方可以从对方得到相同的或近似的好处——或至少,亚里士多德提出说,只要朋友双方能互相提供一种来自同一来源的快乐,譬如在两个机智诙谐的人之间的友爱那样,那么,上述情形就是有可能发生的。相反,在爱欲关系中,爱者的快乐来自对被爱者的凝视,而被爱者的快乐则来自爱者的注意。一旦容颜不再,原先的爱者在对曾经作为他的最爱的人的凝视中就再也找不到快乐,而被爱者也就不再得到爱者的注意。①亚里士多德承认这是有可能的:在某些情况下,如果双方在交往过程中能学会欣赏对方的性情,他们还是可以保持朋友关系的。当然,这并不是爱欲关系中的本质属性(1157a3—12)。②亚里士多德说着一种[《斐德若》中的]吕西阿斯所描述的非爱者的语言,这个非爱者的讲辞是想诱导一个美少年相信,他所提供的那种[无爱欲的]关系比一个爱者所提供的爱欲关系要有利而持久得多,因为在无爱的关系中,各方都更能顾及自身利益,而在爱欲关系中,正如爱者自身必须承认的那样,他是不能自控的。正如苏格拉底在他的修

---

① 亚里士多德谈到,如果爱者和被爱者相互交换快乐和利益的话[译按:指爱者追求快乐,被爱者追求利益,一个通过付出利益换来快乐,一个通过给人快乐换取利益],这种关系甚至是更加不稳固的,虽然这种关系看来很难与前面描述过的交换快乐的关系区分开来,即使后一种情形中的快乐是不同的类型(参1157a12—14和1164a3—12)。

② 参《斐德若》233c—d,比较255a—b,256c—d。

正版的吕西阿斯讲辞中所表明的那样,一个爱者即使在他的激情状态中对其所爱之人的各方面都是有害的和最令人不快的;而一旦激情消停,他势必不信守他先前作出的许诺,转而让理智和节制接手爱欲和迷狂的管辖。①

对爱欲关系的这种描述维持到它的最后一次出现,即是在第八卷的一个地方(1159b16-19)。友爱的本性恰如俗谚的智慧所言,是"相等和相同"(philotēs[友爱]是 isotēs[相等]和 homiotēs[相同])。不过,在这一点上最完美的例子是在那种德性上相似的人之间的关系中发现的,而那些基于有用性的关系则似乎是在相反的人之间维系的,因为每一方都要在对方中寻求自己所缺乏的东西。亚里士多德评论说,在爱者与被爱者的关系,或在一个美人与丑人之间的关系中,一个人有可能"被拉入"这种类型的关系中。于是,当爱者需要被爱的时候,他们就会显得荒唐可笑:如果他们值得被爱,还算是有意义的;但如果在他们身上根本没有什么值得爱的东西的话,又该如何呢?如果爱欲从属于正义的要求,它必定是从属于分配性的正义原则。[186]只有当爱者有值得爱的地方,爱者才能期待被爱。再说一遍,这正是非爱者的论点。非爱者试图劝阻被爱者不要感觉到被迫去要求爱者的感情,而这恰恰是因为爱者碰巧现在充满了这种感情。如果被爱者知道去寻求自己的自身利益,他就会认识到,他不应该把他的青睐给予那些向他乞求的人,而是应该给予那些能够和愿意回报他的人。对于非爱者来说,由于他从未忽视自己的利益,并因而从无追悔,所以他就应该一直处在这样一种地位上。②

从非爱者的眼光出发所看到的爱欲,在第九卷的第一章又出现了一次(1164a2-12)。在这个地方——置身于种种充满抱怨和冲突的友爱关系的扩展讨论之中——"平等和相似"的友爱关系显得

---

① 参《斐德若》231c-d 和 240e-241a。
② 参《斐德若》233d-234b。

像是一个遥远的理想,而现在的问题则变成了在不平等的伙伴之间建立友爱关系的可能性问题。这样一种友爱关系如果要想建立和维持的话,较低的一方必须提供高于较高一方所值的爱;感情必须根据分配正义的原则进行衡量和控制,以便在某种程度上模仿那种基于平等基础上的友爱关系。此时,亚里士多德再次提起爱欲关系,以便说明问题。在经济关系中,钱币提供了一种公共的量度,使得交换成为可能,但爱者和被爱者之间的关系与之毫无可比之处:每一方都试图进入这样一种交换关系,这种交换可以服务于他的个人利益,但不必有一种公共量度,以便使得利益提供方的付出有相应回报。爱者抱怨他的爱没有得到报偿——即使他也许毫无可爱之处——而被爱者则抱怨爱者没有履行任何承诺。[1]一方寻求快乐,另一方寻求有用性,无一方因他人自身而爱他。于是,爱欲关系表明自身集合了两种次级友爱关系[2]的缺点于一身。而且,如果是这样的话,对于爱欲来说,似乎就不再有更高的标准,以便使得爱欲关系可以比肩于好人之间的完美友爱。

然而,当爱欲在下一次出现的时候——在把朋友作为另一个自我来引入讨论之后——它已经经历了一场决定性的反转。一旦爱欲关系不再通过与好人之间的友爱相比照的方式进行定义,它就不再被理解为其目的相互冲突的不相似的伙伴之间的关系了。实际上,被爱者作为一个能动主体已经跳出原先的关系模式,在原先对爱欲关系的描述中唯一遗留下来的特征只不过是对视觉的强调。[187]引入这种新式理解的语境(在第九卷第五章),是对善意(*eunoia*)的分析:亚里士多德论述说,由于无需感受热情或发展出友爱的亲近,就有可能感受到善意,所以,善意似乎是友爱的起点,但也

---

[1] 参《斐德若》231a-b,240c-d 和 241a-b。苏格拉底在其第二篇讲辞的结尾警告说,与非爱者的亲昵混合着"世俗的和精细的盘算"(mortal and thrifty economizing),它将招致灵魂的自由的缺乏(《斐德若》256e)。

[2] [译按]指出于快乐的友爱和出于有用性的友爱两种形式。

只是起点,正如对于爱欲来说,观看的快乐是它的 *archē*[起点、始点、本原、开端、原则]。没有什么人的爱的发生不是首先感到外观(looks, idea)的愉悦,但人们在享受形式(*eidos*)[愉悦]的同时,不一定要陷入爱欲;只有当人不在时想念并渴望他出现的时候,才可以说是在爱欲中(1167a3-7)。从爱者对被爱者的凝视这个起点出发,爱欲必定要转为渴慕;由于在对被爱者的注视中受到了 *idea* 和 *eidos* 的激发,爱欲本质上是一种距离、不在场和不完满性的经验。相反,友爱由于是从善意出发而发展到共同生活,所以它是一种统一、在场和完满性的经验。

当亚里士多德谈到爱者的观看欲望这个类比,以便总结它关于何谓朋友之间希望共同生活这一讨论的时候,第九卷就回到了上面所说的那种对比(1171b29-32)。看与一起生活之间的关联是一种柏拉图式的关联:尽管前者要求距离,后者需要结合在一起,但这两个看似不相容的因素却以某种方式一起归属于爱欲。①看来亚里士多德似乎是把它们分离开来,把凝视(contemplation)②归给爱者,把一起生活归给朋友。实际上,原本只被视为爱欲起点的看,现在却不但是爱欲由以成为自身之所是的东西,而且是其所是赖以存在的东西。这个对于爱者来说如此值得追求的看,现在不仅是起初提到

---

① 狄俄提玛告诉苏格拉底,如果他沉思美本身的话,他将会认识到,美本身是多么令人震惊地远远超出了俊美的少年和青年,而对于那些少年,人们原本是宁可不吃不喝也要凝视和与之在一起的(《会饮》211d-e)。阿里斯托芬在讲述他的关于分成两半的人渴望重新融为一体的故事时,把其中的一个方面推向了极端(192d-e);狄俄提玛在谈及上升到对美本身的沉思时,强调了另一个极端(210-211d)——虽然她在谈话的结尾讲到一种生活方式,这种方式要求既要沉思美本身,也要与它在一起(212a)。参博格(Steven Berg)的讨论,见《论柏拉图的〈会饮〉中苏格拉底的讲辞》["On Socrates' Speech in Plato's *Symposium*"]页212。

② [译按]Contemplation[及其古希腊语对应词 *theōria*]有静观、凝视、沉思等涵义,在此书中我们一般译为沉思。此处显然侧重强调静观凝视之义,故根据语境译为凝视。

的那种引起渴求的经验,而且也正是那种渴求所欲求的对象。于是,单纯是一个特殊个人的偶然不在场不再能引起这种欲望,他的在场也不再能满足这种欲望;爱者所凝视的被爱者必须在根本上指向某种超出自身的他物,这个他物是在一定距离之外的,而且是必须保持距离的。亚里士多德指出,爱者在对外观(looks)和形式(form)亦即对 *idea* 和 *eidos* 的看中找到快乐(1167a4—6):爱欲把对被爱者的看上升到了 *theōria*[静观、沉思、理论]所寻求的目标这个高度,虽然这难免显得有点神秘。①

被定义为渴望看到不在场之人的爱者,不可能在与被爱者的结合中得到完善;相反,朋友则在共同生活的 *koinōnia*[共同体]中成就他们之所是。关于友爱的讨论终结于对他们的共同生活可能采取的形式进行的描述:[188]有些朋友一起喝酒;有些一起掷骰子,另外一些一起进行体育活动,一起狩猎,或一起爱智慧(philosophize, 1172a1—6)。我们被给予了一个小范围的而且显然是随意列举的活动样本,在这些活动方面,朋友之间也许会碰巧怀有共同的趣味。不过,引入这个列举引入是为了说明这个观点:每个人都希望与朋友一起度过时光,为了他所选择的生活方式而从事那些能表达他之所是的活动。在亚里士多德最后一次把"一起爱智慧"(*sumphilosophousin*)和"一起狩猎"(*sugkunēgousin*)并置在一起的时候,他通过暗指苏格拉底哲学的那个奥秘——也许可以说是苏格拉

---

① 苏格拉底解释说,爱者对被爱者的神样面相的看,或对"身体的某种 *idea*[相]"的看,激发他回忆起他曾在"天上的诸存在物"中瞥见过的美本身(《斐德若》251a),而且 *kalon*[美]是唯一以这种方式体现在具体的特殊物中的东西(250d—e)。人们应该承认,当亚里士多德提到这样一种上升的时候,他并没有像苏格拉底那样写出一曲"戏谑性的神话颂歌",来颂扬爱者从对被爱者美貌的凝视出发飞向美本身这样一种神性的迷狂。一方面,曾被界定为德性之 *telos*[目的](1115b12—13)的美,并没有被明确地重新阐释为爱欲的对象;另一方面,在关于友爱的全部讨论中,*kalon*[美]却又频频出现在对美尚的自爱者的描述中,这种自爱者会为了美而牺牲自己(参第九卷第八章)。

底哲学的根本奥秘①——来完成了他的友爱论述。这个奥秘在狩猎这个令人偏爱的隐喻中被捕获,在其中,对存在物的追寻与对美好青年的猎取是不可分离地紧密联系在一起的。②如果从最后一个例子③往回看的话,人们就会回想起来,另外那些如此随意提及的活动——一起喝酒(sumpinousin),一起掷骰子(sugkubeuousin),一起进行体育锻炼(suggumnazontai)——在柏拉图的对话中,全都是为哲学的各个方面服务的语境或图景。④如果分享谈话和思想对于人来说就是生活在一起的意思,那么,一起爱智慧(philosophizing,即哲思)却不仅仅是朋友之间相互参与的诸种活动中的一种:所有其他活动只是偶然地需要分享谈话,因而都不过是上升至哲学的无

---

① [译按]这是对原文斜体着重 the 这个词所含意味的意译。
② 狄俄提玛把爱若斯定义为一个"可怕的猎人",他终生爱智慧,但同时也是一个巫师和智术师(《会饮》203d-e)。爱利亚的外邦人运用一个区分的网络,试图在狩猎的范畴中把握何谓智术师,而这个狩猎的范畴也包括苏格拉底作为一个爱欲大师的实践(《智术师》222d-e)。雅典的外邦人在原以为完成了[实际尚未完成]的关于教育的讨论之后,转向了关于狩猎的探讨,而只有在考察了狩猎制度之后,关于教育的立法才被认为是拥有了一个 telos[目的](《法义》822d-823b)。正如伯纳德特所言,在这里代表了哲学和辩证法的狩猎"代表了[雅典的]外邦人对作为意图发现存在的法律的第一次探入,而且,它为那个外邦人推延已久的爱欲问题准备了道路"[《柏拉图的〈法义〉:发现存在》(Plato's "Laws": The Discovery of Being]页 226-227)。
③ [译按]即一起爱智慧。
④ 在《会饮》中,一群人聚集饮酒为谈论爱欲提供了场景。在柏拉图《法义》的前两卷,正是通过一种有法律统治的 symposia[会饮、宴饮]模式的构建,才使得雅典的外邦人可以引入关于法律的讨论,以及特别是引入法律如何能为自我检验打开一扇窗口的问题。辩证法是用言辞来玩的一种跳棋(draughts;《王制》487b)。在《王制》第六卷,当苏格拉底作出如下宣称的时候,他转化了体育锻炼的意义:他宣称"最适合的卫士"必须是哲学家,而且,那些能把所需的自然能力结合起来的为数稀罕的少数人,必须在很多方面的学习中进行"锻炼"(gumnazein),并从中受到考验以检验他们经受这些伟大学习的能力(503b-504a)。

限多样的方式,而只有哲学才能实现友爱所朝向的目标。①

　　狩猎——爱者猎取被爱者,或哲学家猎取存在,或两者同时并存——开始于认识到一个人所缺乏的东西以及获取它的欲望,即使我们认识到被猎取之物倾向于逃离我们的抓捕。对不在场之物的渴望被认为是把爱欲区别于 philia 的东西;但现在它似乎变成了某种类型的朋友共同分享的基础,在此基础之上,他们才能相互维系在一起。philia 的起初标准,即好人之间的完美友爱关系,被设定为是在两个参与者之间获得的友爱,他们在德性上彼此相似,每一方从对方的镜像看到自己的完满感觉。这种友爱关系的地位最终被那种"一起爱智慧"的友爱所取代,在这种友爱中,每一方都从对方那里认识到基于自身不完善性的欲望。这种形式的 philia[友爱]在其自身的统一性中是由爱欲(eros)来规定的——虽然这显然不是指一方对另一方的爱欲,如同爱者对被爱者那样;在不把哲学的友爱关系转化为爱者与被爱者关系的前提下,[189]亚里士多德把朋友双方共同拥有的朝向对方的爱欲认定为超越双方之外的东西。②正是这个爱欲驱使他们欲求在一起做朋友。在其他的每种友爱形式中,共同生活的实现与爱欲的渴望是相互抵牾的;只有在哲学中,友爱和爱欲才能共属一体,而且必然同属一体。

　　这种关系的典范,是通过共同生活的朋友之间分享谈话和思想这种方式来展现的,而分享谈话和思想也就是 sumphilosophein[一起

---

　　① 雅法指出,"只有在一种哲学的友爱中,借以刻画友爱特征的讨论和思想才是不从其他活动中派生出来的活动;因此,只有在哲学的友爱中,友爱的活动才能自身包含在讨论和思想的活动之内"(《托马斯主义与亚里士多德主义》[Thomism and Aristotelianism]页126)。

　　② 人们也许可以说,第九卷的末尾所论是《形而上学》第十二卷中所出现过的爱欲概念在人事层面的对当物。《形而上学》第十二卷的爱欲,是一种朝向作为觉知或意识的 nous 而运动的宇宙论原则。正如戴维斯所论,它揭示了思想与渴望(longing)之间的不可分离(参《哲学的自传》[The Autobiography of Philosophy]页65注9)。

爱智慧、一起哲思]的必然含义。分享谈话和思想被假设为人之为人所独特的共同生活方式的定义,它一方面是我们的政治自然(本性)的实现,同时又是我们的理性自然(本性)的表达。我们的双重自然的这种联合实现是友爱的本质,没有人会选择没有它的生活,因而它看起来像是《伦理学》在探寻属人之善和人类美好生活过程中出现的顶峰。

第七章 幸 福

[190]苏格拉底:他[哲学家]甚至不知道他不知道所有这些事物。①他弃绝这些事物,并非为了博取令名,而是因为他实际上只有身体尸位于城邦并寄居于斯,而他的思想由于坚信所有那些事物的渺小和虚妄而鄙薄它们,展翅飞翔,正如品达(Pindar)所言,"深入地下"以度量大地,"上抵苍穹"以凝望星光。无论对于什么地方的什么事物,他都要探究其整体的本性,绝不让这种探究屈居于周遭俗物之下。

——柏拉图《泰阿泰德》173e-174a,伯纳德特英译

重返快乐

言辞与行动

第九卷结尾谈到朋友一起从事那些各自都能从中得到快乐的活动;我们发现,从这种共同追求中发展出来的友爱,对于快乐来说是首先必需的,因为它使一种自我觉知成为可能,而如果没有自我觉知,一个人就不能认识到活着的善好。第十卷一开篇就谈到快乐如何有助于形成获得那种自我觉知的活动。当然,既然《伦理学》对快乐主题的回归是在第七卷关于快乐的专题分析之后,那么,说快乐主题不应被忽略[所以才回归这个主题]的话,就是很令人困

---

① [译按]指公共集会、政治权谋、家族世系的贵贱等事物。

惑的说法了。通过考察快乐的驱动力这个特殊问题,亚里士多德似乎论证了为什么要重提关于快乐的研究:我们应该把注意力转移到快乐和痛苦的问题,因为它们是我们驾驭青年教育的舵,而且,学会什么是应该喜欢的,[191]什么是应该鄙弃的,这一点对于性情德性的培养来说有着最大的重要性(1172a19-23)。虽然这一点在第二卷关于伦理德性的讨论中就已经声明过,不过,当时论证的目的是为了强调性情养成的必要性,因为快乐使我们做卑贱之事,而痛苦使我们远离美尚之事(1104b8-11)。现在,关于快乐和痛苦在性情塑造上的作用问题,开启了什么是快乐的问题。与第七卷相比,眼下对这个问题的论述,是通过如下问题的角度来展开的:对于人类来说,有没有一种独特的属人的快乐或多种快乐,即有没有一种伴随着人之为人的觉知(awareness)而来的快乐?第十卷并没有抛弃第七卷所引入的自然标准。不过,它发生了一个苏格拉底式的转折,这个转折是在作为插曲的友爱讨论中做好准备的,因为关于友爱的讨论迫使我们在快乐于人类生活中的位置问题上重新思考那个自然标准。

关于快乐地位的争论在这一点上得到了形式上最尖锐的更新:根据某些思想家,快乐是善;根据另外一些思想家,快乐完全是卑贱的(*phaulon*; 1172a27-28)——没有人认为快乐是坏的(bad)。与第七卷相比,在第十卷中对于这些相互冲突的观点的批判性考察,显然是从关于什么是快乐的分析中得出的。开篇的研究任务不只是要去简单地判定,在那些被考察的意见中含有什么真理,而是还要对它们的说服力进行估量:哪种说法是"劝导性的",是能劝导它的受众转向依循它而生活的?这层关怀贯穿了第十卷全篇,以至于最后接过了快乐问题,不亚于开篇对于快乐的考察所采取的方式。①

---

① 从这个问题意识出发,第十卷是《伦理学》中没有出现过 aporia[困惑、困境]及相关词语的一卷。这一点是引人注意的。

首先，在接近关于快乐的否定性观点的时候，第十卷为《伦理学》全书的论证创造出了一个框架，因为它隐含地让人想起如下观点的第一次出现：当快乐被提出来作为属人之善的一种候选项的时候，它立即就被当作庸众的观点而拒斥了，而且并没有对什么是快乐以及快乐有可能采取什么形式进行任何分析。亚里士多德现在提醒说，那种对于快乐之善的不作限定的拒斥，必定是毫无效果的，甚至可能是有害的；在这类问题上，他重提在《伦理学》探究的开始就曾说过的意思，言辞没有行动可信（1172a34-35；参 1095a4-11）。对于一个担起了道德教育任务的人来说，如果他看到大多数人被快乐所奴役了的话，他也许会把那种观点视为一种有益的教诲，以便把人们扭转到完全相反的方向上去；[192]不过，那种策略注定会起到事与愿违的效果。凡是宣称所有快乐都不好的人，必定会在某个时候被一种或另一种形式的快乐所吸引，而且，由于绝大多数人并不是非常有鉴别力的判断者，他们就会把那个人的显得是伪善的行为看成是他的言辞完全错误的证据，从而未能从他的言辞中辨认出任何真理的种子。亚里士多德重申说，只有当言辞与行动相协调的时候，言辞才是有说服力的。在这个语境中，行动是驳斥反快乐主义（antihedonist）论点的充分基础。在转到反快乐主义的反面——认为快乐即善本身（the good）——的观点时，亚里士多德论辩说，这种观点之所以被认真接受的真正原因在于它的提出者优多克索斯（Eudoxus）的品格，因为他的生活方式并不像一个通常所理解的追逐快乐的人那样。在这个例子中，他的行动与言辞相矛盾，不过，恰恰是出于这种不和谐才使得他的言论显得可信，因为这样的话，他的言论就不仅仅是自圆其说的了（self-serving）。

优多克索斯为他的观点提出的首要论据在于：他认为，所有动物，无论有无理性，都追求快乐；如果说每一种存在物都寻求自身的善好,那么——他推论说——对所有事物都好的东西必定是善本身。①亚里士多德的缺乏耐心的回应并不是针对优多克索斯,而是针对任何反对者:否认所有动物所追求的东西就是善这种观点是毫无意义的——"大家都这么看的事物,我们也说是这样"——如果有人欲使我们不信任所有人所相信的东西,他自己的观点恐怕也不会太有说服力(1173a1-2)。如果我们看到只有非理性的动物才追求快乐,我们也许会有所动摇,但有理性的动物也同样追求快乐。而且,亚里士多德提出说,甚或在低等动物中,"也会有某种自然的事物超出它们自身之所是,并追求属于它们自身的快乐"(1173a2-5)。这种想法让人回想起第七卷谈到过的关于所有生命存在物中都有的一种神性维度的观点,而所有这些生物都朝向快乐并以之为最好的东西(1153b32);只不过在这里,亚里士多德在所有动物生活的努力中发现了快乐是善的征象,并悄然漏失了善本身的问题。

优多克索斯在如下论证中发现了对他的快乐即善这一观点的进一步支持:当快乐被附加到任何善之上的时候,这种善就会变得更大。亚里士多德提醒我们说,柏拉图恰曾使用这一论证来驳斥那种以快乐为善的观点;因为当快乐与 *phronēsis*［明智］相结合的时候,快乐会变得比单纯的快乐更好,而任何事物如果通过附加他物就会变得更好的话,这种事物就不能达到自足的标准(1172b28-34)。这是亚里士多德在第一卷就持有的原则,他以之为幸福的标准;现在,它被用来服务于质疑那种以快乐为善本身(*the* good)的观点,不过,我们必须重复强调,这一质疑只是在确立快乐是善(good)

---

① 第七卷曾提出这个论证以作为一个可能的基础,以便在此之上把快乐论证为善(参 1153b25-26 和 1172b36-1173a5)。正如在这里被归给优多克索斯的立场,在柏拉图对话中被归给斐勒布的快乐主义观点也声称快乐是所有动物［追求］的善,而苏格拉底所关心的则是"所有那些能参与其中的"善(《斐勒布》11b-c, 60a)。

的时候进行的。①

[193]把快乐视同善本身的快乐主义观点,在这场讨论中无论如何都像是对那种把快乐贬低为完全卑贱之物观点的反动,同时也是对它的过激反应。导致那种贬低的,是那种相信有可耻的快乐并以之为快乐之范例的信念。亚里士多德提出了一系列不同的可能答复。人们也许可以否认那些[可耻的快乐]经验是快乐——至少对于那些没有病态的人来说是这样。人们也许可以承认,仅仅作为快乐本身,它们是可欲的,虽然并不值得付出代价以投入到那些快乐由以产生的活动中去。或者,人们也许可以认为,快乐在形式(eidos)上是有区分的,因而只有某些种类的人才喜欢某些种类的快乐。在这些答复中的每一个答复方式背后,都有着不同的假设,不过在眼下还没有一个假设足以用来避免那种以快乐本身为恶的结论。在驳斥反快乐主义论点的努力中,这场讨论最终指向了——虽然并未明确提出——快乐是否可被区分为不同类型的问题。在没

---

① 此处对柏拉图的提及——这是《伦理学》中第三次也是最后一次提及柏拉图——确证了亚里士多德所秉持的幸福标准在多大程度上是借自《斐勒布》的(参《斐勒布》20e-21e, 60c-e, 以及《伦理学》1097b14-20)。亚里士多德用柏拉图的论证来反驳优多克索斯以快乐为善本身(the good)的观点,但同时也承认快乐是一种善(a good)。从对反快乐主义观点的批判性考察中,他得出相同的结论,这些都可以在《斐勒布》中找到。亚里士多德论证说,如果把快乐刻画为不确定的东西不过意味着快乐能增加或减少的话,那么,这并不妨碍我们把同样不确定的东西,如健康,视为善好(参 1173a15-17, 24-28;以及《斐勒布》24e-25a, 27e-28a, 31a)。对于那些把快乐当成一种 genesis[生成]或 kinēsis[运动]并因而以之为不完善和不善的人,亚里士多德指责说,他们说得似乎并不漂亮(beautifully; 1173a29-31,以及《斐勒布》53c-55a)。如果他们假设说,快乐是有机体的自然状态的复原,而痛苦则是一种缺乏状态的话,那么,这些都是身体的过程(bodily processes),不像是快乐之所是。虽然有某些快乐可能是伴随一种[自然状态的]复原过程的经验,如饥饿时的饮食之乐,但至少有某些快乐并不是以痛苦为前导的,因而也是不能用来支持那种反对把快乐本身作为善的观点的(参 1173b7-20 和《斐勒布》51b-52b)。

有提出什么是快乐这个基本问题之前,这场讨论就已经检讨了关于快乐之善的两种相互对立的教义(teaching)。为了接近什么是快乐的问题,亚里士多德宣布说,我们必须从头开始(1174a13-14)。

什么是快乐

对快乐本身的研究——"它是什么以及它属于什么种类"——转向了 energeia[活动]的概念及其与 kinēsis[运动]和 genesis[生成]之间的对比。通过诉诸在《形而上学》中明确地发展出来的存在论范畴①,这个分析像在第七卷中做过的那样,再一次把我们带出《伦理学》为自己设定的 methodos[方法]范围之外。一种运动(kinēsis),譬如建房子,在它的展开过程中的任何时刻都不是完全的,而一旦得到产品的时候,[运动]过程也就不再持续;相反,一种 energeia[活动],譬如观看的活动,就不存在开始、中间和结束,而是在每一个时刻都是完全的。至于快乐,第十卷从一开始就把它确立为这样一种 energeia,于是,那些以快乐为一种 kinēsis 或 genesis[生成]并因而否认快乐是一种善或善本身的思想家,是从根本上误解了快乐的性质。快乐并不具有生成变化的时间结构,它"在每个现在时刻都是整体"(1174b9)。②

快乐也许是一种 energeia,而不是一种运动或生成,不过,它不是一种建立在自身之上的 energeia。它总是以某种方式依附于某种主要活动,尤其是依附于一种有觉知的 energeia,而有觉知则意味着是活着的[生命]。人类的这样一种觉知的重要性,在关于朋友的描述中得到过阐明。[194]在与他人的联系中,朋友中的每一方都

---

① [译按]Ontological categories,或译"本体论范畴"。
② 布兰(Eva Brann)问道:"当前(present)有多长?"她解释说,"我这里所谓'当前'是指亚里士多德在《物理学》中称之为'现在'(now)的时刻,在那个时刻,世界展现在灵魂面前,而且世界和灵魂相互接触"(《那么,什么是时间?》[*What, Then, Is Time?*]页45)。

觉知到活着,也觉知到活着的善好(1170b8-12)。在其他动物中,有觉知(aware)就是有感觉(perceive);而对于人来说,有觉知就是有感觉和思想(thinking)。第十卷关于快乐的论述预设了《论灵魂》中所做过的关于认知(cognition)的分析,在那里,感觉被视为一种思想的模式:正如一种感觉能力,譬如说视觉能力,与它的对象即可视事物同时起作用(at work),思想的能力也是与它的理智对象同时发挥作用的。①如果某种感觉处于最佳状态,并且指向它的"最美尚的"对象,那么,那种[相关的]energeia 就在两方面都得到了实现,它因而就可以被认为是完全的或完善的(teleia),而这就是最快乐的(1174b14-20)。

每种 energeia 都有一种快乐来完成或完善这种活动,不过——这正是问题所在——这种完成或完善的方式并不同于感觉或思想的能力及其对象完成那种 energeia 的方式。②亚里士多德指出,在某个方面,快乐不是像一种"内在品质"那样起到完成或完善活动的作用,而是像某种"附加的 telos[目的]"那样起作用,犹如花容(bloom)之于青春(hōra; 1174b31-33)。③如果那种内在品质属于感觉能力及其感觉对象或思想能力及其理智对象的共同实现,那么,快乐就随之而来,成为由那种活动所引起的经验。不过,如果那种内在品质所描述的,分别是对子的一方(each member of the

---

① 参《论灵魂》418a3-6, 425b26-426a2, 429a10-17。

② 亚里士多德最开始进入这个问题是通过一种类比:快乐完善一种 energeia 的方式,不同于感觉能力及其对象完善这种 energeia 的方式,它们之间的区别就像健康和医师之为保持健康的原因上面的区别(1174b23-26)[译按:意即健康是保持健康的根本原因,医师只是辅因]。既然快乐完善一种 energeia 的方式可能不同于医师带来健康的方式,而是有可能被理解为这种 energeia 的真正形式,犹如健康之于保持健康那样的话,那么,这似乎就确证了第七卷把快乐本身当作一种"无碍的(unimpeded)energeia"的定义。

③ [译按]指青春年少自然朝气蓬勃,虽然后者完善了前者,但并非内在的原因,而是附加的结果。

pair)——一方面是感觉或思想的能力,另一方面是感觉或理智的对象——那么,伴随感觉或思想活动的快乐,本身就可以被理解为对子双方得以共同实现的 *energeia* 了:比拟为快乐的 *hōra*[青春]要么是年轻人面颊上的花容(bloom),要么是生命的花季(season)本身。①

只要 *energeia* 所涉的对子双方——即感觉或思想的能力和感觉或思想的对象——保持在相同的状态之中,*energeia* 就应该与它一起耐受(endure)和感到快乐。于是,这个问题就生发出来:为什么没有人持续地感到快乐? 当这个问题在第七卷的结尾处出现的时候,神的持续快乐被用来作为标准,而我们的必然有所匮乏的经验则被归咎于我们天性中的缺陷(1154b28-31)。第十卷现在对难以持续快乐的原因做了另一种解释:当我们感到疲倦而且注意力的强度减退的时候,快乐也就随之减退(1175a3-10)。从一种显得像是纯粹自然主义的视角出发,[195]第七卷检视了所有生物共享的东西,从中发现了快乐是一个普遍的目的,而在第十卷的论述中,对快乐的考察是联系于个别的活动来进行的,这些个别的活动适合个别的生命存在,并且它们之间并不认为是享有同等价值的;不过,正是在第七卷论述的结尾,却出人意外地对我们自己的有缺陷的自然(本性)表示了道德的义愤,而这一点在现在则被替换为仅仅诉诸我们的能力的自然局限。

亚里士多德推论说,虽然对于无碍的(unimpeded)活动来说,以及因而对于持续的快乐来说,我们的能力或许是有局限的,但只要

---

① 参戈斯林(J. C. Gosling)与泰勒(C. C. Taylor)著《希腊人论快乐》[*The Greek on Pleasure*]页212。快乐对活动的完善要么是作为一个附加的高峰,要么是在这样一个意义上形成对活动的完善:有了快乐,活动作为一个整体就不至于缺乏一种属于自身的东西。*Teleioō* 的动词意义,无论是"去完成"还是"去完善",都充满了那种从一开始就萦绕在用来描述幸福的 *teleios*[完善的]这个形容词周围的歧义性。

每个人都渴望活着——而这必定意味着,所有活着的生物至少都会追求自身生命的保存,以及更进一步追求各自作为一种特殊种类的存在物的能力的实现——他就会合乎情理地追求快乐。活着在其完满的意义上意味着有觉知,即通过某种 *energeia*,一种生命存在物有能力去觉知,而快乐则是加诸这种 *energeia* 之上的装饰音符(grace note)。生命本身即是某种 *energeia*(1175a12)——一具尸体也许可以从反面展示这句话的可能含义——所以每个人都在通过他所喜欢的活动来实现他的活着的能力;快乐完成或完善了那些活动,并因而完成或完善了生命,而生命是值得欲求的。那么,我们是出于快乐而选择生活呢,还是出于生活而选择快乐(1175a18-19)?①关于"选择活着"的问题,如果它意味着比仅仅是拒绝自杀更多意思的话,它必定是涉及对于一个生命存在而言的目的问题——

---

① 亚里士多德对这个问题的表述方式充满了歧义。"出于"(because of, *dia*)可以表示我们为了什么东西的缘故(for the sake of)而选择我们所做的事情,也可以表示另一个意义上的原因,这个原因可以解释我们为什么选择我们所做的事情。于是,这就有一个事关"选择"的成问题的表达:如果"选择"这个词是在第三卷所定义的意义上来使用,那么,被选择的对象就只能是针对达致某种目的的手段(1113b3-5),不过,那个限制在第六卷中消失了,"选择"被理解成了朝向某种目的的"欲求着的理智"或"智性的欲望"。而且,正如伯曼(Robert Berman)向我指出的那样,在如下两种论述之间,是有区别的:一种论述是说明一个行为人为了达到某个目的而思忖和有意向性地选择达致目的的手段,另一种论述是说明一种原因,这个原因可能在行为人背后起作用并带来某种结果。于是,第一个选项——我们出于快乐而选择生活——就可能意味着如下含义:(1a)为了快乐的缘故,我们选择生活,以便作为[达到快乐的]手段,抑或,另一方面,(1b)我们寻求生活作为目的,而快乐——这也许是自然的狡计——则增强了这种寻求的努力。另一个选项——我们出于生活而选择快乐——可能意味着:(2a)无论是我们选择快乐还是自然利用快乐,快乐都是为了生活,抑或,另一方面,(2b)活着构成了一种境况,导致人们追求快乐。如此,亚里士多德提出的每一个选项都容许两种不同的解释,从而使得如下问题保持开放:究竟快乐是目的而生活服务于快乐,还是生活是目的而快乐服务于生活?

无论这个目的是指尽可能充分地生活,还是指去经验那些伴随生活的快乐。亚里士多德提出了这个问题,但避免去回答它。①他发现在目前的情况下,只要认识到快乐和生活显得像是以一种紧密不可分的方式联系在一起就足够了,无论快乐是目的,还是我们选择的——或是自然"选择"的——用以服务于生活本身这个目的的手段。既然这一点似乎适用于所有生命存在物,但每种生命存在起作用的生活方式又是不同的,所以,如果快乐也像这样有种类上的区别,那么,就不会有任何一种事物——无论是快乐本身还是生命本身——可以被视为全体的目的。

第十卷关于快乐的讨论结束于这个问题——或者更准确地说,结束于为什么快乐看起来在形式或种类(eidos)上有区别这个问题。我们相信,种类上不同的事物,譬如自然机体和人工制品,必须用不同的方式来对之进行完成或完善。对于不同的活动来说,也是如此。因此,由于思想活动在种类上不同于感觉活动——种感觉上的活动与另一种感觉上的活动相比也不同。[196]从中就可以推论说,完成或完善这些活动的快乐本身也是不同的(1175a21-28)。下面这种情况很可能是真的:一种活动在我们从中感到快乐的时候就得到强化,而当我们被其他快乐吸引而偏离的时候就发生衰减,至于那种让人感到痛苦的活动则会被痛苦的感觉所阻碍。不过,这个见解不过是说明了,不同的人从中感到

---

① 在亚里士多德对这个问题的回绝中,特希托尔(Tessitore)发现了一个迹象,表明第十卷有一种修辞学的或教育学的视域。对此,他用如下方式来解说:"对于人来说,什么构成了他的基本标准? 是快乐还是某种生活方式——在对那一类问题的高贵的无视中,那种生活方式方才得到刻画?"(《对亚里士多德〈尼各马可伦理学〉中的快乐论述的政治解读》["A Political Reading of Aristotle's Treatment of Pleasure in the *Nicomachean Ethics*"]页261)。虽然目前被亚里士多德抛置一旁的关于快乐和生活之关系的问题,似乎是一个可以针对所有生命存在物提出的问题,即使对于不同生物来说,活着意味着不同的东西。

快乐的是不同的活动,而这些活动又反过来在它们所给出的快乐中得到加强;这很难说是解决了快乐本身是否可分为不同种类的问题,而只不过是在此假设的基础之上得出推论说,正如活动可区分为得体的(decent)和卑贱的,与之相关的快乐也可作此区分(1175b24-27)。快乐与通过它而得到完善的活动的关系,似乎比欲望与活动的关系——欲望推动着活动,而且只有这些欲望才受到赞扬或谴责——更加紧密而不可分离。实际上,快乐与活动是如此不可分离,以至于有些思想家把它们视为等同——这似乎恰恰是第七卷所采取的立场(1153a14-15);不过,亚里士多德现在反思说,如果快乐本身就是一种感觉或思想的话,这就会非常荒唐(1175b34-35)。然而,如果快乐不等同于活动,那么,这是否必然意味着快乐自身的特征可以吸收快乐所附着于其上的活动的或可耻或体面的特质?①

现在看来,快乐似乎可以像物种一样分为不同的种类了,因为,每一种拥有特殊 *ergon*[工作、性能、功能]的动物都被认为是:在实现它的那种 *ergon* 的过程中,会拥有一种独特的快乐(1176a3-5)。于是,人类应该拥有一种定义物种的(species-defining)快乐,但是亚里士多德立刻就承认说,在人类物种的纷纭成员中,快乐的来源有着巨大的多样性。当然,他所提供的用以说明快乐之相对性的例证隐含着一个标准:对于一个发烧的人来说的甜味,对于一个健康人来说可能就是另一个样子。亚里士多德宣称,在所有这些情况下,事物之所是乃是它向一个真正的人(*ho spoudaios*,严肃之人)所显现出来的;而且,正如人们所以为的那样,如果这一点被漂亮地说出来(*if that is beautifully said*)的话,就是快乐会成为对于这样一个作为标准尺度的人来说显得是快乐的任何东西(1176a15-19)。第七卷依循自然所寻求的快乐标准,第十卷诉诸 *spoudaios*;不过,亚里

---

① 在《斐勒布》中,苏格拉底考察了一种奇特的快乐概念:伴随一种错误意见的快乐,本身是一种错误的快乐(36c-38a)。

士多德在表述这一结论的时候,带着明显的犹豫不决。在《伦理学》的开端,亚里士多德通过援引赫西俄德来描述他的听众的多种层次:"上善之人虑出己心,/ 能听人言亦足称善。"(1095b10-11)他现在诉诸 *spoudaios* 的权威,以之为属人快乐的标准,听起来像是从那种能听人言者的立场出发的观点。[197]而对于一个滤出己心的人来说,这就很难令他满足了,虽然他也许是那个最不需要它的人。

以真正的人为标准,这无论如何只是为了抵制那些被认为是可耻的快乐。它并没有回答,在那些被认为是体面的快乐中,什么快乐——如果有的话——是属于那种圆满地实现了人之完善的快乐。亚里士多德推论说,如果存在一种"完美的和蒙福的人"的特殊活动的话,那么,那种完善这一活动的快乐就应该是首要的人类快乐了,其他的快乐就是次要的和低级的了(1176a26-29)。通过基于快乐所依附的活动来对快乐种类的排序,第十卷似乎从第七卷热衷的激进的立足点抽身出来——第七卷把所有生命都处理为同质的,并隐含着以快乐状态为唯一目的的观点。同时,第十卷还揭示了第一卷中所提出的君子(gentleman)观点——把快乐贬低为仅仅适合畜群的目的——中的某些真理因素。第十卷论证说,在最好的情况下,快乐是附加在人类活动之上并且完善这一活动的东西,而不同的生活方式是在不同的活动中得到实现的。如果我们是在追寻属人之善,那么,它只能在一种能实现人之为人的潜能的活动中被找到;而如果快乐在种类上是不同的,那么就会有一种独特类型的快乐是能美化和加强那种活动的快乐。

如果说第十卷的论证超出了那种在第七卷中起到统治地位的理解自然的眼界,那么,它之所以能做到这一点,乃是通过对快乐进行一种清晰的种类划分而达到的,而这一划分则是根据生命存在或人类个体的异质性(heterogeneity)来进行的。不过,亚里士多德努力说明了的,实际上只不过是,为什么人们会认为每个物种会有一种独特种类的快乐并以之为定义其自身的 *ergon*[工作、功能],以及为什么我们会更广泛地相信快乐是有不同种类的。对于这些意见，他并没有用自己的声音进行肯认。因此，把体面的快乐从可耻的快乐中区分出来，仍然是一个不确定的前提。这个前提建立在真正的人的权威性这个基础之上，由之出发就可得出诸种体面快乐何为首要何为次要的内在排序，这一排序是基于完善的和蒙福的人的标准之上的。当然，人类的划分——这一划分是根据定义生活方式的活动的不同来进行的——并不依赖人所享受的快乐的种类的划分。那种快乐种类的清晰划分本身还处在不确定性中；不过，无论它的假设如何成问题，对于人类快乐的首要形式和次级形式的排序，为我们区分首要的幸福形式和次级的幸福形式这个排序做好了准备，而随着这种排序的论证，《伦理学》就将走向结尾。

沉思的生活

[198]在经过一个漫长而曲折的旅程之后，《伦理学》的论证终于准备好从大体上（*en tupō*）来谈幸福问题了（1176a30-32）。当在第一卷中从关于[属人的]ergon[工作、功能]的论证出发推导出属人之善的时候，它还只是一个有待在时间中填充的大体概要（1098a20-24）：如果我们要寻找的东西仍然只是一个大体概要的话，那么，这说明填充概要的希望没有得到满足，或者没有在《伦理学》的言辞中得到满足，而是也许在一种唯一的方式中成为可能，这种方式从一开始就蕴含在对一种行动之要求的提及中，通过这种行动，《伦理学》中的这些言辞才能变得富有意义（1095a3-6，1103b26-31）。在第一卷中，属人之善是被寻求的目标，而第十卷不再谈及

属人之善,而是径直讨论 *eudaimonia*[幸福]。①这个主题引入了一种完善生活的必要性,而这种生活无论在这里还是在第一卷中都被证明是成问题的(参 1177b24-26 和 1098a18)。

在确定幸福不是一种品质之后——如果是品质,就意味着是一种即使终生沉睡也能置身其中的状态——亚里士多德提议说,幸福应该被归作某种 *energeia*[实现活动](1176a35-b2):一旦不再与属人之善相互区分,*eudaimonia* 就必须取得一种 *energeia* 的位置,并仍然构成着一种完善生活的特征。而且,*eudaimonia* 还必须是一种自身值得欲求的 *energeia*。符合德性的活动被认为是这样的活动,不过,现在又得承认,游戏活动的快乐也是这种类型的。游戏活动被认为是产生快乐的,因为那些有权势的人就是在这些消遣中度过休闲时光,虽然也许我们不该——亚里士多德在这样想的时候表现了令人惊奇的迟疑——以这些人为准(1176b4-18)。相反,我们应该设定幸福并不存在于游戏之中,因为可敬的和快乐的事情是那些对于 *spoudaios*[真正的人、严肃的人]来说显得可敬和快乐的事情:诉诸严肃之人的权威性,是为了解决游戏的次级地位问题。②亚里士多德推论道,把游戏作为目的是荒唐的,因为游戏看来似乎是一种休息,而休息不过是为了继续工作。但是,如果有一种形式的游戏根本就不是工具性的话,又将如何呢? 在关于幸福的最后一场讨论中的这个第一阶段引出了对于严肃之人的习俗性尊重,以及对于游戏之人的鄙视,但没有对这种区分的基础进行一个前提审查。尤其是,它从来未曾问及这样一个问题:哲学家是否属于或是否仅仅属

---

① 本研究三个部分的标题——"属人之善""美尚的与正义的"和"回到善"——意在把握《伦理学》的论证过程:这个过程从第一卷的善本身(*the good*)开始,然后变成了属人之善;接着在第二卷到第五卷穿越了美尚和正义的领域;然后,在第六卷到第十卷走上了一条返回的道路。不过,第三部分的题目仅仅不精确地谈及一种"向善的回返",因为这场探究并不是正好回到了出发点。

② 尼科尔斯提请我注意亚里士多德此处对游戏的论述。

于严肃之人的一边?①哲学在《伦理学》中的下一次出现——也是最后一次出现——是与它所产生的非凡快乐联系在一起的。

[199] 在第一卷关于[属人的]ergon[工作、功能]的预先论证的基础之上,属人之善被视为"一种合乎最好的和最 teleia[完善]德性的灵魂的 energeia[活动]"。也许是为了把这种显然不确切的公式确定下来,现在苏格拉底发现做这样的假设是合乎情理的:设定幸福是一种合乎"最强者(strongest, kratistē)[即德性]"的活动,从而使它成为我们最好的东西,虽然亚里士多德显然还在试探它究竟是什么——它究竟是理智(nous)还是某种被视为出于自然而起到统御和领导作用并且能洞察美尚和神圣事物的东西。如论它本身是否神圣或者是不是我们所具有的最神圣的事物,它的独特活动就应该是完成的和完善的 eudaimonia[幸福]。而这个东西,亚里士多德宣称说,已经在前面被说成是沉思活动(theoretical activity;1177a12-18)。把 theōrētikē[沉思]等同于完成的和完善的 eudaimonia,这种说法最直接的指涉也许是第一卷,在那里,theōrētikos bios[沉思生

---

① 来自爱利亚的陌生人在"游戏的事物"这一类别下——与 kosmos[装饰,本义秩序、宇宙]一起——包含了 graphikē[绘画、书写]以及由之产生的所有模仿技艺,甚至也可以包含柏拉图对话在内(《政治家》288c)。在与斐德若的谈话结尾,苏格拉底谈到了言辞的严肃运用和游戏运用之间的区别。苏格拉底区分了播种的两种情况:一种是根据农业技艺严肃地播种到适合的土壤,一种是作为一种游戏播种到花盆中,其美丽的花朵仅供我们观赏。根据这种区分模式,苏格拉底谈道:如果这个"种子"是关于正义、美尚和善好事物的知识的话,将会出现什么情况? 显然,苏格拉底是把交谈的严肃性对比于写作的游戏性。苏格拉底发现,写作是缺乏严肃性的,或者更特别地说,写作是把那些不能为自身辩护的言辞耕种在墨水之河中。在文字之园中耕种也许是游戏性的,不过,如果游戏性是辩证技艺的特征的话,其游戏性却不一定能排除其严肃性;因为苏格拉底对这种游戏的描述——把言辞连同知识耕种和播种到一个适合的土壤之中,从而能挽救言辞和播种言辞的人,并能转而在他人之中产生新的种子——看起来像是对柏拉图对话的绝妙描述(《斐德若》276b-277a)。

活]被作为人类幸福的一种候选项而被引入,虽然在那个时候,对这个候选项的评估因为更进一步的考虑而被延迟了(1096a4-5)。当我们抵达现在这个关键时刻——在这个时刻,我们在贯穿十卷书的漫长追问中所思索的问题终于要得到解决了——亚里士多德却告诉我们,这个问题早已被回答过了!①

无论如何,亚里士多德要向他的读者保证,关于完美幸福的观点不但要看起来与前面谈过的意思相应,而且应该与真理一致。然而,为了捍卫那个观点,就有必要如此论述,以至于先前仅仅是在某些条件限制下所说的东西似乎已经得到了证明:theōria 是最强的 energeia,因为 nous 是人的最高事物,它的对象也是最可知的(1177a18-21)。为了寻求进一步支持,亚里士多德转向了那种认为幸福必须混合快乐的信念。在所有合乎美德的活动中,那个合乎 sophia 的活动被认为是最快乐的。这至少是一种推论,从那种被认为是属于哲学的非凡快乐出发而得来的推论,但这个推论是建立在一种可疑的基础之上的,这个基础便是认为占有一个事物必定比仅仅寻求它有着更多的快乐(1177a22-27)。

如果《伦理学》的最终教诲是要去满足关于幸福所提出的最初标准,那么,它就应该提供关于这样一种完善生活的说明,这种生活是由那种属于人类活动的独特目的所决定的,而这个目的则必须满

---

① 高蒂尔(René Gauthier)和约立夫(Jean Yves Jolif)在《尼各马可伦理学》前面的论述中没有发现这种说法的露面,他们于是推测说,这里是在指涉 Protrepticus[《劝勉篇》](L'Éthique à Nicomaque[《尼各马可伦理学》]2 :876)。哈迪(W. F. R. Hardie)指出,在第十卷中所得出的结论并没有在前面的卷章中明确地表述过,虽然在第六卷的结尾曾经为此做过准备(《亚里士多德的伦理学说》[Aristotle's Ethical Theory]页 337;参 John Cooper,《亚里士多德论理性与属人之善》[Reason and Human Good in Aristotle]页 156)。第六卷在研究美德的语境中,把幸福等同于 sophia[智慧]的美德——至少它总结说,sophia 产生幸福的方式,犹如健康产生健康(1144a3-5);它并没有发展出一种论证来说明人之为人的身份认同以及一种最能完美地实现人之为人的 energeia[活动]。

足终极性和自足性的标准。这些术语在第十卷中以如此相近的方式重现,以至于易被误解为与它们起初被表述的时候有着相同的含义。① 在第一卷中,幸福被设定为作为终极目的的 *teleia*[完善、完美],而所有其他的目的都是为了它的缘故而被选择;在第十卷中,*teleia eudaimonia*[完美幸福]是指某种类型的或某种程度上的幸福——首要的幸福——而这是在与那些有缺陷的幸福相比较而言的。这种幸福的头衔被赋予沉思,[200]因为它是唯一不因他物之故而被选择的事物,而不是因为所有其他事物皆因它之故而被选择;如果说诸神为此提供了一个合适的模范,那也不是因为他们为了沉思而做了生活中的所有事情,而是因为他们不用被设想为有必要去从事沉思之外的任何事情(1178b7-28)。

在第一卷的定义中,幸福的终极性被设想为在自身中含有自足性。它被定义为这样一种性质,这种性质本身即可使得生活成为值得选择的和没有缺憾的(1097b14-16)。无论如何,这是一个使得第十卷的观点显得很成问题的标准:沉思凭它本身如何可能满足这个要求? 不过实际上,在这一点上并没有做出任何断言。现在所谈到的归属给沉思活动的东西不过是"某种所谓的自足性"(1177a27-28),这种自足性不再意味着仅凭自身即可使生活完善的能力,而只不过是可以尽量不依赖必需条件而得到实现的能力。亚里士多德认为,沉思活动在与实践活动的关系中所表现出来的终极性和独立性,犹如闲暇之于劳作;当然,享受闲暇有赖于某些人投入劳作。所以,这是一种城邦性的自足,因为正是城邦的劳动分工才使得沉思生活所享有的那种脱离必然性的相对自由得以可能。

---

① 参 1097b1-7, 1097b14-21 及 1177a27-b4。另参可泽尔(Howard Curzer)关于第十卷中的幸福标准如何不同于第一卷所提标准的讨论,虽然亚里士多德本人认为他到最后也是在应用最初的标准来判定什么是幸福(《〈尼各马可伦理学〉第一卷第七章和第十卷六至八章中的幸福标准》["Criteria for Happiness in *Nicomachean Ethics* I 7 and X 6-8"]页 421-432)。

在论证沉思生活之优越性的过程中,第十卷转向了自足性的日常含义,而这种含义在第一卷中曾经通过断言人类在本性上是政治性的而被排除在外(1097b8-11)。虽然智慧之人(wise person)与所有人一样,在生活中需要一定的必要条件,包括与他人的关系,但是,沉思活动作为定义他之所是的本质,却并不需要这样一些关系。在这一点上,他不同于正义之人、勇敢之人甚或节制之人——至少在某些需要节制的情境中——这几种人都需要与他人关联。一个人越是智慧,就应该越能独自沉思,当然——亚里士多德暂作让步——如果有"同仁"共事的话,他也许会做得更好(1177a28-b1):对于那些并不自称拥有智慧而只是追求智慧的人来说,同仁才是必不可少的。这样一些人——"一起爱智慧"的朋友(1172a5)——会在他们并不完满的状态中一起分享需要和快乐,而这些对于那些已经是智慧的人或自以为已经拥有智慧的人来说是无法了解的。哲学的"惊人的"(thaumastas)快乐——从中可以推想出智慧的快乐——不禁使我们想到惊异的经验:根据亚里士多德,这种经验正是[201]哲学的开端,而且,一旦哲学(即爱智慧)被智慧取代,它就将不复存在。①

一种因其自身之故而被从事的活动,伴随着它自身固有的快乐,拥有最大的自足性和闲暇,既能持久进行,又能在人所能及的范围内尽可能免于疲乏:这样一种活动构成了完善的幸福——如果它能占据生命的完整长度的话(1177b25)。曾在[第一卷的]ergon 论证中得出过的从这样一种活动向实际生活的转化,现在又重新出现了,同时带着对人类能力的局限性的承认:这样一种生活应该是比人类生活更高的生活形式,而如果理智是神性的,那么,与属人的生活比较而言,合乎理智的生活就应该是神性的。而且,亚里士多德坚持认为,我们不应该听从那些提醒我们有死者只能思想有死之事的人的警告;相反,我们应该努力尽可能地使我们自己"不朽"(im-

---

① 见《形而上学》982b11-23,亦参 983a11-20。《形而上学》第十二卷在描述最高存在的活动时,又回到了惊异(1072b25-26)。

mortalize, *athanatizein*）。自然为人类能力设置了一定的必然局限性,不过,那些局限性并不是有意的禁令的产物,而试图逾越局限的尝试也并非犯罪。①没有任何善妒的神禁止我们追慕神性,而神性也多少是我们自身的一部分。实际上,"作为统御性的和更好的东西,神性还被认为是每个人所是的东西"。对人是什么的理解,必须很矛盾地在一种超越人本身的志向的照拂中才能达到。②根据这个量度,依循理智的生活在本性上就应该是最好的生活,也是最快乐的、最

---

① 亚里士多德在《形而上学》的开篇承认,因其自身而被欲求的"神圣知识"也许会被认为是超出了人类能力的;但如果是那样的话,正如诗人所说的那样,这并不是因为善妒的诸神故意禁止它,而是因为人性在很多方面是奴性的(982b29-983a11;参伯纳德特,《论智慧与哲学:亚里士多德〈形而上学〉第一卷头两章》["On Wisdom and Philosophy: The First Two Chapters of Aristotle's *Metaphysics A*"],见《情节的论证》[*The Argument of Action*]页406)。像梭伦在理解人类幸福时所做的那样(参本章注释28和29[译按]即本书下文页318注③和页320注①),通过诉诸神妒来解释人类的局限性或者说为自身的局限性打气,这样做就会把某种形式的 *nemesis*,即当他人得到不相称的好运时感到的义愤(indignation),归给了诸神,这种义愤即使处在一种中庸状态,也不能被视为一种美德(参1108a35-b6,以及第三章注释45[译按]即本书上文第147页注释①)。

② 《伦理学》第十卷中人的界定变化体现了一种普遍起作用的紧张关系:这种紧张关系的一方是整体的全面观点,另一方是从这个整体的最高部分或全部种类中的最高个例出发的观点。这种紧张潜藏在全部《形而上学》的计划中:它发端于对作为存在的存在的科学的寻求,这种科学以其整全状态而区别于所有特殊科学(1003a20-32);但是,一旦神学被作为理论科学的最高科学,"人们就会感到困惑:究竟第一哲学是普遍的,还是关于某个种类或某种自然的科学"。亚里士多德回答说,如果有某种不变的存在物,那么关于这种东西的研究就是第一哲学——而且,既然它是首要的,它就是普遍的(1026a24-33)。当《形而上学》第十二卷提起这个问题——"善和至善"是在"整体的自然"中被找到的,还是"通过自身而让自身分离开的"——的时候,上述问题再一次出现了。这个问题就相当于问一支军队的善是在于它的整体秩序,还是在于它的将领? 对此,亚里士多德回答说:两个方面都有,但更多在于将领,因为军队秩序取决于将领,而非相反(1275a12-16)。

幸福的生活,因为那是真正最属于一个人自己的生活(1178a2-8)。①

《伦理学》的最终教诲,即把幸福等同于 theōria[沉思、静观、理论活动],似乎是像当代的一些讨论那样把一个"排他性"的人类幸福概念的标签贴到了沉思活动之上。对于很多读者或大多数读者来说,在作为一个整体的《伦理学》论证中,这个结论是非常惊人的。②然而,几乎这个结论一被陈说出来,eudaimonia 的范围就得到了扩展,与之相伴随的是对什么是人的理解:合乎"其他德性"的生活有其自身的幸福,不过那只是次级的幸福,因为那种幸福生活的活动是人性的,太人性的(all-too-human;anthrōpikai)活动(1178a9

---

① 正如李尔(Gabriel Richardson Lear)所表述的那样,"虽然 nous 并不是唯一属人的,但它是最真正地属人的";属人的沉思活动是一种"接近"神性的活动,不过,恰恰是在这样做的时候,我们的属人自然得到了最充分的实现(《幸福生活与至善》[Happy Lives and the Highest Good]页 192-193)。不过,要想理解这种接近神性的活动如何可能成为幸福的基础——这种幸福是归属于美德行动以及投身于这种行动的政治生活的幸福——还是很困难的(《幸福生活与至善》,页 193-195),因为,如果设想诸神会涉入那些正义的、勇敢的、自由慷慨的(liberal)或节制的行动的话,这种设想显然是荒唐的[因为神不需要进行这些属人德性的行动],而正是这种设想的荒唐性导致亚里士多德得出 theōria 是唯一适合神的活动的结论(1178b8-21)。

② 例如参见肯尼(Anthony Kenny),《亚里士多德的伦理学:〈优台谟伦理学〉与〈尼各马可伦理学〉的关系之研究》[The Aristotelian Ethics: A Study of the Relationship between the "Eudemian" and the "Nicomachean Ethics"]页 202-206;及库珀,《亚里士多德论理性与属人之善》[Reason and the Homan Good in Aristotle]页 155-180。纳斯鲍姆(Nussbaum)认为,《伦理学》第十卷第七八两章关于 eudaimonia 的论述是一种"伦理学柏拉图主义",因而并不能融于《伦理学》的论证之中,甚至恰恰在《伦理学》的语境中来看,它是很有问题的;她推测道,这些章节很可能是另行写作的,而且很可能是一段插入性的论述,以说明某个不同于亚里士多德的什么人的观点(《善的脆弱性》[The Fragility of Goodness]页 377)。

-10)。①伦理德性属于作为复合体的人类,因为它们都是对激情进行训练的产物,而激情又都是内在地与身体联系在一起的;甚至就连明智也间接地分享这种与身体的联系,只要它还需要从伦理德性那里获取它的目标。这一点使得《伦理学》的论证发生了一个根本的反转。于是,伦理德性和明智被作为灵魂的两个部分的完善,得到了相伴而行的处理。[202]第一卷中的 *ergon* 论证把属人之善说成是灵魂的一种 *energeia*,但并未问及它与身体的关系。为研究伦理德性而准备的灵魂学,在其适当的不精确性(1102a16-26)中,使得下述情况的发生成为可能或成为必要:无需按照把灵魂与身体分离开来的方式(《论灵魂》403a3-b15)——如果可以有这种方式的话——来探究 *psychē*[灵魂]的本性,而这个问题对于灵魂的理论探究来说被证明是至关重要的问题。如果说灵魂独立的假设对于《伦理学》的探究来说是适合的,那么,这是出于它照亮伦理德性自身的视角的方式:一个寻求美尚事物以为自身目的并且出于行为自身之

---

① 怀汀(Jennifer Whiting)认为,把人之为人界定为理论性的 *nous*[理智],而不只是实践性的 *nous*,是一种可导出"严格理智主义"的人性定位观点;不过,她认为,这并不是亚里士多德实际上接受的观点(《亚里士多德思想中的人性和理智主义》["Human Nature and Intellectualism in Aristotle"]页72,87-88)。不过,在《伦理学》中,理论理性和实践理性的区分,是灵魂中拥有 *logos* 的部分——而非有 *nous* 部分——内部的区分。灵魂可以被理解为由不同部分组合而成的整体,但理智(mind)虽然有不同功能,却不能被理解为多个部分的组合。如果像怀汀那样把人视为组合而成的整体,那么,理智就是某种神圣的东西,不可能成为人之为人的本性。但是,如果用人性中"起到统领作用的和更好的东西"来界定什么是人,那么人就成为理智,或首先是理智(1177b26-1178a8)。用纳格尔(Thomas Nagel)的话来说,对这种观点的表述是有点矛盾的:"完满的属人之善并不是一切,也不应该是人所追求的主要目标。我们必须通过自身中的最高部分而不是我们所是的整体来界定我们之所是。"(《亚里士多德论幸福》["Aristotle on *Eudaimonia*"]页13)正如这种思想模式常常会展示的那样,在这两种思考属人之善的方式之间有一种不可根除的张力(参见本章注释18[译按]即本书上文第319页注释①)。

故而选择这一行为的人,并不会把他的性情形塑理解为一种与身体相关的激情塑造。在第十卷的这个时刻,亚里士多德跳出了那种[伦理德性的]视角,并且表明他在下述问题上同意苏格拉底的观点:"灵魂的那些所谓的德性"不过是身体的习惯(《王制》518d)。

伦理德性被赋予了次级幸福的头衔;但这并不意味着在严格理解之下的伦理德性可以听命于首要幸福的较高目的,至少在任何个人的生活中未能如此。①如果最好的生活是那种投身于 theōria 并以之为终极目的的生活,那么,在对那种目的的追寻中,明智也许是真正决定那种合乎伦理德性的行为的东西。不过,那将不是从德性品质发出的行为,因为出于德性品质的行为必须是"因其自身"而被选择的(1105a31-32)。②通过这样的要求,亚里士多德把握住了伦理上有德性之人的信念;但是,一旦沉思活动被赋予一种优先地位,

---

① 高蒂尔和约立夫认为,这两种生活类型都是为了把同一个人带向幸福(*L'Éthique à Nicomaque*[《尼各马可伦理学》]2-891)。罗蒂(Amélie Rorty)评论说:"实践生活中没有什么东西是因生活同时为沉思的而受到阻碍的,而是甚至会因其是沉思的而得到加强。"(《沉思在亚里士多德〈尼各马可伦理学〉中的位置》["The Place of Contemplation in Aristotle's *Nicomachean Ethics*"]页 377)不过,一旦沉思生活通过以 sophia[智慧]为其终极目的而得到定义,而实践生活通过伦理德性得到定义,那么,在这两种目的中,就没有任何一种目的可以从属于另一种目的,以便定义一种单一的生活类型。正如克劳特(Kraut)所见,伦理德性的运用就其自身而言已经是一种"自主的目的",虽然伦理德性的生活被排序为次好的生活(《亚里士多德论属人之善》[*Aristotle on the Human Good*]页 5-6)。

② 正如库珀所言,"无论一个人实际上做得多么公正、节制或自由慷慨(liberal),只要他是从一种理智主义的(intellectualist)的眼界出发来安排他的生活,他就不可能像一个真正公正、节制或自由慷慨的人所做的那样来关注这类行为"(《亚里士多德论理性与属人之善》[*Reason and Human Good in Aristotle*]页 164)。苏格拉底在接受其死刑的时候,也许是做了一件正义的和美尚的事情(参《斐多》98e-99a)。至于他做出那些选择究竟是否仅仅是为了正义和美尚的缘故,则是另一个问题。无论如何,根据柏拉图的构想,在苏格拉底对属己之善的明智计算中,正义和美尚是完美一致的。

被认为是唯一因其自身之故而值得欲求的东西,那么,每一种实践性的目的就被说成是为了其他事物之故而被选择的了(1177b2-4)。①这个认可是《伦理学》论证中发生的反转的另一个标志:伦理德性的自身理解——作为灵魂独立于身体并趋向于这样一个目标的条件,这个目标不臣服于任何其他目标——在现在这个时候被揭示为一种误解。

当关于伦理德性的重新考察把灵魂之于身体的独立性置诸问题之中,作为完满幸福的 theōria 概念则设定了理智的"独立"生活,而一种更加精确的论述则在另一语境中被推迟(1178a22-3)。②无论如何,一个具体个人所过的沉思生活不可能完全获得不依赖必需品的自由,即使比起其他生活方式来说,沉思生活只需要最少量的"装备"。一个自由慷慨(liberal)的人,或一个公正之人,[203]都需要财富——克法洛斯即是如此教导苏格拉底(《王制》330d-331b)——正如一个勇敢的人需要力量,或节制的人需要一个放纵

---

① 正如凯特(Keyt)所见,第十卷对实践活动之工具状态的承认,看来不但与先前关于伦理德性行为因其自身而被选择的观点(1105a28-32)相矛盾,而且,更一般地与那种认为行动(action; praxis)在其好行动(eupraxia)状态中有其自身目的——相比之下,生产制作则没有自身目的——的观点相矛盾(《亚里士多德的智性主义》["Intellectualism in Aristotle"]页 364-365)。为了尽量弱化第十卷与《伦理学》其他部分之间的明显冲突,凯特论证说,bios[生命、生活]可以指一个人生活的诸多方面中的一方面,而且,在最好的整全生活中,那些不同的方面构成了一个等级系统,其中较高的方面将预设和有赖于较低的方面(页 384)。不过,较低的方面不可能在生活中扮演相同的角色,因为如果它们在一个较大整体中臣属于较高东西的话就会变得孤立(alone)——而且,这尤其会在道德德性方面带来重要后果(参本章注释 23[译按:即本书上文第 315 页注释③]对库珀《理性与属人之善》[Reason and Human Good]的参引)。

② 《论灵魂》中的理论探究似乎本来应该包含更精确的论述,但却似乎只是重复了分离的理智和不可分离的身心统一体之间的张力(比较 403a8-10,431a17 和 430a17-19)。

的机会,但所有这些条件对于一个投身于 *theōria* 的人来说都有可能成为障碍。当然,我们猜测,一个过着沉思生活的人,只要他与他人发生关联,就会选择合乎[伦理]德性的行为——这不同于那种出自德性品质的行为——因此,他也需要外在的善,以便活得像一个人(*anthrōpeuesthai*;1178b5-7)。为了描述沉思生活的纯净,我们必须想象诸神:想象他们必须偿还所欠债务,或面对坏的欲望而节制行为,这样的图景是荒谬的。不过,如果诸神也过一种生活的话,就像他们被设想的样子那样——不像恩底弥翁(Endymion)那样老是睡着——他们必定是在某种活动之中的。当所有实践性的活动——唯独留下制作性的活动——被排除之后,适合神的唯一活动就是沉思了(1178b8-21)。诸神一直被排除在《伦理学》的世界之外,直到最后登台现身,以便首先提醒我们伦理德性在多大程度上相关于属人的需要,然后——随着复数的诸神被突然替换为单数的 *theos*[神]——对那种排外地投入到蒙受最高福祉的 *theōria* 活动的生活可能性进行支持。亚里士多德总结说,最接近神的人类活动将构成最大的幸福。

在把神的沉思活动界定为人类幸福的标准之后,亚里士多德转向相反的方向寻求支持,诉诸人以外的动物作为证据:它们由于没有沉思能力,就完全不能享有幸福(1178b24-25)。*Eudaimonia* 的范围因而局限于 *theōria* 的能力所能达到的范围,而且其幸福的程度也限于这种能力所能到达的程度。把人类的最佳可能性定位于神兽之间,这就导向如下限定性的结论:幸福应该是某种沉思(*theōria tis*),而且,正如这个限定可能意谓的那样,我们的自然——这是在这场讨论的语境中第一次提及 *phusis*[自然]——就沉思而言并不是自足的(1178b33-34)。这里的要点似乎是双重的:我们对这种活动的间断性的参与也许必须追溯到我们身上的某种高于人的东西,但是同时,仅仅是这种 *theōria* 的活动本身并不是一个人所需要的全部。

至少,对于一个人来说的"蒙福的生活"有赖于一定的必要条件和外在的善——虽然并不需要很大数量,正如亚里士多德援引梭伦和阿那克萨戈拉的例子所证明的那样。在第六卷中,明智之人曾被用来与智慧之人形成尖锐的对比;①现在,政治生活的代表和沉思生活的代表却用一个声音说话,至少在同意那些人们普遍接受或声称接受的事情这一点上是这样。②亚里士多德反思道,也许梭伦的话是说得很好的:他宣称说,那些拥有适度的外在之善、做着自信为最美尚的事情而且过着节制生活的人是幸福的,因为——亚里士多德同意说——只要有适度的财物便有可能从事一个人必须做的事情了(1179a9-13),尽管做一个人必须做的事情并不完全等同于做最美尚的事情。

现在,连同第一卷提到过的希罗多德曾叙述过的梭伦拜访吕底亚僭主克洛伊索斯的故事一起,③《伦理学》的全部论证都被上述[对梭伦的]指涉框住了(framed)。梭伦关于适度财富和权力即堪

---

① 伯里克利代表明智之人(1140b7-10),泰勒斯和阿那克萨戈拉代表智慧之人,后者被假设为对属人之善毫无兴趣(1141b3-8)。正如罗蒂(Rorty)所指出的那样,当亚里士多德选择前苏格拉底的宇宙论思想家作为 *theōria* 活动之代表的时候,他好像是忽视了如下可能性:"我们同样可以像沉思头上星空那样沉思道德实践生活"(《沉思在亚里士多德〈尼各马可伦理学〉中的位置》["The Place of Contemplation in Aristotle's *Nicomachean Ethics*"]页378)。不过,我们也许不能像沉思星空那样——假设沉思星空是纯粹旁观的——做道德生活的单纯旁观者。

② 用特希托尔(Tessitore)的话来说,在这里,一如在第十卷的其他任何地方,亚里士多德"对哲学和政治之间的根本张力,成功地不置一词,而没有进行实际的否认"(《阅读亚里士多德的〈伦理学〉》[*Reading Aristotle's "Ethics"*]页116)。为了做到这一点,他部分地是通过对哲学活动进行理想化:这种哲学活动"抽离了道德和政治生活的紧迫性,从而显得与后者无甚冲突"(页106)——正如《泰阿泰德》中苏格拉底所提出的人物形象:他绝无可能成为城邦的威胁,因为他甚至不知道去市场的路怎么走,遑论法庭和议事集会场所(173c-d)。

③ 参希罗多德《原史》第一卷第30-32节,以及第一章注释64[译按]本书上文第63页注释①。

称充足的观点,是在回答克洛伊索斯所提出的谁是他所见过的最幸福的人这一问题时提出的。这个嘛,梭伦断然答道,应该算是特鲁斯(Tellus),一个雅典公民,他的生活堪称富足,享有儿孙的天伦之乐,最后战死疆场,得到城邦授予的荣耀。梭伦的断然回答让克洛伊索斯吃惊不小,因为这个回答把这么一个[普通公民的]模式凌驾于他[作为一个僭主]的富有财产和权力的生活之上。于是,克洛伊索斯问梭伦,次好的幸福之人是谁,但是,他得到的回答却是更加难以理解的。梭伦的回答讲述了克列欧毕斯(Cleobus)和比顿(Biton)的故事:他们是阿尔戈斯的两兄弟、运动员和有奉献精神的儿子。他们为了尽亲情的责任以及最后为了服务于神而献出了身体的力量。他们的母亲有一次要去参加一场祭奉赫拉的节日盛典,但碰巧没有公牛可用来拉车,兄弟俩便给自己套上轭,拉母亲去了神庙。到达之后,当人们欣羡和赞美他们的时候,他们的母亲向赫拉女神祈祷,希望女神赐予他们一个人所能享有的最高福祉,然后兄弟俩就长眠不起了。

在听了梭伦对两种最好的人的生活进行排序之后,克洛伊索斯想知道为什么他自己的壮丽非凡的幸福可以被如此小看?梭伦的回答给了他一个关于人类生活之易变性和脆弱性的警告,尤其是警告他,一个达到亢盛顶点的人必将引起神的妒忌。所以,如果要想判断任何人生活的善,尤其是判断克洛伊索斯所享有的那种境遇,一个人必须"看到最后"。亚里士多德曾在第一卷提到过这句教诲(1100a10-11),以便开启一个旁支的话题,讨论幸福要延伸到"完整一生"的要求。第十卷继续持有那个尺度(1177b25),不过,在目前所关注的最善人类生活的问题上,[205]不再聚焦于财富所起的作用这一点上,而是让人想起梭伦所列举的两种生活方式。既然每个人的生活意义都是在死亡中得到终结和完成,那么,[梭伦所举例子中]只有次好的那种才是本质上通过死亡来定义的。梭伦的第一选择是从一种人性的、太人性的视角出发,把幸福定位于一种由对家庭和城邦的忠诚而来得到定义的积极生活之中。另一方面,被梭伦置于第二位的生活无非是这样一种判断的标记：从一位神的视角出发来看，人的死亡毋宁总是［比活着］更好的——这就使得好财运看起来像是对人类处境的僭越，并因而导致神的妒忌。① 与之形成对比的是，亚里士多德刚刚反驳过那种为人性的上升设置神性限度的观点（1177b30-34），而且，这一点反映在第十卷对人类生活的排序上：对于梭伦判定为最好的有节制的生活，第十卷的排序虽然也判定它是某种属人的幸福，但却只是第二等级的幸福，而对于梭伦所谓次好的幸福——这种幸福否定了人类生活本身——则保持了沉默。

与那种悲剧的视角不同，亚里士多德援引了沉思之人自己的证词，以便支持他关于最好的人类生活的提议。这个沉思之人的代表是一个前苏格拉底的宇宙论思想家阿那克萨戈拉。当被问及最幸福的人是谁的时候，梭伦并没有指称自己，② 阿那克萨戈拉则提到自己。或者说亚里士多德是从那些被人们归给阿那克萨戈拉的话里推断出这一点：如果他对于大多数人来说显得怪异，他将对此一点也不感到奇怪，因为人们只会根据外在事物进行判断。亚里士多德解释说，他这话的意思是说大多数人只是根据财富和权力来判断幸福，而沉思生活在这些标准方面自然是毫无优势可言的（1179a13-16）。但是，如果哲学家的幸福对于非哲学家来说总是

---

① 在梭伦对两种生活方式的并置中，伯纳德特发现了"希腊悲剧的双重框架：政治的框架建立在清白无辜的自主性（innocent autonomy）中，而神性的框架则基于对那种自主性的颠覆"（《论希腊悲剧》["On Greek Tragedy"]，见《情节的论证》[*The Argument of the Action*]页 102-103）。

② 梭伦自己的生活——尤其是他在克罗伊索斯王庭的访问——为沉思生活和实践生活的关系提供了一个有趣的模式。希罗多德记述道，在为雅典人制定好法律之后，梭伦外出游历了十年，声称他的旅行是为了考察外邦，但实际上，他离开雅典是为了让他所制定的法律在雅典确立起权威，不使它在这期间发生任何改变（《原史》第一卷第 29 节）；希罗多德重复说，这便是梭伦来到撒迪斯（Sardis）的原因，虽然他也确实有考察外邦的想法（第一卷第 30 节）。

不可见的,那么,对那些并不生活于其中的人所提出的任何关于哲学生活的图景——包括亚里士多德在此提出的这个例子——势必只能通过"外在性"来进行判断了。

第十卷持之为人类生活的最高可能性的,实际上是从外在视角出发所看到的沉思生活——不知疲倦的、独立的、无功利用处的沉思生活,纯粹的沉思生活只有在福人岛上才是自由自在的(参《王制》519c)。它的典范是第一个哲学家泰勒斯:他迷失在对天体的沉思中,遗忘了脚下事物的正确性,落入井中,发现了实在的自然。泰勒斯在女仆的眼中成了一个被嘲笑的对象。①一个思想与城邦习俗直接冲突或被认为是相冲突的哲学家要担心的,不仅是因其无用而被嘲笑的问题。②经过反思之后,他也许会发现这样做对他自己来说以及对于城邦来说都是值得的,[206]如果他能使那种仰望星空而坠入井中的生活不再成为讥讽的对象,而是变成令人仰慕的对象的话。他或许不得不向那些以纯粹人性的事物为"次级幸福"的人传达这样一个意思:polis[城邦]可以通过在自身中为神性事物安排一个位置——即使只是提供这种条件——而使自己变得高尚。现在,如何在哲学家中引导产生这样一种认识,确实构成了一个挑战,因为哲学家仅仅以智慧为他所追寻的目标,并且在无知之知中向前探索;即使有人相信了某个人所声称的他正在过着这种生活——苏格拉底的自知无知的事业为自己赢得的乃是作为反讽者的指控——也不会有人

---

① 参见《泰阿泰德》174a-c。当然,根据亚里士多德,泰勒斯完全可以反证那种对哲学无用的典型指责,因为他可以展示他的天文知识可以帮助他在正确的季节获取对葡萄压榨机的垄断(《政治学》1259a7-17)。[译按:似当为橄榄油压榨。]

② 苏格拉底希望城邦公民仅仅是嘲笑他,而不是对他感到愤怒,就像他们对游叙弗伦所做的那样(《游叙弗伦》3b-e)。在洞喻的情景中,苏格拉底解释说,如果有人从日光的照耀中出来,返回洞穴的黑暗之中,并且必须面临囚徒和墙上影像的问题,这时候他势必会引起嘲笑,而如果他想解放他人,众囚徒就会杀害他(《王制》516e-517a)。

从外面出发把这种生活方式视为最善人类生活的标志。如果哲学家的自我投射是为了从非哲学家方面出发制造对哲学的仰慕,那么这就有点像是第十卷所描述的像神一般拥有智慧的图景。

亚里士多德发现自己的说法与智慧之人——这种人不应该需要纯粹意见的东西——的意见和谐一致。不过,他提醒说,在这些事情上的真正检验必须存在于"行为和生活"之中(1179a17-20)。从第一卷考虑这场探究的合适听众开始(1095a2-11),脱离行动的空洞言辞就是萦绕整部论著的问题。这导致第十卷的开头对一种道德主义的观点进行了批评,这种观点教诲说,快乐完全是坏的。亚里士多德之所以批评这种观点,是因为考虑到如果一方面它在道德上表现为健康的,但另一方面在行为上却不可避免地会有与此观点相冲突的表现的话,就会使得这种观点成为被蔑视的对象(1172a34-b7)。带着那种警告的提醒,亚里士多德现在引入了行动,以便支持那种以 *theōria* 为幸福的决定性的言辞:

> 一个依循理智(mind; *nous*)来积极行动并且关心理智、在这方面有最好品质的人,似乎也是最蒙受神之青睐的人。因为,如果如同人们所相信的那样,对人间事物的某些关照来自诸神,那么,诸神喜欢那些最好的以及最与他们肖似的人,就是合理的了。而这便是 *nous*[之于肖似的重要性]:诸神会赏赐那些最赞成 *nous* 和最能荣耀 *nous* 的人,因为他们所关心的事情为诸神所喜爱,而且他们行事正确而美尚。所有这些东西最多地属于那些智慧之人,这一点毫无疑问。因此,智慧之人受到神的喜爱,而这同一个人似乎也最有可能是最幸福的人。(1179a22-32)

被允诺的行动不过是一种普通意见——刚刚在数行之前被拒斥的意见。在那里,亚里士多德认为,[207]如果设想诸神会卷入到那些他们永不可能涉入的伦理行动中去,从而导致他们作为神圣的存在者也陷入问题之中并需要作出[伦理行动的]反应的话,这样设想出来的图景会是非常可笑的。那种建立在神会有所回报这种希望之上的虔诚——这种虔诚在《伦理学》中几乎是完全缺失的——现在突然被赋予了一个显著的位置,以支持《伦理学》关于属人幸福的最终教诲。那么,亚里士多德是像他所批评过的那种阴沉的道德主义者那样,提出了一种并不能在行动上实践其真理性的有益说教吗?不过,这里有一个关键的区别:亚里士多德是在这样做的过程中提请我们注意他所做的是什么。在提出那种相信神会回报一种行为的意见之后,他告诫我们,如果这些 *logoi*[说法]是某种多于纯粹言辞的东西的话,我们还必须继续追寻什么。

立法的技艺

幸福被区分为首要幸福和次要幸福的内在划分——这种划分似乎要把《伦理学》的论证带向结束——让人回想起亚里士多德一开始通过引述赫西俄德的话来对他所期望的两种听众的划分:那些为自己想透所有事物的人和那些能听从他人善言的人。在一个出人意料的尾声中,《伦理学》表达了对赫西俄德所谓第三种人的关心——这种人既不能为自己思量,也不能听从他人的善言(1095b10-13)。这个扩展是《伦理学》论证运动的最后一个标志。在第六卷的结尾达到了一种整全的(cosmic)视角——根据这种视角,*sophia* 被发现构成了属人的幸福——的高度之后,《伦理学》的论证往下降到第七卷的重新开端。现在,当第二次上升达到了以沉思生活为完满幸福的认识之后,论证再一次被从天上拉下来,被拽进了家园和城邦。①众所周知,完成了这一下降的《伦理学》最后一章提供了向亚里士多德《政治学》的过渡。不过,在一定程度上有所回顾的同时,它转换了此前研

---

① 关于西塞罗对苏格拉底转向的描述,参见第四章注释 2[译按]即本书上文第 174 页注释①。

究的状态,使它不再自成整体,而是成为一个更大整体的部分。

亚里士多德这样开始,如果关于"这些东西"——指双重形式中的幸福?——以及关于德性、友爱、快乐,我们已经大体上说得足够了,那么,我们是否应该相信选择(*prohairesis*)有了一个 *telos*[完成、终点、目的](1179a33-35)? 这个问题表面上涉及的是话题选择的完备性。[208]但对这个问题的表述则暗指这场《伦理学》的探究本身或我们对它的参与,构成了一个选择;而选择的 *telos*,亚里士多德提醒我们说,正如所有实践事物中一样,不是去沉思、去知道,而是去行动。①因此,我们必须不仅知道关于德性的知识,而且要拥有和运用德性——除非,亚里士多德迟至现在才补充道,另外还有使我们变善的道路(1179a35-b4)。如果说行动可以克服《伦理学》言辞的不完善性,那么它可以采取两种形式来进行:我们将要涉及立法者的行动——立法者把他关于美德的知识用于政治世界;但另一方面,正如全部《伦理学》的探究所蕴含的那样,另外还有一种行动是《伦理学》读者的行动——他为自己思量了所有事情。②前者预设 *theōria* 和 *praxis* 或言辞与行动两个范畴的各自独立,后者则预设两者在活动中的不可分离。

言辞的缺陷问题开启了亚里士多德与苏格拉底的漫长争辩。在这场争辩的开始,亚里士多德借用了从苏格拉底哲学中取来的说法——"在 *logoi*[言辞、说法]中寻求庇护"——以便批评那些相信

---

① 作为通往属人之善的一条道路(*methodos*),这场探究早在《伦理学》的开篇陈述中就被作为一种 *prohairesis*[选择]。在第一卷中,我们被告诫说,这场探究的目的将不是知识,而是行动——或根据亚里士多德的修订表述,它所提供的知识如果不被应用到某种行动中去并通过这一行动而得到强化的话,就是毫无用处的(1095a4-9)。

② 这两种行动方式的划分让人回想起第一卷中所谈到的"真正的政治家"的歧义性。这种政治家一方面似乎是立法者,致力于使公民变得善和守法,但另一方面,他又像是医师的灵魂对应物,为了医治眼睛而必须研究整个身体(1102a7-20)。

通过言辞足以获取美德的多数人(1105b12-14)。这种指控现在转而针对那些——本来就应该一直如此——声称能教导一种万能的言辞技艺的人。不过,哲学家和智术师之间的区分,或论证性论述和说服性修辞之间的区分,目前还是被悬置起来的,而我们的注意力还聚焦在这个关键区分上:是依赖任何形式的纯粹言辞,还是要认识到强制的必要性?前者对于赫西俄德说到的前两种人来说也许是很好的,后者则是第三种人所需要的。

亚里士多德指明,对言辞力量的高估源自对大多数人的灵魂学的理解的失败。一个人如果并不是美尚之物的爱者,他就不可能仅仅通过言辞而被教化为君子,或用更书面的术语来说,不可能教之以兼美与善(beauty and goodness, *kalokagathia*, 1179b7-10)。①但是,即使在会听善言的人那里,"土壤也必须被耕作":聆听者的灵魂必须从小就受到陶冶,使他喜欢美尚的事物,不喜欢丑恶的事物,而要做到这一点——亚里士多德现在强调说——是很困难的,除非是在正确的法律之下。②现在亚里士多德承认,有节制的和忍耐的生活对于大多数人来说并不是快乐的,尤其对于年轻人来说是这样;对于他们来说,只有当他们习惯了的时候,才会感觉到负担有所减轻,而习惯的养成有赖于法律的调节。然而,不只是青年,而且是生活的全部都必须置于法律之下,至少是对于那些害怕惩罚甚于羞耻的人来说是这样。

[209]任何更受必然需要驱动甚于听取 *logos* 或美尚之物的人,

---

① 关于 *kalokagathia*[兼美与善],参第三章注释35[译按]即本书上文第137页注释②。为了说明智术师把政治技艺降低为修辞术,施特劳斯援引了色诺芬在自己与普罗科赛努斯(Proxenus)之间所作的比较:色诺芬作为苏格拉底的学生,拥有政治的技艺;普罗科赛努斯作为高尔吉亚的学生,拥有能统治君子的修辞术,但没有能力通过把尊敬和畏惧逐渐灌注给他的士兵而规训他们(《城邦与人》[*The City and Man*]页23)。

② 参《法义》653a-c。《伦理学》最后一章所谈到的耕作土壤的隐喻是第十卷在讨论完快乐之后,唯一一次对 *psychē*[灵魂]的指涉。

都必须通过"某种理智和带有强力的正确命令"来施以外加的控制(1180a17–18):nous[理智]刚刚在 theōria[沉思]活动中作为独立的主体扮演了一个崇高的角色,现在却被替换成一个与强制联手合作以建立法律的 nous。不过,理智和强力的成问题的结合,开启了关于法律作为促进人类卓越之工具究竟是强大的还是虚弱的争论。这个争论把自身展开为从一端到另一端的永无止息的运动,而在此运动中,这个问题愈益受到激发;①而且,在这条路上的每一步都会在关键问题上带来轻微的改变,这些问题包括强制的必要性及其最有效的来源、共同关怀和私人关怀之间的区别、大众教育与个别教育之间的对立、成文法与不成文法、如何处理个人知识与普遍知识、经验与专业技术等等。

　　论证开始于承认法律是必要的,因为它强制服从,而这是任何囿于家庭范围之内的家长式权威所无能为力的,任何个人也没有这个力量——除非他是一个国王或类似的人物,因为这种人的统治把政治领域几乎变成了家庭。当然,论证很快就承认,在家长式权威中,自然感情的纽带提供了力量的源泉,而这是法律实施永远不可能具有的。而且,如果一个人被认为是蓄意地阻挠我们的倾向性的话,他将会受到怨恨,而法律出于其无人格的属性却可以表现出接近必然性的强制。不过,大多数城邦显然没有认识到这一点,只是让它的公民们像在独眼巨人的模式(cyclopean fashion)下生活,在这种模式中,每一个独眼巨人都按照自己的意愿"为自己的妻子儿女制定法律"(1180a26–29)。通过诉诸荷马笔下的食人恶魔,亚里士多德在关于私人权威的问题上表达了一种看来比较适中的观

---

① 《伦理学》最后一章中关于法律的争论(1180a14–b28),无论在形式上还是在内容让都让人想起柏拉图的《政治家》(293e–302b)。在《政治学》的第三卷(第15–16章),类似的争论也在分析比较王者统治和法律统治的语境中被提起。

点:①貌似无害的家政安排上的特权,通过引用独眼巨人的典故变成了一种存在于公民生活核心之中的野蛮(uncivilized)标志。为了控制这种野蛮,必须借助法律来"矫正共同关怀"。不过,亚里士多德承认说,由于这一点在城邦中受到很大的忽视,所以对于个人来说,尽量努力对自己的孩子和身边的人进行最好的教化,似乎也是恰当的。而且,亚里士多德补充道,在上述所有论证的基础之上,如果个人也能成为 nomothetikos[立法者]的话,他似乎更能够做这件[教化之]事(1180a32-34):立法的技艺——无论采取什么形式——似乎是必要的保障,以便抵御人类生活中固有的独眼巨人模式的潜在可能。

[210]论证已经确立"共同关怀"的形式——在家庭中一如在城邦中的形式?——不可能不借助法律而形成,而且只有当这些法律是体面的和严肃的法律才能形成;但是,正如音乐和体育的技艺提供的范例所示,无论法律是成文的还是不成文的,意在教育个别人还是多数人的,都没有什么区别。另一方面,医术技艺的例子表明了,有个别针对性的处理是多么精准,而这种精准的方式却是必须保有普遍性的法律从不可能具备的(1180a34-b10)。如果说所有健康的身体都是相似的,以至于体育家可以对之进行群体训练,那么,有病的身体却是各不相同的,因而对于准备施治的医师来说,他就必须对他的每个病人分别进行个别的治疗,即使他的个别施治也是基于他的技艺知识

---

① 参《奥德赛》第九卷,行 114。《政治学》第一卷也引用了相同的荷马诗句,以便用食人的独眼巨人来代表那种尚无城邦和法律的人类生活模式(1252b23-24;参 1253a35-37)。无论在《政治学》还是在《伦理学》的引用中,亚里士多德都省略了荷马史诗中原有的对独眼巨人作为"傲慢自负和无法无天(lawless, *athemistoi*)"之人的特征描述(《奥德赛》第九卷,行 106)。与此相同的用词,也曾由雅典娜用在那些求婚者身上:其语境是雅典娜催促奥德赛假扮乞丐,混入求婚人之中,以便看清谁是正派的,谁是不法的(lawless;第十七卷,行 363)。亚里士多德的引用对那一行的省略隐含地提出了如下问题:独眼巨人的私自立法(*themisteuei*)究竟意味着什么? 参路德维希(Ludwig)在《爱欲与城邦》[*Eros and Polis*]页 93-94 中的讨论。

基础之上的,而这种知识也是普遍的。①现在,一个并非专家的人,如果他拥有对特殊个例的精确观察经验的话,他可以把某个人治得很好。实际上,某些人似乎是他自己的最好医师(1180b16-20)——根据《伦理学》隐含的意思,这种情形对于作为灵魂医师的哲学来说,似乎是唯一的选择。但是,如果普遍知识是更加可知的话,那么,论证就会再一次得出结论说,任何想要在教化多数人或少数人方面有所贡献的人,都必须尝试获取立法的技艺。nomothetikē[立法]曾被规定为涉及城邦的 phronēsis[明智]中的主导部分(1141b24-25),现在则被扩展到包含私人领域的事物:对于任何一个想使他人变得更好的人来说,立法技艺成了必不可少的条件——如果,亚里士多德不无犹豫地补充道,我们可以通过法律变善的话(1180b23-25)。

无论立法技艺在或公或私的行动中可能有多么可欲,有没有一个可以从他那里学到这种技艺的人一直都是个问题。在 politikē 的情形中,基于经验来运用立法技艺的政治家并没有表现出能把它的技艺传授给他人的能力,至少不能传授给他的孩子,而专业传授它的智术师却未能实践它。②智术师对政治学的无知表现在他们把政

---

① 体育模式和医术模式的竞争使柏拉图笔下的爱利亚外邦人得出了关于法律的相同论证(《政治家》294b-295b)。

② 苏格拉底曾在《美诺》中提起这个问题,其语境是他未来的指控者阿尼图斯(Anytus)凶兆性地出场,并且对话涉及为什么诸如伯里克利这样的伟大政治家不能把自己的美德传授给他自己的儿子。苏格拉底告诉他,美诺在美德是否可教问题上的拿不定主意是与许多人共有的,包括诗人忒奥格尼斯(Theognis)。他引用了亚里士多德在此引述过的诗句——如果言辞足以使人变得得体的话,那么,那些"富有之人和权势之人"早已成功了——将导致诗人得出如下结论,"通过教育,你永远不可能使一个坏人变好"。不过,苏格拉底又指出特奥根尼斯的另外一个说法,它所隐含的意思与上面的观点相反:这个诗人又主张人们应与有权势的人交往,因为"从值得交往的人那里,你可以学到值得的东西,而如果与坏人混在一起,你将会毁坏你所拥有的任何理性"(《美诺》95d-e)。在第九卷关于友爱的讨论的结尾,亚里士多德引用了这行诗的前半论及值得交往之人的部分,略掉了论及坏人的部分。

治学降低为修辞术,从而确证了他们带有诡辩术的本质标志,即幼稚地相信或为了自己而假定仅凭言辞即可奏效。①在从《伦理学》到《政治学》的过渡中,亚里士多德给出了一个非常令人吃惊的说法,在这个说法中蕴含了他对于谁来教导立法技艺这个问题的回答:因为立法(nomothesia)还没有被前人考察过,所以,我们也许最好来研究一下它(1181b12-14)。如果存在一条对潜在立法者进行教育的道路,那么,现在看来这条道路应该存在于《政治学》将要进行的研究之中。当然,在论及这个研究计划没有前人做过的时候,[211]亚里士多德似乎是在开玩笑式地忽略了柏拉图的《法义》,而后者的回音在《伦理学》中尤其在最末一章中是如此清晰可辨——或者,人们也许可以说,亚里士多德对《法义》的缄默隐含地提出了这样一个问题:柏拉图的那篇对话究竟是否以及在何种方式上是真正关涉立法的?②

---

① 亚里士多德接下来对智术师的批评使用了苏格拉底在反驳关于修辞术的文章时所寻求的论证(《斐德若》268c-269c):一个理解政治学的人不会相信仅凭收集法典并从中作出选择即可轻易立法,在那种做法中,仿佛判断的作出无需理解力和经验(1181a12-b2)。当然,亚里士多德也承认,这样一种收集工作——他自己也从事于此——对于那些有能力沉思和判断什么是美尚事物、什么是相反之物以及什么事物适合什么情况的人来说,也许是非常有用的。博丢斯(Richard Bodéüs)比较了《伦理学》最后一章里的这个说法和[第一卷]对《伦理学》听众的初始描述:正如他在一开始就告诫过,这场探究只供那些做好了正确准备的人来使用(1094b27-1095a4),他在最后又表明,如果作为潜在立法者的读者能把某种正确的经验带给政治学研究的话,那么他的政治哲学就能教给他们某些东西(《亚里士多德〈尼各马可伦理学〉中的政治维度》[*The Political Dimentions of Aristotle's "Ethics"*]页 57-69)。

② 罗德(Carnes Lord)把亚里士多德在这里关于立法研究被忽视的评论与他在《政治学》第二卷中对《法义》的批评——指责《法义》对所提出的政制的实际特征没有说出什么——联系到一起(参罗德为《亚里士多德政治学》[*Aristotle: The "Politics"*]所作的导言,页 21)。伯纳德特在讨论《法义》的"序曲"(preludes)问题的时候评论说:"似乎总是有什么东西推迟法律探讨的开始,尽管有克利尼阿斯(Clinias)不耐烦地催促早点开始以及外邦人

《伦理学》的结尾建议转向关于立法和政制的一般性研究,以便"关心人类事物的哲学可以尽量得到完成"(1181b14-15)。①这部研究计划开始的时候把"某种政治科学"(politikētis)置于主导性的地位,因为这样一种科学统领了所有其他东西在城邦中的用途(1094b4-7),而当在第六卷得出城邦并不是真正的整全而且人并不是这个整全中的最高存在者这个结论的时候,政治学则被废黜了尊位(1141a20-22,1145a10-11)。当第七卷的重新开端导向亚里士多德与苏格拉底争论的结论,《伦理学》的计划就转向了"政治哲学"(1152b1-2)。现在,当《伦理学》导向《政治学》的时候——正是我们也许会期望它被贴上"政治科学"标签的时候——它却要求一个新的丝毫不言及与 polis 的关系的指称:如果存在一个把《伦理学》与《政治学》结合在一起的双重整体,它必定会被理解为"人的

---

① 自己也应允开始"(《柏拉图的〈法义〉》[Plato's "Laws"]页134)。正如莫诺松(Sara Monoson)所言,在《法义》中,苏格拉底被置换成雅典来的外邦人,作为一个"非官方的立法建议人",表明这篇对话是对"历史上的苏格拉底未曾做过但柏拉图肯定做过的关于理智劳作(intellectual labor)形式的政治重要性的沉思"(《柏拉图的民主瓜葛:雅典政治与哲学的实践》[Plato's Democratic Entanglements: Athenian Politics and the Practice of Philosophy]页233)。阿尔法拉比对《法义》内容的概括,一开始只字未提"法律"作为对话的主题,然后把《法义》所体现出来的知识和技艺归给苏格拉底。在这样做的时候,阿尔法拉比究竟在想什么?对此,施特劳斯解释说:"法拉比似乎以此解释了苏格拉底在《法义》中的缺席,他的意思是说,苏格拉底与法律全无干系,而且,他似乎是通过如下隐含的意思来表达了他的上述解释:如果通过不可能的方式(per impossibile)使得《法义》成为苏格拉底的,那么,他们就不会探讨法律问题了"(《法拉比怎样读柏拉图的〈法义〉》["How Farabi Read Plato's Laws"]页153)。

① "完成哲学"的目的听起来几乎是一个矛盾的说法,而当我们考虑到《政治学》的未完成性质的时候,这一点就尤其令人印象深刻了。如果说《政治学》第八卷关于音乐的讨论——尤其是论及 katharsis[净化]——把我们带向《论诗术》,犹如《伦理学》把我们带向《政治学》,那么,可以说是亚里士多德把柏拉图《王制》中合在一起讨论的主题分到了三部论著来进行论述。

哲学"。

　　《伦理学》从一开始,就已经把这个双重整体的 telos[目的]规定为属人之善,而属人之善无论对于个人来说还是对于城邦来说都是一样的,即使在城邦的情形下,属人之善会显得更大更完全(1094b7-10)。一直到《政治学》第七卷开篇几章之前,那个问题都没有得到明确的考察。《政治学》第七卷开篇转向关于最佳政制的问题:当它得出了个人的最好生活方式的政治类比的时候,它似乎是确认了《伦理学》开篇的称言。或者,人们是否可以根据某种比喻得出结论说,一个没有邻国威胁的城邦——指一个与世隔绝的岛国城邦或一个世界帝国?——就是一个过着沉思生活的个人的对当物?① 如果确实能确立个人之善与城邦之善的同一性,那么,这也许意味着一个人之所是完全可以由他作为一个公民在 polis[城邦]中的生活来确定。这也许会让人以为,什么是做一个人光靠他作为

---

① 参《政治学》1325b24-33。在《政治学》的第七卷,什么是最好生活的问题被提出的形式决定了对它的回答:涉足政治并参与城邦事务的生活,还是过一种[不参与政治的]外邦人生活,这两种生活中的哪一种是更值得选择的(1324a14-15)？政治的和积极实践的生活被设定为一种与"脱开外在事物的"某种沉思的生活相对立的生活——亚里士多德补充说,后者被某些人认为是唯一的哲学生活(1324a25-29)。这个复杂的论证最终导向如下结论:如果幸福被设定为做得好和过得好(doing and faring well; eupragia),那么 praktikos bios[实践的生活、行动的生活]对于城邦和对于个人来说就应该是最好的生活。但是,亚里士多德立刻补充道,正如某些人所相信的那样,实践的生活不一定是与他人相关的生活,也不一定是仅仅为了实践的后果而做出的思想的行动;更加真实的实践生活是以自身为目的的沉思和思想的行动,因为它们的 telos 只是要做得好(faring well; eupraxia)(1325b14-22)。因此,当《政治学》说到行动生活或实践生活高于某种沉思生活的时候,也许显得与《伦理学》相矛盾,不过,《政治学》对实践生活的特征表述却把那种沉思生活和实践生活的二分置入问题之中。

一个政治动物之所是就能说清楚。① politikē [政治学] 在《伦理学》末尾被替换为"人的哲学"有助于把上述理解置于问题之中。②

对一个苏格拉底问题的苏格拉底式回答？

[212]《伦理学》并没有终止于其貌似的顶峰,即没有终止于把完满幸福界定为投身 theōria [沉思] 的生活。相反,因为考虑到仅仅知道德性是不够的,而是应该把知识投入运用,所以它转向了对立法研究之必要性的引进。这场探究所达到的貌似的顶峰——在此达到的认识是知识仅仅出于自身而值得欲求——还需要补充认识到知识在政治世界中的用途。不过,那种外在的补充并不是《伦理学》对其关于沉思生活之为完满幸福这一最终教诲的唯一矫正。在

---

① 《政治学》的开篇第二章把人理解为一种政治的动物。在进行这个论证的时候,亚里士多德承认一个人是有可能在本性上成为"无邦之人"的,无论是因为这个人低于人之为人的标准,还是因为他高于人的标准——非兽即神(1253a1-5, 28-29)。伯纳德特曾反思道,"作为人的人和作为政治动物的人之间的区分",哲学是承认的,而诗则是否认的(《生命的悲剧和喜剧》[The Tragedy and Comedy of Life] 页 ix)。伯纳德特论述的语境涉及悲剧所展示出来的对那些诸如乱伦这样的"基本罪行"的禁止,以及这些禁止究竟是对于人本身来说还是对于维建城邦的可能性来说是必要的。

② 阿尔法拉比对亚里士多德的叙述结尾注意到他试图"完成自然哲学以及政治哲学和人的哲学"的方式(《亚里士多德的哲学》["The Philosophy of Aristotle"] xix. 99,见《柏拉图和亚里士多德的哲学》[The Philosophy of Plato and Aristotle] 页 130)。在《获得幸福》["The Attainment of Happiness"] 中,阿尔法拉比以自己的名义区分了"关于人的科学"——这种科学研究"什么是以及如何是人之为人的目的,即人必须达到的完善性"——和那种研究"人为了达到那种完善所需的所有事物或对他达到完善有用的事物"的学问,以及,还要区分于研究那些阻碍他达到完善的事物的学问,而这就是"政治科学"的工作(i. 20,见《柏拉图和亚里士多德的哲学》[The Philosophy of Plato and Aristotle] 页 24)。

那个教诲的提出中,已经在其自身中包含了重新思考的要求,因为亚里士多德在那里提醒说,还需要在行动中获得对言辞的解释。这个提醒应该已经让我们注意到在这个观点中有某种矛盾性的东西:面对一个最具实践重要性的问题——什么是对于人而言的善好生活?——回答却是"纯粹的 theōria[静观沉思、理论思考]"。

什么是对于人而言的善好生活?这是《伦理学》借由开始的苏格拉底式问题。那么,我们现在是否应该问,这场探究最终所达到的是不是一个苏格拉底式的"回答"?柏拉图笔下的苏格拉底在他接受公开审判的时候最接近于给出他自己的专题回答。他回答的语境是要解释,如果要加诸其上的惩罚只是要他保持沉默并生活于缄默之中的话,那么他为什么不能接受这一惩罚。他的理由——虽然他怀疑陪审团能否被这一理由说服——是确信一种未经省察的生活对于一个人来说乃是不值得过的(《申辩》38a)。从字面上来看,苏格拉底的说法虽然是玩笑性的(playful),但也令人震惊地激进:他的所有同胞公民——他刚才还把他们比作睡着的马,苦恼于牛虻的烦扰使他们保持清醒,不能入睡——还不如死了的好。亚里士多德也许较少玩笑成分,他的说法显得更加宽宏一些:"幸福"可以扩展到包含在伦理德性统治下的生活,但是,相对于沉思生活的完满幸福而言,那只不过是第二位的幸福形式。①

当然,当首要的和完满的幸福被指为"幸福"本身(1178b28-32)的时候,它看起来似乎意味着第二位的幸福形式严格来说根本就不是幸福。正如幸福的定义所示,使得最好的生活卓尔不群的东西——如果它不是作为幸福的唯一例证的话——被认为是以之为

---

① 如果 eudaimonia[幸福]是一个包含两种不同成员但只有其中一个才是首要成员的集合,那么,这就是一种伯曼(Berman)称之为"榜样范导"模式的集合成员关系,与之形成对比的则是要么内包的要么排外的集合(参第六章注释15[译按:即本书上文第 255 页注释②]关于伯曼《单独存在之道》["Ways of Being Singular"]的论述)。

最高目的的对于 *theōria*[沉思]的专心投入。而且,这种沉思的活动是在某种纯粹的形式中得到理解的,[213]而这种形式对于柏拉图笔下的苏格拉底所过的生活——他把这种生活界定为一种值得人去过的生活——来说,似乎是陌生的。根据第十卷的论证,*theōria* 之所以是最高的人类活动,是因为它是唯一因其自身而被欲求的活动。因此,出于这个理由,它作为人之为人的最完满的实现,被授予了 *teleia eudaimonia*[完满幸福]的头衔;但是,如果从这一点出发来看问题的话,沉思实际上是最有用的和最大的必要性。① 而且,一个

---

① 这似乎是亚里士多德在《形而上学》开篇所发展出来的论证。在考察了我们关于智慧的诸种意见之后,《形而上学》的探究转向了哲学,并把哲学的本源追溯到惊奇;惊奇带来困惑,并从而带来对自己的无知的认识。所以,亚里士多德推论道,"如果他们是为了脱离无知而从事哲学,那么,他们显然是为了知道(knowing; *eidenai*)而求知(knowing; *epistasthai*),而不是为了某种用处(*chrēsis tis*)"。亚里士多德在人类历史中寻找证据——当几乎所有需要都被满足之后,包括休闲和娱乐也得到满足之后,人们就会开始寻求"这样一种 *phronēsis*[明智、智慧、知识]";于是,他总结道:"显然,他们寻求智慧并不是为了某种其他的用处(*chreia hetera*)。"(982b20-28)因此,哲学所寻求的知识的确是有某种用处的,只不过那不是某种外在的用处:那是一种唯一堪称"自由"的知识,正如人是自由的一样,因为它只为自身而存在,而实际上又是由需要来驱动的——由求知的自然欲望来驱动的,而正是这种欲望定义我们为人。这种矛盾的结构表现在我们关于智慧的意见中,这种意见要求因其自身而被寻求的知识应该同时是关于善的知识(参见伯纳德特,《论智慧与哲学:亚里士多德《形而上学》第一卷头两章》["On Wisdom and Philosophy: The First Two Chapters of Aristotle's *Metaphysics* A"],见《情节的论证》[*The Argument of Action*]页401-406)。正如维克利(Velkley)在对那篇文章的分析中所说的那样,"最高层次的知识应该能把为其自身的沉思知识和关于善的因果性知识带到一起。这种知识将会是那种自我知识,它知道为什么因自身之故而被追求的知识是善的,而且它也抓住了求知欲望的原因……在其充满爱欲的困惑索解中,哲学是关注自身(self-regarding)和遗忘自身(self-forgetting)的矛盾结合体"(《存在与政治:伯纳德特论亚里士多德的〈形而上学〉》["Being and Politics: Seth Benardete on Aristotle's *Metaphysics*"]页16-17)。

人不可能为了这种活动所带来的满足本身而刻意地追求这种活动,而不通过一种与因其自身之故(its being for its own sake)这一特点不相协调的方式将这种活动工具化。

这种显然的不连贯性①刻画了某种处境,尤其是前苏格拉底哲学家的处境——至少是针对他们在《伦理学》中被建构的形象:他们寻求或声称拥有作为整体知识的 sophia[智慧]——这种智慧仅因其自身而值得欲求——却完全忽视了关于自己的利益和更普遍的属人之善的问题。他们的知识被认为是"非同寻常的、令人惊异的、艰深的和充满灵性的(demonic)",但又完全是一无用处的(1141b3-8)。在他对 sophia 的忘我追求中——这种追求现在被确立为最能使人完满的(fulfilling)人类活动——他的处境展现出一种不协调的结构,其情形正如高贵的自爱者(self-lover)为了献身于 kalon[美、高尚]而作出自我牺牲那样,也就是说,这实际上是在服务于自身的利益,尽管他从根本上并不能追求自己所理解的那个目的。②从外面来看,前苏格拉底哲学家无私(disinterested)的 theōria 活动显示自身为一种服务于属己之善的活动,但是由于他不关心属人之善的问题,他并不能认识到什么是属己之善本身。

那么现在,苏格拉底式的哲学家也像前苏格拉底哲学家那样,并不通过算计能得到什么好处而从事哲学思考;他自然地受到一种出于其自身而值得追求的活动的激情的驱动,而这种活动碰巧符合他最大的自身利益。不过,由于苏格拉底式的哲学家的特征在于,其核心关怀乃是对于一个人来说最好的东西这个问题,所以,他能完全觉知到并且必须觉知到那伴随他的无功利实践而来的充满矛盾的自我实现:他认识到他所参与的活动以自身为目的,因为这种活动并不服务于更高的目的,所以,它实际上是使得人类生活值得

---

① [译按]Inconsistency,或译作"不一致性"。
② 参见上文第六章"与自己做朋友"一节中的讨论。

一过的善。他把自己的活动理解为一种自然欲望的典范表达,这种欲望便是所有人都具有的欲求拥有善和关于善的知识,而它们肯定有着最大的用处,因为如果缺乏它们的话,我们所拥有的任何其他事物以及我们所知的任何其他知识都会变得毫无用处(参《王制》505a-e)。[214]受一种忘我而毫无算计的对美(the beautiful)的爱欲所驱使,他恰在这种追求中发现和拥抱着他的属己之善。①

《伦理学》第十卷所持以为完满幸福范式的是由前苏格拉底宇宙论思想家所代表的沉思生活。那种追求 sophia 并以之为目的的生活与它的竞争对手——由伦理德性的目的所规定的实践生活——完全不同,后者被发现是缺乏完满幸福的。这两种生活可能性的二分,就其各自而言是相互排斥的,就其结合而言又是穷尽所有可能性的。这样一种二分方式似乎恰恰把那种投身于思考属人之善问题的沉思生活的可能性排除在外了。在这种二分法中,如此

---

① 我想引用阿尔法拉比的《亚里士多德的哲学》["Philosophy of Aristotle"]中的几句话,这几句话总结了他那本书结尾章节的意思,也可以引来作为我这部研究著作的引导性格言:"显然,他[亚里士多德]在一开始仅仅因为他喜欢那样做而去研究的知识……已经被证明是对于获得人之所以为人的理智来说必不可少的东西"(xix,见《柏拉图与亚里士多德的哲学》[The Philosophy of Plato and Aristotle]1962年版,页130)。这本书的修订本(1969年版)提供了另外一个翻译:"显然,他[亚里士多德]在一开始仅仅因为他喜欢那样做而去研究的知识,以及为了解释上述追求的真理而进行的研究,已经被证明是对于实现人之所以为人的政治活动来说必不可少的东西"。这个新的翻译带有译者马赫迪(Muhsin Mahdi)的译注,说明这个翻译所本的文本读法。我要感谢巴特沃斯(Charles Butterworth)为我解释了其中的情况。[阿尔法拉比的]阿拉伯文本中有一个词是 al-ʿaql[理智]。但是,根据马赫迪在这本书的第一版出版之后发现的一条阿尔巴格达迪(al-Baghdadi)的释义,他把 al-ʿaql 读成了 al-fiʿl[活动],然后他又在其上增添了 al-madani[政治的]。有一点对于两种读法来说似乎是共同的:根据阿尔法拉比,亚里士多德逐渐认识到,一开始他以为仅仅出于其自身而被寻求的知识,终于被证明对于实现人之为人的目的来说是必需的。

理解的哲学是没有位置的,在那种哲学中,政治哲学构成了它的"离心的核心"(eccentric core)。①亚里士多德曾经提醒过,《伦理学》所提供的关于幸福的最终教诲很可能会落入单纯的言辞,作为对这种言辞的支持而被提供出来的行动,只不过是一种相信神会给他所喜欢的人类生活以回报的意见。不过,当亚里士多德第一次通过称引赫西俄德的话——最好的人为自己思虑一切——来描述他所希望的最佳听众的时候,他似乎指向了一种非常不同的行动。对于那些参与此种行动的人来说,亚里士多德在《伦理学》结尾的告诫是这样一个提醒,他提醒我们,我们所寻求的目的就是我们向来已经在做的事情(what we have been doing)。②我们已经参与其中的 *theōria*[沉思]的 *energeia*[活动]并不是孤独地面对宇宙整体的无涉人事的沉思。它的主题是人类事物,而这首先意味着那些在政治生活中起到决定作用的有关正义、美尚和善好的概念;它的前进道路——既然完美的智慧是缺席的——则是一条通过审查意见而从意见出

---

① 通过反思施特劳斯《城邦与人》中的思想,伯纳德特做出了这个界定。施特劳斯说道:"哲学检讨意见,尤其是那些在城邦中最有权威性的意见。通过把那些最具权威性的意见置诸审查之下,哲学就否定了它们的权威性,并超越了城邦。哲学对城邦的超越揭示了城邦的局限……城邦因而被照亮为一种特殊种类的部分:作为哲学的障碍,它同时又是唯一能使哲学成为可能的东西……政治哲学是哲学的离心的核心(eccentric core)。"(《城邦与人》[*The City and Man*]页4)

② 在提出我们如何才能变得善好的问题——这个问题要求我们搞清楚什么是对于我们来说真正善好的东西——之后,史密斯(Smith)回答说:"我们做着亚里士多德向来已经就在做的事情。他的教学法并不只是邀请和劝诫我们进入一种新的生活。它同时也是这种生活的发端。通过跟随[他的]研究,我们经验了那些为了变得善好而必需的东西。"(《重估伦理学》[*Revaluing Ethics*]页183)

发的上升之路。①这是一种通过分享言谈与行动的活动而发生的 theōria[沉思]的 energeia[活动],根据关于友爱的讨论所确立的观点,那正是共同生活之于人类的意义。正是通过那种方式,我们的政治自然和理性自然才得以实现为一,而这在那种政治行动和沉思的二分中却是被截然分开的。

《伦理学》的行动削弱了由其言辞所提供的关于人类幸福的可选项的穷尽性,这种削弱的方式反映在另外一种言行之间的不一致上。关于两种都声称是幸福的生活的总结性区分,早在基于人类灵魂的欲望和理智之分的灵魂学基础上,把人类德性划分为两个被假定为相互独立的伦理德性领域与理智德性领域的时候,就已经预示了。亚里士多德对那种划分的支持所依赖的手段,[215]是对他归给苏格拉底的一种观点的延伸批评,那种观点便是把德性等同于知识,并从而否定性情的伦理德性领域有任何自主性。从他与苏格拉底的那种争论中——这个争论贯穿了从第二卷到第七卷的过程——他排除了对柏拉图的任何指涉。通过这种方式,亚里士多德把苏格拉底这个人物构造成了一个"理智主义者"(intellectualist),并且把柏拉图分离开来,作为一个拥有自身观点的思想家——尽管

---

① 迈尔(Heinrich Meier)发展出一种由四重任务界定的政治哲学概念:不仅它的主题涉及政治事物,而且它的进路也服务于对哲学的辩护,以免哲学遭外来威胁;同时,它还在哲学自身之中给出哲学正当性的理性论证;最后,在这样做的时候,它就变成了哲学进行自我认识的场所(参《为什么政治哲学?》["Why Political Philosophy?"],见《施特劳斯与神学-政治学问题》[Leo Strauss and the Theologico-Political Problem]第四章,尤其参见页 94 和 104)。亚里士多德的《伦理学》为这种政治哲学的概念提供了一个有趣的检验。它研究政治事物,关心对哲学的政治辩护,包括对——或尤其是通过——它关于智慧之人的终极形象及其神性回报的辩护。不过,在它是否或如何成功地提供了一种对哲学生活之优越性的理性的正当性论证问题上,却还不是很清楚的:《伦理学》似乎暗示,这样一种正当性论证(justification)只能通过——也许是完全有赖于——参与那种对于哲学生活来说至关重要的活动的人的行动,才有可能得到完成。

柏拉图采用的对话形式本身为这种分离带来了障碍。而且,几乎在《伦理学》论述过程中谈到的每一个话题的处理上,人们都可以听到柏拉图对话中的讨论的回音——正如我们这部论著所给出的无数[涉及柏拉图对话的]参考注释和每章开头的引文所欲显示的那样。《伦理学》的言辞创造了苏格拉底与柏拉图的分离;但《伦理学》的行动却带入了亚里士多德与一个想象中的谈话伙伴持续进行的虽然是隐含的对话——这个对话伙伴便是无法区分的柏拉图的苏格拉底或苏格拉底的柏拉图。①通过那场对话来分享言辞和思想,实际上正是亚里士多德从一开始就邀请他的读者来共同参与的活动。

---

① 在《耶路撒冷与雅典:一些初步思考》["Jerusalem and Athens: Some Preliminary Reflections"]一文中,施特劳斯在谈及柯亨(Hermann Cohen)的演讲《柏拉图与先知的社会理想》["The Social Ideal in Plato and the Prophets"]或他自己更愿意提的"苏格拉底与先知"问题的时候解释说:"我们不再……确定……我们能在苏格拉底和柏拉图之间划一条清晰的分界线。对这样一种清晰分界线的划分有着传统的支持,首先是在亚里士多德那里有这个支持,但是,对于我们来说,亚里士多德在这类问题上的表述不再具备它们曾经拥有的权威性了"——或者是,我想补充说,不再具备亚里士多德自己曾经希望的对于他的最好读者来说的权威性。施特劳斯继续说道:"对我们来说的决定性的事实是,柏拉图实际上从自己身上引开,指向了苏格拉底。柏拉图不但是指向了苏格拉底的言辞,而且指向了他的整个生活和命运。"(见《柏拉图政治哲学研究》[*Studies in Platonic Political Philosophy*]页168;参朱克特[Catherine Zuckert]在《原本柏拉图主义:施特劳斯对激进历史主义的回应》["Primitive Platonism: Strauss's Response to Radical Historicism"]一文中对上述段落的讨论,见《后现代的柏拉图:尼采、海德格尔、伽达默尔、施特劳斯、德里达》[*Postmodern Platos: Nietzsche, Heidegger, Gadamer, Strauss, Derrida*]页163)。

附 录

附录一:《尼各马可伦理学》中的苏格拉底、柏拉图、哲学

柏拉图(第一卷第四章 1095a32-34):柏拉图很好地提出了困惑,并且追问了这条道路是从始点出发还是朝向始点,就像在赛跑中是从裁判跑向终点还是相反。

哲学(第一卷第六章 1096a11-17):也许我们最好来探讨一下普遍的[善],并且在关于它的说法中感到彻底的困惑,不过,因为要涉及与那些提出形式(forms)的人们的友爱关系,这样一种探究变得很麻烦。但是,为了挽救真理而放弃属于一个人自己的东西,这也许会被视为更好的和必要的,这一点虽然在其他地方也是如此,但尤其对于哲学家来说是这样的,因为,如果两者都值得珍爱的话,首先尊重真理乃是神圣的。

哲学(第一卷第六章 1096b30-31):但是,也许这些问题[即事物被称为善的多种方式]现在应该不予考虑;因为对于它们的精确考察将会更接近另一种哲学。

哲学(第一卷第八章 1098b16-18):[幸福存在于灵魂的行动和活动之中这一点]已经被漂亮地(beautifully)说出来了,它与古老的意见相一致,也受到哲思之人(those philosophizing)的赞同。

柏拉图(第二卷第三章 1104b11-13):正如柏拉图所说,一个人应该以某种方式直接从年幼的时候开始就养成习性,以便在他应该快乐或痛苦的事情上感到快乐或痛苦;因为这是正确的教育。

哲学(第二卷第四章 1105b12-15):但大多数人不去这样做[即通过实践而养成习性],而是逃避到 *logos*[言辞、说法]中去,相信哲思(philosophize)这种方式是严肃的,就像那些仔细听取医师教导但并不根据处方去做的人那样毫无效果。

哲学(第二卷第四章 1105b16-18):正如那样照顾身体并不能使身体处在好的状态中一样,以那种哲思的方式来照料灵魂也不能使灵魂变好。

苏格拉底(第三卷第八章 1116b3-5):对于特殊事物的经验也被认为是勇敢,因此苏格拉底相信勇敢就是 *epistēmē*[知识]。

苏格拉底(第四卷第七章 1127b22-26):反讽之人说话很低调,在性格上显得更有魅力,因为他们这样说话似乎不是为了得到什么,而是为了避免张扬,他们总是否认自己拥有的备受敬重的东西,如苏格拉底常做的那样。

苏格拉底(第六卷第十三章 1144b17-21):所以有些人就说所有德性都是 *phronēsis*[明智]的形式,而苏格拉底在某条路上的探索是对的,在另外方面是错的;在相信所有德性都是 *phronēsis* 的形式这一点上他是错的,但在如果没有 *phronēsis* 便没有德性这一点上,他说得很漂亮(beautifully)。

苏格拉底(第六卷第十三章 1144b28-30):苏格拉底因而相信德性都是 *logoi*[逻各斯、理性],因为它们都是 *epistēmai*[知识],而我们相信它们是与 *logos* 一起[发挥作用]的。

苏格拉底(第七卷第二章 1145b23-24):正如苏格拉底所相信的那样,如果一个人内在地拥有 *epistēmē* 而又像奴隶一般被某种外物统治和驱使,这是很荒唐的。

苏格拉底(第七卷第二章 1145b25-27):①苏格拉底一直完全反对这种 *logos*[说法、观点],仿佛根本没有像 *akrasia*[不自制]这样的东西,因为没有人会去做与他认定为最好的东西相反的事情,除

---

① [译按]原文误作第六卷第二章。

非是出于无知。

苏格拉底(第七卷第三章1147b13—17):由于后一个前提并不是普遍的或像普遍知识那样被认为是科学的知识,所以,苏格拉底所寻求的东西就似乎是对的,因为当感情形成[主导]的时候,呈现出来的知识就不是所寻求的在统领意义上的[科学]知识,也不是出于感情而被拖拽来的[知识],而只是感觉。

哲学(第七卷第十一章1152b1—2):沉思快乐和痛苦属于那些以政治的方式来哲思的人。

哲学(第九卷第一章1164b2—6):对那些在哲学中分享的人来说,似乎也应该如此,因为那种价值是无法用金钱衡量的,而其荣誉亦罕有匹敌,但也许正如对诸神和父母的关系那样,尽力[回报]就够了。

哲学(第九卷第十二章1172a1—6):无论一个人把什么作为他之所是,或把什么作为他选择活着的理由,他都愿意与朋友共度时光。所以,有些人一起宴饮,有些人一起博弈,另外一些人则一起操练、一起狩猎或一起哲思,每个人都在对他来说最值得珍爱的生活中与人共度时光。

柏拉图(第十卷第二章1172b28—32):但通过这样一个论证,柏拉图却否定了快乐是善。因为,快乐的生活如果与 phronēsis 结合的话,会比与之分离更值得选择,但如果这个混合是更优越的,那么快乐就不是善,因为善不会因为他物附加其上而变得更加值得选择。

哲学(第十卷第七章1177a22—27):我们相信快乐应该被加入幸福之中,但合乎德性的最快乐的活动被人们同意为是合乎 sophia[智慧]的活动。至少哲学似乎拥有惊人地纯净的和坚固的快乐,而且有理由相信,那些有知的人比那些求知的人在这种闲适中享有更大的快乐。

哲学（第十卷第九章 1181b12-15）：立法的问题在我们的前人那里没有得到过探讨，也许对我们来说，最好是来考察一下这个问题以及一般而言的政制问题，以便人类哲学或许可以尽量得到完善。

附录二:美德与过恶(《尼各马可伦理学》卷三、卷四)

怯懦	勇敢	无名
(过度的害怕) (不足的自信)	(勇敢之人按照 logos 的要求,害怕他所应该害怕的,而且是为了美尚事物的缘故。)	("乏怕") (过度的自信=鲁莽)

无名	节制	放纵
("冷漠")	(节制之人按照 logos 的要求,在应该的时候,以他应该的方式欲求他所应该欲求的东西……[灵魂的]欲望部分与 logos 和谐一致,因为美尚是两者的共同目的)	

吝啬	自由慷慨	挥霍
	(出于美尚的目的,自由慷慨之人在正确的时间,向他应该付出的人正确地付出他应该付出的数量。)	

小气	体面大方	粗俗铺张
	(体面大方之人为美尚的目的而花费,因为这对于所有德性来说是共同的;对伟大的和美尚的行为的令人惊异的 theōria[静观]。)	

心胸狭小	心胸博大	虚荣
	(megalopsuchia[心胸博大]是宏大的,正如魁伟的身材是美的……心胸博大之人声称配得上而且确实配得上最美尚的事物,而这便是荣誉。)	

缺乏对荣誉的爱	无名	爱好荣誉
(被称赞为适度和节制;被谴责为即使在事关美尚事物的时候也不追求荣誉)		(被称赞为有男子气概和追求美尚;被谴责为爱慕超过应得的荣誉或来自错误源头的荣誉。)

无名	无名("温和")	易怒
("不易发怒")(被称赞为温和)	(温和之人对他应该发怒的对象,以他应该的方式,在应该的时机,发出应该发出的怒火。)	(被称赞为有男子气,有能力统治)

乖戾	无名("友善")	奉迎
	(友善之人如他所应该的那样赞同他所应该赞同的,不赞同那些不美尚的或是有害的快乐。)	

Eirōneia [反讽、自贬]	无名("诚实")	自夸
(苏格拉底作为范例)	(这一点使我们相信中庸在任何情况下都是一种美德)	

鲁笨	机智	滑稽
	(机智之人是自己的法度)	

羞怯	羞耻	无耻
	(一种中庸状态,但不是一种美德)	

幸灾乐祸	nemesis[义愤]	忌妒
	(卷二最后提到的一种,但在第四卷中缺席)	

附录三：正义的诸范畴（《尼各马可伦理学》卷五）

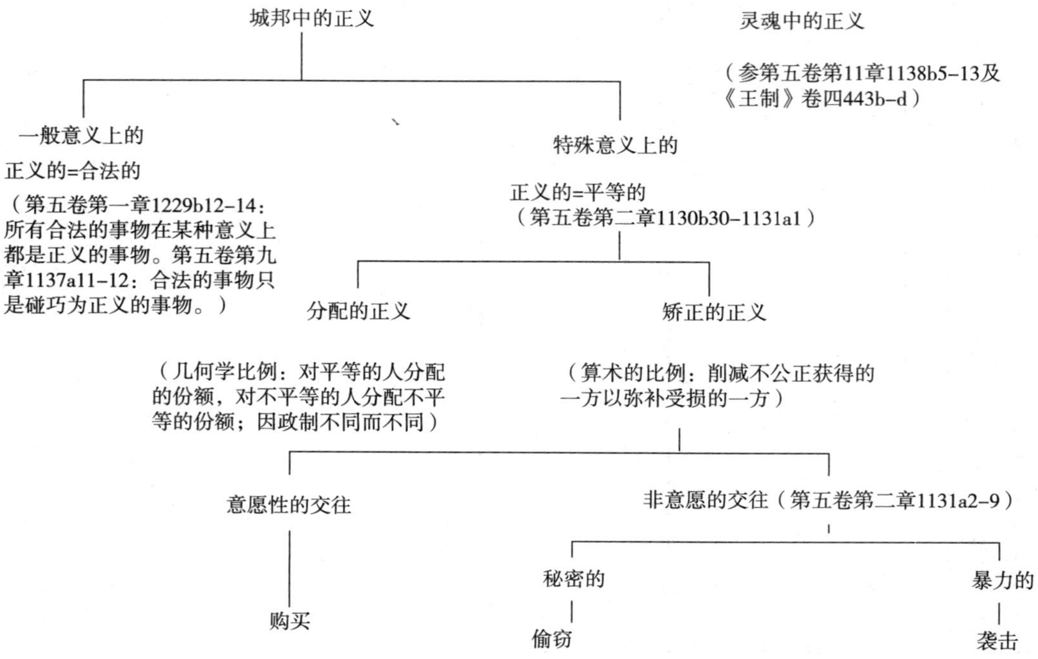

```
                                                         ┌── 一般意义上的
                                                         │   正义的=合法的
                                                         │   （第五卷第一章1229b12-14：
                                                         │   所有合法的事物在某种意义上
                                                         │   都是正义的事物。第五卷第九
                                                         │   章1137a11-12：合法的事物只
                                                         │   是碰巧为正义的事物。）
                            ┌── 城邦中的正义 ──┤
                            │                            │                        ┌── 分配的正义
                            │                            │                        │   （几何学比例：对平等的人分配
                            │                            │                        │   的份额，对不平等的人分配不平
                            │                            │                        │   等的份额；因政制不同而不同）
                            │                            │                        │
                            │                            └── 特殊意义上的 ──┤                              ┌── 意愿性的交往 ── 购买
正义 ──┤                                                     正义的=平等的         │                              │
                            │                                 （第五卷第二章     │                              │                        ┌── 秘密的 ── 偷窃
                            │                                 1130b30-1131a1）   │── 矫正的正义 ──┤
                            │                                                         │   （算术的比例：削减不公正求得的                        └── 暴力的 ── 袭击
                            │                                                         │   一方以弥补受损的一方）     └── 非意愿的交往（第五卷第二章1131a2-9）
                            │
                            └── 灵魂中的正义
                                （参第五卷第11章1138b5-13及
                                《王制》卷四443b-d）
```

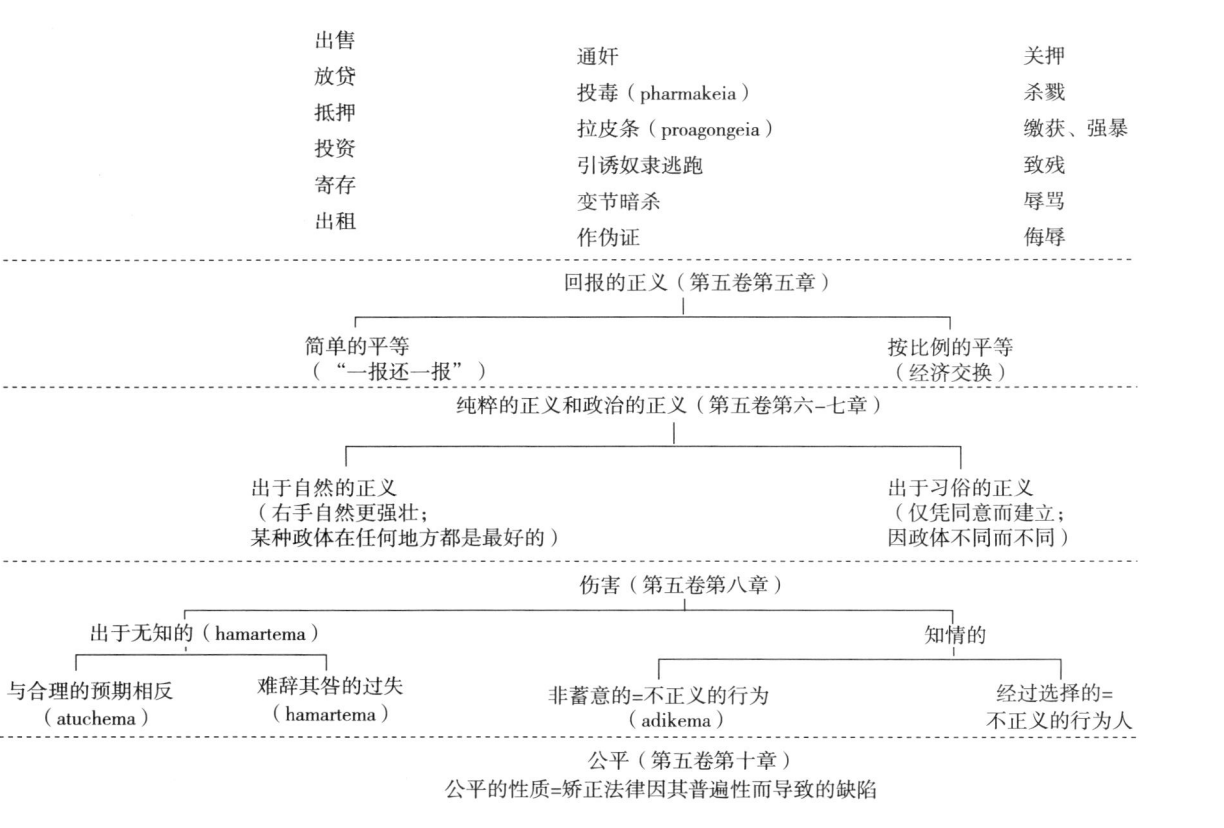

出售	通奸	关押
放贷	投毒（pharmakeia）	杀戮
抵押	拉皮条（proagongeia）	缴获、强暴
投资	引诱奴隶逃跑	致残
寄存	变节暗杀	辱骂
出租	作伪证	侮辱

```
                                              ┌── 按比例的平等
                                              │   （经济交换）
                             回报的正义（第五卷第五章）
        ┌── 简单的平等                          ┌── 出于习俗的正义
        │   （"一报还一报"）                     │   （仅凭同意而建立；
   纯粹的正义和政治正义（第五卷第六—七章）          │   因政体不同而不同）
        └── 出于自然的正义
            （右手自然更强壮；
            某种政体在任何地方都是最好的）

                             伤害（第五卷第八章）
                                              ┌── 知情的
        ┌── 出于无知的（hamartia）
        │                                     └── 经过选择的＝
        ├── 难辞其咎的过失                          不正义的行为人
        │   （hamartema）
        │                        非蓄意的＝不正义的行为
        └── 与合理的预期相反                     （adikema）
            （atuchema）
                             公平（第五卷第十章）
                        公平的性质＝矫正法律因其普遍性而导致的缺陷
```

附录四：快乐的分类（《尼各马可伦理学》卷七）

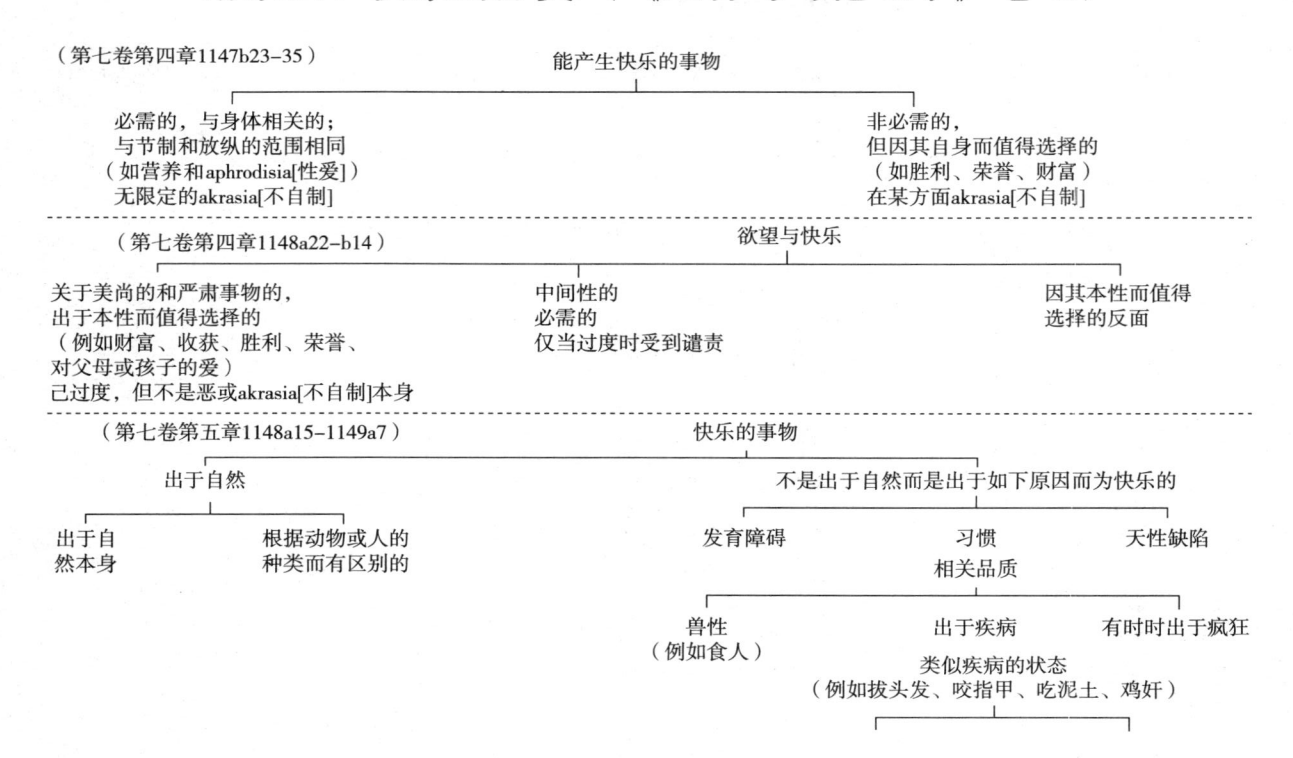

（第七卷第四章1147b23-35）

能产生快乐的事物
- 必需的，与身体相关的：与节制和放纵的范围相同（如营养和aphrodisia[性爱]）无限定的akrasia[不自制]
- 非必需的，但因其自身而值得选择的（如胜利、荣誉、财富）在某方面akrasia[不自制]
  - 因其本性而值得选择的
  - 因其本性而值得选择的反面

（第七卷第四章1148a22-b14）

欲望与快乐
- 关于美尚的和严肃事物的，出于本性而值得选择的（例如财富、收获、胜利、荣誉、对父母或孩子的爱）已过度，但不是恶或akrasia[不自制]本身
- 中间性的 必需的 仅当过度时受到谴责

（第七卷第五章1148a15-1149a7）

快乐的事物
- 出于自然
  - 出于自然本身
  - 根据动物或人的种类而有区别的
- 不是出于自然而是出于如下原因而为快乐的
  - 发育障碍
    - 兽性（例如食人）
  - 习惯 相关品质
  - 天性缺陷
  - 出于疾病 类似疾病的状态（例如拔头发、咬指甲、吃泥土、鸡奸）
  - 有时时出于疯狂

这是一张关于亚里士多德《尼各马可伦理学》第七卷中"不自制"(不能算不自制)相关概念的结构图/树状图，由于是竖排文字组成的复杂分类图，下面按图中层级关系转录主要文字内容：

顶层分类：不能算不自制

- **出于自然**
  - 一些极端状态，如愚蠢、怯懦、放纵、怪癖；或是兽性（例如某些偏远地区的野蛮人仅凭感觉生活），或是近于病态（如癫痫、疯狂，超出恶之外）
    - 在种类和程度上，属人的和自然的，属于自节制和放纵的领域
    - （第七卷第六章1149b26—1150a3）身体的欲望和快乐（对比thumos[意气]1149a25—b25）
    - 某些兽性（没有恶的那么坏，但更可怕）；另外一些事出于残疾或疾病
  - 快乐（以及欲望和痛苦）
    - 在一定限度内必要的，过度的则是不必要的
    - 不必要的
    - （第七卷第七章1150a15—18）
  - （第七卷第十二章1152b33—1153a7）
    - 向自然状态的恢复——仅仅是偶然地快乐
    - 在自然状态中的活动——快乐本身
    - 身体的快乐
  - （第七卷第十四章1154a11—19，1154b15—17）
    - 必要的快乐——在一定范围内最好的（如食物、酒水、aphrodisia[性]）
    - 不伴随痛苦的快乐，出于本性而快乐的，非偶然的

- **出于习惯**（如自幼遭受性侵待所形成的）
  - 不能算不自制

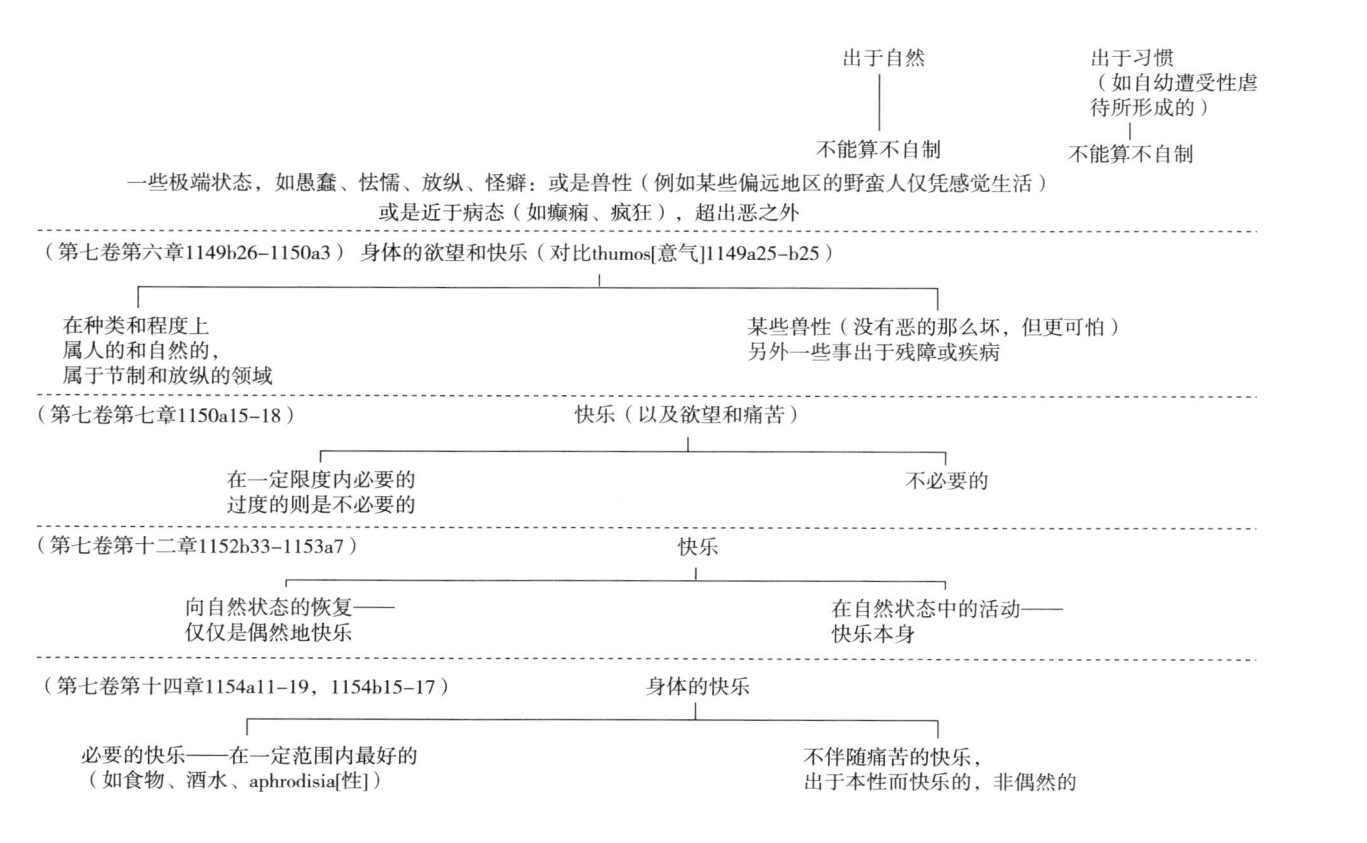

参考文献

CLASSICAL SOURCES

References to Aristotle's *Nicomachean Ethics* are to the page and line numbers in the Oxford Classical Text, edited by I. Bywater, 1894. Unless otherwise noted, translations from Greek texts are my own. For the following sources I have relied primarily on the Loeb Classical Library editions (Harvard University Press):

Aristotle *De anima, Eudemian Ethics, Metaphysics, Nicomachean Ethics, Physics, Poetics, Politics, Posterior Analytics, Rhetoric*
Euripides *Orestes*
Herodotus *Histories*
Hesiod *Works and Days*
Plato *Alcibiades I, Alcibiades* II, *Apology, Charmides, Cratylus, Gorgias, Laches, Laws, Lysis, Phaedo, Phaedrus, Philebus, Protagoras, Republic, Sophist, Statesman, Symposium, Theaetetus*
Thucydides *Peloponnesian War*
Xenophon *Symposium*

OTHER WORKS CITED

Achtenberg, Deborah. *Cognition of Value in Aristotle's Ethics: Promise of Enrichment, Threat of Destruction*. Albany: State University of New York Press, 2002.
Ackrill, J. L. "Aristotle on *Eudaimonia*." In Rorty, *Essays on Aristotle's "Ethics."*
Alfarabi. *The Harmonization of the Two Opinions of the Two Sages: Plato the Divine and Aristotle and Selected Aphorisms*. In *Alfarabi: The Political Writings*, translated and annotated by Charles E. Butterworth. Ithaca, NY: Cornell University Press, 2001.
———. *The Philosophy of Plato and Aristotle*. Translated and with an introduction by Muhsin Mahdi. New York: Free Press of Glencoe, 1962. Rev. ed., Ithaca, NY: Cornell University Press, 1969.
Anastaplo, George and Laurence Berns, trans. *Plato's "Meno."* Newburyport, MA: Focus Publishing / R. Pullins Co., 2003.

Annas, Julia. "Aristotle on Pleasure and Goodness." In Rorty, *Essays on Aristotle's "Ethics."*

———. "Plato and Aristotle on Friendship and Altruism." *Mind* 86 (1977): 532–54.

Aubenque, Pierre. *La Prudence chez Aristote*. Paris: Presses Universitaires de France, 1976.

Barnes, Jonathan, Malcolm Schofield, and Richard Sorabji, eds. *Articles on Aristotle.* Vol. 2, *Ethics and Politics*. New York: St. Martin's Press, 1978.

Bartlett, Robert C., trans. *Plato: "Protagoras" and "Meno."* With notes and interpretive essays. Ithaca, NY: Cornell University Press, 2004.

Bartlett, Robert C. and Collins, Susan D., eds. *Action and Contemplation: Studies in the Moral and Political Thought of Aristotle*. Albany: State University of New York Press, 1999.

Bechhofer Roberts, C. E. [Ephesian, pseud.]. *Winston Churchill: Being an account of the life of the Right Hon. Winston Leonard Spencer Churchill*. New York: Robert M. McBride & Co., 1928.

Benardete, Seth. *The Argument of the Action: Essays on Greek Poetry and Philosophy.* Edited and with an introduction by Ronna Burger and Michael Davis. Chicago: University of Chicago Press, 2000.

———, trans. *The Being of the Beautiful: Plato's "Theaetetus," "Sophist," and "Statesman."* With commentary. Chicago: University of Chicago Press, 1984.

———. *The Bow and the Lyre: A Platonic Reading of the "Odyssey."* Lanham, MD: Rowman & Littlefield, 1997.

———. *Herodotean Inquiries*. The Hague: Nijhoff, 1969. Rev. ed., South Bend, IN: St. Augustine's Press, 1999.

———. "Leo Strauss' The City and Man." *Political Science Reviewer* 8 (1978): 1–20.

———. "On Wisdom and Philosophy: The First Two Chapters of Aristotle's *Metaphysics* A." *Review of Metaphysics* 32, no. 2 (1978): 205–15. Reprinted in Benardete, *The Argument of the Action*.

———. *Plato's "Laws": The Discovery of Being*. Chicago: University of Chicago Press, 2000.

———. *Sacred Transgressions: A Reading of Sophocles' "Antigone."* South Bend, IN: St. Augustine's Press, 1999.

———. *Socrates and Plato: The Dialectics of Eros / Socrates und Platon: Die Dialektik des Eros*. Parallel texts in English and German. Translated into German by Wiebke Meier. Edited and with an introduction by Heinrich Meier. Munich: C. F. von Siemens Stiftung, 2002. German translation first published in *Über die Liebe: Ein Symposion*, translated by Wiebke Meier, edited by Heinrich Meier and Gerhard Neuman. Munich: Piper Verlag, 2001.

———. *Socrates' Second Sailing: On Plato's "Republic."* Chicago: University of Chicago Press, 1989.

———, trans. *The Tragedy and Comedy of Life: Plato's "Philebus."* With commentary. Chicago: University of Chicago Press, 1993.

Benardete, Seth, and Michael Davis, trans. *Aristotle: On Poetics*. With an introduction, by Michael Davis. South Bend, IN: St. Augustine's Press.

Berg, Steven. "On Socrates' Speech in Plato's *Symposium*." In Velásquez, *Love and Friendship*.

Berman, Robert. "Ways of Being Singular: The Logic of Individuality." *Cardozo Public Law, Policy, and Ethics Journal* 3, no. 1 (2004): 109–24.

Berns, Laurence. "Spiritedness in Ethics and Politics: A Study in Aristotelian Psychology." *Interpretation* 12, nos. 2–3 (1954): 335–48.

Bloom, Allan, trans. *The "Republic" of Plato*. With interpretive essay and notes. New York: Basic Books, 1968.

Bodéüs, Richard. *The Political Dimensions of Aristotle's "Ethics."* Translated by Jan Edward Garrett. Albany: State University of New York Press, 1993.

Bolotin, David. *An Approach to Aristotle's "Physics": With Particular Attention to the Role of His Manner of Writing*. Albany: State University of New York Press, 1997.

———. *Plato's Dialogue on Friendship: An Interpretation of the "Lysis."* With a New Translation. Ithaca, NY: Cornell University Press, 1979.

Brann, Eva. *What, Then, Is Time?* Lanham, MD: Rowman & Littlefield, 1999.

Brinkmann, Klaus. *Aristoteles allgemeine und spezielle Metaphysik*. Berlin: de Gruyter, 1979.

Broadie, Sarah. *Ethics with Aristotle*. Oxford: Oxford University Press, 1991.

Bruell, Christopher. *On the Socratic Education: An Introduction to the Shorter Platonic Dialogues*. Lanham, MD: Rowman & Littlefield, 1999.

Burger, Ronna. "Ethical Reflection and Righteous Indignation: *Nemesis* in the *Nicomachean Ethics*." In *Essays in Ancient Greek Philosophy*, edited by John Anton and Anthony Preus. Vol. 4. Albany: State University of New York Press, 1991.

———. "Hunting Together or Philosophizing Together: Friendship and Eros in Aristotle's *Nicomachean Ethics*." In Velásquez, *Love and Friendship*.

———. *The "Phaedo": A Platonic Labyrinth*. New Haven, CT: Yale University Press, 1984. Reprinted with new preface. South Bend, IN: St. Augustine's Press, 1999.

———. "Self-Restraint and Virtue: Sages and Philosophers in Maimonides' *Eight Chapters*." Paper presented at the Academy of Jewish Philosophy, Eastern Division Meeting of the American Philosophical Association, December 2006.

———. "Socratic *Eironeia*." *Interpretation* 13, no. 2 (1985): 143–50.

———. "The Thumotic Soul." *Epoché: A Journal in the History of Philosophy* 7, no. 2 (2003): 151–68.

———. "Wisdom, Philosophy, and Happiness: On Book X of Aristotle's *Ethics*." *Proceedings of the Boston Area Colloquium on Ancient Philosophy* 6 (1992): 289–307.

Collins, Susan D. "Justice and the Dilemma of Moral Virtue in Aristotle's *Nicomachean Ethics*." In Tessitore, *Aristotle and Modern Politics*.

———. "The Moral Virtues in Aristotle's *Nicomachean Ethics*." In *Action and Contemplation: Studies in the Moral and Political Thought of Aristotle*, edited by Robert C. Bartlett and Susan D. Collins. Albany: State University of New York Press, 1999.

Cooper, John. *Reason and Emotion*. Princeton, NJ: Princeton University Press, 1999.

———. *Reason and Human Good in Aristotle*. Cambridge, MA: Harvard University Press, 1975.

Cox, Richard H. "Aristotle's Treatment of Socrates in the *Nicomachean Ethics*: A Proem." In *Politikos: Selected Papers of the North American Chapter of the Society for Greek Political Thought*, edited by Kent Moors. Pittsburgh: Duquesne University Press, 1989.

Cropsey, Joseph. "Justice and Friendship in the *Nicomachean Ethics*." In *Political Philosophy and the Issues of Politics*, edited by Joseph Cropsey. Chicago: University of Chicago Press, 1972.

Curzer, Howard. "Criteria for Happiness in *Nicomachean Ethics* I 7 and X 6–8." *Classical Quarterly* 40, no. 2 (1990): 421–32.

Dante Alighieri. *Inferno*. Translated by John D. Sinclair. New York: Oxford University Press, 1939.

Daube, David. *Roman Law: Linguistic, Social and Philosophical Aspects*. Edinburgh: Edinburgh University Press, 1969.

Davis, Michael. *The Autobiography of Philosophy*. Lanham, MD: Rowman & Littlefield, 1999.

———. "Father of the *Logos*: The Question of the Soul in Aristotle's *Nicomachean Ethics*." *Epoché: A Journal in the History of Philosophy* 7, no. 2 (2003): 169–87.

———. *The Poetry of Philosophy*. Lanham, MD: Rowman & Littlefield, 1999. Reprint, South Bend, IN: St. Augustine's Press, 1999.

———. *The Politics of Philosophy: A Commentary on Aristotle's "Politics."* Lanham, MD: Rowman & Littlefield, 1996.

Den Uyl, Douglas J. *The Virtue of Prudence*. New York: Peter Lang, 1991.

Den Uyl, Douglas J., and Douglas Rasmussen. *Liberty and Nature: An Aristotelian Defense of Liberal Order*. La Salle, IL: Open Court, 1991.

Dirlmeier, Franz, trans. *Aristoteles Nikomachische Ethik*. Vol. 6, *Aristoteles Werke*. With commentary. Berlin: Akademie Verlag, 1956.

Faulkner, Robert. "Spontaneity, Justice, and Coercion: On *Nicomachean Ethics* Books III and V." In "Coercion", edited by J. Roland Pennock and John W. Chapman. Special issue, *Nomos* 14 (1972): 163–70.

Festugière, A. J. *Aristote: Le Plaisir*. Paris: Librairie Philosophique, 1936.

Fitzgerald, W. *Selections from the "Nicomachean Ethics" of Aristotle*. Dublin: Hodges & Smith, 1853.

Frank, Jill. *A Democracy of Distinction: Aristotle and the Work of Politics*. Chicago: University of Chicago Press, 2005.

Gauthier, René Antoine, and Jean Yves Jolif, trans. *Aristote: L'Éthique à Nicomaque*. 2 vols. With introduction and commentary. Louvain: Publications Universitaires de Louvain, 1958–59.

Gildin, Hilail. "Leo Strauss and the Crisis of Liberal Democracy." In *The Crisis of Liberal Democracy*, edited by Kenneth Deutsch and Walter Soffer. Albany: State University of New York Press, 1987.

Gosling, J. C. B. and Taylor, C. C. W. *The Greeks on Pleasure.* Oxford: Clarendon Press, 1982.
Gourevitch, Victor. "Philosophy and Politics, I–II." *Review of Metaphysics* 22 (1968): 38–84, 281–328.
Grant, Alexander. *The "Ethics" of Aristotle.* 4th rev. ed. 2 vols. With essays and notes. London: Longmans, Green, 1885. Reprinted in 1 vol.; New York: Arno Press, 1973.
Guerra, Marc. "Aristotle on Pleasure and Political Philosophy: A Study in Book VII of the *Nicomachean Ethics.*" *Interpretation* 24, no. 2 (1997): 171–82.
Halper, Edward C. *Form and Reason: Essays in Metaphysics.* Albany: State University of New York Press 1993.
Hardie, W. F. R. "Aristotle's Doctrine That Virtue Is a 'Mean.'" In Barnes, Schofield, and Sorabji, *Articles on Aristotle.*
———. *Aristotle's Ethical Theory.* Oxford: Oxford University Press, 1968.
———. "The Final Good in Aristotle's *Ethics.*" In *Aristotle: A Collection of Critical Essays,* edited by J. M. E. Moravcsik. Garden City, NY: Doubleday & Co., 1967. Rev. ed., Notre Dame, IN: University of Notre Dame Press, 1974.
Hegel, G. W. F. *Vorlesungen über die Aesthetik.* Vol. 3. Frankfurt am Main: Suhrkamp Verlag, 1970.
Heidegger, Martin. *Plato's "Sophist."* Translated by Richard Rojcewicz and André Schuwer. Bloomington: Indiana University Press, 1997.
Heinaman, Robert. "*Eudaimonia* and Self-Sufficiency in the *Nicomachean Ethics.*" *Phronesis* 33, no. 1 (1988): 31–53.
———, ed. *Plato and Aristotle's "Ethics."* Ashgate Keeling Series in Ancient Philosophy. Burlington, VT: Ashgate, 2003.
Höffe, Otfried. "Ethik als praktische Philosophie-Methodische Überlegungen." In *Aristoteles, Die Nikomachische Ethik,* edited by Otfried Höffe. Berlin: Akademie Verlag, 1995.
Howland, Jacob. "Aristotle's Great-Souled Man." *Review of Politics* 64 (2002): 27–56.
Hursthouse, Rosalind. "A False Doctrine of the Mean." In Sherman, *Aristotle's "Ethics": Critical Essays.*
Irwin, Terence, trans. *Aristotle: Nicomachean Ethics.* Indianapolis: Hackett Publishing, 1985.
———. *Aristotle's First Principles.* Oxford: Clarendon Press, 1988.
———. "The Metaphysical and Psychological Basis of Aristotle's *Ethics.*" In Rorty, *Essays on Aristotle's "Ethics."*
———. "Permanent Happiness: Aristotle and Solon." In Sherman, *Aristotle's "Ethics": Critical Essays.*
Jaffa, Harry. "Aristotle." In *History of Political Philosophy,* edited by Leo Strauss and Joseph Cropsey. 2nd ed. Chicago: Rand McNally, 1972.
———. *Thomism and Aristotelianism: A Study of the Commentary by Thomas Aquinas on the "Nicomachean Ethics."* Chicago: University of Chicago Press, 1952. Reprint, Westport, CT: Greenwood Press, 1979.

Kenny, Anthony. *The Aristotelian Ethics: A Study of the Relationship between the "Eudemian" and "Nichomachean Ethics" of Aristotle.* Oxford: Oxford University Press, 1978.

Keyt, David. "Intellectualism in Aristotle." In *Essays in Ancient Greek Philosophy*, edited by John Anton and Anthony Preus. Vol. 2. Albany: State University of New York Press, 1983.

Kraut, Richard. *Aristotle on the Human Good.* Princeton, NJ: Princeton University Press, 1989.

———, ed. *The Blackwell Guide to Aristotle's "Nicomachean Ethics."* Oxford: Blackwell, 2006.

Lear, Gabriel Richardson. "Aristotle on Moral Virtue and the Fine." In Kraut, *The Blackwell Guide to Aristotle's "Nicomachean Ethics."*

———. *Happy Lives and the Highest Good.* Princeton, NJ: Princeton University Press, 2004.

Lear, Jonathan. *Aristotle: The Desire to Understand.* Cambridge: Cambridge University Press, 1988.

Lockwood, Thornton C. "Is Virtue a *logos, kata ton logon,* or *meta tou orthou logou*?" Paper presented at the Eastern Division meeting of the American Philosophical Association, December 2006.

———. "A Topical Bibliography of Scholarship on Aristotle's *Nicomachean Ethics*: 1880 to 2004." *Journal of Philosophical Research* 30 (2005): 1–116.

Lord, Carnes, trans. *Aristotle: The "Politics."* With introduction, notes, and glossary. Chicago: University of Chicago Press, 1984.

Ludwig, Paul. *Eros and Polis: Desire and Community in Greek Political Theory.* Cambridge: Cambridge University Press, 2000.

Machiavelli, Niccolò. *The Prince.* Translated and with an introduction by Harvey Mansfield. 2nd ed. Chicago: University of Chicago Press, 1998.

Mahdi, Muhsin S. *Alfarabi and the Foundation of Islamic Political Philosophy.* Chicago: University of Chicago Press, 2001.

Maimonides, Moses. *Eight Chapters.* In *Ethical Writings of Maimonides*, translated by Charles E. Butterworth and Raymond L. Weiss. New York: New York University Press, 1975. Reprint, New York: Dover Publications, 1983.

———. *The Guide of the Perplexed.* Translated by Shlomo Pines, with an introductory essay by Leo Strauss. 2 vols. Chicago: University of Chicago Press, 1963.

Mara, Gerald M. *Socrates' Discursive Democracy:* Logos and Ergon *in Platonic Political Philosophy.* Albany: State University of New York Press, 1997.

Meier, Heinrich. *Leo Strauss and the Theologico-Political Problem.* Translated by Marcus Brainard. Cambridge: Cambridge University Press, 2006.

Meyer, Susan Sauvé. "Aristotle on the Voluntary." In Kraut, *The Blackwell Guide to Aristotle's "Nicomachean Ethics."*

Miller, Fred D. *Nature, Justice, and Rights in Aristotle's "Politics."* Oxford: Clarendon Press, 1997.

———. Review of *Reason and Human Good in Aristotle*, by John M. Cooper. *Reason Papers*, no. 4 (Winter 1978): 111–14.

Monoson, Sara. *Plato's Democratic Entanglements: Athenian Politics and the Practice of Philosophy*. Princeton, NJ: Princeton University Press, 2000.

Nagel, Thomas. "Aristotle on *Eudaimonia*." In Rorty, *Essays on Aristotle's "Ethics."*

Nichols, James, trans. *Plato "Gorgias."* Ithaca, NY: Cornell University Press, 1988.

———. *Plato: Laches*. In *The Roots of Political Philosophy: Ten Forgotten Socratic Dialogues*. Translated, with Interpretative Studies. Edited by Thomas L. Pangle. Ithaca, NY: Cornell University Press, 1987.

Nichols, Mary P. *Citizens and Statesmen: A Study of Aristotle's "Politics."* Lanham, MD: Rowman & Littlefield, 1992.

———. *Socrates and the Political Community*. Albany: State University of New York Press, 1987.

Nussbaum, Martha. *The Fragility of Goodness: Luck and Ethics in Greek Tragedy and Philosophy*. Cambridge: Cambridge University Press, 1986.

Owen, G. E. L. "Aristotelian Pleasures." In Barnes, Schofield, and Sorabji, *Articles on Aristotle*.

Pakaluk, Michael, trans. *Aristotle's "Nicomachean Ethics" Books VIII and IX*. With commentary. Oxford: Clarendon Press, 1998.

Pangle, Lorraine. *Aristotle and the Philosophy of Friendship*. Cambridge University Press, 2002.

Pangle, Thomas, trans. *The "Laws" of Plato*. With interpretative essay. New York: Basic Books, 1980. Reprint, Chicago: University of Chicago Press, 1988.

Parens, Joshua. *An Islamic Philosophy of Virtuous Religions: Introducing Alfarabi*. Albany: State University of New York Press, 2006.

Ranasinghe, Nalin, ed.. *Logos and Eros: Essays Honoring Stanley Rosen*. South Bend, IN: St. Augustine's Press, 2006.

———. *The Soul of Socrates*. Ithaca, NY: Cornell University, 2000.

Reeve, C. D. C. *The Practices of Reason: Aristotle's "Nicomachean Ethics."* Oxford: Clarendon Press, 1992.

Roche, Timothy. "*Ergon* and *Eudaimonia* in *Nicomachean Ethics* I: Reconsidering the Intellectualist Interpretation." *Journal of the History of Philosophy* 26, no 2 (1988): 175–94.

Rogers, Kelly. "Aristotle's Conception of *To Kalon*." *Ancient Philosophy* 13, no. 2 (1998): 355–72.

Rorty, Amélie Oksenberg. "*Akrasia* and Pleasure: *Nicomachean Ethics* Book 7." In Rorty, *Essays on Aristotle's "Ethics."*

———, ed. *Essays on Aristotle's "Ethics."* Berkeley: University of California Press, 1980.

———. "The Place of Contemplation in Aristotle's *Nicomachean Ethics*." In Rorty, *Essays on Aristotle's "Ethics."*

Ross, W. D. *Aristotle*. London: Methuen, 1949. Reprint, New York: Meridian Books, 1960.

Sachs, Joe, trans. *Aristotle: Nicomachean Ethics*. With introductory essay and glossary. Newburyport, MA: Focus Publishing / R. Pullins, 2002.

Salkever, Steven. *Finding the Mean: Theory and Practice in Aristotelian Political Philosophy*. Princeton, NJ: Princeton University Press, 1990.

Saxonhouse, Arlene W. *Athenian Democracy, Modern Mythmakers, and Ancient Theorists*. Notre Dame, IN: University of Notre Dame, 1996.

Schaefer, David. "Wisdom and Morality: Aristotle's Account of *Akrasia*." *Polity* 21, no. 2 (1988): 221–52.

Scott, Dominic. "Aristotle and Thrasymachus." *Oxford Studies in Ancient Philosophy* 19 (2000): 225–52.

Sensen, Kathryn. "On Nature as a Standard: Book VII of Aristotle's *Ethics*." Paper presented at the annual meeting of the Northeastern Political Science Association, November 2006.

———. "On the Nature of Friendship in Aristotle's *Nichomachean Ethics*." Paper presented at the annual meeting of the New England Political Science Association, May 2006.

Sherman, Nancy, ed. *Aristotle's Ethics: Critical Essays*. Lanham, MD: Rowman & Littlefield, 1999.

———. *The Fabric of Character: Aristotle's Theory of Virtue*. Oxford: Oxford University Press, 1989.

Smith, Thomas W. *Revaluing Ethics: Aristotle's Dialectical Pedagogy*. Albany: State University of New York Press, 2001.

Sparshott, Francis. *Taking Life Seriously: A Study of the Argument of the "Nicomachean Ethics."* Toronto: University of Toronto Press, 1996.

Speliotis, Evanthia. "Women and Slaves in Aristotle's *Politics* I." In *Nature, Woman, and the Art of Politics*, edited by Eduardo A. Velásquez. Lanham MD: Rowman & Littlefield, 2000.

Stern-Gillet, Suzanne. *Aristotle's Philosophy of Friendship*. Albany: State University of New York Press, 1975.

Strauss, Leo. *The City and Man*. Charlottesville: University Press of Virginia, 1964. Reprint, Chicago: University of Chicago Press, 1978.

———. "How Farabi Read Plato's *Laws*." Chap. 5 in *What Is Political Philosophy? and Other Studies*. NY: Free Press, 1959. Reprint, Westport, CT: Greenwood Publishers, 1973.

———. *Natural Right and History*. Chicago: University of Chicago Press, 1953.

———. "On Classical Political Philosophy." Chap. 4 in *The Rebirth of Classical Political Rationalism: An Introduction to the Thought of Leo Strauss; Essays and Lectures by Leo Strauss*, selected and introduced by Thomas L. Pangle. Chicago: University of Chicago Press, 1989.

———. "The Origins of Political Science and the Problem of Socrates." Edited by David Bolotin, Christopher Bruell, and Thomas Pangle. *Interpretation* 23, no. 2 (1998).

———. *Studies in Platonic Political Philosophy*. With an introduction by Thomas L. Pangle. Chicago: University of Chicago Press, 1983.

Swanson, Judith. *The Public and the Private in Aristotle's Political Philosophy*. Ithaca, NY: Cornell University Press, 1992.

Tessitore, Aristide, ed. *Aristotle and Modern Politics: The Persistence of Political Philosophy*. Notre Dame, IN: University of Notre Dame Press, 2002.

———. "Aristotle's Political Presentation of Socrates in the *Nicomachean Ethics*." *Interpretation* 16, no. 1 (1988): 3–22.

———. "A Political Reading of Aristotle's Treatment of Pleasure in the *Nicomachean Ethics*." *Political Theory* 17, no. 2 (1989): 247–65.

———. *Reading Aristotle's "Ethics": Virtue, Rhetoric, and Political Philosophy*. Albany: State University of New York Press, 1996.

Thomas Aquinas, Saint. *Commentary on Aristotle's "Nicomachean Ethics."* Translated by C. I. Litzinger, OP. 2 vols. Chicago: Henry Regnery, 1964. Rev. ed. in 1 vol, Notre Dame, IN: Dumb Ox Books, 1993.

Urmson, J. O. "Aristotle's Doctrine of the Mean." In Rorty, *Essays on Aristotle's "Ethics."*

Velásquez, Eduardo A., ed. *Love and Friendship: Rethinking Politics and Affection in Modern Times*. Lanham, MD: Rowman & Littlefield, 2003.

Velkley, Richard. *Being after Rousseau: Philosophy and Culture in Question*. Chicago: University of Chicago Press, 2002.

———. "Being and Politics: Seth Benardete on Aristotle's *Metaphysics*." *Political Science Reviewer* 34 (2005): 7–21.

Walsh, Germaine Paulo. Review of *Reading Aristotle's "Ethics,"* by Aristide Tessitore. *Political Theory* 91, no. 3 (1997): 732–33.

Ward, Lee. "Nobility and Necessity: The Problem of Courage in Aristotle's *Nicomachean Ethics*." *American Political Science Review* 95, no. 1 (2001): 71–83.

Welldon, J. E. C., trans. *Aristotle: The Nicomachean Ethics*. Amherst, NY: Prometheus Books, 1987.

Wilkes, Kathleen. "The Good Man and the Good for Man in Aristotle's *Ethics*." In Rorty, *Essays in Aristotle's "Ethics."*

Whiting, Jennifer. "Human Nature and Intellectualism in Aristotle." *Archiv für Geschichte der Philosophie* 68 (1986): 70–95.

Winthrop, Delba. "Aristotle and Theories of Justice," *American Political Science Review* 72 (1978): 1201–15.

Yack, Bernard. *The Problems of a Political Animal*. Berkeley: University of California Press, 1993.

Zuckert, Catherine H. *Postmodern Platos: Nietzsche, Heidegger, Gadamer, Strauss, Derrida*. Chicago: University of Chicago Press, 1996.

索 引

Achtenberg, Deborah, 244n31
Ackrill, J. L., 235n42
action (*praxis*): as aiming at some good, 14; choice as principle of, 115; chosen because of itself, 54; *energeia* and, 14, 15; of the inquiry itself, 19, 52, 206–7, 208, 230n1, 283n34, 283n35; motion contrasted with, 230n4; not an end in itself, 202, 282n24; versus production, 15, 117; *technē* and *theōria* contrasted with, 117
akrasia (lack of self-restraint), 135–53; acquired by habit, 152, 265n21; compared with softness (*malakia*) and endurance (*karteria*), 263n8; as conflict between desire and deliberation, 42, 114; as desire overcoming opinion, 138, 139, 142, 151; as disease of the soul, 130; expanded beyond necessary or natural pleasures, 145–50; and homosexuality, 265n21; incompatible with *phronēsis*, 138, 151–52, 263n11; indulgence compared with, 140, 142, 145, 148, 150–51; and need for habituation, 55, 152; and order of the soul, 105; physiological versus logical account of, 142, 143; and failure of practical reason, 140–45, 263n13, 264n15; in regard to *thumos*, 148–50, 262n1; Socrates on, 136–40; and vice, 136, 148, 150, 173; weak versus impetuous, 264n17
Alcibiades, 85–86, 87, 252n36, 252n37
Alfarabi, 1, 227n1, 229n12, 231n11, 233n21, 239n70, 257n69, 261n23, 261n29, 266n28, 285n43, 286n47, 287n51
ambidexterity versus right-handed dominance, 101, 102, 256n67, 256n68
ambition, 74, 87
Anaxagoras, 7, 8, 31, 111, 112, 120, 203, 205, 236n50, 283n26
anger. See *thumos* (anger; spiritedness)

Annas, Julia, 268n39, 273n35
aphrodisia (sexual desire), 3, 80, 145, 146, 155, 265n21
Apology (Plato), 212, 227n2, 240n2
Aquinas, Thomas, 254n53, 254n57, 255n63, 256n67, 267n38, 276n51
Aristophanes, 89, 269n7, 270n17, 277n62
Aristotle. See *treatises of Aristotle by name*
Aubenque, Pierre, 271n23
audience of the *Nicomachean Ethics*, 3–4, 7, 17–21, 70, 132, 214, 228n10, 233n24, 285n42
awareness: as being alive in fullest sense, 8, 157, 195; happiness and reciprocal self-awareness, 176–83; pleasure and, 8, 193–94

beautiful, the (*kalon*): and autonomy of ethical virtue, 49; contemplation of, 276n62; and courage, 76; disappearance of, 87–92; and equity, 103–4, 176, 274n40; and greatness of soul, 83, 84; and the just, 3–4, 17–18, 49, 71, 83–84, 88, 95, 103, 214; *kalokagathia* as union of the good and, 85, 208; love of as kind of self-love, 76, 175–76, 213; and magnificence, 82–83, 251n32; and the mean, 49, 61, 62, 89, 245n37; as model for *sophia*, 130; and moderation, 81–82, 251n28; in opening statement of *Nicomachean Ethics*, 14, 230n1; procuring for oneself, 274n39; seen as conventional, 17–18, 231n13; and self-sacrifice, 103, 175–76; shining forth in misfortune, 40–41; as subject matter of *theōria*, 214; as *telos* of virtue, 49, 50, 69–92, 128, 240n3
Benardete, Seth, 13, 230n20, 230n1, 232n13, 238n60, 238n64, 246n5, 248n13, 264n20, 266n30, 269n4, 270n12, 275n48, 276n54, 277n64, 283n29, 287n52

Berg, Steven, 277n62
Berman, Robert, 270n15, 279n8, 286n48
Berns, Laurence, 249n19
bestiality, 133, 135, 146–48, 265n20, 265n23; and madness, 146–47
boastfulness, 86, 222
Bodéüs, Richard, 285n42
body: ethical virtues tied to, 201–2; and physiological account of *akrasia*, 142–43; soul in abstraction from, 41, 202; and shame, 70–71
Bolotin, David, 247n9, 270n16
Brann, Eva, 278n4
Brinkmann, Klaus, 273n33
Broadie, Sarah, 243n22
Bruell, Christopher, 247n11, 254n55, 261n28

cave, the, 132, 283n32
character: pleasure and pain in formation of, 53, 190–91; virtues of, 47–67.
Charmides (Plato), 80, 247n10, 248n13, 250n27
choice (*probairesis*): as aiming at some good, 14; choosing to live, 195, 279n8; correct choice in self-restraint, 151; as deliberate desire of things within our power, 65, 114; in ethical virtue, 48, 59, 69, 76, 87–88, 112; and habituation, 54–55; and the inquiry of the *Nicomachean Ethics*, 207–8, 230n1, 283n34; and intellectual virtues, 115–16; as principle of action, 115; and rational part of soul, 114–15; *telos* of, 207–8; as union of desire and thought, 115, 116, 174; and voluntary action, 65–66; versus wanting or wishing (*boulēsis*), 65, 231n6, 245n41
Churchill, Winston, 20, 233n20
city, the (*polis*): and the best regime, 102, 211, 257n70, 257n71; held together by bond of exchange, 99; held together by bond of friendship, 162, 167–68; human good for individual and, 17, 121, 211; justice in the soul and, 92–105; man as political animal, 286n46; as primary context of justice, 100; relationships between ruler and ruled in, 170–71, 271n25, 272n26; self-sufficiency of, 28, 235n39.
Collins, Susan, 251n28, 254n51
contemplation. See *theōria*
convention: versus nature, 4, 100–101, 247n8, 256n65; regarding the beautiful and the just, 18, 101–2; of sacrifice, 101, 256n66

Cooper, John, 275n50, 280n14, 282n23
cosmos, the: and the good, 14; greatness of soul as cosmos of the virtues, 71–72, 84; and the human *ergon*, 31, 35, 43, 239n72; and *sophia*, 110, 119, 132
courage, 73–80, 221; accompanied by pain, 74; versus cowardice, 61, 76, 221, 244n34, 248n17; in face of greatest fear, 40, 75, 79; and the mean, 61, 74, 244n34, 248n17; as knowledge for Socrates, 5, 6, 68, 77–78, 79, 128, 250n23; and moderation as a pair, 70, 74; of the philosopher, 73, 78, 95; political, 71, 75, 77, 90, 133, 249n19; versus rashness, 61, 76, 221, 244n34, 248n17, 250n26; for the sake of the beautiful, 49, 76, 77, 79; states that are likenesses of, 71, 74, 76–79, 269n11; as virtue of non-rational parts, 70, 74
Cox, Richard H., 229n13, 229n16, 249n20
Cratylus (Plato), 256n65
crimes, 97–98, 149
Crisp, Roger, 249n20
Croesus, 38–39, 204
Cropsey, Joseph, 253n49
Curzer, Howard, 280n15

Dante, 265n22
Daube, David, 245n40, 257n72
Davis, Michael, 229n18, 231n5, 257n71, 264n20, 267n37, 278n67
De anima (Aristotle), 142, 194, 202, 237n51, 238n59, 263n13, 268n3, 282n25
death, 39–40, 75, 178, 205
decent person. See *epieikēs* (decent person)
deliberation: calculative faculty in, 114; choice as end product of, 65; and desire, 114–15; and *phronēsis*, 120, 121, 125, 129; and understanding, 122
Den Uyl, Douglas, 253n48, 260n20
desire (*epithumia*): *akrasia* as desire overcoming opinion, 138, 139, 142, 151; choice as deliberate, 65, 114, 174; desire as part of non-rational soul that participates in *logos*, 42–43, 113–14; desiring mind or reason, 81, 82, 115, 174; harmonized with reason in virtuous disposition, 81, 115, 173; infinite chain of, 16, 25, 28, 40; molding of, 53; *thumos* contrasted with, 149; in tripartite soul in *Republic*, 259n7
determinate versus indeterminate, 180, 275n48
determinism, 66–67

dialogue: Aristotelian treatises versus Platonic, 2–3; dialogic self, 161, 182; as expression of rational and political nature, 182; means of perceiving together (*sunaisthanesthai*), 181–82, 276n53
Dirlmeier, Franz, 273n37
divine virtue, 133, 135, 265n20

Eight Chapters (Maimonides), 237n51, 266n28, 273n33
eirōneia. See irony (*eirōneia*)
Empedocles, 163
energeia: atemporal, 30, 35, 193; and friendship, 177–78; god as, 157, 268n40; versus *genesis* or *kinēsis*, 155, 193, 230n4; and the human *ergon*, 15, 32–34, 42–43, 57, 124–25; life as kind of, 180, 195; pleasure as, 155, 157, 193–96, 278n6; in relation to *erga*, 14–15, 33, 124–25, 230n5; and *sophia* in production of happiness, 124, 125; *theōria* as, 155, 157, 214. See also happiness as *energeia* of the soul in accordance with virtue; the human good as an *energeia* of the soul in accordance with virtue
epieikēs (decent person): internal harmony of, 172, 173; and righteous indignation, 92; as self-lover, 175; not susceptible to shame, 90–91, 252n41, 263n11; taking less than his fair share, 103–4, 176, 274n40. See also equity
epistēmē (scientific knowledge), 116–17; and first principles, 118–19, 124; *phronēsis* distinguished from, 117; in practical syllogism, 144; *sophia* as *nous* together with, 119; as supposition, 116, 118, 259n10; trust required for, 116, 117; virtues as, 127, 128, 261n28. See also "virtue is knowledge"
equity (*epieikeia*), 90, 91, 104, 122, 224, 256n67, 258n76
ergon: as beyond *energeia*, 14–15, 33; and division of labor in organism or city, 31, 35; in the *Republic*, 236n47. See also human *ergon*
eros: and erotic relationships of the young, 164–65, 184; friendship compared with, 183–89; and hunting, 188, 277n64; and the non-lover, 184–86; and philosophy, 81, 115, 164, 174, 183, 188–89; references in *Nicomachean Ethics*, 183, 184, 276n56; sight in, 183, 186–87; *thumos* and, 276n54
ethical (moral) virtue, 68–105, 221–22; as activity in accordance with reason,

237n52; the beautiful as *telos* of, 49, 69–92, 128, 240n3; choosing action because of itself, 55, 222; as disposition for choosing determined by *logos* as the prudent person would determine it, 48, 59, 69, 76, 87–88; and division of the soul, 43; fragmentation of, 69–73; harmonizes desire with reason, 81, 115, 173; in hierarchy of virtues, 261n25; the mean in, 48–49, 56–62; and philosophy, 3, 73, 78, 81–82, 241n7, 251n28, 251n31; and *phronēsis*, 49, 60, 71–73, 89, 92, 95, 111–12, 121, 125–27, 128, 136; produced by habituation, 51–56; as secondary happiness, 202, 212; self-interest as motive for, 176; separated from intellectual virtue, 4, 6, 43, 48, 51, 60, 111, 214–15; of soul in abstraction from body, 41;, 41; as tied to the body, 201–2; unfitting for gods, 203; and vice seen as exhaustive alternatives, 133–34. See also natural virtue; virtue; "virtue is knowledge"
eudaimonia. See happiness (*eudaimonia*)
Eudemian Ethics (Aristotle), 235n38, 249n21, 251n35
Eudoxus, 192, 278n2, 278n3
Euripides, 158, 163, 174–75, 177, 268n41
Euthyphro (Plato), 283n32

Faulkner, Robert, 257n72
fear, 70, 71, 74, 75–76, 79, 221, 246n5; versus confidence, 74, 76, 79, 221, 250n26; versus fearlessness, 76, 88, 221
Festugière, A. J., 267n31
final end, 13–43; consequences of hypothesis of, 15–16; happiness as, 27, 29, 129, 199, 200; human good as, 26–30; *idea* of the good as, 25; *phronēsis* and, 121; as self-sufficient, 26, 29; *theōria* as, 199–200
fortune: as condition for happiness, 37, 38–41, 205; pain at sight of undeserved good, 91; virtue in face of misfortune, 23
Frank, Jill, 255n61
friendship (*philia*), 159–89; and Aristotle's critique of the *idea* of the good, 24–25, 159; and awareness of being alive, 179–82, 190; as bond that holds city together, 162, 167–68; complete or perfect, 160, 165–66, 185, 188; and concord, 162, 168; definitive features of, 172; as dialogic, 182; and enmity, 166, 270n18; and equality, 169–71, 185, 186; *eros* compared

friendship (*continued*)
with, 164–65, 183–89; as expression of our political nature, 167, 177, 182; of family relationships, 170–71, 272n26, 272n28; the friend as an other self, 8, 160, 167, 171–74, 181–82; of the good, 163–66, 168–69, 170, 185, 188, 270n16; and goodwill (*eunoia*), 164, 169, 187; and greatness of soul, 84, 251n34; honor compared with, 177, 274n43; and justice, 100, 162, 166–71; living together, 183, 187–89, 214; natural argument for, 179–83; natural root of, 162; necessary for happiness, 176–83; with oneself, 174–76; of parental love, 162, 171, 274n38; and perceiving together (*sunaisthanesthai*), 181–82, 276n53; and the philosopher's devotion to truth, 24–25, 159–60; philosophical, 8, 160, 170, 188–89, 200, 268n2, 271n24, 277n66; of pleasure, 164, 165, 177, 185, 186; political, 162, 168; reciprocity in, 164, 176–83, 269n12; and relation of benefactor to beneficiary, 179, 272n29; and self-love, 76, 174–76, 213, 273n35, 274n37; with slaves, 171; species of, 161–66; between unequal partners, 169–71, 186; of utility, 164, 165, 177, 185, 186

Gauthier, René, 280n14, 282n22
Gildin, Hilail, 247n11
god(s): as *energeia*, 157, 268n40; ethical virtue unfitting for, 203; great-souled person compared with, 251n31; jealousy of, 39, 201, 204–5, 280n17; pleasure turned into a god, 156, 157, 158; reward from, 9, 206; *theōria* of, 230
good, the: as definite, 275n48; as dispersed among the categories, 25; to the human good from, 13–17; *kalokagathia* as union of the beautiful and, 85, 208; pleasure as, 7, 135, 155–57, 192–93, 262n4, 263n5, 278n3; as *telos* not *genesis*, 155; as that at which all things aim, 14. *See also* human good, the; *idea* of the good
Gorgias (Plato), 103, 239n69, 243n27, 257n74
Gourevitch, Victor, 247n11
greatness of soul (*megalopsuchia*), 82–87, 221; and ambition, 74; as embodying the whole of virtue, 71, 72, 83–84, 88, 127; and friendship, 84, 251n34; grandeur of, 87; honor as concern of, 22, 83, 84, 85, 86, 177, 251n33; *kalokagathia* required for, 85; in misfortune, 40–41; of the philosopher, 95; self-sufficiency of, 85, 177; and suffering injustice voluntarily, 103
Guerra, Marc, 233n22, 266n29
Guide of the Perplexed, The (Maimonides), 228n11, 256n66

habituation: *akrasia* acquired by habit, 152, 265n21; and demotic virtue, 3, 50, 241n6; ethical virtue produced by, 6, 49–50, 51–56, 202, 241n6; and moderation, 81; natural virtue versus virtues of, 261n25; *phronēsis* in, 58; pleasure and pain in, 53, 191, 242n14; psychic harmony produced by, 174; and responsibility, 51, 66; and right-handed dominance, 101; and shame, 90; through law, 208
Halper, Edward, 237n52
happiness (*eudaimonia*), 190–215; and being aware, 8, 176–83; and the best life, 21–30; in complete life, 27, 30, 33, 35, 36–41, 124, 198, 199, 204; contribution of *phronēsis* and *sophia* to, 123–30; as *energeia* of the soul in accordance with virtue, 41, 48, 177–78, 198, 199; and ethical virtue, 48, 201–2, 239n11; exclusive versus inclusive conception of, 8–9, 29, 201, 235n41; as final end, 27, 29, 129, 199, 200; fortune involved in, 23, 37, 38–41; and the human good, 19, 27, 30, 37, 124, 198; and justice, 37, 93–94; pleasure associated with, 37, 156, 198; primary and secondary, 29, 70, 201–2, 207, 212; as self-sufficient, 28–30, 200, 235n42; as *sophia*, 109–10, 129; in the theoretical life, 23, 29, 198–207, 212–14; virtue not sufficient for, 91
Hardie, W. F. R., 235n41, 280n14
Hector, 76–77, 133, 248n18
hedonism, 156, 158, 192, 193, 278n2
Heidegger, Martin, 259n10, 261n22
Heinaman, Robert, 229n15, 238n57
Heraclitus, 119, 163
Herodotus, 38, 204, 231n13, 283n30
heroic virtue. *See* divine virtue
Hesiod, 21, 32, 42, 156, 196, 207, 214, 233n25
Höffe, Otfried, 241n11
Homer, 40, 75, 76–77, 133, 161–62, 170, 209, 234n32, 248n18, 268n4, 284n39
honor: and ambition, 87; as dependent on others, 22, 24, 84–85; and end of political life, 22; friendship compared with, 177, 274n43; greatness of soul concerned with, 22, 83, 84, 85, 86, 177, 251n33; lack of restraint in pursuit of, 145; love of, 88,

221; as motive of political courage, 77, 248n18; pleasure of, 147; rejected as human good, 22–23; smaller-scale virtues in sphere of, 87–89; and *sophia*, 119, 124
Howland, Jacob, 251n34, 252n37
hubris, 266n26
human *ergon:* distinctive *ergon* for each part of soul, 43; as *energeia* of the soul in accordance with *logos*, 15, 32–34, 42–43, 57; and ethical virtue, 49, 56–58, 125; and exclusive versus inclusive conception of happiness, 29; as form of life, 33, 34, 35, 36; the human good and, 30–36, 49, 124–25, 198; *phronēsis* as virtue of, 43, 57; and practical reason, 43, 49, 125; as practice of that which has *logos*, 32, 69, 125; in *Republic*, 238n60; and species-defining pleasure, 196–97
human good, the, 11–43; as *energeia* of the soul in accordance with virtue, 30, 33, 34, 124, 160, 199; finality of, 23, 26–30; from the good to the, 13–17; and happiness, 19, 27, 30, 37, 124, 198; and the human *ergon*, 30–36, 49, 124–25, 198; for individual and city, 17, 121, 211; pleasure rejected as, 22, 53, 154, 191; in *Politics*, 211; and *politikē*, 16–17, 19; *theōria* as, 17

idea of the good, 24–26, 159; and Aristotle's critique of Plato's political model, 235n37; in *Republic*, 132
ignorance: and involuntary action, 64, 66, 67, 102, 245n40, 257n72; Socrates on wickedness and, 64, 66, 136, 138, 141, 144–45; Socrates' profession of, 2, 16, 206, 227n3; vice seen as, 240n2; wonder arises from recognition of, 286n49
Iliad (Homer), 62, 76–77, 133, 161–62, 248n18
infinite, 16, 30, 59, 232n17
injustice: motive of, 96; to oneself, 102–5; suffering voluntarily, 103; two forms of, 95
intellectual virtue, 109–30; acquired by experience or teaching, 51, 241n9; the distinct virtues, 115–23; and division of the soul, 43; and philosophy, 5, 116; and pivot of argument of the *Ethics*, 109–12. See also *phronēsis* (prudence); *sophia* (wisdom); virtue; "virtue is knowledge"
irony (*eirōneia*): and the art of phantastics, 252n38; and greatness of soul, 86, 252n38; in *Nicomachean Ethics*, 9, 230n20; versus

sincerity, 86, 222, 252n39; Socrates' practice of, 2, 6, 86–87, 89, 206, 222, 227n3, 230n20, 252n39; as vice, 86, 222, 252n39
Irwin, Terence H., 235n38, 238n63, 263n8

Jaffa, Harry, 235n37, 245n39, 246n7, 248n17, 261n25, 270n19, 274n43, 277n66
Jolif, Jean Yves, 280n14, 282n22
justice, 92–105; and autonomy of ethical virtue, 49; and the beautiful, 3–4, 17–18, 49, 71, 83–84, 88, 95, 103, 214; classification of, 223–24; corrective, 97–98, 223; desire for punishment in, 93, 253n50; distributive, 97, 99, 169, 185, 223, 253n48; as embodying the whole of virtue, 71, 72, 83, 94, 127, 271n20; as expression of our political nature, 93, 167; and friendship, 100, 162, 166–71; as full of "wandering," 72; greatness of soul compared with, 83–84; and greed (*pleonexia*), 92, 103; and happiness, 37, 93–94; and the lawful, 96, 100, 127, 254n55; mathematics of, 95–99; as a mean, 92, 102–3, 253n46; by nature, 72, 99–102, 255n63; and *nemesis*, 91; as order of the soul, 93–95, 105, 167; political, 100, 104, 224; reciprocal, 99, 224, 253n48, 254n57, 255n61; seen as conventional, 18, 101, 102; simple, 100, 168, 224, 255n62; in voluntary and involuntary transactions, 97–98

kalokagathia, 85, 208, 251n35
kalon. See beautiful, the (*kalon*)
Keyt, David, 282n24
kingship, 170, 271n25, 272n26
knowledge: determined by its objects, 113; natural desire for, 286n49; self-knowledge, 62, 141, 287n49; virtuous action requires, 54. See also ignorance; *epistēmē* (scientific knowledge)
Kraut, Richard, 258n4, 282n22

Laches (Plato), 5, 68, 75, 77–78, 229n14, 247n10, 247n11, 248n15, 249n22
lack of self-restraint. See *akrasia* (lack of self-restraint)
law: and convention versus nature, 102, 103, 256n65; equity as corrective for generality of, 91, 104; gymnastics as model of, 210; and habituation of citizens, 41–42, 51, 208; the just and the lawful, 96, 100, 258n76; the legislative art, 207–11, 285n43; and need for compulsion, 209

Laws (Plato): on *akrasia*, 265n21; on corrective justice, 98, 254n58; on hunting, 277n64; on laws versus concord in the city, 271n21; on molding of desire, 47, 242n15; on political justice, 255n62; and *Politics*, 211, 285n43; on punishment for suicide, 258n78; on slave doctor, 242n17; and *symposia*, 277n65; on young people and politics, 232n16

Lear, Gabriel Richardson, 281n19

Lear, Jonathan, 268n40

liberality, 74, 82, 221, 251n30, 251n31

life: the best, 21–24, 204–5, 286n45; happiness in complete, 27, 35, 36–41, 124, 198, 199, 204; human *ergon* as form of, 33, 34, 35, 36; as kind of *energeia*, 180, 195; pleasure as completing or perfecting, 195, 279n8; Solon's ranking of lives, 39, 204–5; the theoretical life, 22, 23, 198–207, 212–14; "unexamined life is not worth living," 33, 56–57, 141, 154, 172, 179, 196–97, 198, 212, 275n46

Lockwood, Thornton, 261n27

logos: acting in accordance with or by means of correct *logos*, 52, 82, 87–88, 89, 112–13, 127, 237n52; desiring part of soul participates in, 42–43, 113; ethical virtue as disposition for choosing determined by *logos*, 59, 69, 87–88, 112; human *ergon* as *energeia* of the soul in accordance with, 15, 32–34, 42–43, 57; human *ergon* as practice of that which has, 32, 69, 125; taking refuge in, 49–50, 52, 55, 61, 152, 208; in *technē*, 117

Lord, Carnes, 285n43

love. See *eros*

Ludwig, Paul, 266n26, 271n22

Lysis (Plato), 159, 234n34, 269n10, 269n12, 270n16, 273n35

Machiavelli, Niccolò, 233n25

magnificence (*megaloprepeia*), 82–83; grandeur of, 87; and liberality, 74; of the philosopher, 82, 251n31

Mahdi, Muhsin, 227n1, 287n51

Maimonides, Moses, 228n11, 232n16, 237n51, 256n66, 266n28, 273n33

Mara, Gerald, 249n21

mean, the: of anonymous virtues, 87–89; versus arithmetic mean, 57–58; and the beautiful, 49, 76, 89, 240n3; determined by *phronēsis*, 48, 58–59, 69; discovered by *stochastikē* (guessing), 58–59, 120; in feelings and actions versus disposition of character, 59–60, 112, 243n22, 244n32; and habituation, 52–53; justice as a mean, 92, 102–3, 253n46; as measure of ethical virtue, 56–62; as object of *theōria*, 241n12; and the opportune, 53, 242n13; "second sailing" to, 60–62; sincerity as representative of, 86, 252n39; work of art as model for, 57

medical art: Maimonides on virtue and vice and, 239n70; and the doctor of soul, 41–42, 55, 62, 132, 210, 238n69, 239n70; and individual treatment, 210; *phronēsis* as equivalent of, 130

Meier, Heinrich, 288n54

Meno (Plato): doctrine of recollection in, 20; on origins of happiness, 37; on origins of virtue, 51, 56, 241n8; on teachability of virtue, 241n9, 284n41; on virtue as knowledge, 240n2, 241n9, 261n28; on virtue as prudence, 109

Metaphysics (Aristotle): being as subject of, 230n3; on being thoroughly perplexed beautifully, 234n30; on comprehensive versus precise or highest, 251n33, 259n12, 281n18; on divine science, 280n17; on god as *energeia*, 157; on law of noncontradiction, 118; on motion versus *energeia*, 230n4; on origin of philosophy, 286n49; Socrates in history of philosophy of, 1–2; on starting from what is more knowable to us, 232n19; on substance and essence, 273n33; on *teleios*, 236n44; on theoretical versus practical knowledge, 260n16

methodos: as aiming at some good, 14; of *Nicomachean Ethics*, 17–21, 230n1

Meyer, Susan Sauvé, 246n42

Miller, Fred, 235n41, 253n48

mind (*nous*): and compulsion constitute law, 209; desiring, 115, 174; as divine or most divine thing in us, 199, 201; first principles apprehended by, 118, 119; as grasping both particulars and universals, 260n22; as most truly human, 201, 281n19, 281n21; and *phronēsis*, 122–23, 126, 260n22; the self as, 160–61, 173–74, 176, 182, 281n21; sight compared with, 25, 122, 260n21; *sophia* as *epistēmē* together with, 119; and soul, 172–73, 272n31, 273n33, 281n21

Minos (Plato), 256n66
moderation (*sōphrosunē*), 80–82, 221; and courage as a pair, 70, 74; versus indulgence, 61, 80, 81, 140, 221, 244n34; versus insensibility, 61, 88, 221, 250n26; and the mean, 61, 80–81; philosophical, 78, 95; pleasure accompanies, 74; the unambitious and, 87
money, 99, 186. *See also* wealth
moral virtue. *See* ethical (moral) virtue

Nagel, Thomas, 282n21
natural virtue (*phusikē aretē*), 126–27, 152, 261n23, 261n25, 266n28
nature (*phusis*): ambiguity of, 148; and determination of character, 67; human nature as not self-sufficient regarding contemplation, 203; just by nature, 72, 99–102, 255n63, 255n64; limits set on human capacity by, 201, 280n17; natural argument for friendship, 179–83; natural root of friendship, 162; *physikōs* account of *akrasia*, 142, 143; pleasure as natural end, 135; pleasure by nature, 153–58; pleasures differentiated according to, 80, 147–48; rational and political human, 159–61, 189, 214, 229n18; turn to, 7–8, 132, 135, 158, 246n6, 262n2, 263n5; and virtues, 126–27; wicked, 147, 158, 178
nemesis (righteous indignation), 91–92, 149, 222, 250n24, 280n17
Nichols, Mary, 257n71, 267n37, 280n12
nous. See mind (*nous*)
Nussbaum, Martha, 281n20, 238n63

Odyssey (Homer), 62, 209, 245n37, 268n4, 284n39
Oedipus, 91, 253n43
Orestes (Euripides), 158, 174–75, 177, 268n41
Owen, G. E. L., 267n31

pain: activities impeded by, 196; attraction to pleasure and aversion to, 264n19; in character formation, 190–91; courage accompanied by, 74; pleasure independent from, 155; pleasure sought to drive out, 157–58; at sight of undeserved good fortune, 91; and softness (*malakia*) or endurance (*karteria*), 263n8. *See also* pleasure
Pakaluk, Michael, 275n49
Pangle, Lorraine, 270n17

Pangle, Thomas, 256n68
Parens, Joshua, 239n70
Pericles, 7, 8, 111, 112, 118, 283n26, 284n41
perplexity, 4, 228n11, 232n16, 234n30, 286n49
Phaedo (Plato), 6, 52, 79, 104, 244n36
Phaedrus (Plato), 184, 277n63, 280n13
Philebus (Plato), 13, 131, 231n7, 234n26, 235n40, 240n3, 275n48, 278n2, 278n3, 279n10
philia. See friendship (*philia*)
philosopher, the: courage of, 73, 78, 95; desiring reason of, 82; as doctor of soul, 210; as great-souled, 95; justice of, 105; liberality of, 82, 251n31; and love of self as mind, 176; as lover of wisdom, 164, 269n12; magnificence of, 82, 251n31; moderation of, 78, 95; in relation to friendship and truth, 24–25, 159–60; as true *phronimos*, 129. *See also* pre-Socratic philosophers
philosophy: absent from intellectual virtues, 5, 116; and drinking together, 188, 277n65; and *eros*, 81, 115, 164, 174, 183, 188–89; and gymnastics, 188, 277n65; and hunting together, 188, 277n64; intellectual desire in, 115 origins of, 286n49; paying back what is due in, 169–70; as perceived from outside, 205–6; philosophical friendship, 8, 160–70, 188–89, 200, 268n2, 271n24, 276n53, 277n66; pleasure of, 198, 199, 200–201; Pythagoras on, 234n26; references in *Nicomachean Ethics*, 4–5, 218–20; Socratic, 112, 128, 130, 213–14; and wisdom, 5, 130, 199, 200–1, 206. *See also* political philosophy
phronēsis (prudence), 120–22; versus cleverness, 125, 128, 139, 151, 261n23; and deliberation, 120, 125; and determination of the mean, 48, 58–59, 69; in discernment of particular situation, 144; double face of, 129; as embodying the whole of virtue, 49, 60, 71–73, 89, 92, 95, 111–12, 121, 126–27; and equity, 104, 122; as equivalent of art of medicine, 130; and good counsel (*euboulia*), 120, 121; in habituation, 58; and human *ergon*, 34, 35, 43, 57, 125; incompatible with *akrasia*, 120, 138, 151–52, 263n11; versus natural virtues, 54, 126–27; as necessary condition for virtue, 49, 127–28, 136; and *nous*, 122–23, 126, 260n22; as perfection of practical

phronēsis (continued)
reason, 111, 114, 116, 123, 129; philosopher as true *phronimos*, 129; and plurality of virtues, 60, 126; and *politikē*, 121, 260n17; role of in ethical virtue, 48–49, 59, 69, 76, 87–88, 112; Socrates on, 49, 71, 73, 109, 111, 127–28, 136–38, 152, 261n26; Socratic *phronēsis* and Socratic philosophy, 112; *sophia* compared with, 7, 110, 111–12, 120, 121–22, 123, 124, 129–30, 259n10; as split between city and individual, 121; of the statesman, 129; theoretical knowledge required for, 117; and theoretical life, 202; as tied to the body, 201; and understanding (*sunesis*), 122

phusis. *See* nature (*phusis*)

Physics (Aristotle), 232n19, 247n9

Plato: Aristotelian treatises versus dialogues of, 2–3, 72–73, 215, 228n12; *eros* in thought of, 276n54; and *idea* of the good, 24–26; references in *Nicomachean Ethics*, 4–5, 20, 215, 218–20, 232n18, 278n3; in relation to Socrates, 4–5, 55–56, 215, 288n55. *See also Platonic dialogues by name*

playfulness, 198, 280n13

pleasure(s): and being aware, 8, 176–83, 193–94; classification of, 146–47, 225–26; as completing or perfecting life, 195, 279n8; of contemplation, 155, 157, 158; continuous, 194–95; curative, 157–58; cyclopean, 146; as differing in form, 195–97; distinctly human, 196–97; as *energeia*, 155, 157, 193–96, 278n6; in experience of *akrasia*, 142–45; friendship based on, 164, 165, 177, 185, 186; as a *genesis*, 155; as the good, 7, 135, 155–57, 192–93, 262n4, 263n5, 278n3; as a god, 156, 157, 158; in habituation, 53, 190–91, 242n14; happiness associated with, 37, 156, 198; inseparable from life, 195, 279n9; judged as bad, 156–57, 191–92, 206; as natural end, 135; nature in differentiation of, 80, 147–48; beyond necessary and natural, 145–50; necessary and unnecessary, 146–47, 264n19; of philosophy, 198, 199, 200–201; rejected as human good, 22, 53, 154, 191; shameful pleasures, 193, 197; *spoudaios* as standard of, 196–97; as supervening *telos*, 194, 279n7; various sources of, 22, 23–24, 193, 196; what it is, 193–97

Poetics (Aristotle), 91

polis. *See* city, the (*polis*)

political philosophy: and distributive justice, 97, 254n56; and human philosophy, 211, 286n47; pleasure and pain as subject of, 153, 266n29; political science replaced by, 7–8, 153, 211, 266n29; in relation to philosophy, 214, 288n54; Socrates as founder of, 9, 230n20

political science: *See politikē*

politics: *See politikē*

Politics (Aristotle): on the best city, 211, 257n71, 285n45; on city and household, 170–71, 272n27; on Cyclops, 284n39; on distributive justice, 97; on human as worst of animals, 146; and the human good, 17; on man as political animal, 286n46; and *Nicomachean Ethics*, 17, 210–11, 228n6, 247n8, 285n44; on self-sufficiency of the *polis*, 235n39; on Socrates' city in *Republic*, 94, 235n37; on *thumos* and *eros*, 271n21

politikē (politics or political science): as architectonic, 16–17; demoted as highest, 110, 119–20; and the human good, 16–17, 19; *Nicomachean Ethics* as, 17, 210; and *phronēsis*, 121, 260n17; political life, 22–23, 204, 214, 285n45; political nature of human beings, 159–61, 167, 177, 182; replaced by political philosophy, 7–8, 153, 211, 226n29; as unsuitable for youth, 18–19, 232n16. *See also* law; political philosophy; statesman (*politikos*)

Posterior Analytics (Aristotle), 252n37

practical reason: and *akrasia*, 140–45; and human *ergon*, 34–35, 43, 49, 125; as instrumental, 236n48, 237n52, 258n4, 282n24; *phronēsis* as perfection of, 111, 114, 116, 123, 129; and practical syllogism, 120, 140–45, 263n13; theoretical reason distinguished from, 281n21

praise and blame, 7, 51, 56, 63, 68, 239n70, 262n1

praxis. *See* action (*praxis*)

precision, 35–36, 42, 52, 92, 104, 119, 259n11, 264n14

pre-Socratic philosophers: Anaxagoras, 7, 8, 31, 111, 112, 120, 203, 205, 236n50, 283n26; Heraclitus, 119, 163; and paradox of theoretical activity, 213, 214, 274n41; Pythagoreans, 99, 234n26, 275n48; Thales, 7, 8, 109, 111, 112, 120, 205–6, 283n26, 283n31

Priam, 35, 38, 133
Protagoras (Plato), 131, 243n25, 249n21, 250n23, 262n4
prudence. See *phronēsis* (prudence)
psychē. See soul (*psychē*)
punishment, 51, 93, 96, 98, 114, 122, 253n50, 254n57

Ranasinghe, Nalin, 255n60
Rasmussen, Douglas, 253n48
reason: desiring, 81–82, 115, 174; harmonized with desire in virtuous disposition, 81, 115, 173; and the human *ergon*, 32, 43; nonrational distinguished from rational *psychē*, 41–43, 111, 112–15; rational and political human nature, 159–61, 189; self-initiating versus obedience to, 21, 32, 42, 113. See also *logos*; practical reason
Reeve, C. D. C., 233n24, 261n22
Republic (Plato): Aristotle's criticism of best regime in, 235n37; the cave, 132, 283n32; correspondence of city and soul in, 238n69; on enmity, 270n18; and gymnastics, 277n65; on happiness of the whole, 94, 254n52; on Homer, 234n32; on human *ergon*, 236n47, 238n60, 242n20; on *idea* of the good, 132; on justice, 68–69, 94, 96, 105; myth of Er, 240n5; on the precise, 259n11; on soul pursuing the good, 273n36; on *thumos*, 244n33; tripartite soul in, 259n7; on virtues of the soul as habits of the body, 202
responsibility: and choice, 65–66, 114; and habituation, 51, 66; and voluntary action, 62–67
rhetoric, 59, 208, 210, 284n36, 284n42
Rhetoric (Aristotle), 90
righteous indignation (*nemesis*), 91–92, 149, 222, 250n24, 280n17
Roche, Timothy, 237n55
Rorty, Amélie, 264n15, 282n22, 283n26

Sachs, Joe, 240n3
Salkever, Steven, 260n17
Saxonhouse, Arlene, 228n12
Schaefer, David, 263n7, 263n13, 264n16
"second sailing," 52, 61–62, 244n36
self, the: dialogic, 161, 182; the friend as an other self, 8, 160, 167, 171–83; as an ideal, 273n34; internal harmony and possibility of, 171–74; as mind, 160–61, 173–74, 176, 182; reciprocal self-awareness, 176–83
self-restraint (*enkrateia*): as abiding by true opinion, 137; compared with virtue, 132; as health of the soul, 130; justice in the soul as, 105, 167; Maimonides on, 266n28; and resistance of desire to *logos*, 42. See also *akrasia* (lack of self-restraint)
self-sufficiency (*autarkeia*): of an activity, 28, 269n5; of the city, 28, 100, 200; of great-souled individual, 85, 177; of happiness, 28–30; as independence from others, 29, 200; and necessity of friendship, 177, 276n51; of theoretical life, 85, 161, 200–201, 203
Sensen, Kathryn, 264n18, 272n30
serious person. See *spoudaios* (serious person)
sexual desire (*aphrodisia*), 3, 80, 145, 146, 155, 265n21
shame, 89–91, 222; as *aischunē* versus (*aidōs*), 90, 252n41; denied status of virtue, 70–71; as feeling, 71, 246n5; and great-souled person, 84; and justice, 93; in political courage, 76, 77, 90, 133; shameful pleasures, 193, 197; as suitable to youth, 89–90, 252n41
sight, 25, 80, 122, 183, 186–87, 260n21
Sitte, Martin, 252n37
Smith, Thomas, 233n24, 274n43, 287n53
Socrates: on *akrasia*, 136–38, 144–45, 152; corrupting the youth, 18, 110, 240n2; on courage as knowledge, 77–78; on demotic virtue, 3, 50, 73, 241n6, 247n10; as exemplar of courage, 79; as founder of political philosophy, 9, 230n20; as great-souled, 252n37; as intellectualist, 215; irony practiced by, 2, 6, 86–87, 89, 206, 222, 227n3, 230n20, 252n39; on midwifery and pandering, 98, 255n60; on *phronēsis*, 49, 71, 73, 109, 111, 127–28, 136–38, 152, 261n22; profession of knowledge of ignorance, 2, 16, 206, 227n3; references in *Nicomachean Ethics*, 4–5, 6, 78, 135, 136, 219–20, 229n13, 229n16; in relation to Plato, 5–6, 55–56, 215, 288n55; "second sailing" of, 52, 61–62, 244n36; Socratic *phronēsis* and Socratic philosophy, 112; Socratic question of *Nicomachean Ethics*, 1–9, 212–15; and suffering injustice voluntarily, 103; on suicide, 104; taking refuge in *logoi*, 52,

Socrates (*continued*)
55, 61, 152, 208; theoretical life compared with that of, 110, 214; and the turn to human things, 1–2, 227n2; on wickedness and ignorance, 64, 66, 136, 138, 141, 144–45. *See also* "unexamined life is not worth living"; "virtue is knowledge"; *and Platonic dialogues by name*

Solon, 38–39, 203, 204–5, 238n64, 280n17, 283n29, 283n30

sophia (wisdom), 119–20; beauty as model for, 130; as comprehensive and precise or highest knowledge, 110, 119, 124; and the *energeia* that produces happiness, 124, 125; happiness as, 109–10, 129; idealization of, 124, 206; as *nous* together with *epistēmē*, 119; as perfection of theoretical reason, 111, 116, 123, 129; and philosophy, 5. 130, 199, 200–201, 206; *phronēsis* compared with, 7, 110, 111–12, 120, 121–22, 123, 124, 129–30, 259n10; of pre-Socratic philosophers, 213, 214.

Sophist (Plato), 232n18, 234n30, 262n31, 277n64

sophistry, 55, 139, 151, 208, 210, 284n42

soul (*psychē*): in abstraction from body, 41, 202; calculative (*logistikon*) distinguished from scientific (*epistēmonikon*) part of the rational soul, 113, 114, 115, 259n7; correspondence of city and, 238n69; and cosmos, 31–32, 239n72; functional parts of, 35, 43, 113–14; justice in the city and, 92–105; nonrational distinguished from rational *psychē*, 41–43, 111, 112–15; replaced by mind, 172–73, 272n31, 273n33, 281n21; tripartite soul in *Republic*, 259n7. *See also* happiness as *energeia* of the soul in accordance with virtue; human *ergon* as *energeia* of the soul in accordance with *logos*; human good as *energeia* of the soul in accordance with virtue

Sparshott, Francis, 244n29, 276n52

speeches: and action, 2, 9, 52, 208, 227n4; and deeds, 9, 18, 47, 214; and Socrates' lifelong activity, 128; and sophists, 55, 210, 284n36. *See also* dialogue; *logos*

Speliotis, Evanthia, 247n8

spiritedness. *See thumos* (anger; spiritedness)

spoudaios (serious person): appeal to authority of, 33, 154, 172, 179, 196–97, 198,
275n46; and human *ergon*, 32–33, 34, 56, 242n21; internal harmony of, 172; in natural argument for friendship, 178, 179; and playfulness, 198; self-sacrifice by, 175

statesman (*politikos*): aims to make citizens law-abiding, 41–42, 62, 93, 238n69; as doctor of soul, 41–42, 62, 132, 238n69, 239n70; *phronēsis* of, 129

Statesman (Plato), 47–48, 68, 243n25, 248n15, 260n13, 260n19, 280n13

Stern-Gillet, Suzanne, 273n34

Strauss, Leo, 228n8, 234n33, 241n7, 246n2, 247n10, 255n64, 263n5, 271n21, 271n24, 284n36, 285n43, 287n52, 288n55

suicide, 95, 104–5, 195, 258n78

Swanson, Judith, 268n2

Symposium (Plato), 86, 269n7, 270n17, 274n39, 276n62, 277n64

Symposium (Xenophon), 255n60

technē, as aiming at some good, 14; as error-free, 117, 259n11, *phronēsis* and *praxis* distinguished from, 117

Tessitore, Aristide, 228n10, 229n13, 236n45, 266n29, 267n33, 268n42, 272n28, 274n37, 279n9, 283n27

Thales: *See* pre-Socratic philosophers

Theaetetus (Plato), 109, 110, 190, 227n4, 258n11, 283n27

Theognis, 179, 284n41

theōria: as chosen for its own sake, 29, 85, 199–200, 202, 213; contemplation of the beautiful, 276n62; contemplation of the mean, 57; contemplation of the prudent, 117–18; as *energeia*, 155, 157, 214; in exclusive conception of happiness, 8, 29, 201; external goods required for, 202–4; of gods, 203; as final end, 199–200; as happiness in primary sense, 29, 202, 212–13; paradox of, 212–13, 274n41; pleasure of, 155, 157, 158; political equivalent of, 17, 211, 285n45; practical reason distinguished from, 281n21; self-sufficiency of, 85, 161, 200–201, 203; *sophia* as perfection of theoretical reason, 111; theoretical life, 22, 23, 198–207, 212–14; theoretical life compared with Socratic philosophy, 9, 110, 214

Thomas Aquinas, 254n53, 254n57, 256n67, 267n38, 276n51

Thucydides, 252n36

thumos (anger; spiritedness): *akrasia* in regard to, 145, 148–50, 262n1; and courage, 78–79, 246n6, 250n24, 250n25; desire contrasted with, 149; and desire for punishment, 98, 253n50; and *eros*, 276n54; and great-souled individual, 84; pleasure that comes with satisfaction of, 266n26; poetic figures in, 265n24; and psychology of *Republic*, 244n33, 259n7
tragedy, 64, 91, 147, 245n40
truth: philosopher's devotion to, 24–25, 159–60; various ways that soul reaches, 116
tyrant, 63, 251n27, 251n30, 269n7, 271n25

"unexamined life is not worth living," 141, 212
Urmson, J. O., 243n24, 243n27

Velkley, Richard, 259n9, 287n49
vice: and *akrasia*, 136, 148, 150, 173; curability of, 140, 150; and virtue seen as exhaustive alternatives, 133–34
virtue (*aretē*): in accordance with or by means of correct *logos*, 52, 82, 87–88, 89, 112–13, 127, 237n52; of character, 47–67; demotic, 3, 50, 73; as end of political life, 22–23; *energeia* of the soul in accordance with, 33, 34, 37, 41, 48, 49, 51, 124, 160, 177–78, 198, 199, 202; hierarchy of, 261n25; and happiness, 48, 239n1; and human *ergon*, 33, 34, 49, 60; phenomenology of, 72; rejected as human good, 23, 24; separation of ethical from intellectual, 4, 6, 43, 48, 51, 60, 111, 214–15; unity of, 71–72, 83–84, 127. *See also* ethical (moral) virtue; intellectual virtue

"virtue is knowledge": Aristotle's critique of, 5–7, 50; Aristotle's partial acceptance of, 48, 128, 136; applied to courage, 77–78, 250n23; ethical virtues and, 48, 49–50, 215; *Eudemian Ethics* on, 249n21; as overturning conventional morality, 6; and punishment, 98; and Socrates' alleged corruption of the young, 240n2; and teachability of virtue, 241n9, 284n41; and vice in relation to *akrasia*, 150
voluntary versus involuntary action, 51, 62–67, 102, 257n72

Walsh, Germaine, 273n32
Ward, Lee, 249n19
Warner, Stuart, 251n30
wealth, 37, 82, 253–54; and life of money-making, 23
Whiting, Jennifer, 281n21
why versus that, 3–4, 20, 33, 70
Wilkes, Kathleen, 236n48
Winthrop, Delba, 253n49, 271n20
wisdom. *See sophia* (wisdom)
wittiness, 70, 88, 89, 222
wonder, 200–201, 286n49
Works and Days (Hesiod), 21, 156, 233n25

Xenophon, 255n60, 284n36

Yack, Bernard, 255n61, 255n64
youth: *aidōs* as suitable for, 90, 252n41; corruption of, 18, 110, 232n16; erotic relationships of, 164–65, 184; habituated through pleasure and pain, 190–91; and study of *politikē*, 18–19, 232n16

Zuckert, Catherine, 288n55

Aristotle's Dialogue with Socrates: On the "Nicomachean Ethics" by Ronna Burger © 2008 by the University of Chicago. All rights reserved.
Licensed by The University of Chicago Press, Chicago Illinois, U. S. A.

版权所有　翻印必究
北京市版权局著作权合同登记号：图字 01-2009-3697 号

图书在版编目（CIP）数据

尼各马可伦理学义疏：亚里士多德与苏格拉底的对话 /（美）罗娜·伯格（Ronna Burger）著；柯小刚译 . --2 版 . --北京：华夏出版社有限公司，2024.6
（西方传统：经典与解释）
书名原文：Aristotle's Dialogue with Socrates: On the "Nicomachean Ethics"
ISBN 978-7-5222-0711-7

Ⅰ.①尼…　Ⅱ.①罗…②柯…　Ⅲ.①伦理学-研究-古希腊
Ⅳ.①B82-091.984　②B502.233

中国国家版本馆 CIP 数据核字（2024）第 094617 号

尼各马可伦理学义疏——亚里士多德与苏格拉底的对话

作　　者	［美］罗娜·伯格
译　　者	柯小刚
责任编辑	马涛红
美术编辑	赵萌萌
责任印制	刘　洋
出版发行	华夏出版社有限公司
经　　销	新华书店
印　　装	三河市万龙印装有限公司
装　　订	三河市万龙印装有限公司
版　　次	2024 年 6 月北京第 2 版 2024 年 6 月北京第 1 次印刷
开　　本	880×1230　1/32
印　　张	12.25
字　　数	319 千字
定　　价	98.00 元

华夏出版社有限公司　地址：北京市东直门外香河园北里 4 号　邮编：100028
网址：www.hxph.com.cn　　电话：(010)64663331（转）
若发现本版图书有印装质量问题，请与我社营销中心联系调换。

西方传统：经典与解释
Classici et Commentarii
HERMES
刘小枫◎主编

古今丛编

伊菲革涅亚　吴雅凌 编译
欧洲中世纪诗学选译　宋旭红 编译
克尔凯郭尔　[美]江思图 著
货币哲学　[德]西美尔 著
孟德斯鸠的自由主义哲学　[美]潘戈 著
莫尔及其乌托邦　[德]考茨基 著
试论古今革命　[法]夏多布里昂 著
但丁：皈依的诗学　[美]弗里切罗 著
在西方的目光下　[英]康拉德 著
大学与博雅教育　董成龙 编
探究哲学与信仰　[美]郝岚 著
民主的本性　[法]马南 著
梅尔维尔的政治哲学　李小均 编/译
席勒美学的哲学背景　[美]维塞尔 著
果戈里与鬼　[俄]梅列日科夫斯基 著
自传性反思　[美]沃格林 著
黑格尔与普世秩序　[美]希克斯 等著
新的方式与制度　[美]曼斯菲尔德 著
科耶夫的新拉丁帝国　[法]科耶夫 等著
《利维坦》附录　[英]霍布斯 著
或此或彼(上、下)　[丹麦]基尔克果 著
海德格尔式的现代神学　刘小枫 选编
双重束缚　[法]基拉尔 著
古今之争中的核心问题　[德]迈尔 著
论永恒的智慧　[德]苏索 著
宗教经验种种　[美]詹姆斯 著
尼采反卢梭　[美]凯斯·安塞尔-皮尔逊 著
舍勒思想评述　[美]弗林斯 著

诗与哲学之争　[美]罗森 著
神圣与世俗　[罗]伊利亚德 著
但丁的圣约书　[美]霍金斯 著

古典学丛编

品达《皮托凯歌》通释　[英]伯顿 著
俄耳甫斯祷歌　吴雅凌 译注
荷马笔下的诸神与人类德行　[美]阿伦斯多夫 著
赫西俄德的宇宙　[美]珍妮·施特劳斯·克莱 著
论王政　[古罗马]金嘴狄翁 著
论希罗多德　[苏]卢里叶 著
探究希腊人的灵魂　[美]戴维斯 著
尤利安文选　马勇 编/译
论月面　[古罗马]普鲁塔克 著
雅典谐剧与逻各斯　[美]奥里根 著
菜园哲人伊壁鸠鲁　罗晓颖 选编
劳作与时日（笺注本）　[古希腊]赫西俄德 著
神谱（笺注本）　[古希腊]赫西俄德 著
赫西俄德：神话之艺　[法]居代·德拉孔波 编
希腊古风时期的真理大师　[法]德蒂安 著
古罗马的教育　[英]葛怀恩 著
古典学与现代性　刘小枫 编
表演文化与雅典民主政制
[英]戈尔德希尔、奥斯本 编
西方古典文献学发凡　刘小枫 编
古典语文学常谈　[德]克拉夫特 著
古希腊文学常谈　[英]多佛 等著
撒路斯特与政治史学　刘小枫 编
希罗多德的王霸之辨　吴小锋 编/译
第二代智术师　[英]安德森 著
英雄诗系笺释　[古希腊]荷马 著
统治的热望　[美]福特 著
论埃及神学与哲学　[古希腊]普鲁塔克 著
凯撒的剑与笔　李世祥 编/译
伊壁鸠鲁主义的政治哲学　[意]詹姆斯·尼古拉斯 著

修昔底德笔下的人性　[美]欧文 著
修昔底德笔下的演说　[美]斯塔特 著
古希腊政治理论　[美]格雷纳 著
赫拉克勒斯之盾笺释　罗逍然 译笺
《埃涅阿斯纪》章义　王承教 选编
维吉尔的帝国　[美]阿德勒 著
塔西佗的政治史学　曾维术 编
幽暗的诱惑　[美]汉密尔顿 著

古希腊诗歌丛编
古希腊早期诉歌诗人　[英]鲍勒 著
诗歌与城邦　[美]费拉格、纳吉 主编
阿尔戈英雄纪（上、下）
[古希腊]阿波罗尼俄斯 著
俄耳甫斯教辑语　吴雅凌 编译

古希腊肃剧注疏
欧里庇得斯及其对雅典人的教诲
[美]格里高利 著
欧里庇得斯与智术师　[加]科纳彻 著
欧里庇得斯的现代性　[法]德·罗米伊 著
自由与僭越　罗峰 编译
希腊肃剧与政治哲学　[美]阿伦斯多夫 著

古希腊礼法研究
宙斯的正义　[英]劳埃德-琼斯 著
希腊人的正义观　[英]哈夫洛克 著

廊下派集
剑桥廊下派指南　[加]英伍德 编
廊下派的苏格拉底　程志敏 徐健 选编
廊下派的神和宇宙　[墨]里卡多·萨勒斯 编
廊下派的城邦观　[英]斯科菲尔德 著

希伯莱圣经历代注疏
希腊化世界中的犹太人　[英]威廉逊 著
第一亚当和第二亚当　[德]朋霍费尔 著

新约历代经解
属灵的寓意　[古罗马]俄里根 著

基督教与古典传统
保罗与马克安　[美]文森 著
加尔文与现代政治的基础　[美]汉考克 著
无执之道　[德]文森 著
恐惧与战栗　[丹麦]基尔克果 著
托尔斯泰与陀思妥耶夫斯基
[俄]梅列日科夫斯基 著
论宗教大法官的传说　[俄]罗赞诺夫 著
海德格尔与有限性思想（重订版）
刘小枫 选编
上帝国的信息　[德]拉加茨 著
基督教理论与现代　[德]特洛尔奇 著
亚历山大的克雷蒙　[意]塞尔瓦托·利拉 著
中世纪的心灵之旅　[意]圣·波纳文图拉 著

德意志古典传统丛编
论德意志文学及其他　[德]弗里德里希二世 著
卢琴德　[德]弗里德里希·施勒格尔 著
黑格尔论自我意识　[美]皮平 著
克劳塞维茨论现代战争　[澳]休·史密斯 著
《浮士德》发微　谷裕 选编
尼伯龙人　[德]黑贝尔 著
论荷尔德林　[德]沃尔夫冈·宾德尔 著
彭忒西勒亚　[德]克莱斯特 著
穆佐书简　[奥]里尔克 著
纪念苏格拉底——哈曼文选　刘新利 选编
夜颂中的革命和宗教　[德]诺瓦利斯 著
大革命与诗化小说　[德]诺瓦利斯 著
黑格尔的观念论　[美]皮平 著
浪漫派风格——施勒格尔批评文集　[德]施勒格尔 著

巴洛克戏剧丛编
克里奥帕特拉　[德]罗恩施坦 著
君士坦丁大帝　[德]阿旺西尼 著

被弑的国王　[德]格吕菲乌斯 著

美国宪政与古典传统
美国1787年宪法讲疏　[美]阿纳斯塔普罗 著

启蒙研究丛编
赫尔德的社会政治思想　[加]巴纳德 著
论古今学问　[英]坦普尔 著
历史主义与民族精神　冯庆 编
浪漫的律令　[美]拜泽尔 著
现实与理性　[法]科维纲 著
论古人的智慧　[英]培根 著
托兰德与激进启蒙　刘小枫 编
图书馆里的古今之战　[英]斯威夫特 著

政治史学丛编
历史分期与主权　[美]凯瑟琳·戴维斯 著
驳马基雅维利　[普鲁士]弗里德里希二世 著
现代欧洲的基础　[英]赖希 著
克服历史主义　[德]特洛尔奇 等著
胡克与英国保守主义　姚啸宇 编
古希腊传记的嬗变　[意]莫米利亚诺 著
伊丽莎白时代的世界图景　[英]蒂利亚德 著
西方古代的天下观　刘小枫 编
从普遍历史到历史主义　刘小枫 编
自然科学史与玫瑰　[法]雷比瑟 著

地缘政治学丛编
地缘政治学的黄昏　[美]汉斯·魏格特 著
大地法的地理学　[英]斯蒂芬·莱格 编
地缘政治学的起源与拉采尔　[希腊]斯托杨诺斯 著
施米特的国际政治思想　[英]欧迪瑟乌斯/佩蒂托 编
克劳塞维茨之谜　[英]赫伯格-罗特 著
太平洋地缘政治学　[德]卡尔·豪斯霍弗 著

荷马注疏集
不为人知的奥德修斯　[美]诺特维克 著
模仿荷马　[美]丹尼斯·麦克唐纳 著

阿里斯托芬集
《阿卡奈人》笺释　[古希腊]阿里斯托芬 著

色诺芬注疏集
居鲁士的教育　[古希腊]色诺芬 著
色诺芬的《会饮》　[古希腊]色诺芬 著

柏拉图注疏集
《苏格拉底的申辩》集注　程志敏 辑译
挑战戈尔吉亚　李致远 选编
论柏拉图《高尔吉亚》的统一性　[美]斯托弗 著
立法与德性——柏拉图《法义》发微　林志猛 编
柏拉图的灵魂学　[加]罗宾逊 著
柏拉图书简　彭磊 译注
克力同章句　程志敏 郑兴凤 撰
哲学的奥德赛——《王制》引论　[美]郝兰 著
爱欲与启蒙的迷醉　[美]贝尔格 著
为哲学的写作技艺一辩　[美]伯格 著
柏拉图式的迷宫——《斐多》义疏　[美]伯格 著
苏格拉底与希琵阿斯　王江涛 编译
理想国　[古希腊]柏拉图 著
谁来教育老师　刘小枫 编
立法者的神学　林志猛 编
柏拉图对话中的神　[法]薇依 著
厄庇诺米斯　[古希腊]柏拉图 著
智慧与幸福　程志敏 选编
论柏拉图对话　[德]施莱尔马赫 著
柏拉图《美诺》疏证　[美]克莱因 著
政治哲学的悖论　[美]郝岚 著
神话诗人柏拉图　张文涛 选编
阿尔喀比亚德　[古希腊]柏拉图 著
叙拉古的雅典异乡人　彭磊 选编
阿威罗伊论《王制》　[阿拉伯]阿威罗伊 著
《王制》要义　刘小枫 选编
柏拉图的《会饮》　[古希腊]柏拉图 等著

苏格拉底的申辩（修订版） [古希腊]柏拉图 著
苏格拉底与政治共同体 [美]尼柯尔斯 著
政制与美德——柏拉图《法义》疏解 [美]潘戈 著
《法义》导读 [法]卡斯代尔·布舒奇 著
论真理的本质 [德]海德格尔 著
哲人的无知 [德]费勃 著
米诺斯 [古希腊]柏拉图 著
情敌 [古希腊]柏拉图 著

亚里士多德注疏集

亚里士多德论政体 崔嵬、程志敏 编
《诗术》译笺与通绎 陈明珠 撰
亚里士多德《政治学》中的教诲 [美]潘戈 著
品格的技艺 [美]加佛 著
亚里士多德哲学的基本概念 [德]海德格尔 著
《政治学》疏证 [意]托马斯·阿奎那 著
尼各马可伦理学义疏 [美]伯格 著
哲学之诗 [美]戴维斯 著
对亚里士多德的现象学解释 [德]海德格尔 著
城邦与自然——亚里士多德与现代性 刘小枫 编
论诗术中篇义疏 [阿拉伯]阿威罗伊 著
哲学的政治 [美]戴维斯 著

普鲁塔克集

普鲁塔克的《对比列传》 [英]达夫 著
普鲁塔克的实践伦理学 [比利时]胡芙 著

阿尔法拉比集

政治制度与政治箴言 阿尔法拉比 著

马基雅维利集

解读马基雅维利 [美]麦考米克 著
君主及其战争技艺 娄林 选编

莎士比亚绎读

哲人与王者 [加]克雷格 著
莎士比亚的罗马 [美]坎托 著
莎士比亚的政治智慧 [美]伯恩斯 著

脱节的时代 [匈]阿格尼斯·赫勒 著
莎士比亚的历史剧 [英]蒂利亚德 著
莎士比亚戏剧与政治哲学 彭磊 选编
莎士比亚的政治盛典 [美]阿رى里斯/苏利文 编
丹麦王子与马基雅维利 罗峰 选编

洛克集

洛克现代性政治学之根 [加]金·I.帕克 著
上帝、洛克与平等 [美]沃尔德伦 著

卢梭集

致博蒙书 [法]卢梭 著
政治制度论 [法]卢梭 著
哲学的自传 [美]戴维斯 著
文学与道德杂篇 [法]卢梭 著
设计论证 [美]吉尔丁 著
卢梭的自然状态 [美]普拉特纳 等著
卢梭的榜样人生 [美]凯利 著

莱辛注疏集

汉堡剧评 [德]莱辛 著
关于悲剧的通信 [德]莱辛 著
智者纳坦（研究版） [德]莱辛 等著
启蒙运动的内在问题 [美]维塞尔 著
莱辛剧作七种 [德]莱辛 著
历史与启示——莱辛神学文选 [德]莱辛 著
论人类的教育 [德]莱辛 著

尼采注疏集

尼采引论 [德]施特格迈尔 著
尼采与基督教 刘小枫 编
尼采眼中的苏格拉底 [美]丹豪瑟 著
动物与超人之间的绳索 [德]A.彼珀 著

施特劳斯集

论法拉比与迈蒙尼德
苏格拉底与阿里斯托芬
论僭政（重订本） [美]施特劳斯 [法]科耶夫 著

苏格拉底问题与现代性（第三版）
犹太哲人与启蒙（增订本）
霍布斯的宗教批判
斯宾诺莎的宗教批判
门德尔松与莱辛
哲学与律法——论迈蒙尼德及其先驱
迫害与写作艺术
柏拉图式政治哲学研究
论柏拉图的《会饮》
柏拉图《法义》的论辩与情节
什么是政治哲学
古典政治理性主义的重生（重订本）
回归古典政治哲学——施特劳斯通信集
* * *
哲学、历史与僭政 [美]伯恩斯、弗罗斯特 编
追忆施特劳斯 张培均 编
施特劳斯学述 [德]考夫曼 著
论源初遗忘 [美]维克利 著
阅读施特劳斯 [美]斯密什 著
施特劳斯与流亡政治学 [美]谢帕德 著
驯服欲望 [法]科耶夫 等著

施特劳斯讲学录
哲人的虔敬
苏格拉底与居鲁士
追求高贵的修辞术
——柏拉图《高尔吉亚》讲疏（1957）
斯宾诺莎的政治哲学

施米特集
宪法专政 [美]罗斯托 著
施米特对自由主义的批判 [美]约翰·麦考米克 著

伯纳德特集
古典诗学之路（第二版） [美]伯格 编
弓与琴（重订本） [美]伯纳德特 著

神圣的罪业 [美]伯纳德特 著

布鲁姆集
巨人与侏儒（1960-1990）
人应该如何生活——柏拉图《王制》释义
爱的设计——卢梭与浪漫派
爱的戏剧——莎士比亚与自然
爱的阶梯——柏拉图的《会饮》
伊索克拉底的政治哲学

沃格林集
自传体反思录

朗佩特集
哲学与哲学之诗
尼采与现时代
尼采的使命
哲学如何成为苏格拉底式的
施特劳斯的持久重要性

迈尔集
施米特的教训
何为尼采的扎拉图斯特拉
政治哲学与启示宗教的挑战
隐匿的对话
论哲学生活的幸福

大学素质教育读本
古典诗文绎读 西学卷·古代编（上、下）
古典诗文绎读 西学卷·现代编（上、下）